Grundlagen für einen Dialog

Sekundarbereich II

GROSSE FREMDE RELIGIONEN

Peter Freimark
Hans Grothaus
Einhart Lederer
Dietrich Thyen
unter Mitarbeit von Reinhard Kirste

Schroedel Schulbuchverlag

ISBN 3-507-**70199**-5

Druck A $^{5\ 4\ 3\ 2\ 1}$ / Jahr 1990 89 88 87 86

Alle Drucke der Serie A sind im Unterricht parallel verwendbar.
Die letzte Zahl bezeichnet das Jahr dieses Druckes.

Druck: Konkordia Druck GmbH, Bühl/Baden

Einführung

Es gibt viele Gründe, sich heute auf die Weltreligionen einzulassen:

- In ihrem neu entstandenen Selbstbewußtsein verstehen sie sich auch als Herausforderung an den Atheismus und an das Christentum.
- Ihre Vertreter begegnen uns heute fast täglich in der Schule, am Arbeitsplatz, in der Freizeit und in den Medien. Wie sollen wir mit ihnen umgehen?
- Viele haben eine leidvolle Geschichte mit Menschen, die sich Christen nannten, hinter sich: die Juden im Dritten Reich, die Muslime, Hindus und Buddhisten im Zeitalter des Kolonialismus. Soll diese Geschichte eine neue Richtung gewinnen, so muß ein neuer Zugang zum Verstehen des Glaubens und der Kultur der anderen Religionen gesucht und eine neue Form des Umganges mit ihnen gefunden und eingeübt werden.
- Umweltzerstörung, atomare Bedrohung und die Wirtschaftskrise haben den Fortschrittsglauben ins Wanken gebracht. Hoffnungslosigkeit und Angst breiten sich mehr und mehr aus. Flucht in Drogen, Resignation oder sich aufbäumender Radikalismus sind erschreckende Folgeerscheinungen. Gleichzeitig aber bricht ein neues Suchen nach Religiosität auf, ein Bedürfnis nach Sinngebung und Halt aus dem Transzendenten und nach spirituellen Erfahrungen. Östliche Religionen üben Faszination aus, Religionen mit einem festen Normensystem bieten sich als Halt und Zuflucht an.

Was ergibt sich daraus für den ›Umgang‹ mit anderen Religionen? Mit den genannten Gründen ist bereits die Form des Umgangs mit den anderen Religionen angezeigt. Die genannte ›leidvolle Geschichte‹ verbietet es, aus einer Haltung der Überlegenheit heraus mit ihnen zu reden. Vielmehr sollen diese Religionen nach Möglichkeit von ihrem eigenen Selbstverständnis her erschlossen werden und deshalb immer wieder mit ihren Quellen und eigenen Glaubenszeugen zu Worte kommen. Nur so ist es möglich, mit ihnen gemeinsam in den Dialog über Fragen nach dem Sinn und Grund allen Seins, nach der Gestaltung des Lebens aus Glauben und dem Weg zum Heil über den Tod hinaus einzutreten. Die Fünf Weltreligionen gründen ihrem Anspruch nach auf der Selbstmitteilung Gottes oder des Absoluten (Hinduismus, Buddhismus). Sie erschließt Ursprung und Ziel des Lebens. Deshalb vertritt jede Religion von ihrem Standort aus zu Recht den Anspruch auf Wahrheit. Toleranz heißt, den anderen mit seiner Erfahrung der Offenbarung ernst zu nehmen. Solcher Dialog ermöglicht Gemeinschaft. Er ist, wie der Ökumenische Rat der Kirchen 1978 festgestellt hat, ein ausgezeichneter Weg, das Gebot der Nächstenliebe in die Tat umzusetzen. So führt der Dialog dazu, »mit allen, die sich auf die Seite des Lebens stellen, teilzunehmen an der Suche nach einer besseren menschlichen Gemeinschaft«.

Der Dialog mit anderen Religionen führt aber auch zu Unterscheidungen, weil die Art und Weise der Offenbarungen verschieden ist. Solcher Dialog fordert uns heraus und vertieft und fördert zugleich das eigene Glaubensverständnis. So kann es nicht ausbleiben, daß bei der Behandlung der Glaubensaussagen fremder Religionen immer wieder christliche Vorstellungen zum Vergleich herangezogen werden müssen, um diese Aussagen zu verstehen und auch zu unterscheiden.

Der vorliegende Band ist eine neue Bearbeitung des bewährten Schulbuches »Große Fremde Religionen«. Er berücksichtigt kritische Anregungen, neuere Erkenntnisse der Forschung und inzwischen eingetretene religiöse und soziale Veränderungen. Das Buch ist so angelegt, daß sowohl jede einzelne der vier Weltreligionen studiert, als auch längsschnittartig besondere systematische Themen, wie zum Beispiel die Gottesfrage, im Vergleich der Religionen erarbeitet werden können.

Wort- und Sacherklärungen am Ende eines jeden Abschnittes helfen, die fremdsprachlichen Ausdrücke und Begriffe zu erfassen. Die Schreibweise der einzelnen Begriffe folgt weitgehend dem Duden-Wörterbuch »Die Religionen« und übernimmt damit die deutsche Umschrift. Bei Zitaten wird die vorgegebene Umschrift beibehalten. In den Abschnitten »Zur Diskussion« werden zentrale Vorstellungen der jeweiligen Religion zusammengefaßt. Diese Texte bieten Argumente zur Diskussion.

Das Gesamtregister am Schluß des Buches hebt zentrale Begriffe drucktechnisch hervor und ermöglicht den religionsgeschichtlichen Vergleich. Darüber hinaus weist das Register alle begrifflichen Kurzinformationen im Buch nach. Das Buch kann damit auch als Nachschlagewerk benutzt werden.

Judentum

In einer der ältesten Synagogen Europas, der Alt-Neu Synagoge Prag (13. Jahrhundert)

Inhaltsverzeichnis

Die jüdische Religion

Fragen und Antworten

Was interessiert uns an der jüdischen Religion?

Wenn wir keine religiösen Interessen haben, wahrscheinlich nicht viel. Wenn wir fremde Menschen kennenlernen wollen, ist die Kenntnis von Tatsachen über ihre Religion wichtig. Im Fall der jüdischen Religion ist es bedeutsam, daß Christentum und Islam in entscheidenden Aussagen von ihr ausgegangen sind.

Was interessiert uns an jüdischer Geschichte?

Fast 2000 Jahre lebten und leben Juden in Deutschland. Die Beziehungen zwischen Deutschen und Juden und das vorläufige Ende der jüdischen Gemeinschaft im Dritten Reich lassen uns neue Erkenntnisse über die eigene Vergangenheit und unsere Stellung zu einer Minderheit gewinnen. Die Ursache und die Entstehung des Nahost-Konfliktes, der heute noch den Weltfrieden bedroht, sind ohne Kenntnis der jüdischen Geschichte nicht verständlich.

Was heißt eigentlich Israel?

Der Name, der »Gottes Streiter« bedeutet, wird dem Stammvater Jakob verliehen (1. Mose 32,29) und später auf seine Nachkommen übertragen (Kinder Israel, Israeliten). Nach der Trennung des Königreichs nach dem Tode Salomos erhält der Nordteil den Namen Israel, während der kleinere Südteil den Namen Juda annimmt. Mit der Zerstörung des Nordreichs im 8. Jahrhundert v. Chr. endet die Verwendung des Ausdrucks im politischen Raum. Erst mit dem 1948 gegründeten Staat Israel benutzt man den Ausdruck in diesem Bereich wieder. Die Bürger dieses Staates, unabhängig von der Religion, heißen Israelis. Das den »Kindern Israel« von Gott verheißene Land Kanaan erhält den Namen Land Israel. Die geographische Bezeichnung des Landes ist Palästina.

Im sakralen Bereich bezeichnet Israel durch alle Zeiten die Gemeinde, die sich zum Gott Israels bekennt und sich unter sein Wort stellt.

Wer ist ein Jude?

Der Name geht zurück auf Juda, den 4. Sohn Jakobs, und bezeichnet zunächst die Angehörigen des Stammes Juda. Nach der Rückkehr aus der babylonischen Gefangenschaft im 6. Jahrhundert v. Chr. wird der Ausdruck auf alle Angehörigen des Volkes übertragen. Auch heute noch wird derjenige als Jude bezeichnet, der sich zur jüdischen Religion bekennt und/oder sich zum jüdischen Volk zählt. Nach dem jüdischen Religionsgesetz ist Jude, wer von einer jüdischen Mutter geboren wurde, sowie derjenige, der zum jüdischen Glauben übergetreten ist.

Was sind Hebräer?

Das Wort ist abgeleitet von einem hebräischen Wort, das »hinübergehen« bedeutet (vgl. den Namen Eber in 1. Mose 10,21). Hebräer ist eine Eigenbezeichnung der israelitischen Stämme; die Bezeichnung ihrer Sprache »Hebräisch« geht auf sie zurück (vgl. Jona 1,9).

Wer sind Semiten?

Unter diesem Ausdruck versteht man die in 1. Mose 10 und 11 genannten Nachkommen Sems und ihre Völker. Zu den semitischen Völkern, die im 3. Jahrtausend v. Chr. wahrscheinlich von der arabischen Halbinsel nach Mesopotamien, Syrien und Palästina eindringen, gehören Akkader (Babylonier und Assyrer), Kanaanäer (Phönizier und Hebräer) und Aramäer. Auch die Araber sind ein semitisches Volk.

Wieviel Juden gibt es auf der Welt?

1983 gibt es etwas mehr als 13 Millionen Juden auf der Welt. Die meisten von ihnen leben in den USA, nämlich 5,72 Millionen. Allein im Einzugsbereich der Stadt New York leben 1,734 Millionen Juden. Die Zahl der Juden im Staat Israel beträgt gegenwärtig 3,32 Millionen, hinzu kommen noch 660 000 Nichtjuden, vor allem Araber.
Die meisten Juden in Europa leben in der Sowjetunion (2,60 Millionen), in Frankreich (535 000) und in Großbritannien (390 000). In der Bundesrepublik Deutschland gibt es nur eine kleine jüdische Gemeinschaft von 30 000, was etwa 0,5 % der Gesamtbevölkerung entspricht.
Albert Einstein und Sigmund Freud waren Juden, Karl Marx und Heinrich Heine waren jüdischer Herkunft.

Wo und wie können wir etwas über Juden und ihre Religion erfahren?
Wie leben unsere jüdischen Mitbürger?
Welche Meinungen und Urteile sind über Juden verbreitet?

Der Glaube an den einen Gott
Gott, Volk, Mensch

Es gibt nur einen Gott

Die Vorstellung vom Glauben an einen einzigen Gott ist das Grundprinzip der jüdischen Religion. Man nennt eine solche Vorstellung Monotheismus. Sie ist durch die jüdische Religion in die Glaubensgeschichte der Menschheit eingeführt und später von den beiden Tochterreligionen Christentum und Islam übernommen worden.

Gott hat ein Volk unter allen Völkern erwählt

Von diesem Gott, der als heilig und ewig gilt und der die Welt geschaffen hat, berichten die Bücher des Alten Testaments. Von besonderer Wichtigkeit unter ihnen sind die fünf Bücher Moses, welche Thora (Gesetz, Lehre, Weisung) genannt werden. Nach der Tradition ist die Thora Mose am Berg Sinai geoffenbart worden, als Gott sein Volk aus Ägypten herausführte, um es in das verheißene Land Israel zu bringen. Durch die Offenbarung am Sinai und die Schenkung der Thora werden die Nachkommen Abrahams, Isaaks und Jakobs das Volk Israel, das von Gott auserwählt wird und mit dem er einen besonderen Bund (Vertrag) schließt, der bis zum Ende der Tage wirksam bleibt. Die Thora als Weltplan und Kultordnung legt dem Volk Israel bestimmte Pflichten auf, denen es nachkommt, weiß es sich doch in Gott geborgen, der es als Instrument seines Einwirkens auf die Welt ausgezeichnet hat. Thora aber ist nicht nur »Gesetz« im Sinne von Unterweisung und Belehrung, sie ist auch Heilsgabe und Heilsmittel und umfaßt schließlich die gesamte biblische Offenbarung und die Tradition.
Israel ist als Volk von Gott erwählt worden, um die Thora zu erfüllen. In dieser Erwählung liegt nun freilich auch eine Abgrenzung zu den anderen Völkern der Welt vor, denen Israel als Trägerin des göttlichen Auftrags gegenübersteht. Aus diesem Gegensatz zwischen Israel und den anderen Völkern haben sich im Verlauf der Geschichte weitreichende Entwicklungen ergeben, da nach dem Verlust des nationalen Zentrums in Palästina im 1. Jahrhundert n. Chr. die Juden verstreut inmitten anderer Völker lebten und häufig Verfolgungen und Nachstellungen ausgesetzt waren. Die Ausführung des Israel übertragenen Auftrags und der Ablauf der historischen Ereignisse wurden immer als eng zusammengehörig betrachtet. Der Gegensatz zwischen der Abgrenzung von anderen Völkern zur Bewahrung der eigenen Identität (Partikularismus) einerseits und der Hinwendung zu anderen Völkern als Erfüllung des göttlichen Auftrags (Universalismus) andererseits ist ein Wesensmerkmal der jüdischen Religion zu allen Zeiten gewesen.

Gott wird auf Erden regieren

Wichtig ist auch die Vorstellung vom Messias. Das Wort bedeutet »Gesalbter«, es entspricht dem griechischen »Christos«. Ursprünglich war es eine Bezeichnung für die israelitischen Könige und den Hohepriester. Von der Zeit der Propheten an wurde der Begriff auf eine bestimmte historische Gestalt übertragen, die am Ende aller Tage als Retter des Volkes von Unterdrückung und Fremdherrschaft auftreten wird. Mit seinem Kom-

men beginnt die Periode der Gottesherrschaft auf Erden. Gelegentlich hat man auch anstelle der Gestalt des Messias von einer messianischen Zeit gesprochen.
Im Verlauf der jüdischen Geschichte sind verschiedentlich Personen aufgetreten, die sich als Messias ausgegeben haben. Auch Jesus ist nach jüdischer Ansicht ein solcher Pseudomessias, da mit ihm Bedrückung und Not für das jüdische Volk nicht endeten.
Neben den Glauben an die Unsterblichkeit der Seele, der wahrscheinlich von den Griechen übernommen wurde, ist die Vorstellung von der Auferstehung der Toten getreten. Sie kommt vor allem den Gerechten und Märtyrern zu, die in dieser Welt gelitten haben.
»Rabbi Simon, der Sohn Jochais (um 150 n. Chr.), sagte: Drei Gaben hat der Heilige, er sei gelobt, Israel gegeben und sie alle nur durch Leiden. Das sind sie: die Thora, das Land Israel und die kommende Welt.«

Gott regelt das Leben der Menschen

In der jüdischen Religion ist das rechte Tun, also die Ausführung religiöser Pflichten, von besonderer Wichtigkeit, wobei der Mensch Gott ohne Mittler gegenübersteht. Stärker als in anderen Religionen wird die Wichtigkeit des rechten Handelns und Tuns in der sozialen Umwelt betont. Das ist nicht einfach, denn in den alttestamentlichen Büchern und im religiösen Gesetz sind eine Vielzahl von Bestimmungen enthalten, die Einzelheiten des täglichen Lebens regeln. Man hat in diesem Zusammenhang vom »Joch der Thora« gesprochen, dem sich der gläubige Jude unterwirft. Hierzu gehören etwa das Verbot des Genusses bestimmter Speisen (Schweinefleisch), die als unrein gelten, und das Verbot der gleichzeitigen Zubereitung von Gerichten aus Fleisch- und Milchprodukten. Die rituell korrekte Zubereitung der Speisen wird als »koscher« bezeichnet. Hinzu

Metzger-Schild aus Deutschland. Mitte 19. Jahrhundert. In hebräischen Buchstaben steht auf Jiddisch: »Hier ist koscher Fleisch zu haben«.

kommen viele Bestimmungen zur Heiligung des Sabbats und der Feste und zur kultischen Reinheit.
Ein Brauch, den die jüdische Religion mit anderen Religionen (Islam) und Völkern teilt, ist die Beschneidung. Gewöhnlich am 8. Tag nach der Geburt wird die Vorhaut des männliches Gliedes abgetrennt. Nach 1. Mose 17,10–14 ist die Beschneidung ein »Zeichen des Bundes« zwischen Gott und Israel, sie ist eine grundlegende religiöse Pflicht.
Nach dem jüdischen Glauben gibt es im Menschen einen guten und einen bösen Trieb, er selbst kann entscheiden, welchem Trieb er bei seinen Handlungen folgen will. Der Mensch ist imstande, das Gute zu tun und der Sünde auszuweichen, er ist fähig zur Umkehr und wird von Gott, der Erbarmen mit seinem Geschöpf hat, wieder angenommen. Dieser Gott ist allmächtig, der Mensch darf sich von ihm kein Bild machen und seinen Namen nicht aussprechen.

Konrad Lorenz behauptet, »der Mensch ist gar nicht so böse von Jugend auf, er ist nur nicht ganz gut genug für die Anforderungen des modernen Gesellschaftslebens«.
Nach christlichem Verständnis von der Sünde kann die Wurzel aller schuldhaften Verfehlungen, das »Sein wollen wie Gott«, nicht durch den Menschen selbst überwunden werden, sondern allein durch Gottes vergebende Liebe.
Wie wird dieses Problem in der jüdischen Religion gesehen?

Aussprüche jüdischer Lehrer (Rabbinen)

Hillel (Zeitgenosse Jesu) sagte: »Sei einer von den Schülern Aarons! Liebe den Frieden und strebe nach Frieden. Liebe die Menschen und führe sie zur Thora.« Er sagte weiter: »Wer seinen Namen vergrößern will, verliert ihn. Wer nicht (an Wissen) hinzufügt, nimmt ab. Wer nicht lernt, ist des Todes schuldig.«
Schammai (Zeitgenosse Jesu) sagte: »Mache dein Studium zu einer ständigen Einrichtung. Sprich wenig und tue viel. Empfange jeden Menschen freundlich.«
Ben Assai (um 120 n. Chr.) sagte: »Verachte keinen Menschen und halte kein Ding für unmöglich, denn jeder Mensch hat seine Zeit und jedes Ding seine Stelle.«

»Von folgenden Dingen, deren Früchte der Mensch bereits in dieser Welt genießt, verbleibt ihm der Hauptlohn für die kommende Welt: Ehrerbietung gegenüber Vater und Mutter, Wohltätigkeit und das Stiften von Frieden zwischen den Menschen. Das Studium der Lehre aber übertrifft sie alle.«
Ein Heide kam zu Schammai und sprach zu ihm: »Ich will Jude werden, du mußt mich aber alles über das Judentum lehren, während ich auf einem Bein stehe.« Da stieß Schammai ihn mit der Elle von sich fort. Ein Heide wandte sich an Hillel mit der gleichen Frage, und dieser machte ihn zum Juden und lehrte ihn: »Was du nicht willst, das man dir zufüge, das füge auch deinem Nächsten nicht zu. Das ist die ganze Lehre, alles übrige ist Auslegung. Nun geh und lerne.«

Der Ausspruch Hillels geht auf 3. Mose 19,18 zurück. Lehrsätze mit gleichem Inhalt sind auch in anderen Religionen bekannt, sie werden in der Religionsgeschichte als »Goldene Regel« bezeichnet. Vgl. Matthäus 7,12; 22,39 und Lukas 6,31.

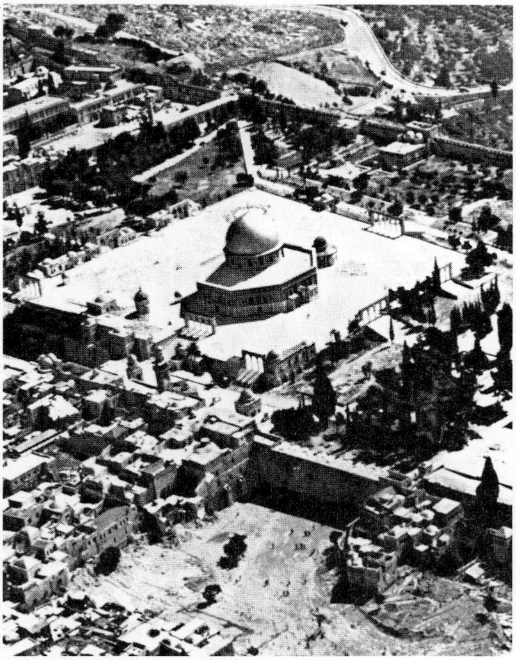

*Jerusalem – Treffpunkt dreier Religionen.
In der Mitte der Felsendom, ein islamisches Heiligtum. An dieser Stelle befand sich der jüdische Tempel. Im Vordergrund die Klagemauer – eine christliche Bezeichnung –, der Rest der Mauer des im Jahre 70 n. Chr. zerstörten herodianischen Tempels. Oben rechts der Garten Gethsemane und die Abhänge des Ölbergs.*

Wo finden wir die Glaubenslehren?

Die jüdische Tradition unterscheidet zwischen der »schriftlichen Thora« und der »mündlichen Thora«. Die erstgenannte sind die fünf Bücher Mose, Thora genannt, die das Kernstück des jüdischen Glaubens bilden. Seit der Zeit Esras (5. Jh. v. Chr.), vor allem aber nach der Zerstörung des Tempels im Jahre 70 n. Chr., wird die Thora zur kultischen Mitte, die die Existenz Israels sichert und garantiert.
Unter »mündlicher Thora« versteht man die Gesamtzahl der Interpretationen und Lehren zu den fünf Büchern Mose, mit denen man deren Inhalt im Hinblick auf die sich verändernden Zeitumstände neu bestimmte. Lange Zeit mündlich von Generation zu Generation weitergegeben – daher die Bezeichnung »mündliche Thora« –, gelten diese Lehren ebenfalls als Offenbarung des Sinai, die man erst in späterer Zeit schriftlich niederlegte. Das Werk, in dem sie zusammengefaßt sind, heißt »Mischna« (Wiederholung, Lernen), seine Zusammenstellung wurde um 200 n. Chr. abgeschlossen. Neben der schriftlichen Thora, die mit den anderen Büchern des Alten Testaments ja auch von den Christen übernommen worden war, gab es nunmehr eine zweite Sammlung von Satzungen, die den eigenständigen Charakter der jüdischen Religion gegenüber anderen festlegte.
Eine ähnliche Entwicklung von schriftlicher und mündlicher Lehre wie im Judentum ist auch im Islam anzutreffen.

Aus der Mischna

Wenn der Mensch Münzen mit einem Stempel prägt, sind sie alle einander gleich. Der König aller Könige, der Heilige, er sei gepriesen, bildet jeden Menschen dem Adam nach, aber trotzdem ist kein Mensch dem anderen gleich. Deshalb ist jeder Mensch verpflichtet zu sagen: »Um meinetwillen wurde die Welt erschaffen«.

*Welche Vorstellung vom Menschen hat die jüdische Religion?
Die Lektüre von Abschnitten aus der Thora verdeutlicht die jüdischen Glaubenslehren. Vgl. etwa 2. Mose 20,1–17.
Worin besteht der Unterschied zwischen Thora und Mischna?*

Was ist der Talmud?

Der Traditionsstoff der Mischna ist in der Zeit nach 200 n. Chr. in Lehrhäusern in Palästina und Babylonien Gegenstand von Diskussionen und Ergänzungen gewesen. Diese Erweiterung heißt Gemara (von dem Wort gamar »vollenden«.). Mischna und Gemara zusammen bilden den Talmud (Lehre). Es gibt zwei Talmude, den palästinensischen oder jerusalemischen Talmud (Mischna und palästinensische oder jerusalemische Gemara) und den umfangreichen babylonischen Talmud (Mischna und babylonische Gemara). Während die Mischna in hebräischer Sprache abgefaßt ist, sind die beiden Gemarot in dem jeweiligen aramäischen Landesdialekt verfaßt. Beide Talmude sind um 500 n. Chr. schriftlich fixiert worden.
Der Umfang des babylonischen Talmuds ist beträchtlich, er umfaßt mehrere Bände in einem großen Folio-Format. In den sechs Ordnungen, die den Feldbau, die Festtage, das Eherecht, das Zivil- und Strafrecht, den Kultus und die Reinheitsgesetze behandeln, liegt eine Fülle von Einzelbestimmungen vor, die zumeist aus Diskussionsbeiträgen der Lehrgespräche bestehen. Ein gründliches Studium des Talmuds erfordert viele Jahre, man spricht in diesem Zusammenhang vom »Meer des Talmuds«. Für eine Einteilung unterscheidet man rein gesetzliche Teile und Abschnitte, die Erzählungen, Märchen, Gleichnisse und Fabeln enthalten. Die gesetzlichen Vorschriften werden als Halacha (von dem Wort »gehen«) bezeichnet. Sie sind den biblischen Vorschriften gleichgestellt. Die erzählenden Abschnitte heißen Haggada (von dem Wort »sagen«).
Der Talmud ist vor allem im Mittelalter von Angehörigen anderer Religionen erbittert bekämpft worden. Talmud-Exemplare wurden öffentlich verbrannt, und es kam zu Verfolgungen von Juden wegen dieses Werkes. Auch heute noch bildet der Talmud die Grundlage für die Lebensführung des frommen Juden.
Die äußere Gestaltung einer Seite des Talmud zeigt das typische Bild des jüdischen Lehr- und Lernverständnisses: In der Mitte befindet sich der Mischna-Text, darunter steht die ausführlichere Gemara. Wie Ringe lagern sich die im Mittelalter entstandenen Kommentare und Ausdeutungen um diesen Kern (siehe Bild). Dieser wird durch neue Interpretationen entsprechend den wechselnden Zeitumständen gedeutet und ihnen angepaßt.
Auch die bis in unsere Zeit entstandenen jüdischen Kommentare zu den biblischen Büchern und die Zusammenstellungen des religiösen Rechts setzen diese Tradition fort. Die Halacha gilt auch heute noch als nicht abgeschlossen, neue Lehren und Interpretationen können hinzutreten. Sie ist es, die die Eigenständigkeit des jüdischen Volkes sichert und bewahrt.

In welchem Verhältnis stehen Mischna und Thora zueinander?
Welche Bedeutung hat die Halacha für den gläubigen Juden?

Aus dem Talmud

Die von der Schule Schammais sagten: der Himmel wurde zuerst erschaffen und daraufhin die Erde, denn es heißt: »Am Anfang erschuf Gott Himmel und Erde.«[1]
Die von der Schule Hillels sagten: die Erde wurde zuerst erschaffen und daraufhin der Himmel, denn es heißt: »Am Tage, als Gott der Herr Erde und Himmel machte.«[2]
Die von der Schule Hillels sagten zu denen von der Schule Schammais: Nach euren Worten baut ein Mensch das Obergeschoß und dann das Haus, denn es heißt: »Der im Himmel sein Obergeschoß baut und sein Gewölbe über der Erde gründet.«[3]
Die von der Schule Schammais sagten zu denen von der Schule Hillels: Nach euren Worten macht ein Mensch den Fußschemel und dann den Stuhl, denn es heißt: »So spricht der Herr: Der Himmel ist mein Stuhl und die Erde ist meiner Füße Schemel.«[4]
Aber die Weisen sagen: Dieses und jenes wurden gemeinsam erschaffen, denn es heißt: »Meine Hand hat die Erde gegründet und meine Rechte den Himmel ausgespannt. Ich rufe ihnen zu – zusammen stehen sie da.«[5]

1 1. Mose 1,1
2 1. Mose 2,4
3 Amos 9,6
4 Jesaja 66,1
5 Jesaja 48,13

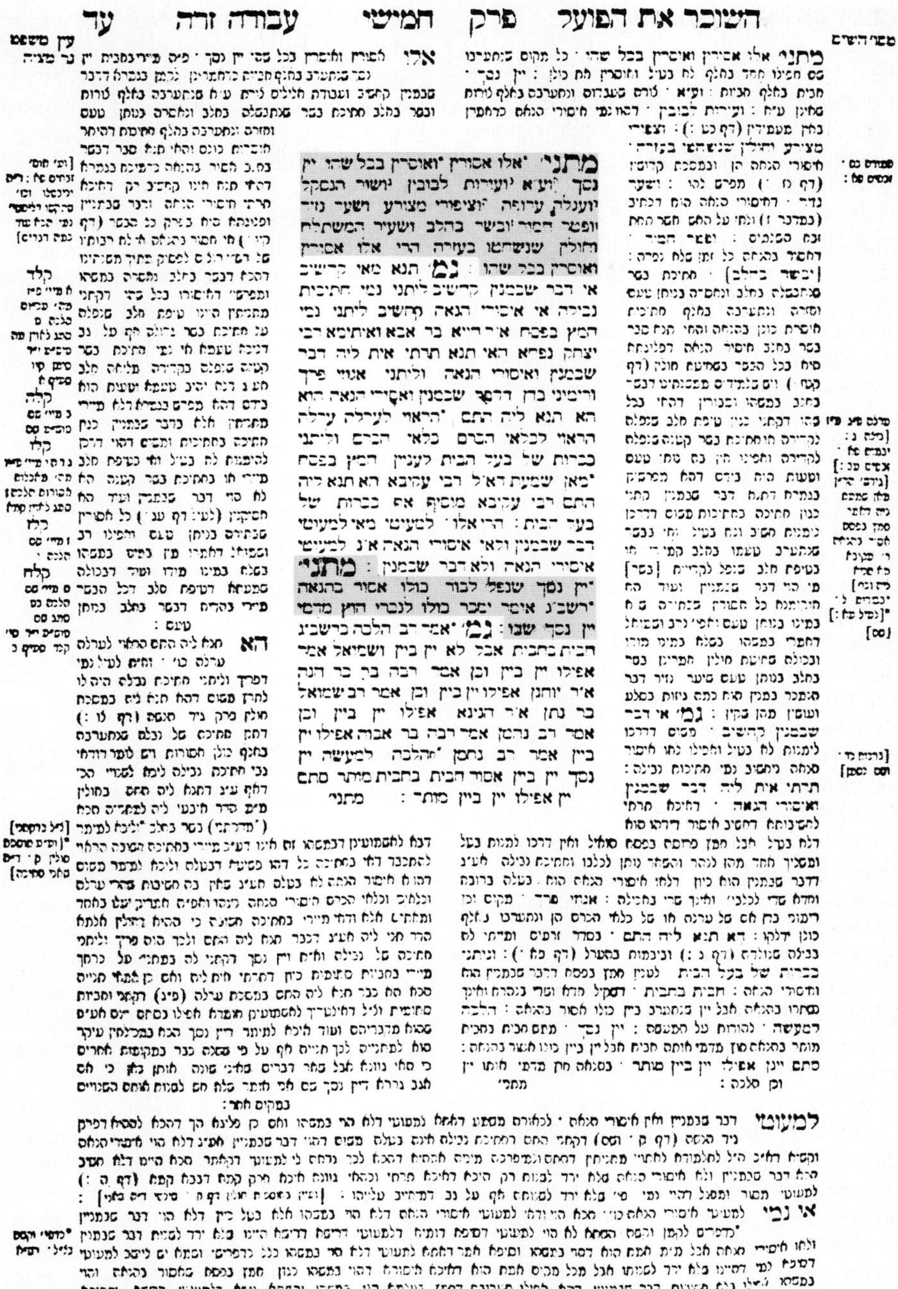

השוכר את הפועל פרק חמישי עבודה זרה עד

מתני׳ אלו אסורין ואוסרין בכל שהו יין נסך ועבודה זרה ועורות לבובין ושור הנסקל ועגלה ערופה וציפורי מצורע ושער נזיר ופטר חמור ובשר בחלב ושעיר המשתלח וחולין שנשחטו בעזרה הרי אלו אסורין ואוסרין בכל שהו: גמ׳ תנא מאי קחשיב אי דבר שבמנין קחשיב ליתני נמי חתיכת נבילה אי איסורי הנאה קחשיב ליתני נמי חמץ בפסח א״ר חייא בר אבא ואיתימא רבי יצחק נפחא האי תנא תרתי אית ליה דבר שבמנין ואיסורי הנאה וליתני אגוזי פרך ורימוני בדן דדבר שבמנין ואיסורי הנאה הוא הא תנא ליה התם הראוי לערלה ערלה הראוי לכלאי הכרם כלאי הכרם וליתני כברות של בעל הבית לענין חמץ בפסח מאן שמעת דא״ל רבי עקיבא הא תנא ליה התם רבי עקיבא מוסיף אף כברות של בעל הבית: הרי אלו: למעוטי מאי למעוטי דבר שבמנין ולאו איסורי הנאה א״נ למעוטי איסורי הנאה ולא דבר שבמנין: מתני׳ יין נסך שנפל לבור כולו אסור בהנאה רשב״ג אומר ימכר כולו לנכרי חוץ מדמי יין נסך שבו: גמ׳ אמר רב הלכה כרשב״ג חבית בחבית אבל לא יין ביין ושמואל אמר אפילו יין ביין וכן אמר רבה בר בר חנה א״ר יוחנן אפילו יין ביין וכן אמר רב שמואל בר נתן א״ר חנינא אפילו יין ביין וכן אמר רב נחמן אמר רבה בר אבוה אפילו יין ביין אמר רב נחמן הלכה למעשה יין נסך יין ביין אסור חבית בחבית מותר סתם יין אפילו יין ביין מותר: מתני׳

294

Eine Talmud-Seite, der grau unterlegte Text ist der Mischna-Text

Jüdische Schrifterklärung

Ein Beispiel für die mittelalterliche jüdische Schrifterklärung: Raschi (= Rabbi Salomo ben Isaak), 1040–1105, der in Frankreich und Deutschland lebte, kommentiert den 1. Vers des Buches Genesis:

»Am Anfang schuf Gott Himmel und Erde.« Es sprach Rabbi Isaak: Die Thora hätte doch eigentlich mit dem 12. Kapitel des Buches Exodus anfangen sollen, welches das erste Gebot enthält, das den Israeliten befohlen wurde. Warum also fängt die Thora mit der Schöpfungsgeschichte an? Um das zu tun, wovon es im Psalm 111,6 heißt: »Er hat Seinem Volk Seine machtvollen Taten kundgetan, um ihm das Erbe der Völker zu geben.« Sollten nämlich die nichtjüdischen Völker den Israeliten sagen: »Ihr seid Räuber, denn ihr habt das Land der sieben kanaaitischen Völker erobert«, dann kann Israel ihnen antworten: »Die ganze Welt gehört dem Heiligen, gelobt sei Er. Er hat sie erschaffen, und Er kann ein Land denen geben, die Er dafür geeignet befindet. Als Er es wollte, gab Er das Land den Kanaanitern; und als Er es wollte, hat Er ihnen das Land weggenommen und hat es uns gegeben.«
»Am Anfang schuf.« Dieser Schriftvers verlangt eine homiletische (predigtartige) Erklärung, wie sie von unseren Meistern gegeben wurde: Er schuf die Welt um der Thora willen, die in Sprüche 8,22 »Anfang« genannt wird. Und er schuf sie um Israels willen, das in Jeremia 2,3 auch »Anfang« genannt wird.
Willst du aber den Vers wörtlich erklären, dann mußt du ihn folgendermaßen erklären: Am Anfang der Schöpfung von Himmel und Erde, als die Erde noch wüst und wirr war und Finsternis über der Urflut lag, da sprach Gott: »Es werde Licht!« Denn diese Bibelstelle will uns nicht über die chronologische Reihenfolge der Schöpfung unterrichten. Hätte sie das tun wollen, dann müßte es hier nicht auf Hebräisch bereschith (das erste Wort der Bibel), sondern barischonah heißen. Das hier gebrauchte Wort bereschith ist nämlich in der Bibel immer mit dem folgenden Wort verbunden (also: »Am Anfang des...« oder »Am Anfang der...«)...
Solltest du aber das Gegenteil behaupten, dann müßtest du dich doch darüber wundern, daß das Wasser bereits existierte, wie es in Genesis 1,2 heißt: »Gottes Geist schwebte über dem Wasser«, während die Heilige Schrift noch gar nichts davon offenbarte. Auch besteht der Himmel aus Feuer und aus Wasser. (Das hebräische Wort für Himmel ist schamajim, was im Wortspiel an esch = Feuer und majim = Wasser anklingt.) – So also bist du gezwungen zuzugeben, daß uns die Bibel nicht über die chronologische Reihenfolge der Schöpfung unterrichtet.
»Gott schuf.« Es heißt hier nicht: »Der Herr schuf.« (In der rabbinischen Bibelexegese wird das Wort »Gott« als Attribut der Gerechtigkeit, und »der Herr« als Attribut der Barmherzigkeit verstanden.) Gott beabsichtigte nämlich zuerst, die Welt mit Seinem Attribut der Gerechtigkeit zu erschaffen. Dann sah Er aber voraus, daß die Welt auf diese Weise nicht bestehen könne. Er gab daher dem Attribut der Barmherzigkeit den Vorrang und verband es mit dem Attribut der Gerechtigkeit. Deshalb heißt es am Ende der Schöpfungsgeschichte in Genesis 2,4: »Zur Zeit, als ›der Herr‹, Gott, Erde und Himmel machte.«

Der Sabbat – ein großer sozialer Gedanke

Einer der großen sozialen Gedanken, den die jüdische Religion hervorgebracht hat, ist die Bestimmung, daß der Mensch an einem Tag in der Woche nicht arbeiten soll. Das Wort Sabbat leitet man von dem hebräischen Wort schabat, das »aufhören, ablassen, ruhen« bedeutet, ab. Mit Sabbat wird der 7. Tag der Woche bezeichnet, der unserem Sonnabend entspricht.
Nach göttlichem Gebot (2. Mose 20,8–11) soll der Mensch am 7. Tag der Woche nicht arbeiten. Die besondere Hervorhebung des Sabbats und seine Nennung in den Zehn Geboten unterstreichen seine einzigartige Bedeutung vor allen Festen des Jahres. Der Sabbat ist ein Zeichen des Bundes, den Gott mit seinem Volk geschlossen hat (2. Mose 31,12–17). Zu allen Zeiten war er eines der wichtigsten Unterscheidungsmerkmale zwischen Juden und Nichtjuden. Oft genug mußten die Juden wegen ihrer Heiligung des Sabbats Verfolgung erleiden. An einem Ausspruch des berühmten jüdischen Denkers Achad Ha-Am wird die Wichtigkeit des Sabbats besonders deutlich: »Mehr als Israel den Sabbat gehalten hat, hat der Sabbat Israel gehalten.«

Wie alle Festtage, beginnt der Sabbat bereits mit dem Sonnenuntergang des Vortages, also am Freitagabend. Nach der Herrichtung der Wohnung wird ein Bad genommen und festliche Kleidung angelegt. Der Sabbattisch wird gedeckt: neben zwei geflochtene Weißbrote wird ein Becher Wein gestellt, dazu kommen zwei Kerzen in Leuchtern. Eine der wichtigsten kultischen Aufgaben der jüdischen Frau ist das Anzünden der Sabbatlichter. Nach der Heimkehr aus der Synagoge, wo der Sabbat im Gottesdienst »gleich einer Braut« empfangen wird, weiht der Mann den Sabbat durch einen Segensspruch über Wein und Brot. Anschließend wird in Freude und Fröhlichkeit das Mahl verzehrt, das die Hausfrau vorbereitet hat. Da die Zubereitung von Speisen als Arbeit am Sabbat verboten ist, werden diese schon am Freitag gekocht. Nach dem Besuch der Synagoge am Morgen des Sabbats verbringt man den Tag in Frieden und Ruhe. Gegen Abend wird der Sabbatausgang und der Eintritt in sechs neue Werktage mit einer besonderen Zeremonie festlich begangen.

Jegliche Arbeit, so etwa auch das Licht anzünden, ist am Sabbat verboten. Das jüdische Religionsgesetz hat eine Fülle von Einzelbestimmungen festgelegt, die von den verschiedenen Glaubensgruppen unterschiedlich streng befolgt werden.

Welche Bedeutung hat der Sabbat für die jüdische Familie?

Sabbat-Nachmittag. Gemälde von Moritz Oppenheim (1800–82)

Berthold Auerbach — Nordstetten um 1820

Sabbat im Schwarzwald

Die nachhaltigsten Eindrücke meiner Kindheit empfing ich aus den Feiertagen und Festen, und wie dasselbe Gebet je nach den verschiedenen Festen in eigener besonderer Melodie gesungen wird, so war auch die Wirkung auf das Gemüt eine verschiedene. Der Sabbat ist ein Abglanz aus Eden, heißt die Lehre, und so erlebte man allwöchentlich einen Tag paradiesischen Jenseits. Das Aschenbrödel der Woche ist der Freitag, da wird nicht regelmäßig gekocht und zu Tisch gegessen, es wird gescheuert, gebacken, geschmort; das Haus wird fremd, es wird morgens nur kurz Schule gehalten, und wenn wir Kinder im Sommer nach Hause kamen, bekamen wir ein frisch gebackenes Brot oder Fladen, und dann hieß es: »Ihr dürft heut vor Abend nicht nach Hause kommen, wir brauchen Platz im Haus.« Man wurde nur unordentlich angezogen, denn der ganze Tag war eben wie die rüstende Frühstunde zum Abend. Wir Knaben gingen dann in den Wald, besonders in das Laubwäldle auf dem Weg nach Mühringen, sammelten Beeren und kletterten auf die Bäume, um in die Vogelnester zu schauen. Von diesen Freitagen stammen meine tiefsten Waldeindrükke. Wenn es nun allmählich Abend zu werden begann, zog Freude ins Dorf ein, die Gäugänger mit ihren Quersäcken kamen in Bernerwägelein angefahren, und mit Mitleid hörte man, daß der und jener über Schabbes nicht heimkommen könne.

Die Heimgekehrten sahen meist fröhlich aus, manche auch mißmutig. Unser Nachbar, des Lämmles Eisickle, kam einmal heim und trat rückwärts durch die Stubentür ein: »Was ist«, fragte die Frau, und Eisickle erwiderte: »Ich kann mein Gesicht nicht sehen lassen, ich habe die ganze Woche nichts gehandelt und nichts verdient.« Die Zwicker, die den Wochenbart mit der Schere abzwickten, hatten noch viel zu tun. In jedem Hause, auch in dem ärmsten, wurde Wein geholt zum Segensspruch, und Fleisch und Fisch wurde in jedem Hause bereitet.

Ein weißes Linnen wurde in jedem Hause ausgebreitet und die darüberhängende siebenzinkige Lampe angezündet. Nie erschien meine Mutter andächtiger und innerlich beseeligter, als wenn sie die sieben Lichter anzündete, dann die ausgebreiteten Hände hochhielt, den Segen sprach und sich demütig verbeugte. Sie hatte eine frische Haube auf und trug an einer goldenen Erbsenkette das Pastellbild meines Vaters, das er von Wien mitgebracht hatte. Er selber war bekleidet mit dem braunen Frack und hellen, seidenumsponnenen Knöpfen, dazu die gestickte seidene Weste mit langen Schößen, braune, an den Knien mit silberner Schnalle festgehaltene Samthose, sogenannte Suwaroffstiefel mit baumelnder Quaste, am vorderen Ausschnitt eine Brustkrause und um den Hals ein weißes und darüber ein schwarzes seidenes Tuch. Die Männer gingen in die Synagoge. Wie von aller Lebenslast befreit, wurde gebetet und gesungen und zum Schluß, schon während man ging, das wundersame Jigdal gesungen. Mein Bruder Maier gab sich viel Mühe, mir den Hymnus zu erklären, und während die anderen bereits heim zum Essen eilten, standen wir zwei noch am Ausgang der Synagoge und sangen bis zum Schlusse.

Am Ausgang der Synagoge begrüßte man einander mit »Gut Schabbes«, und waren die Oheime da, so ließ man sich mit gebeugtem Kopfe durch Handauflegen von ihnen segnen. Zu Hause aber empfing man den Segen, der nach dem Spruch des Erzvaters hieß: Gott mache dich gleich Ephraim und Manasse. Nun wurde, den runden Tisch umkreisend, nochmals ein Gesang angestimmt, und nachdem Brot und Wein verteilt wurde, ging es an den Schmaus. Ich weiß nicht, ob der Freitagabend im Sommer oder Winter schöner war. Im Sommer ging man nochmals auf die Straße und wanderte durch das Dorf, wo aus allen Judenhäusern die vielen Lichter blinkten.

Die ledigen Burschen und Mädchen trieben mancherlei Scherz, und man gesellte sich auch zu den singenden Bauernburschen. Rauchen durfte kein Jude bis Samstag abend. Im Winter saß man beisammen zu Haus und plauderte und spielte um Nüsse, und in der Ofenröhre gebratene Äpfel schmeckten besonders gut. Zu Bett mußte man ohne Licht gehen, man durfte kein solches berühren, und die Lichter an der siebenzinkigen Lampe verloschen von selbst. Das Nachtgebet war am Samstag ein anderes, und mit deutschen Worten bat man Gott um Gesundheit für Eltern, Geschwister und Verwandte. Am Samstagmorgen durfte nicht wie am Werktag zum Gottesdienst mit drei kurzen und einem langen Schlag an die Tür geklopft werden, und man durfte vor dem Frühstück weder Trank noch Speise genießen. Eine leere Schale Kaffee gestattete uns indes die Mutter, das hatte Rabbi Jehuda gestattet. Man aß sehr früh zu Mittag, sogenanntes gesetztes Fleisch, das, am Freitag gekocht, im Backofen warm gehalten wurde. Denn es steht geschrieben: Ihr sollt kein Feuer anzünden am Sabbattage! Das Madlenle, des

Mathes vom Berg Tochter, war unsere Schabbesmagd, die Feuer in dem Ofen machte, bis wir des Mauritzeles Marann als Magd ganz ins Haus nahmen. Nachmittags tummelten wir Knaben uns im Fangerlesspielen und dergleichen. Ich mußte mich weit hinaus in die Verborgenheit machen, denn wenn mich mein Bruder Maier fand, mußte ich mit ihm in der Bibel lesen, auch mußte ich Verwandte besuchen. Beim Ausgang des Sabbats wurde unter einem Segensspruch ein Licht in ausgeschüttetem Wein verlöscht, dann wurde wieder gesungen, deutsch und hebräisch, und endlich war der Werktag wieder da.

Sabbatlampe. Sie wird vor Eintritt des Sabbats angezündet. Die unten hängende Schale soll das abtropfende Öl auffangen.

Namen und Begriffe

Gäugänger Ausdruck für Juden, die die Woche über unter Nichtjuden (hebräisch Gojim) ihre Arbeit – in jener Zeit zumeist Kleinhandel – verrichteten.

Schabbesmagd Bezeichnung für eine Nichtjüdin, die am Sabbat im jüdischen Haushalt die dem Juden nach dem Sabbatgesetz verbotenen Arbeiten verrichtet (etwa Anzünden des Feuers).

Die Synagoge – Ort der Versammlung und der Lehre

In den vielen Ländern, in denen Juden verstreut lebten und leben, hat man die Synagogenbauten zumeist im Stil der Zeit und in den äußeren Formen der Umwelt errichtet. Es gibt aber auch Beispiele, die eine eigenständige Entwicklung erkennen lassen. So werden in Polen vom 16. Jahrhundert an typische Holzsynagogen von jüdischen Handwerkern gebaut, die einen eigenen Stil tragen. Im 19. Jahrhundert wurden in Deutschland die Synagogen in verschiedenen Stilrichtungen gebaut, wie etwa im neuromanischen und neugotischen Baustil. Sie waren christlichen Gotteshäusern dieser Zeit ähnlich. Erst in neuerer Zeit ist es – vor allem in Israel – zu einer eigenständigen Synagogenarchitektur gekommen. Dort und im Raum des östlichen Mittelmeergebiets hat man Synagogen aus den ersten Jahrhunderten n. Chr. gefunden und ausgegraben.

Betreten wir eine Synagoge, fällt unser Blick auf das Kopfende des Raumes, der in Europa nach Osten ausgerichtet ist. Der Grund hierfür ist, daß man sich beim Gebet in Richtung nach Jerusalem wenden soll.

An der Ostwand befinden sich – zumeist erhöht durch einige Stufen – der Schrank oder Schrein, in dem die Thorarollen aufbewahrt sind, und die Kanzel, von der aus gepredigt wird.

Der Thoraschrein, der etwa 2–3 m hoch ist, ist zur Gemeinde hin durch einen Vorhang aus besticktem Samt oder Seide abgeschlossen. Vor ihm brennt das ewige Licht. Die Thorarolle enthält die auf Pergament geschriebenen fünf Bücher Mose. Die mit der Hand beschriebenen Pergamentblätter sind aneinandergenäht und auf zwei runde Stäbe gewickelt, auf die man oft silberne Kronen setzt. Zur Schriftlesung öffnet man den Vorhang, holt in feierlicher Prozession eine Rolle aus dem Schrein, nimmt sie aus dem sie umgebenden Stoffmantel und legt sie auf ein großes Pult, das sich zumeist in der Mitte des Raumes befindet. Mit Hilfe eines silbernen Zeigestabes wird der Text Zeile für Zeile gelesen.

In der Synagoge sitzen die Männer auf den Bänken und blicken auf den Thoraschrein. Für die Frauen gibt es einen besonderen Raum, von dem sie das Geschehen während des Gottesdienstes verfolgen können. Meistens ist es eine Empore

oder Galerie. Die Männer tragen in der Synagoge eine Kopfbedeckung.
An der Seite des Hauptraumes, der im übrigen keinen Schmuck aufweist, oder in Nebenräumen, sind oft ein langer Tisch und Bänke aufgestellt. Man findet dort Werke der rabbinischen Literatur, aus denen man vor oder nach dem Gottesdienst lernt. Die Synagoge ist zu allen Zeiten auch ein Lehrhaus gewesen, im deutschsprachigen Raum hat man sie früher oft als »Schul« bezeichnet. Die Synagoge ist darüber hinaus der Platz, wo sich soziale Funktionen, die für das Weiterbestehen jüdischer Gemeinden wichtig waren, besonders klar erkennen lasen. Sie war immer der Sammelplatz, zu dem sich auch ortsfremde Juden am Vorabend des Sabbats begaben. Ein besonderes religiöses Verdienst besteht darin, Alleinstehende nach dem Gottesdienst in die Familien einzuladen.
In Synagogen, in denen eine liberale Richtung der kultischen Ausübung vertreten wird, sitzen Männer und Frauen während des Gottesdienstes zusammen. In diesen Synagogen tragen die Männer keine Kopfbedeckung; häufig ist eine Orgel anzutreffen. Vor allem in den USA ist diese liberale Richtung (Reformjudentum) stark vertreten.

Gibt es/gab es eine jüdische Gemeinde in Ihrer Heimatstadt? Wo befindet/befand sich eine Synagoge?
Welche Symbolik ist mit der Synagoge verbunden?

Synagoge in Worms. Inneres nach Nordosten.

Thoraschrein. Im Innern vier Thorarollen, umhüllt mit bestickten Mänteln und geschmückt mit Kronen und Schilden. Im Hintergrund des Schreins und an den Seiten die Gesetzes- oder Bundestafeln (10 Gebote).

Das Gebet – wie reden Juden mit Gott?

Der fromme Jude betet dreimal am Tage zu Gott: am Morgen, am Mittag und am Abend. Die Gebete können im Hause oder in der Synagoge verrichtet werden. Die Sprache des Gebets und des Gottesdienstes ist das Hebräische, mit Ausnahme der liberalen Synagogen, in denen bei Gebet und Ritus die jeweilige Landessprache vorherrscht.
Bis auf den Sabbat, die Hauptfesttage und einen offiziellen Trauertag trägt man beim Morgengebet die sogenannten Tefillin (5. Mose 6,8). Dies sind Riemen, an denen Lederkapseln befestigt sind, die man um den linken Arm und um die Stirn legt. In den Kapseln befindet sich Pergament, auf das man vier Abschnitte aus der Thora geschrieben hat. Hierunter ist auch das Bekenntnis zum einzig-einen Gott. »Höre Israel, der Ewige ist unser Gott, der Ewige ist Einer« (5. Mose 6,4). Beim Morgengebet hüllt sich der Betende in einen Mantel, ein viereckiges, zumeist wollenes Gewand, das Tallit heißt und an den Ecken kleine Fäden hat (4. Mose 15,37–41).
Im Laufe der Zeit hat sich eine feststehende Ordnung der Gebete entwickelt. Neben biblische Gebete sind solche aus der rabbinischen Zeit getreten, außerdem Leseabschnitte aus den alttestamentlichen Büchern, Psalmen und mittelalterliche religiöse Dichtungen. Man unterscheidet Gebetbücher für jeden Tag und Gebetbücher für die einzelnen Festtage.
Aus dem täglichen Gebet ragen hervor:
das Schma Israel (nach dem hebräischen Wort schma für »höre«), dessen Mittelpunkt aus den Abschnitten 5. Mose 6,4–9; 11,13–21; 4. Mose 15,37–41 besteht. Dieses Gebet enthält das Bekenntnis zum Glauben an den einen Gott, als Grundlage der jüdischen Religion.

Das Achtzehn-Bitten-Gebet aus der Zeit nach der Zerstörung des Tempels im Jahr 70 mit (19) Preisungen Gottes und Bitten um Vergebung und Erleuchtung. Das christliche »Vater unser« hat Ähnlichkeiten mit gewissen Abschnitten des Achtzehn-Bitten-Gebetes. In der Einfügung des 12. Abschnitts, der sich gegen »Verleumder« wendet, hat man eine Abgrenzung gegenüber den Juden, die zum Christentum übergetreten sind, gesehen.
Von besonderer Wichtigkeit ist noch das Kaddisch-Gebet, das unter anderem zum Schluß des Gottesdienstes und der Thoravorlesung gesprochen wird. Außerdem spricht es der männliche Nächstverwandte (Sohn, Vater, Ehemann) zur Erinnerung an einen Verstorbenen.
Viele alltägliche Handlungen, wie Essen und Trinken, werden von Segenssprüchen begleitet, um auf diese Weise Gott in das Geschehen des Tages einzubeziehen.

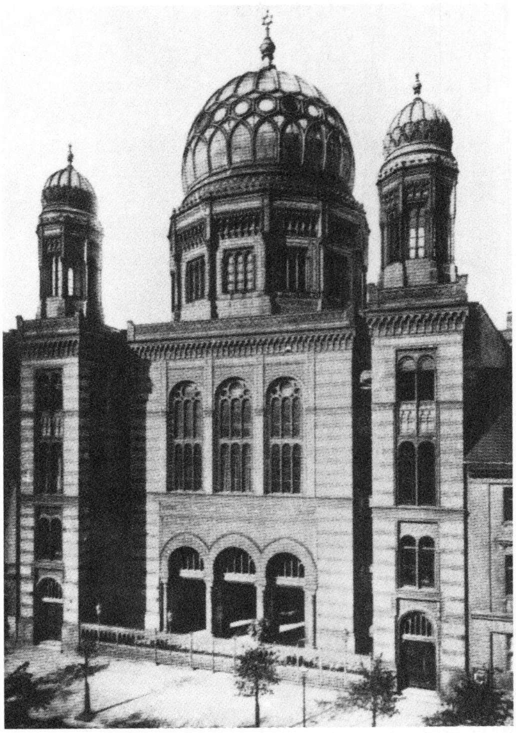

Berlin, Synagoge Oranienburger Straße, 1859–66.

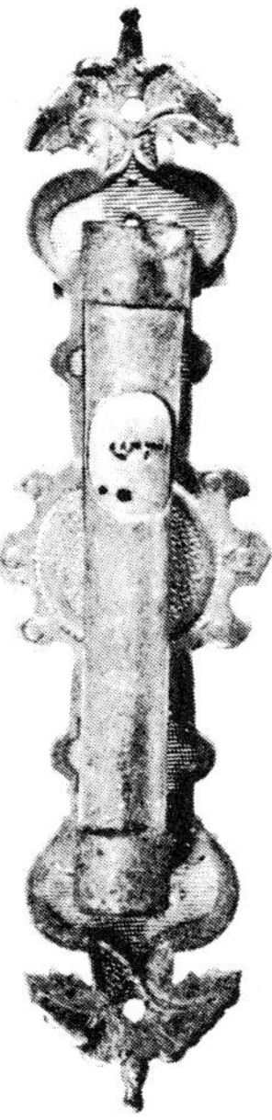

In jüdischen Häusern ist am rechten Türpfosten der Wohnungstür die Mesusa angebracht. Dies ist eine kleine Hülse aus Metall, Holz oder Glas, in der sich ein Pergamentröllchen befindet. Auf ihm sind die Abschnitte 5. Moses, 6,4–9 und 11,13–21 geschrieben.

Das Lied »Herr der Welt«, das aus dem Mittelalter stammt und dessen Verfasser unbekannt ist, eröffnet den täglichen Morgengottesdienst. Es kann auch am Ende eines Sabbat- oder Festtagsgottesdienstes gesungen werden.

Morgengebet.

אדון Der Herr der Welt, er hat regiert, eh' ein Gebild geschaffen war,
Zur Zeit, da durch seinen Willen das All entstand, da wurde sein Name König genannt,
Und nachdem das All aufhören wird, wird er allein, der Ehrfurchtbare, regieren.
Er war, er ist, und er wird sein in Herrlichkeit.
Er ist einzig, und kein Zweiter ist da, ihm zu vergleichen, zuzugesellen.
Er ist ohne Anfang, ohne Ende, ihm ist die Macht und die Herrschaft.
Er ist mein Gott, und mein Erlöser lebt, der Fels meines Anteils zur Zeit der Not.
Er ist mein Panier und Zuflucht mir, der den Kelch mir reicht am Tage, da ich rufe.
In seine Hand empfehle ich meinen Geist zur Zeit, da ich schlafe und erwache,
Und mit meinem Geist auch meinen Leib, Gott ist mit mir, ich fürchte mich nicht.

Es folgen Lobsprechungen:

ברוך Gelobt seist du, Ewiger, unser Gott, König der Welt, der uns geheiligt durch seine Gebote und uns befohlen, die Hände zu waschen.

ברוך Gelobt seist du, Ewiger, unser Gott, König der Welt, der den Menschen gebildet mit Weisheit und an ihm erschaffen viele Öffnungen, viele Höhlungen. Offenbar und bekannt ist es vor dem Throne deiner Herrlichkeit, daß, wenn eine von ihnen offen oder eine von ihnen verschlossen bliebe, es nicht möglich wäre zu bestehen und vor dich hinzutreten. Gelobt seist du, Ewiger, der da heilt alles Fleisch und wunderbar wirkt.

ברוך Gelobt seist du, Ewiger, unser Gott, König der Welt, der uns geheiligt durch seine Gebote und uns befohlen, uns mit den Worten der Thora zu beschäftigen.

והערב Und so laß lieblich sein, Ewiger, unser Gott, die Worte deiner Thora in unserem Munde und dem Munde deines Volkes, des Hauses Israel, auf daß wir und unsere Sprößlinge und die Sprößlinge deines Volkes, des Hauses Israel, wir alle deinen Namen erkennen und deine Thora lernen (in reiner Absicht). Gelobt seist du, Ewiger, der die Thora lehrt sein Volk Israel.

ברוך Gelobt seist du, Ewiger, unser Gott, König der Welt, der uns erwählt hat aus allen Völkern und uns seine Thora gegeben. Gelobt seist du, Ewiger, der die Thora gegeben.

יברכך Es segne dich der Ewige und behüte dich. Es lasse der Ewige dir sein Angesicht leuchten und begnadige dich. Es wende der Ewige dir sein Angesicht zu und gebe dir Frieden.

Aus einem jüdischen Gebetsbuch

Schofar

Der Gottesdienst

Um einen jüdischen Gottesdienst abhalten zu können, bedarf es der Anwesenheit von 10 religiös-mündigen Männern. Im Alter von 13 Jahren wird der jüdische Junge in einer feierlichen Zeremonie in die Gemeinde aufgenommen, er gilt als Erwachsener und kann von nun an »zur Thora gerufen« werden. In orthodoxen Gemeinden finden sich die Männer auch an den Wochentagen zum dreimaligen Pflichtgebet in der Synagoge ein. Im Gegensatz zum christlichen Gottesdienst ist der jüdische ein reiner Gebetsgottesdienst. Der Vorbeter, der zumeist im synagogalen Gesang besonders geschult ist, und die Gemeinde lesen und singen in einer Art Wechselgespräch aus dem Gebetbuch.

An den Morgen- und Nachmittagsgottesdiensten des Sabbats und der Festtage wird in feierlicher Form die Lesung aus der Thora durchgeführt, ebenso wie bei den Morgengebeten am Montag und Donnerstag. Der Text der Thora ist in Abschnitte eingeteilt, die man an den einzelnen Sabbaten nacheinander liest. Im Verlaufe eines Jahres wird so die ganze Thora verlesen. Meistens ist es ein Vorbeter, der die Lesung aus der Thorarolle in der korrekten Intonation vornimmt. Im Anschluß an die Thoralesung wird ein bestimmter Abschnitt aus den Propheten-Büchern verlesen. Zu besonderen Gelegenheiten und nicht regelmäßig findet eine Predigt statt, die meist der Rabbiner hält. Der Rabbiner ist zunächst einmal der Kenner des religiösen Gesetzes, der den Ritus überwacht und die religiöse Gerichtsbarkeit leitet. In neuerer Zeit hat er auch seelsorgerische Aufgaben übernommen. Seine Funktionen entsprechen heute weitgehend denen des Pfarrers in einer christlichen Gemeinde. Hierzu gehört dann auch, daß er die Gläubigen durch sein Wort belehrt und unterweist. Die Predigt ist zumeist in der Landessprache abgefaßt. Die Teilnahme des Geistlichen am jüdischen Gottesdienst ist nicht notwendig.

Welche Funktion kommt dem Rabbiner, dem Kantor zu?
Wie wird man Rabbiner?
Welche Rolle haben Frauen im Gottesdienst (vgl. S. 53)?

Gläubige vor einer Synagoge in Israel.

Die drei Wallfahrtsfeste

Zu der Zeit, als der Tempel bestand, reisten die Juden aus dem ganzen Land und der Diaspora zu drei Festen nach Jerusalem (2. Mose 23,17; 34,23; 5. Mose 16,16–17). Zum Frühlingsanfang feierte man das Pessachfest, zum Frühlingsende das Wochenfest und zum Beginn des Herbstes das Laubhüttenfest. Sie alle waren ursprünglich Erntefeste, erhielten jedoch bald eine historische und religiöse Symbolik, die sie voneinander unterschied.

Die jüdischen Feste im zeitlichen Ablauf eines Jahres

Neujahrsfest	September/Oktober
Versöhnungsfest	September/Oktober
Laubhüttenfest	September/Oktober
Chanukka	November/Dezember
Purim	Februar/März
Pessach	März/April
Wochenfest	Mai/Juni

1. Pessach (Passa)

Das Wort Pessach bedeutet »Überschreitung, Verschonung« und erinnert an die im 2. Mose, Kapitel 12 beschriebene Rettung und Herausführung der Kinder Israels aus Ägypten. Nach der Schrift verschonte Gott die Israeliten, die ihre Türpfosten und Schwellen mit dem Blut eines Lammes (Passa-Lamm) bestrichen hatten. Das Fest hat auch den Namen »Fest der ungesäuerten Brote«, der uns aus dem Neuen Testament bekannt ist (Matthäus 26,17 u. ö.). Der Name erinnert daran, daß nach der Schrift beim eiligen Verlassen Ägyptens keine Zeit mehr blieb, Brot zu backen. Der ungesäuerte Teig wurde mit auf die Reise genommen und später gebacken (2. Mose, 12,39). In der siebentägigen Zeit des Festes essen Juden auch heute noch ungesäuertes Brot (Mazza, Mazze), um des Auszugs aus Ägypten und ihrer Befreiung von der Sklaverei zu gedenken. Im Mittelpunkt des Festes steht der Seder-Abend (von hebr. seder »Ordnung«), der am Vorabend des Festes durchgeführt wird. Es ist ein häuslicher Familiengottesdienst, der nach einer festen Ordnung abläuft. Neben dem Verzehr von Mazze und Bitterkräutern, die an die Bitterkeit der Sklaverei in Ägypten erinnern sollen, trinkt man vier Becher Wein. Aus einem Buch mit liturgischen Texten, der Pessach-Haggada, werden Berichte über den Auszug aus Ägypten und die wunderbare Errettung des Volkes gelesen und Lieder gesungen.

In seiner Erzählung »Der Rabbi von Bacherach« beschreibt Heinrich Heine das Fest:

Sobald es Nacht ist, zündet die Hausfrau die Lichter an, spreitet das Tafeltuch über den Tisch, legt in die Mitte desselben drei von den platten ungesäuerten Bröten, verdeckt sie mit einer Serviette und stellt auf diesen erhöhten Platz sechs kleine Schüsseln, worin symbolische Speisen enthalten, nämlich ein Ei, Lattig, Mairettigwurzel, ein Lammknochen, und eine braune Mischung aus Rosinen, Zimmet und Nüssen. An diesen Tisch setzt sich der Hausvater mit allen Verwandten und Genossen und liest ihnen vor aus einem abenteuerlichen Buche, das die Agade heißt, und dessen Inhalt eine seltsame Mischung ist von Sagen der Vorfahren, Wundergeschichten aus Ägypten, kuriosen Erzählungen, Streitfragen, Gebeten und Festliedern. Eine große Abendmahlzeit wird in die Mitte dieser Feier eingeschoben, und sogar während des Vorlesens wird zu bestimmten Zeiten etwas von den symbolischen Gerichten gekostet, so wie alsdann auch Stückchen von dem ungesäuerten Brote gegessen und vier Becher roten Weines getrunken werden. Wehmütig heiter, ernsthaft spielend und märchenhaft geheimnisvoll ist der Charakter dieser Abendfeier, und der herkömmlich singende Ton, womit die Agade von dem Hausvater vorgelesen und zuweilen chorartig von den Zuhörern nachgesprochen wird, klingt so schauervoll innig, so mütterlich einlullend, und zugleich so hastig aufweckend, daß selbst diejenigen Juden, die längst von dem Glauben ihrer Väter abgefallen und fremden Freuden und Ehren nachgejagt sind, im tiefsten Herzen erschüttert werden, wenn ihnen die alten, wohlbekannten Paschaklänge zufällig ins Ohr dringen.

Das Fest besteht aus zwei sog. Ganzfeiertagen, an denen man nicht arbeitet, dem ersten und letzten Tag – und den dazwischen liegenden sog. Mittelfeiertagen, an denen die Verrichtung von Arbeit erlaubt ist. Außerhalb Israels werden – wie bei anderen Festen auch – zwei Feiertage angefügt.

2. Wochenfest

Am 50. Tag (griechisch Pentecoste, deutsch Pfingsten) nach dem 1. Tag des Festes Pessach wird das Wochenfest gefeiert. Der Name leitet sich ab von der Zahl der sieben mal sieben Wochen, die zwischen Pessach und dem nächstfolgenden Wallfahrtsfest liegen. Zum Wochenfest wurden in alter Zeit die ersten Erntegaben des Weizens nach Jerusalem gebracht und im Tempel geweiht (3. Mose 23,15–17). Gemäß jüdischer Tradition erfolgte an diesem Tag nach der Herausführung des Volkes Israel aus Ägypten die Offenbarung am Berge Sinai und die »Schenkung der Thora«, sowie die Berufung Israels zum Gottesvolk (2. Mose 19,4–8). Es ist üblich, die Synagoge und das Haus mit Blumen und frischem Grün zu schmücken. Im Gottesdienst werden die Zehn Gebote verlesen.

3. Laubhüttenfest

Dieses siebentägige Fest, von dem nur ein Tag Ganzfeiertag ist, war ursprünglich das große Erntedankfest. Nach 3. Mose 23,42–43 soll man sieben Tage lang zur Erinnerung an den Auszug aus Ägypten in Hütten wohnen. Der Name des Festes geht auf diese Hütten zurück, die man auch heute noch in Gärten, Höfen und auf Balkons errichtet und deren Dächer aus grünen Zweigen bestehen. An den Festtagen werden von der Familie die Mahlzeiten in der Hütte eingenommen. Zum Fest gehört der Feststrauß, der aus Palmzweig, 3 Myrthen, 2 Bachweiden und 1 Etrog, einer Art Zitrusfrucht, besteht und an dem man sich erfreuen soll (3. Mose 23,40).
Nach dem Schlußtag des Festes folgt ein Freudenfeiertag, der später auch »Simchat Thora« genannt wurde. Das Wort bedeutet »Gesetzesfreude«. An diesem Tag ist die Lesung der Thora abgeschlossen, und man zieht mit den in der Synagoge befindlichen Thorarollen in fröhlichem Reigen durch die Synagoge. Am folgenden Sabbat beginnt dann der neue einjährige Zyklus der Thoralesung mit dem Beginn des 1. Buches Mose.

Von welchen Grundgedanken sind das Pessach-Fest und das Wochenfest geprägt?
Weche Bedeutung haben die Gegenstände, die bei der Pessachfeier in der Familie verwendet werden?
Kennen Sie Lieder und Geschichten, die bei der Pessachfeier gesungen und vorgelesen werden?
Worin unterscheiden sich die beiden Feste von Ostern und Pfingsten?

Die Hohen Feste

Nach jüdischer Zeitrechnung beginnt jeweils im Herbst ein neues Jahr. An den beiden ersten Tagen des neuen Jahres wird das Neujahrsfest gefeiert, dem sich zehn Tage später das höchste religiöse Fest, das Versöhnungsfest, anschließt. Die zwei Tage des Neujahrsfestes, das Versöhnungsfest und die dazwischen liegende Woche – insgesamt also zehn Tage – werden die »Tage der Umkehr« oder »Tage der Buße« genannt. An ihnen werden in der Synagoge besondere Bußgebete gesprochen.

1. Neujahrsfest

Im Mittelpunkt des Gottesdienstes steht das Blasen mit dem Schofar, einem Widderhorn, mit dem jeder Mensch zur Buße gerufen werden soll. Gott gedenkt an diesem Tag, der auch als Schöpfungstag gilt, seines Schöpfungswerks und bestimmt die Schicksale der Menschen. Zum neuen Jahr begrüßt man sich mit der Formel »zu einem guten Jahr mögest Du eingeschrieben werden«, wobei die Vorstellung im Hintergrund steht, daß die Schicksale der Menschen von Gott in einem Buch eingeschrieben werden. In der Festliturgie, die von einem tiefen Ernst getragen ist, wird die Geschichte von der Geburt und Opferung Isaaks verlesen, womit die Beziehung zu dem Schofar hergestellt wird.

2. Versöhnungsfest (Jom Kippur)

Der Tag dient der Erneuerung des religiös-sittlichen Lebens. Jeder Gläubige ist verpflichtet, sich um Aussöhnung mit seinen Mitmenschen zu bemühen. Gleichzeitig bittet er Gott um die Vergebung der Sünden, die er begangen hat. Ursprünglich war dieser Tag ein Tag der Entsühnung des gesamten Volkes und des Heiligtums, also der Stiftshütte und des Tempels (3. Mose 16). Nur an diesem Tage durfte der Hohepriester das Allerheiligste im Tempel betreten.

Der Gläubige fastet während der 24 Stunden dieses Tages, die er zum größten Teil in der Synagoge verbringt. Im Mittelpunkt des Gottesdienstes stehen das Sündenbekenntnis und das Gebet um göttliche Gnade. Es ist üblich, daß sich die Gläubigen in weiße Gewänder hüllen, wie man sie auch nach dem Tode angelegt bekommt. Mit dem Ton des Schofars wird das Ende des Festtages verkündet.
Das Versöhnungsfest ist das wichtigste Fest des jüdischen Jahres. Auch Gläubige, die sonst nicht die Synagoge regelmäßig besuchen, nehmen an diesem Tag am Gottesdienst teil.

Inwiefern ist das Versöhnungsfest das wichtigste jüdische Fest? Vgl. die Beschreibung des Festrituals für Jom Kippur in 3. Mose 16.
In 3. Mose 16 wird das Festritual beschrieben.

Die historischen Feste

Die beiden Feste Chanukka und Purim, die sich erst später herausgebildet haben, werden mit bestimmten historischen Ereignissen in Beziehung gebracht. Beiden ist gemeinsam, daß an ihnen kein Arbeitsverbot besteht.

Chanukka-Leuchter aus Polen (17./18. Jahrhundert)

1. Chanukka

Das hebräische Wort Chanukka bedeutet »Einweihung«. Es ist ein achttägiges Lichtfest, das im Spätherbst gefeiert wird. Nach der Tradition geht es zurück auf die in den Makkabäerbüchern geschilderten Kämpfe. Als im Jahre 165 v. Chr. nach der Wiedereroberung Jerusalems der Tempel vom griechischen Götterkult gereinigt wurde, entdeckte man einen kleinen Krug mit geweihtem Öl, das von den Heiden nicht entweiht worden war. Mit diesem Öl brannte der goldene Leuchter im Heiligtum acht Tage, bis man neues geheiligtes Öl bereitet hatte. Die Bedeutung des Makkabäer-Aufstandes liegt vor allem darin, daß er zur Errichtung eines selbständigen jüdischen Staates führte.
Bei Anbruch der Dunkelheit werden im Haus und in der Synagoge die Lichter am achtarmigen Chanukka-Leuchter angezündet, wobei man am ersten Tag ein Licht und dann jeden Tag eines mehr ansteckt. In das tägliche Gebet wird ein Dankgebet eingefügt, das die Errettung aus Feindeshand preist.

2. Purim

Der Termin des Purim-Festes liegt im Frühjahr. Es läßt sich zurückführen auf die im biblischen Buch Esther geschilderten Vorgänge. Haman, der Minister des persischen Königs, beschloß, die Juden des Reiches zu vernichten. Der Fürsprache der Esther gelang es jedoch, den Plan zu durchkreuzen und die Juden zu retten. Haman wurde hingerichtet. Der Tag der geplanten Vernichtung war durch das Los festgesetzt worden, deshalb wird das Fest auch »Losfest« genannt. Im Mittelpunkt des Gottesdienstes steht die Lesung des Buches Esther aus einer besonderen Buchrolle. Das Fest ist ein Volksfest geworden, an dem man ähnlich wie zum Karneval verkleidet in Umzügen durch die Straßen zieht und Purim-Bälle besucht. Seit dem Mittelalter gab es besondere Purim-Spiele, in denen man die biblischen Geschehnisse darstellte.

Gibt es Entsprechungen zwischen jüdischen und christlichen Festen?

Namen und Begriffe

Achad Ha-Am (hebräisch »Einer aus dem Volke«) eigentlich Ascher Ginzberg, geb. Skwira (Rußland) 1856, gest. Tel Aviv 1927. Schriftsteller und Philosoph.

Auerbach, Berthold geb. Nordstetten (Württemberg) 1812, gest. Cannes (Frankreich) 1882. Schriftsteller (»Schwarzwälder Dorfgeschichten«, 1854).

Chanukka Fest der Tempelweihe, Lichtfest. Historisch jüngstes Fest des jüdischen Festkalenders (Makkabäer-Bücher).

Gemara (hebräisch »Vollendung«) Lehrdiskussion über den Stoff der Mischna. Es gibt eine palästinensische und eine babylonische Gemara.

Haggada (hebräisch »Erzählung«) Teil der »mündlichen Lehre«, enthält vor allem Legenden, Fabeln, Märchen, Predigten.

Halacha (hebräisch »Gehen, Wandel«) Teil der »mündlichen Lehre«, enthält die gesetzlichen Teile der jüdischen Überlieferung.

Hillel Gesetzeslehrer, der zur Zeit Jesu in Palästina wirkte. Er kam aus Babylonien und wurde zum Begründer der »Schule Hillels«.

Jom Kippur Versöhnungsfest. Wichtigstes Fest des jüdischen religiösen Jahres. Es dient der Läuterung der Menschen und der Versöhnung mit Gott (3. Mose 16).

koscher (hebräisch »tauglich, erlaubt«) Koschere Speisen sind rituell korrekt zubereitet.

Laubhüttenfest Fest der Hütten, zur Erinnerung an den Auszug aus Ägypten (3. Mose 23,42–43).

Mazze ungesäuertes Brot, das zu Pessach verzehrt wird (2. Mose 12,39).

Mischna (hebräisch »Wiederholung, Lernen«) Sammlung von Lehrsätzen des »mündlichen« Gesetzes, zusammengestellt um 200 n. Chr. durch Jehuda ha-Nasi.

Neujahrsfest mit ihm beginnt das jüdische religiöse Jahr. Der Mensch wird zur Buße und Besserung aufgerufen. Gott bestimmt das Los der Menschen und hält an diesem Tag sein Gericht.

Pessach (Passa) Fest der Befreiung aus Ägypten (2. Mose 12).

Purim Fest zur Erinnerung der Errettung der Juden aus drohender Gefahr (Buch Esther).

Rabbi (Rabbinen, Rabbiner) Rabbi = hebräisch »mein Herr, mein Lehrer«. Mit »Rabbinen« werden die jüdischen Religionsgelehrten zur

Zeit der schriftlichen Niederlegung des »mündlichen« Gesetzes bezeichnet. »Rabbiner« ist heute der Prediger und Seelsorger der Gemeinde, vergleichbar dem Pastor oder Priester im christlichen Bereich.

Schammai Gesetzeslehrer zur Zeit Jesu in Palästina. Strenger in der Auslegung religiöser Bestimmungen als Hillel, wurde zum Begründer der »Schule Schammais«.

Schofar Widderhorn, auf dem zum Neujahrsfest geblasen wird. Der Mensch soll zu Buße und Besserung aufgerufen werden (4. Mose 29,1).

Simchat Thora Freudentag zum Abschluß des Jahres-Zyklus der Thora-Lesung.

Synagoge (griechisch »Versammlung, Gemeinde«) Kultische Institution, Haus, in dem der Gottesdienst stattfindet, und zugleich soziales Zentrum der Gemeinde.

Rabbiner mit Thorarolle. Gemälde von Marc Chagall (1887–1985).

Tallit Gebetsmantel, in den sich der Betende einhüllt (4. Mose 15,37–41).

Talmud (hebräisch »Lehre«) Sammelwerk, bestehend aus Mischna und Gemara. Es gibt zwei Talmude: den palästinensischen Talmud und den in Mesopotamien entstandenen umfangreicheren babylonischen Talmud.

Tefillin Gebetsriemen, die man um den linken Arm und die Stirn legt (5. Mose 6,8).

Thora (hebräisch »Weisung, Lehre«) Bezeichnung für die fünf Bücher Moses (Pentateuch).

Wochenfest Fest der Offenbarung am Sinai, 50 Tage nach Pessach (3. Mose 23,15–16).

Ecclesia und Synagoge – Kirche und Synagoge – am Südportal des Straßburger Münsters. Die Ecclesia trägt den königlichen Mantel, sie stützt sich auf den Kreuzstab, in der Linken hält sie den Kelch mit dem Blut ihres Herrn. Die Synagoge hat in der Rechten den zerbrochenen Stab, in der Linken entsinken ihr die Gesetzestafeln.

Warum ich Jude bleibe

Lieber Rudi, ich muß dir mitteilen, was dich bekümmern und, zunächst mindestens, dir unbegreiflich sein wird: ich bin in langer und, wie ich meine, gründlicher Überlegung dazu gekommen, meinen Entschluß zurückzunehmen. Ich bleibe also Jude.

Wenn ich dir im folgenden die Gründe auseinanderzusetzen suche, so tue ich es nicht bloß, weil ich dir nach dem Gang der Sache diese Rechenschaft schuldig bin und weil ich unsere Freundschaft dadurch vielleicht am Leben erhalten kann, sondern weil mein neuer Standpunkt, anders als mein alter, die – theoretische – Anerkennung auch von dem Christen verlangt ...

Das Christentum erkennt den Gott des Judentums an, nicht als Gott, aber als den »Vater Jesu Christi«. Es hält sich selbst an den »Herrn«, aber weil es weiß, daß nur er der Weg zum Vater ist. Er bleibt als der Herr bei seiner Kirche alle Tage bis an der Welt Ende. Dann aber hört er auf, der Herr zu sein, und wird auch er dem Vater untertan sein, und dieser wird – dann – Alles in Allem sein. Was Christus und seine Kirche in der Welt bedeuten, darüber sind wir einig: es kommt niemand zum Vater denn durch ihn.

Es *kommt* niemand zum Vater – anders aber wenn einer nicht mehr zum Vater zu kommen braucht,

Ihre Augen sind verschleiert. Das Motiv findet sich im Mittelalter häufig, so auch in Kirchen in Freiburg und Bamberg. Es ist auch in Kirchen in anderen europäischen Ländern oder in Handschriften anzutreffen.

Welches Verständnis von der Synagoge spricht aus dieser Gegenüberstellung?

weil er schon bei ihm *ist.* Und dies ist nun der Fall des Volkes Israel (nicht des einzelnen Juden). Das Volk Israel, erwählt von seinem Vater, blickt starr über Welt und Geschichte hinüber auf jenen letzten fernsten Punkt, wo dieser sein Vater, dieser selbe, der Eine und Einzige – »Alles in Allem«! – sein wird. An diesem Punkt, wo Christus aufhört der Herr zu sein, hört Israel auf erwählt zu sein; an diesem Tage verliert Gott den Namen, mit dem ihn Israel anruft; Gott ist dann nicht mehr »sein« Gott. Bis zu diesem Tage aber ist es Israels Leben, diesen ewigen Tag in Bekenntnis und Handlung vorwegzunehmen, als ein lebendes Vorzeichen dieses Tages dazustehen, ein Volk von Priestern, mit dem Gesetz, durch die eigene Heiligkeit den Namen Gottes zu heiligen. Wie dieses Volk Gottes in der Welt steht, welche äußeren (Verfolgungen) und inneren (Erstarrung) Leiden es durch seine Absonderung auf sich nimmt, darüber sind wir wieder einig.

Dennoch, da diese Leiden der Weltverneinung von der Synagoge in der gleichen Endhoffnung aufgenommen werden wie von der Kirche die Leiden der Weltbejahung, und da das nicht bloß ein unbewußtes und zufälliges Zusammentreffen in der *Ewigkeit* (wie etwa zwischen dem Gläubigen und dem »allgemein-menschlichen« Pazifisten) ist, sondern auch die Wurzeln dieser Hoffnung, der Gott aller *Zeit* hier und dort, zusammen entspringen, die Offenbarung des Alten Bundes uns gemeinsam ist: so sind Kirche und Synagoge aufeinander angewiesen.

Die Synagoge, unsterblich, aber mit gebrochenem Stab und die Binde vor den Augen, muß selbst auf alle Weltarbeit verzichten und alle ihre Kraft darauf verwenden, sich selbst am Leben und rein vom Leben zu erhalten. So überläßt sie die Weltarbeit der Kirche und erkennt in ihr das Heil für alle Heiden, in aller Zeit. Sie weiß, daß, was für Israel die Werke des Kults, für die Welt außerhalb Israels die Werke der Liebe wirken. Aber sie weigert sich, der Kirche zuzugestehen, daß die Kraft, aus der jene die Werke der Liebe tut, mehr als *göttlich,* und selber eine Gotteskraft sei. Hier schaut sie starr in die *Zukunft.*

Franz Rosenzweig

Drei Gedichte von Else Lasker-Schüler

Abraham und Isaak

Abraham baute in der Landschaft Eden
sich eine Stadt aus Erde und aus Blatt
und übte sich mit Gott zu reden.

Die Engel ruhten gern vor seiner frommen Hütte
und Abraham erkannte jeden;
himmlische Zeichen ließen ihre Flügelschritte.

Bis sie dann einmal bang in ihren Träumen
meckern hörten die gequälten Böcke,
mit denen Isaak Opfern spielte hinter Süßholzbäumen.

Und Gott ermahnte: Abraham!!
Er brach vom Kamm des Meeres Muschel ab und schwamm
hoch auf den Blöcken den Altar zu schmücken.

Und trug den einzigen Sohn gebunden auf den Rücken
zu werden seinem großen Herrn gerecht –
der aber liebte seinen Knecht.

Moses und Josua

Als Moses im Alter Gottes war,
nahm er den wilden Juden Josua
Und salbte ihn zum König seiner Schar.

Da ging ein Sehnen weich durch Israel –
Den Josuas Herz erquickte wie ein Quell.
Des Bibelvolkes Judenleib war sein Altar.

Die Mägde mochten den gekrönten Bruder gern –
Wie heiliger Dornstrauch brannte süß sein Haar;
Sein Lächeln grüßte den ersehnten Heimatstern,

Den Mosis altes Sterbeauge aufgehn sah,
Als seine müde Löwenseele schrie zum Herrn.

Mein Volk

Der Fels wird morsch,
Dem ich entspringe
Und meine Gotteslieder singe . . .
Jäh stürz ich vom Weg
Und riesele ganz in mir
Fernab, allein über Klagestein
Dem Meer zu.

Hab mich so abgeströmt
Von meines Blutes
Mostvergorenheit.
Und immer, immer noch der Widerhall
In mir,
Wenn schauerlich gen Ost
Das morsche Felsgebein,
Mein Volk,
Zu Gott schreit.

Geschichte des jüdischen Volkes

Die Israelitische Zeit

Die Geschichte beginnt bei Adam

Untrennbar sind in der jüdischen Geschichte die Geschichte des Volkes und die der Religion miteinander verbunden. Aus diesem Grund ist es nötig, bei der Schilderung der historischen Entwicklungen Fragen und Probleme der Religion mitzuberücksichtigen. Für den Juden decken sich die älteren historischen Ereignisse mit dem, was in den biblischen Büchern dargestellt ist.
Ausgangspunkt für jüdische Geschichte und Religion sind die Geschehnisse, die im 1. Buch Mose geschildert werden. Von der Erschaffung der Welt an werden die Stammbäume von Adam bis zu Abraham, Isaak und Jakob geführt, die im Land Kanaan als Vorfahren des jüdischen Volkes der Überlieferung nach lebten. Sie sind Hirten und ziehen mit ihren Familien und Herden durch das Land, in welches Gott den Abraham geführt hat. Der mythenhafte Charakter der Geschehnisse und der unmittelbare Kontakt, den die Erzväter zu Gott haben, sind von tiefer Bedeutung für die jüdische Religion geworden.
Erst mit der Gestalt des Mose, der die als Nachkommen Jakobs nach Ägypten gekommenen Stämme eint und sie aus diesem Land führt, verlassen wir den Bereich der überlieferten Sagen. Durch die Offenbarung am Sinai, bei der Mose die Funktion eines Mittlers zwischen Gott und dem Volk ausübt und zum Lehrer seines Volkes wird, stellt sich dieses unter das Wort des einen Gottes und wird zum Volk Israel. Im kultischen Bereich wird die Bundeslade eingeführt und die Priesterschaft mit besonderen Funktionen ausgestattet.
Mit der Landnahme, das heißt der Inbesitznahme des verheißenen Landes Kanaan, das nun den Namen Land Israel erhält, werden die historischen Tatsachen greifbarer, vor allem von der Zeit Josuas, des Nachfolgers Moses, an. Wir sind nun nicht mehr nur auf die Berichte in den biblischen Büchern angewiesen, sondern haben auch durch andere Quellen und archäologische Funde Kenntnis über bestimmte Vorgänge.

Im Spannungsfeld der Großmächte

Immer schon war Palästina als Landesbrücke im Spannungsfeld der Auseinandersetzungen zwischen den Großmächten in Nordafrika (Ägypten) und im Zweistromland (Assyrien, Babylonien). Das Land Kanaan war zu dieser Zeit, also etwa um 1200 v. Chr., als Kulturland besiedelt von den Kanaanäern. Sie waren wie die Israeliten Semiten und diesen eng verwandt. An der Küste waren die wahrscheinlich aus Kreta eingewanderten Philister ansässig. Von diesen leitet sich die spätere Bezeichnung Palästina ab. Den israelitischen Stämmen gelang es zunächst nur, in unbesiedelte Gebiete vorzudringen, während Kanaanäer und Philister in befestigten Städten ihre Position behaupteten. Nach langandauernden kriegerischen Auseinandersetzungen gelingt es David, der von den Stämmen als gemeinsamer König anerkannt wird – er regiert von etwa 1010–970 v. Chr. –, Philister und Kanaanäer zu besiegen. Hauptstadt des neuen Reichs wird die eroberte kanaanäische Stadt Jebus, die den Namen Jerusalem erhält. In ihr errichtet Salomo, der Sohn und Nachfolger Davids, den Tempel und königlichen Palast. Das neue Reich zerfällt aber nach dem Tode Salomos in zwei Teile. Die im nördlichen Teil des Reiches ansässigen Stämme (Israel) wählen einen eigenen König und müssen sich in Grenzkämpfen mit den Aramäern und anderen Völkern auseinandersetzen. Im Jahre 721 v. Chr. wird die Hauptstadt des Nordreichs von den Assyrern besetzt und das Reich vernichtet. Das kleinere Südreich (Juda), das von dem davidischen Königshaus weiterregiert wird, gerät in assyrische Abhängigkeit. Die Nachfolger der Assyrer als Großmacht im Zweistromland, die Babylonier, besetzen 586 v. Chr. Jerusalem, zerstören den Tempel und bringen viele Familien in die Gefangenschaft nach Babylonien.

In der Zeit des Bestehens der beiden Reiche ergeben sich im religiösen Bereich vielfältige und wichtige Entwicklungen. Während im Nordreich lokale kanaanäische Kultstätten bis zur Vernichtung des Reiches weiterbestehen, kommt es im Südreich unter dem König Josia um 620 zur Zerstörung der Kultstätten im Lande und zu einer Konzentration des Opferkults in Jerusalem. Maßgeblichen Anteil hieran hatten die Propheten, die als Sprecher Gottes gegen sein ungehorsames Volk auftreten und dessen Schicksal deuten. Daß die jüdische Religion wesentlich auf Geschichtsereignisse gegründet ist, wurde schon deutlich, als die Epoche vom Auszug aus Ägypten bis zur Niederlassung im Land Kanaan als Erfüllung einer von Gott gegebenen Verheißung aufgefaßt wurde. Durch die Propheten kam es nun zu der entscheidenden Ausweitung der monotheistischen Vorstellung von einem Stammesgott zu dem einen Gott des Universums. Gott als Weltherr (Jesaja 44,6) manifestiert seine Macht, er straft sein Volk durch andere Völker (Assyrer, Babylonier). Indem das Volk Israel diese von Gott verhängte Strafe annimmt, versteht es sich als ein besonderes Instrument, das von Gott auserwählt worden ist. Die Vorstellung von Gott als dem Herrn der Geschichte tritt erst nach der Rückkehr aus dem babylonischen Exil zurück. An ihre Stelle tritt noch stärker als zuvor der Gedanke an das Gesetz als die ewig gültige Offenbarung Gottes. Sie blieb aber noch für die Zeitgenossen Jesu insoweit bestimmend, als diese eine innergeschichtliche Wende erwarteten.

Von der Rückkehr aus dem babylonischen Exil bis zur Zerstörung des Tempels im Jahre 70 n. Chr.

Wieder im Land der Väter

Nach der Niederwerfung des babylonischen Reiches durch den persischen König Kyros im Jahre 538 v. Chr. erhielten die Juden die Erlaubnis, in das Land Israel zurückzukehren. Viele blieben freilich in Mesopotamien, so daß von dieser Zeit an die Geschichte der Juden nicht nur auf das Land Israel beschränkt ist. Schon zuvor gab es jüdische Handelskolonien im Mittelmeergebiet und in Ägypten.

Die Rückkehrer errichteten bald wieder den Tempel, der zu einem Symbol der Sammlung nicht nur für die Juden des Landes, sondern auch für die in der »Zerstreuung« (Diaspora) wurde. Unter den Rückwanderern waren Nehemia und Esra, die sich um die Wiedererrichtung des Staatswesens große Verdienste erwarben. Nehemia betrieb die Wiederherstellung der Mauer um Jerusalem, Esra legte eine neue Zusammenstellung der religiösen Gesetze vor, auf die das Volk verpflichtet wurde. Der kleine Staat um Jerusalem blieb in Abhängigkeit vom persischen Reich.

Nach der Zerstörung des persischen Weltreichs durch Alexander den Großen geriet Palästina bald in das Spannungsfeld der beiden Nachfolgereiche Alexanders, der Ptolemäer in Ägypten und der Seleukiden in Syrien und in Mesopotamien. Ab 198 v. Chr. war Palästina in der Hand der Seleukiden.

Durch das Eindringen der hellenistischen Kultur in den Raum des Vorderen Orients kam es bald zu starken Spannungen innerhalb des jüdischen Gemeinwesens und zu Auseinandersetzungen mit den Seleukiden. Der wiedereingeführte Tempeldienst mit einer einflußreichen Priesterschaft, an deren Spitze der Hohepriester stand, sah sich einer zusehends stärker werdenden Hellenisierung gegenüber. Als der König Antiochus IV. den Tempel dem Zeus Olympios weihte und die Beschneidung, das Thora-Studium und die Sabbatheiligung verbot, brach ein Aufstand aus, in dessen Verlauf die Makkabäer oder Hasmonäer um 140 v. Chr. einen halbwegs selbständigen Staat um Jerusalem errichteten. Dieser auf der Grundlage religiöser Gesetze errichtete Staat (Theokratie) geriet ab 63 v. Chr. unter römische Oberherrschaft. Herodes (37 v. Chr.–4 v. Chr.) beseitigte die letzten Hasmonäer; ihm gelang es, die Gunst der Römer zu erringen und sich zum König ernennen zu lassen. Der König Herodes, in dessen Regierungszeit die Geburt Jesu fällt, war eine der großen politischen Persönlichkeiten seiner Zeit. Neben der Neugründung von Städten und der Anlage von Burgen ließ er den Tempel erweitern. Jerusalem wurde unter seiner Regierung noch stärker als zuvor zu einem Zentrum des Diaspora-Judentums, in dem sich – etwa zu den Wallfahrtsfesten – Juden aus vielen Ländern einfanden.

Modell des herodianischen Tempels in Jerusalem

Politische und religiöse Gruppenbildungen

Die Judenheit in Israel war zur Zeit Jesu nicht einheitlich, einzelne Gruppen sind deutlich voneinander zu unterscheiden. Die Sadduzäer stützten sich ausschließlich auf die schriftliche Lehre und waren bereit, mit den weltlichen Machthabern zusammenzuarbeiten. Zumeist gehörten sie der Priesterschaft und dem Handelsstand an. Sie werden in den neutestamentlichen Büchern verschiedentlich erwähnt, wie auch eine andere Gruppe, die Pharisäer.
Die Ursprünge dieser Gruppe gehen auf das Laienschriftgelehrtentum zurück, die meisten Pharisäer waren Handwerker und Bauern. Ihr Ziel war, alle Lebensbereiche unter das Gesetz Gottes zu stellen, d. h. sich den Forderungen des Gesetzes ganz zu unterwerfen. Hierzu gehörte, daß man neben der Thora die »mündliche Lehre« anerkannte und weiterführte. Die Pharisäer, die im Neuen Testament verzerrt dargestellt sind, lebten in kleinen Gemeinschaften, in deren Mittelpunkt die Synagoge als kultische Institution stand. Der Tempel, in dem die Priesterschaft herrschte, die von den kultischen Abgaben, wie Tempelsteuer und Zehnt, unterhalten wurde, hatte immer als Ort der Vereinigung von himmlischer und irdischer Welt und als Wohnstatt Gottes gegolten. Die Synagoge, die im Zusammenhang mit dem babylonischen Exil als neue Institution religiösen Lebens entstanden war, bildete den Rahmen für den Gottesdienst und das Studium der Schrift. Sie war zunächst eine Institution der Laien ohne formelle Bindung zu Tempel und Priesterschaft. Die Pharisäer waren nicht etwa gegen den Tempel eingestellt, sie betrachteten vielmehr die Synagoge als notwendig zur Vervollkommnung des kultischen Lebens.
Neben diesen beiden Gruppen gab es noch andere, bei denen endzeitliche (messianische) Erwartungen im Vordergrund standen, Täuferbewegungen, wie wir sie mit Johannes dem Täufer aus dem Neuen Testament kennen, und die Gemeinde von Qumran. Von jüdischen hellenistischen Schriftstellern – inzwischen hatte sich das Griechische als Kultur- und Handelssprache im Raum des östlichen Mittelmeeres durchgesetzt – erfahren wir einiges über diese Gruppen und Sekten.

Abbildung des siebenarmigen Leuchters (Menora) auf dem Titusbogen in Rom. Die Menora ist das bekannteste Symbol der jüdischen Religion. Sie stand in der Stiftshütte und im Tempel (2. Mose 25,31–40; 37,17–24). Nach dieser Darstellung ist das Wappen des Staates Israel gestaltet worden, wobei man die Menora mit zwei Olivenzweigen, als dem Zeichen des Friedens, umgeben hat (vgl. Sacharia 4,11–14).

Unter römischer Besatzung

In diese religiös und politisch aufgewühlte Situation – unter den Nachfolgern des Herodes wurde die Bedrückung durch die römische Besatzungsmacht immer stärker – fällt das Wirken Jesu. Als aramäisch sprechender Jude bildet er mit seinen Anhängern auch eine solche Gruppierung innerhalb der Judenheit im Lande Israel. Seine Lehre mußte Widerstand auslösen, da er als Jude gegen das religiöse Gesetz (etwa die Sabbatvorschriften) verstieß, es in Frage stellte und die eschatologische Zeit ankündigte. Der Tod Jesu am Kreuz nach einem Prozeß, dessen historische Einzelheiten auf Grund z. T. widersprüchlicher Darstellungen in den Evangelien nicht klar sind, war das Werk der römischen Besatzungsmacht, der Jesus als vermeintlich politischer Aufrührer übergeben worden war.

Die zunächst kleine judenchristliche Urgemeinde, die von der baldigen Wiederkehr ihres Herrn erfüllt war, hatte sich in Diskussionen mit den gesetzestreuen Juden auseinanderzusetzen. Anstelle der Thora wurde bald in den entstehenden christlichen Gemeinschaften das Erlösungswerk Christi in das Zentrum des Glaubens gerückt. Das nunmehr so genannte Alte Testament wurde als Vorläufer der christlichen Verkündigung gesehen, das durch das Neue Testament seine notwendige Ergänzung gefunden hatte. Durch Mission unter den Heiden wurde das Christentum zu einer griechisch-römischen und später zu einer europäischen Religion. Das Judentum hatte auch in bestimmtem Umfang Mission betrieben, die Anzahl derjenigen, die die rituellen und zeremoniellen Vorschriften anerkannten und Juden wurden, war im Vergleich mit dem Christentum freilich gering.

Die neutestamentlichen Zeugen sagen, daß Jesus unmittelbar den Willen Gottes ausdrückt. Warum haben die Juden den christlichen Anspruch abgelehnt?

Das Ende des Staates

Historisch entscheidender als das zunächst so erscheinende Absplittern einer kleinen Sekte wurde für das Judentum die Zerstörung des Tempels und der Untergang des Staates im Jahre 70 n. Chr. Nach einem Aufstand gegen die römische Herrschaft, bei dem mit Ausnahme der Pharisäer alle Gruppen und Sekten fast vollständig untergingen, wurde der kultische und religiöse Mittelpunkt in Jerusalem, dem auch eine wichtige politisch-wirtschaftliche Bedeutung zukam, zerstört. An die Stelle des Tempels als kultische Institution trat nunmehr ganz die Synagoge, aus dem Opfer-

Münzen aus der Zeit des Krieges gegen die Römer (66–77 n. Chr.) und des Bar-Kochba-Aufstandes (132–135 n. Chr.)
Abgebildet sind (von oben):
1. *Eingang des Tempels oder einer Synagoge*
2. *Kelch*
3. *Feststrauß (Laubhüttenfest)*
4. *Stamm mit 3 Granatäpfeln*

gottesdienst wurde der Gebetsgottesdienst. Das Judentum in der Diaspora (Mesopotamien, Ägypten, Mittelmeergebiet), das schon seit Jahrhunderten bestand, sicherte nunmehr, vor allem nach dem letzten erfolglosen Aufstandsversuch im Lande Israel unter Bar-Kochba (132–135), den Weiterbestand der jüdischen Religion.
Auch nach der Vertreibung wurde das verheißene Land Israel als ein wichtiger Bestandteil des Bundes zwischen Gott und seinem Volk aufgefaßt.

Die Talmudische Epoche (70–650)

In der Zerstreuung – Besinnung auf die Tradition

Nach der Zerstörung des Tempels mußte das religiöse Leben im Lande Israel und in der Diaspora neu gestaltet werden. Als einzige Gruppe hatten die Pharisäer die Katastrophe überstanden, während die Sadduzäer und die anderen Gruppen untergegangen waren. Bis zum Jahre 70 konnte man deutlich zwei Richtungen innerhalb des Pharisäismus unterscheiden: der strengeren des Schammai stand die mildere des Hillel gegenüber. Bei der Neukonstituierung setzte sich weitgehend die Schultradition Hillels durch. In Jawne, einem kleinen Ort in der Küstenebene, wurde ein Lehrhaus gegründet, das wichtig für die religiöse Weiterentwicklung geworden ist. Dort stellte man die biblischen Bücher in einem festen Kanon zusammen. Die Anordnung weicht von der der Christen ab: der Thora folgen die »Propheten«, zu denen auch die Bücher Josua, Richter, Samuel und Könige gehören. Die dritte Abteilung bilden die »Schriften« (Psalmen, Sprüche, Hiob; Hohes Lied, Ruth, Klagelieder, Prediger, Esther; Daniel, Esra, Nehemia und die Chronik). Daneben wurde entscheidend für den Weiterbestand und die Entwicklung der jüdischen Religion die um 200 abgeschlossene Redaktion der mündlichen Lehre, der Mischna (siehe den Abschnitt »Was sind die Glaubenslehren der Juden?«) sowie die Sammlung von Ausdeutungen zum Text der alttestamentlichen Bücher (Midrasch). Träger der Tradition waren die Religionsgelehrten, die Rabbinen, die in Lehrhäusern den Wissensstoff von Generation zu Generation weitergaben. Die Literatur dieser Zeit wird deshalb »rabbinische Literatur« genannt.
Nach der Redaktion der Mischna tritt das Land Israel als geistiges Zentrum des Judentums weitgehend zurück, andere Länder, vor allem zunächst Mesopotamien, treten an seine Stelle (siehe Abschnitt »Was ist der Talmud?«). Die Verlagerung des Schwergewichts nach Mesopotamien geschah nicht zufällig: durch einschneidende Verbote versuchte der römische Kaiser Hadrian nach 135 die Ausübung der jüdischen Religion im Land Israel zu untersagen. Den Juden wurde das Betreten der Stadt Jerusalem verboten, diese wurde umbenannt und erhielt den Namen Aelia Capitolina. Jerusalem wurde von nun an ein Symbol der Rückkehr in das eigene Land (Zionssehnsucht).
In Mesopotamien konnten die Juden unter der Herrschaft der persischen Sassaniden relativ ungestört ihren Lehrbetrieb fortsetzen. Sie waren vor allem in der Landwirtschaft und im Handel tätig. Im Mittelmeergebiet, im Bereich des römischen Reiches, war die Lage anders: die christliche Religion, die von der Zeit des Kaisers Konstantin im frühen 4. Jahrhundert an Reichsreligion geworden war, wurde betont judenfeindlich. Dadurch, daß sich das Reich als christliches Reich verstand und Staats- und Kirchengesetze identisch waren, wurden die Juden einer besonderen Gesetzgebung unterworfen und Bürger minderen Rechts. Ähnlich war die Entwicklung später im byzantinischen Reich, wo vor allem unter dem Kaiser Justitian im 6. Jahrhundert einschneidende Gesetze gegen die Juden erlassen wurden.
Die jüdische Religion hatte sich nach der Katastrophe des Jahres 70 durch die Ausformung der mündlichen Lehre und des synagogalen Gottesdienstes behauptet. Sie wurde in der Folgezeit immer stärker mit dem Aufkommen der beiden Tochterreligionen Christentum und Islam konfrontiert und hatte sich mit ihnen in entscheidender Weise auseinanderzusetzen.

Warum gewinnt die Glaubenstradition eine derart starke Bedeutung?
Welche Funktion hat die Glaubenstradition in Judentum, Christentum, Islam und Buddhismus? Vgl. S. 9; 63ff; 177f; 180

Das Mittelalter (650–1650)

Juden in aller Welt

Um die Mitte des 7. Jahrhunderts gab es neben dem großen Zentrum in Mesopotamien Juden in Ägypten, Italien, Spanien, Südfrankreich und auf der arabischen Halbinsel. Im Land Israel selbst waren nur wenige Juden ansässig. In Deutschland waren Juden schon zur Zeit der Römer, aber erst vom 8. Jahrhundert an sind Juden wieder in größerer Zahl – vor allem im Rheinland und entlang der Handelswege – nachweisbar.
Durch den Siegeszug der neuen Religion des Islam gerieten die Juden in Mesopotamien, Nordafrika und Spanien in das Einflußgebiet dieser Religion. Der Islam sprach und spricht der jüdischen und christlichen Religion eine besondere Rolle zu, da beide im Besitz »heiliger Bücher« sind. Den Gläubigen dieser Religion gestattet man gegen Zahlung einer besonderen Steuer die freie Ausübung ihrer Religion.

Ein »goldenes Zeitalter« in Spanien

Besonders in Spanien bildete sich ein großes jüdisches Zentrum. Hier kam es unter dem Einfluß der islamischen Kultur zu engen und fruchtbaren Beziehungen zwischen den Juden und Arabern. Juden waren als Minister, Ärzte und Dichter an muslimischen Höfen tätig und verfaßten viele ihrer literarischen und religiösen Werke in arabischer Sprache. In dem Bemühen, den Wert der eigenen Religion herauszustellen und zu behaupten, entstanden grundlegende Werke der jüdischen Religionsphilosophie, wie etwa die des Maimonides (1135–1204). Man hat den Zeitraum zwischen dem 10. und 12. Jahrhundert in Spanien das »goldene Zeitalter« genannt, weil in ihm zu gegenseitiger Bereicherung Juden und Nichtjuden relativ harmonisch zusammenlebten.

Wisse, lieber Leser, daß der Glaube nicht etwas ist, das man nur mit dem Munde ausspricht. Er ist vielmehr etwas, das man sich in der Seele vorstellt. Wenn es dir genügt, die wahre oder die nach deiner Meinung für wahr geltenden Glaubenslehren bloß mündlich herzusagen, ohne daß du sie dir vorstellst oder an sie glaubst, geschweige denn nach ihrer Wahrheit forschst, so ist dies sehr leicht, wie du ja viele Gedankenlose findest, die an Glaubenslehren festhalten, deren Sinn sie nicht erfaßt haben. Wenn aber dein Herz angefüllt ist, um zur obersten Stufe, der Stufe der Einsicht, aufzusteigen und du als wahr erkennst, daß Gott Einer ist, nämlich die wahre Einheit, so daß du erkennst, daß es bei ihm keine Zusammensetzung und keine Teilbarkeit gibt, dann weißt du, daß ihm auch in keiner Weise ein Wesensattribut zukommt. So wie es unmöglich ist, daß ihm ein Körper zukommt, so ist es unmöglich, daß ihm ein Wesensattribut zukommt. Wer aber glaubt, daß Gott Einer ist, der viele Eigenschaften besitzt, nennt ihn zwar mit seinem Wort Einen, hält ihn

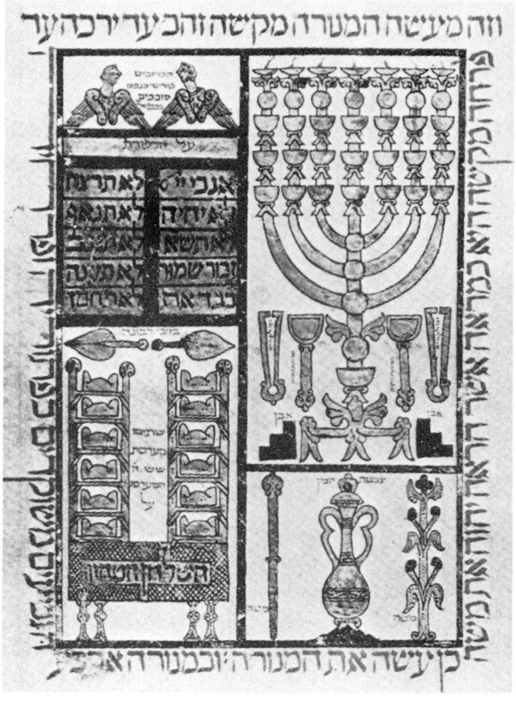

Aus einer mittelalterlichen Bibelhandschrift (Perpignan 1299). Links oben die Cherubim mit den Gesetzestafeln (2. Mose 25,18–22), darunter der Tisch mit den 12 Schaubroten (3. Mose 24,5–6). Rechts der siebenarmige Leuchter (Menora), das bekannteste Symbol der jüdischen Religion (2. Mose 25,31–40; 37,17–24), sowie Opfergeräte. Unten sieht man das Mannakrüglein (2. Mose 16,33) und den Stab Aarons.

aber in seinem Denken für eine Vielheit. Dies ist wie die Aussage der Christen, die sagen, er sei Einer, aber doch eine Dreiheit, diese Dreiheit sei aber doch Einer. Dasselbe sagt nun derjenige, welcher behauptet, Gott sein Einer, er besitze jedoch viele Attribute, daß aber er und seine Attribute eine Einheit bilden, wenn er auch an die Unkörperlichkeit Gottes und an dessen Einheit glaubt. Es kommt ja bei unserem Denken und Suchen nicht darauf an, was man sagt, sondern auf das, was man glaubt. Auch gibt es keinen Glauben, dem nicht eine Vorstellung voranginge. Denn Glauben ist das, von dem man meint, es sei außerhalb des Denkens, in Wirklichkeit ist es aber so, wie man es sich vorstellt. Wenn man nun überzeugt ist, daß das Gegenteil des Geglaubten in keiner Weise möglich ist, wenn im Denken kein Raum zur Abweisung des Geglaubten vorhanden ist, und wenn man sich auch die Möglichkeit des Gegenteils nicht vorstellen kann, dann ist es wahrer Glaube.

Aus Moses Maimonides, »Führer der Unschlüssigen«

Judenverfolgungen im Mittelalter

Über Spanien hinaus waren die Juden des Mittelmeerraumes Übermittler geistiger Güter der Antike, die von der islamischen Zivilisation aufgenommen worden waren und die über die Juden der christlich-abendländischen Welt zugänglich gemacht wurden.

Die Epoche der Juden in Spanien endete nach dem Vordringen der christlichen Heere und der Wiedereroberung der gesamten Halbinsel mit der Vertreibung im Jahre 1492. Vorangegangen waren Perioden heftigster Verfolgungen (Inquisition) durch die religiös unduldsame christliche Kirche, der sich viele Juden nur durch Zwangstaufen entziehen konnten. Viele der spanischen und portugiesischen Juden gingen nach Nordafrika und in das Gebiet der heutigen Türkei, die meisten der Zwangsgetauften verließen das Land später und gingen nach Amsterdam, London, Hamburg und nach Übersee.

In Mitteleuropa und Italien waren die Juden zunächst Handelsleute, sie wurden aber allmählich von christlichen Kaufleuten aus diesem Erwerbszweig verdrängt. Durch das Verbot des Zinsnehmens für Christen übernahmen die Juden vom 11. Jahrhundert an den Geldhandel, eine wirtschaftlich unentbehrliche Funktion. Rechtlich unterstanden sie zumeist dem persönlichen Schutz des Landesherrn, dem sie Zahlungen hierfür zu leisten hatten. Da sie mannigfaltigen rechtlichen Einschränkungen unterlagen (Verbot des Besitzes von Land, Verbot der Ausübung von handwerklichen Berufen), waren sie auf die Ausübung des Geldgeschäftes angewiesen.

Seit der Zeit der Kreuzzüge (Ende des 11. Jahrhunderts) kam es in Zeiten der wirtschaftlichen Not und oft geschürt durch den religiösen Haß zu heftigen Judenverfolgungen und Vertreibungen. So wurden die Juden 1290 aus England und 1306 aus Frankreich vertrieben. Zur Zeit der Ausbreitung der Pest in der Mitte des 14. Jahrhunderts sind in Deutschland fast alle jüdischen Gemeinden durch Vertreibung oder durch die Flucht ausgelöscht worden. Den Juden wurde die Schuld an der Verbreitung der Seuche gegeben. Viele von ihnen wanderten nach Polen und wurden dort als Kaufleute und Handwerker aufgenommen.

Durch die Zersplitterung des Reiches in zahlreiche Kleinstaaten ist es in Deutschland nie zu einer vollständigen Vertreibung der Juden gekommen. In vielen Städten lebten sie in bestimmten

Judenverbrennung in Trient 1475, Holzschnitt Ende 15. Jahrhundert.

Straßen, die abgetrennt von den übrigen Teilen der Stadt einen besonderen Bezirk (Ghetto) bildeten.
Abhängig vom Schutz des Landesherrn und ausgesetzt der Feindschaft von Kirche und Bevölkerung, bildeten die Juden eine Fremdgruppe innerhalb der Gesellschaft. Wegen ihrer wirtschaftlichen Funktion (Geldhandel, Geldbeschaffung, Klein- und Hausierhandel) war aber die Gesellschaft auf eben diese Fremdgruppe angewiesen.

Warum war im Mittelalter eine Integration oder Assimilation von Minderheiten nicht möglich? Gibt es noch Spuren jüdischen mittelalterlichen Lebens in Ihrer Stadt?

Jiddisch ist eine Nebensprache des Deutschen

Interessant ist, daß die Juden, die nach Polen gingen, ihre Sprache – die deutschen Mundarten ihrer Zeit – mitnahmen und weiter benutzten. Angereichert durch hebräische und slawische Wörter ist sie bis heute in Gebrauch. Da sie von Juden gesprochen wurde, nannte man sie »Jiddische Sprache«. Viele Wörter und Begriffe sind aus dem Jiddischen in den letzten 300 Jahren in die deutsche Umgangssprache gelangt, so etwa tofte, malochen, schofel, Macke, schmusen, schäkern, Schmiere stehen, Moos (Geld), Kluft und viele andere mehr.

Die Ausbreitung der Pest und die Vertreibung der Juden aus Mitteleuropa.

Jüdischer Friedhof Worms

Der Beginn der Neuzeit (ab 1650)

Im Ghetto

Viele Juden retteten sich nach der Vertreibung aus Spanien in den Machtbereich des Osmanischen Reiches, das damals in seiner Blüte stand. Auch im Land Israel gab es nun wieder kleinere jüdische Gruppen, in denen die schon in Spanien stark aufgekommene jüdische Mystik (Kabbala) weiter betrieben wurde.

In dem neuen jüdischen Zentrum in Polen lebten die Juden zumeist als Handwerker und Pächter, wobei sie das Bindeglied zwischen Adel und Bauernstand bildeten. Auch hier mußten sie zeitweise schwere Verfolgungen über sich ergehen lassen, so vor allem um 1648 durch einbrechende Kosakenheere. In die Zeit danach fällt die Stagnation der traditionellen Gelehrsamkeit und das Aufkommen der Volksbewegung des Chassidismus. Diese Bewegung, die bis in das 19. Jahrhundert hineinwirkte, war durch eine Verinnerlichung des Glaubens und eine Abkehr von den üblichen Formen des religiösen Lebens gekennzeichnet. Religiöse Wundertäter scharten Gemeinden von Gläubigen um sich und behaupteten sich gegen den Widerstand traditioneller Kreise.

In Deutschland lebten die Juden in starker Abhängigkeit von Privilegien oder Schutzbriefen der einzelnen Landesherren. Ohne den Besitz derartiger Privilegien waren sie recht- und schutzlos. Einzelnen Juden gelang es nach dem Dreißigjährigen Krieg, als Hofjuden eine besondere Stellung einzunehmen. Sie hatten die Fürsten und Könige mit Geld und Waren zu versorgen und erhielten dafür für sich und ihre Familien besondere Rechte. Einige von ihnen wurden sogar in den Adelsstand erhoben. Die meisten Juden lebten jedoch von Klein- und Hausierhandel.

Allen DESERTEURS, Bettel-Juden / Bettlern / und Landstreichern / so sich über Verhoffen in der Stadt HAMBURG Ländereyen befinden / oder hinkünfftig selbe berühren möchten / wird hiemit bedeutet / ohngesäumt sich fortzupacken / massen dieselbe / falls sie sich betreten lassen solten / mit Staupenschlag gestraffet werden sollen. Und wird denen Voigten und Haupt-Leuten dergleichen Gesindel so fort beym Kopff nehmen zu lassen anbefohlen. Actum & Decretum in Senatu publicatumque sub Signeto d. 23. Aug. Anno 1715.

L.S.

Erst mit dem Aufkommen von Ideen der Aufklärung im 18. Jahrhundert setzte eine tiefgreifende Veränderung in der Lage der Juden in Europa ein. Die traditionelle, religiös bestimmte Lebensform der Juden begann sich aufzulockern, man verließ die isolierte Position in den Ghettos und nahm Kontakt zur nichtjüdischen Umwelt auch im geistigen Bereich auf. Zu nennen ist hier der Philosoph Moses Mendelssohn (1729–86), das Vorbild Lessings für sein Drama »Nathan der Weise«.
Ausgehend von den Vorstellungen des Naturrechts fanden sich auf nichtjüdischer Seite Partner, die sich für eine bessere soziale Stellung der Juden einsetzten. Hierzu gehört etwa der preußische Kriegsrat Dohm, der 1781 eine Schrift mit dem Titel »Über die bürgerliche Verbesserung der Juden« vorlegte. Auf jüdischer Seite war man in Deutschland bereit, sich der Umwelt anzugleichen (Assimilation) und drängte auf Eintritt in die bürgerliche Gesellschaft und rechtliche Gleichstellung (Emanzipation). Besonders die Französische Revolution von 1789 mit ihren Ideen der Freiheit, Gleichheit und Brüderlichkeit war ein mächtiger Anstoß für die Bewegung um politische Gleichberechtigung. In Frankreich, wo Juden inzwischen wieder zugelassen worden waren, wurde ihnen 1791 das Bürgerrecht zuerkannt.

Moses Mendelssohn

Die Judengasse in Frankfurt a. Main. Zeichnung von Merian aus dem Jahre 1628.

Die Judengasse in Frankfurt am Main – Zwei Berichte

Zu den ahnungsvollen Dingen, die den Knaben und auch wohl den Jüngling bedrängen, gehörte besonders der Zustand der Judenstadt, eigentlich die Judengasse genannt, weil sie kaum aus etwas mehr als einer einzigen Straße besteht, welche in früheren Zeiten zwischen Stadtmauer und Graben wie in einen Zwinger mochte eingeklemmt worden sein. Die Enge, der Schmutz, das Gewimmel, der Akzent einer unerfreulichen Sprache, alles zusammen machte den unangenehmsten Eindruck, wenn man auch nur am Tore vorbeigehend hineinsah. Es dauerte lange, bis ich allein mich hineinwagte, und ich kehrte nicht leicht wieder dahin zurück, wenn ich einmal den Zudringlichkeiten so vieler, etwas zu schachern unermü-

det fordernder oder anbietender Menschen entgangen war. Dabei schwebten die alten Märchen von Grausamkeiten der Juden gegen die Christenkinder, die wir in Gottfrieds »Chronik« gräßlich abgebildet gesehen, düster vor dem jungen Gemüt. Und ob man gleich in der neueren Zeit besser von ihnen dachte, so zeugte doch das große Spott- und Schandgemälde, welches unter dem Brückenturm an einer Bogenwand, zu ihrem Unglimpf, noch ziemlich zu sehen war, außerordentlich gegen sie: denn es war nicht etwa durch einen Privatmutwillen, sondern aus öffentlicher Anstalt verfertigt worden.
Indessen blieben sie doch das auserwählte Volk Gottes, und gingen, wie es nun mochte gekommen sein, zum Andenken der ältesten Zeiten umher. Außerdem waren sie ja auch Menschen, tätig, gefällig, und selbst dem Eigensinn, womit sie an ihren Gebräuchen hingen, konnte man seine Achtung nicht versagen. Überdies waren die Mädchen hübsch, und mochten es wohl leiden, wenn ein Christenknabe, ihnen am Sabbat auf dem Fischerfelde begegnend, sich freundlich und aufmerksam bewies. Äußerst neugierig war ich daher, ihre Zeremonien kennenzulernen. Ich ließ nicht ab, bis ich ihre Schule öfters besucht, einer Beschneidung, einer Hochzeit beigewohnt und von dem Lauberhüttenfest mir ein Bild gemacht hatte. Überall war ich wohl aufgenommen, gut bewirtet und zur Wiederkehr eingeladen: denn es waren Personen von Einfluß, die mich entweder hinführten oder empfahlen.
Aus Johann Wolfgang Goethe, »Dichtung und Wahrheit«

Vor jener Zeit wohnten die Juden zwischen dem Dom und dem Mainufer, nämlich von der Brücke bis zum Lumpenbrunnen und von der Mehlwaage bis zu Sankt Bartholomäi. Aber die katholischen Priester erlangten eine päpstliche Bulle, die den Juden verwehrte in solcher Nähe der Hauptkirche zu wohnen, und der Magistrat gab ihnen einen Platz auf dem Wollgraben, wo sie das heutige Judenquartier erbauten. Dieses war mit starken Mauern versehen, auch mit eisernen Ketten vor den Toren, um sie gegen Pöbelandrang zu sperren. Denn hier lebten die Juden ebenfalls in Druck und Angst, und mehr als heut zu Tage in der Erinnerung früherer Nöten. Im Jahr 1240 hatte das entzügelte Volk ein großes Blutbad unter ihnen angerichtet, welches man die erste Judenschlacht nannte, und im Jahr 1349, als die Geißler bei ihrem Durchzuge die Stadt anzündeten und die Juden des Brandstiftens anklagten, wurden diese von dem aufgereizten Volke zum größten Teil ermordet oder sie fanden den Tod in den Flammen ihrer eigenen Häuser, welches man die zweite Judenschlacht nannte. Später bedrohte man die Juden noch oft mit dergleichen Schlachten, und bei innern Unruhen Frankfurts, besonders bei einem Streite des Rates mit den Zünften, stand der Christenpöbel oft im Begriff das Judenquartier zu stürmen. Letzteres hatte zwei Tore, die an katholischen Feiertagen von außen, an jüdischen Feiertagen von innen geschlossen wurden, und vor jedem Tor befand sich ein Wachthaus mit Stadtsoldaten.
Aus Heinrich Heine, »Der Rabbi von Bacherach«

Nur selten wurde den Juden von seiten der Christen Unbefangenheit und Verständnis entgegengebracht

»Was aber den Jesaias betrifft, so behaupte ich nur so viel, daß, wer ihn vom 40sten Kapitel an lesen kann und nie die Anwandlung des Wunsches fühlte, ein Jude zu sein, sei es auch mit der Einquartierung alles europäischen Ungeziefers, ein Betteljude, der versteht ihn nicht, und solange der Mond noch an einen Israeliten scheint, der diese Kapitel liest, so lange stirbt auch der Glaube an den Messias nicht aus.«
J. P. Hebel

Eine Anekdote aus dem Rheinischen Hausfreund:

Kurze Station
Der Postmeister sagte zu einem Juden, der mit zwei Pferden auf die Station anfuhr: »Von hier aus müßt Ihr drei nehmen. Es geht bergauf, und die Straße ist frisch überführt. Dafür seid Ihr in drei Stunden an Ort und Stelle.« Der Jud fragte: »Wie bald bin ich an Ort und Stelle, wenn ich vier nehme?« – »In zwei Stunden.« »Und wenn ich sechs nehme?« – »In einer Stunde.« – »Wißt Ihr was«, sagte endlich der Jude, »spannt acht an, so brauche ich gar nicht abstatt zu fahren!«

Das 19. Jahrhundert – Versuche der Emanzipation

Dieses Jahrhundert, das in Europa mit den Napoleonischen Kriegen beginnt, ist durch die lang andauernden Bemühungen um Emanzipation gekennzeichnet. In ihm wird die bürgerliche Gleichstellung der Juden in den meisten europäischen Staaten erreicht. In Deutschland geschieht das nicht zuletzt dadurch, daß das liberale Bürgertum die jüdischen Forderungen unterstützt. Zugleich wirft die in der 2. Hälfte des Jahrhunderts aufkommende judenfeindliche Bewegung, der Antisemitismus, tiefe Schatten und läßt die Ereignisse im 20. Jahrhundert vorausahnen.

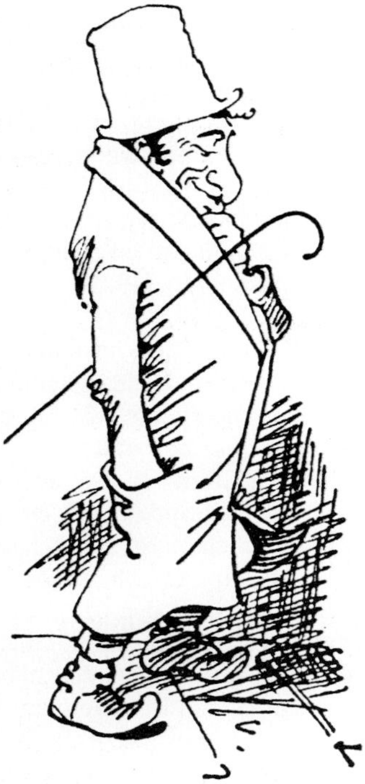

Darstellung eines Juden bei Wilhelm Busch (aus »Plisch und Plum«)
Kurz die Hose, lang der Rock,
Krumm die Nase und der Stock,
Augen schwarz und Seele grau,
Hut nach hinten, Miene schlau –
So ist Schmulchen Schievelbeiner.
(Schöner ist doch unsereiner!)

In Preußen waren die im Lande wohnenden Juden 1812 zu Staatsbürgern erklärt worden. In den Freiheitskriegen hatten Juden mitgekämpft und waren nach der 1815 einsetzenden Herstellung der alten Zustände zutiefst enttäuscht. In vielen deutschen Staaten wurden die gewährten Rechte eingeschränkt oder aufgehoben. Ausweg für viele emanzipationswillige Juden war die Taufe, das heißt der Übertritt zum Christentum, der sie von allen Einschränkungen befreite.

Aus einer Streitschrift von Gabriel Riesser zur Emanzipation der Juden in Deutschland:

Sehr richtig ist es, daß keiner Bürger in zwei Staaten sein kann, und zwar nicht bloß nicht Staatsbürger, sondern auch nicht Schutz- oder Ortsbürger. Denn niemand kann seine Bürgerpflichten gegen zwei Staaten erfüllen; niemand kann einer zwiefachen Obrigkeit gehorchen; niemand kann vor allem ein zweifaches Vaterland verteidigen. Aber wo ist denn der andere Staat, gegen den wir Pflichten zu erfüllen haben? Wo ist die andere Obrigkeit, die ihre Befehle den Befehlen unserer gesetzlichen Obrigkeit an die Seite zu stellen wagte? Wo ist das andere Vaterland, das uns zur Verteidigung ruft?
Uns vorzuhalten, daß unsere Väter vor Jahrhunderten oder vor Jahrtausenden eingewandert sind, ist so unmenschlich, als es unsinnig ist. Wir sind nicht eingewandert, wir sind eingeboren, und, weil wir es sind, haben wir keinen Anspruch anderswo auf eine Heimat; wir sind entweder Deutsche oder wir sind heimatlos. Oder will man im Ernste die ursprünglich fremde Abkunft gegen uns geltend machen? Will man zivilisierte Staaten auf das barbarische Prinzip der Autochtonenschaft zurückführen? Diese Fragen bedürfen keiner Antwort . . .
Daß wir aber die Freiheit anders auffassen, daß wir nach der Erlangung einer höheren Freiheit auf einem anderen Weg, als der ist, den man uns zeigt, mit allen Kräften ringen und streben, und bis zum letzten Lebenshauch zu ringen und zu streben entschlossen sind, das ist es, glauben wir, was uns würdig macht, Deutsche zu sein und zu heißen. Die kräftigen Klänge deutscher Sprache, die Gesänge deutscher Dichter haben in unserer Brust das heilige Feuer der Freiheit entzündet und genährt; der Hauch der Freiheit, der über die deutschen Gaue zog, hat unsere schlummernden Freiheits-Hoffnungen geweckt, und manche frohe

Aussicht ist ihnen schon seitdem geworden. Wir wollen dem deutschen Vaterland angehören; wir werden ihm aller Orten angehören. Es kann und darf und mag von uns alles fordern, was es von seinen Bürgern zu fordern berechtigt ist, willig werden wir ihm alles opfern – nur Glauben und Treue, Wahrheit und Ehre nicht, denn Deutschlands Helden und Deutschlands Weise haben uns nicht gelehrt, daß man durch solche Opfer ein Deutscher wird.

Das zeitgebundene Pathos erschwert heutigen Lesern das Verständnis. Wie und mit welchen Begriffen argumentiert Riesser?
Wie sehen wir das Problem heute? Wie ist es im Grundgesetz gelöst?

Ist Anpassung der Weg aus der Verfolgung?

Mit den immer stärker werdenden Bemühungen um Emanzipation kam es zu einer Umdeutung des Judentums zu einer bloßen Konfession. Schon während der Französischen Revolution war der Ausspruch »Den Juden als Nation nichts, den Juden als Menschen alles« eine wichtige Leitlinie für die Behandlung dieser Frage gewesen. Durch die Zurückdrängung der Vorstellung von einem jüdischen Volk wurden nunmehr aus Juden in Deutschland oder Frankreich deutsche oder französische Juden, das heißt Staatsbürger mit einer besonderen Konfession, die mit Staatsbürgern anderer Konfessionen zusammenlebten. Die meisten Juden in Deutschland empfanden sich als Deutsche, denn sie lebten oft schon seit Generationen in Deutschland, sprachen deutsch und nahmen Anteil an der deutschen Kultur.
Die Veränderungen, die dieser Prozeß der Assimilation mit sich gebracht hatte, wurden auch im religiösen Leben deutlich. Durch neue Formen des Gottesdienstes wollte man diesen »reformieren« und modernisieren. Diesen Bestrebungen trat eine neu-orthodoxe Richtung entgegen, die die alte Form weitgehend beibehalten wollte. Die Vorstellungen des sogenannten Reformjudentums wurden von Deutschland in viele westliche Länder getragen, vor allem in die USA, wohin viele deutsche Juden ausgewandert waren. Durch die wissenschaftliche Beschäftigung mit der eigenen religiösen und geschichtlichen Vergangenheit kam es in Deutschland zur Entwicklung einer »Wissenschaft vom Judentum«, die später auch in anderen Ländern betrieben wurde. Das deutsche Judentum bildete in dieser Zeit das führende jüdische Zentrum in der Welt.
Mit der 1869 vom Norddeutschen Bund erklärten Gleichberechtigung war formell der Abschluß der Emanzipation erreicht. Juden konnten nun auch in Berufen tätig werden, die ihnen zuvor verschlossen waren. Viele wurden Rechtsanwälte, Ärzte, Politiker und Schriftsteller und nahmen aktiv am politischen, wirtschaftlichen, wissenschaftlichen und sozialen Leben teil. Aus dieser engen deutsch-jüdischen Verbindung sind großartige Leistungen auf den Gebieten der Religion und Philosophie, Literatur, Musik und Wissenschaft entstanden.

Die Entwicklung in Osteuropa

Anders als in Deutschland und den westeuropäischen Staaten verlief die Entwicklung im zaristischen Rußland, das Polen mitumfaßte. Dort blieben die Juden im Zustand der politischen Unterdrückung und mußten zeitweise schwere Verfolgungen (Pogrome) über sich ergehen lassen. Gegen Ende des Jahrhunderts wanderten viele Juden in die USA aus.
Joseph Roth beschreibt ein typisches osteuropäisches jüdisches Städtchen in seinem Aufsatz »Juden auf Wanderschaft« (1927):

Die kleine Stadt liegt mitten im Flachland, von keinem Berg, von keinem Wald, keinem Fluß begrenzt. Sie läuft in die Ebene aus. Sie fängt mit kleinen Hütten an und hört mit ihnen auf. Die Häuser lösen die Hütten ab. Da beginnen die Straßen. Eine läuft von Süden nach Norden, die andere von Osten nach Westen. Im Kreuzungspunkt liegt der Marktplatz. Am äußersten Ende der Nord-Süd-Straße liegt der Bahnhof. Einmal im Tag kommt ein Personenzug. Einmal im Tag fährt ein Personenzug ab. Dennoch haben viele Leute den ganzen Tag am Bahnhof zu tun. Denn sie sind Händler. Sie interessieren sich auch für Güterzüge. Außerdem tragen sie gern eilige Briefe zur Bahn, weil die Postkasten in der Stadt nur einmal täglich geleert werden. Den Weg zur Bahn legt man zu Fuß in 15 Minuten zurück. Wenn es regnet, muß man einen Wagen nehmen, weil die Straße so schlecht geschottert ist und im Wasser steht. Die armen Leute tun sich zusammen und nehmen gemeinsam einen Wagen, in dem sechs Personen zwar nicht sitzen können, aber immerhin Platz finden. Der reiche Mann sitzt allein in seinem Wagen und bezahlt für die Fahrt mehr als sechs Arme. Es gibt acht Droschken, die dem Verkehr dienen. Sechs sind Einspänner. Die zwei Zweispänner sind für vornehme Gäste, die manchmal durch einen Zufall in diese Stadt geraten. Die acht Droschkenkutscher sind Juden. Es sind fromme Juden, die ihre Bärte nicht schneiden lassen, aber keine allzu langen Röcke tragen wie ihre Glaubensgenossen. Ihren Beruf können sie in kurzen Joppen besser ausüben. Am Sabbat fahren sie nicht. Am Sabbat hat auch niemand etwas bei der Bahn zu suchen. Die Stadt hat achtzehntausend Einwohner, von denen 15 000 Juden sind. Unter den 3000 Christen sind etwa 100 Händler und Kaufleute, ferner 100 Beamte, einer Notar, einer Bezirksarzt und acht Polizisten. Es gibt zwar zehn Polizisten. Aber von diesen sind merkwürdigerweise zwei Juden. Was die anderen Christen machen, weiß ich nicht genau. Von den 15 000 Juden leben 8000 vom Handel. Sie sind kleine Krämer, größere Krämer und große Krämer. Die anderen 7000 Juden sind kleine Handwerker, Arbeiter, Wasserträger, Gelehrte, Kultusbeamte, Synagogendiener, Lehrer, Schreiber, Thoraschreiber, Tallesweber, Ärzte, Advokaten, Beamte, Bettler und verschämte Arme, die von der öffentlichen Wohltätigkeit leben, Totengräber, Beschneider und Grabsteinhauer.

Die Stadt hat zwei Kirchen, eine Synagoge und etwa 40 kleine Bethäuser. Die Juden beten täglich dreimal. Sie müßten sechsmal den Weg zur Synagoge und nach Hause oder in den Laden zurücklegen, wenn sie nicht so viele Bethäuser hätten, in denen man übrigens nicht nur betet, sondern auch jüdische Wissenschaft lehrt.

Es gibt jüdische Gelehrte, die von fünf Uhr früh bis zwölf Uhr nachts im Bethaus studieren, wie europäische Gelehrte etwa in einer Bibliothek. Nur am Sabbat und an Feiertagen kommen sie zu den Mahlzeiten heim. Sie leben, wenn sie nicht Vermögen oder Gönner haben, von kleinen Gaben der Gemeinde und gelegentlichen frommen Arbeiten, wie zum Beispiel: Vorbeten oder Un-

Markttag in einer polnischen Kleinstadt. Aufnahme von 1925.

terricht oder Schofarblasen an hohen Feiertagen. Ihre Familien, das Haus, die Kinder versorgen die Frauen, die einen kleinen Handel mit Kukuruz im Sommer, mit Naphta im Winter, mit Essiggurken und Bohnen und Backwerken betreiben. Die Händler und die anderen im Leben stehenden Juden beten sehr schnell und haben noch hie und da Zeit, Neuigkeiten zu besprechen und die Politik der großen Welt und die Politik der kleinen. Sie rauchen Zigaretten und schlechten Pfeifentabak im Bethaus. Sie benehmen sich wie in einem Kasino. Sie sind bei Gott nicht seltene Gäste, sondern zu Hause. Sie statten ihm nicht einen Staatsbesuch ab, sondern versammeln sich täglich dreimal an seinen reichen, armen, heiligen Tischen. Im Gebet empören sie sich gegen ihn, schreien zum Himmel, klagen über seine Strenge und führen bei Gott Prozeß gegen Gott, um dann einzugestehen, daß sie gesündigt haben, daß alle Strafen gerecht waren und daß sie besser sein sollen. Es gibt kein Volk, das dieses Verhältnis zu Gott hätte. Es ist ein altes Volk, und es kennt ihn schon lange! Es hat seine große Güte erlebt und seine kalte Gerechtigkeit, es hat oft gesündigt und bitter gebüßt, und es weiß, daß es gestraft werden kann, aber niemals verlassen.

Namen und Begriffe

Kukuruz Mais (türkisch)
Naphta Petroleum
Talles Tallit (vergleiche S. 26)

Antisemitismus und Holocaust

Der Antisemitismus ist das Gerücht über die Juden.
Theodor W. Adorno

Nicht die Erfahrung schafft den Begriff des Juden, sondern das Vorurteil fälscht die Erfahrung. Wenn es keine Juden gäbe, der Antisemit würde ihn erfinden.
Jean Paul Sartre

Ein Witz
A: »Die Juden sind an allem schuld!«
B: »Die Juden und die Radfahrer!«
A: »Warum die Radfahrer?«
B: »Warum die Juden?«

Vorurteile gegen einzelne Gruppen oder Minderheiten in einer Gesellschaft hat es immer gegeben, sie sind auch heute noch vorhanden. Man denke an Gruppen wie Türken, Araber oder Gastarbeiter anderer Nationen, die unter uns leben und denen man besondere Eigenschaften in verallgemeinender Weise zuspricht. Aufgrund dieser Eigenschaften und weil es sich um Fremde handelt, haßt oder bekämpft man dann diese Gruppen.
Ein typisches Beispiel für Vorurteile gegen Minderheiten bilden die judenfeindlichen Strömungen, die man in den verschiedensten Gesellschaftsformen und zu fast allen Zeiten antreffen konnte. In der Antike stand der Absolutheitsanspruch der jüdischen Religion der Vielzahl von religiösen und nationalen Kulten gegenüber. Mit dem Aufkommen der christlichen Religion entstand eine religiös begründete Judenfeindschaft. Die Juden wurden verfolgt, weil sie den christlichen Glauben nicht annahmen und angeblich den Tod des Welterlösers und Gottessohnes mitbewirkt hatten. Diese Vorwürfe, die schon mit den Kirchenvätern einsetzen, finden sich später auch bei Luther, der die Juden »verstockt« nennt und ihnen vorwirft, »Teufelsdiener« zu sein. Auch bei späteren christlichen Theologen sind derartige Wertungen noch anzutreffen.
Neben dem religiös begründeten Judenhaß gibt es einen anderen, der vor allem wirtschaftlich motiviert ist. Seit der Abdrängung der Juden in bestimmte Erwerbszweige (Geldhandel) wurden

den Juden angebliche Eigenschaften zugesprochen, deretwegen man sie verfolgte und bekämpfte. Daß es sich hierbei nicht um angeborene Eigenheiten handelte, wurde immer dann deutlich, wenn Juden in anderen Berufen tätig sein durften.

Antisemitisches Wahlplakat. Österreich 1920.

Die Verhältnisse in Deutschland

Nach dem Abschluß der rechtlichen Gleichstellung der Juden in Deutschland in der 2. Hälfte des 19. Jahrhunderts kamen judenfeindliche Strömungen immer stärker auf und mündeten in einer weltanschaulichen Bewegung, die man als Antisemitismus bezeichnete. Neben die bekannten Vorwürfe trat nunmehr das Argument, die Juden gehörten einer fremden Rasse an. Für politische, wirtschaftliche oder andere Krisen wurden die Juden als Gesamtheit verantwortlich gemacht, sie wurden die Sündenböcke, denen man die Schuld zuschieben konnte. Die enge geistige Verbindung zwischen Deutschen und Juden scheiterte tragischerweise in dem geschichtlichen Augenblick, als der Prozeß der rechtlichen Gleichstellung vollzogen war. Sie scheiterte deshalb, weil sich nationalistische und rassistische Strömungen gegen liberale und pluralistische Tendenzen durchsetzten und weil die Juden als gesellschaftliche Minderheit niemals voll anerkannt wurden.

Ich bin am ersten Dezember 1893 geboren. Suche ich nach Kindheitserinnerungen, werden mir diese Episoden bewußt:
Ich habe ein Kleidchen an. Ich stehe auf dem Hofe unseres Hauses an einem Leiterwagen. Er ist groß, größer als Marie, so groß wie ein Haus. Marie ist das Kindermädchen, sie trägt rote Korallen um den Hals, runde, rote Korallen. Jetzt sitzt Marie auf der Deichsel und schaukelt. Durchs Hoftor kommt Ilse mit ihrem Kindermädchen. Ilse läuft auf mich zu und reicht mir die Hand. Wir stehen eine Weile so und sehen uns neugierig an. Das fremde Kindermädchen unterhält sich mit Marie. Nun ruft sie Ilse: »Bleib da nicht stehen, das ist ein Jude.« Ilse läßt meine Hand los und läuft fort. Ich begreife den Sinn der Worte nicht, aber ich beginne zu weinen, hemmungslos. Das fremde Mädchen ist längst mit Ilse davongegangen. Marie spricht auf mich ein, sie nimmt mich auf den Arm, sie zeigt mir die Korallen, ich mag nicht die Korallen, ich zerreiße die Kette.
Ernst Toller

Adolf Hitler und die »Endlösung der Judenfrage«

Soweit heute auf den finstersten Aspekt des Nationalsozialismus, den mörderischen Rassenwahn, in Deutschland reflektiert wird, stellt er zumal dem traditionalistischen Kulturglauben als eine von außen bereitete Katastrophe sich dar; als wäre Hitler wie ein Dschingis Khan in das Weimarer Deutschland eingebrochen und hätte ein Fremdes, gänzlich Unvorhersehbares verübt. Noch die entsetzte Rede von dämonischen Kräften dient insgeheim der Apologie: Was irrationalen Ursprungs sein soll, wird der rationalen Durchdringung entzogen und zu einem schlechterdings Hinzunehmenden magisiert...
Der Antisemitismus hat seine Basis in objektiven gesellschaftlichen Verhältnissen ebenso wie in Bewußtsein und Unterbewußtsein der Massen. Aber er aktualisiert sich als Mittel der Politik: als eines der Integration auseinanderweisender Gruppen-

interessen; als die kürzeste und ungefährlichste Art, von einer Lebensnot abzulenken, zu deren Beseitigung andere Mittel verfügbar wären.
Max Horkheimer
Theodor W. Adorno

Als nach der Niederlage Deutschlands im I. Weltkrieg und durch die Weltwirtschaftskrise begünstigt die Weimarer Republik zusammenbrach und die Nationalsozialisten unter Adolf Hitler 1933 an die Macht kamen, begann für die deutschen Juden eine Schreckenszeit. Hitler hatte schon immer die Bekämpfung und Vernichtung der Juden verlangt und begann bald mit der Verfolgung der etwa 500 000 deutschen Juden, die ungefähr 0,8% der deutschen Bevölkerung ausmachten.
Ein Damen- und Herrenfriseur in einer deutschen Kleinstadt schreibt Ende Oktober 1939 folgenden Brief:

Liebes Wohnungsamt!
Möchte doch höflich und dringend bitten, daß die Wohnung über meinem Laden Kaiserstr. 9 nicht an Juden vermietet wird, zumal es doch hier eine bevorzugte Straße ist. Möchte selbst gerne beim Geschäft wohnen, was mir schon fast 9 Jahre nicht vergönnt ist. Bitte mir den Mietpreis der Wohnung mitzuteilen, ev. Rücksprache mit mir zu nehmen. Juden gehören unter sich, möglichst außer Sicht, vor allem aber in kein Geschäftshaus zu wohnen. Bitte meinem berechtigten Wunsche gerecht zu werden.
Mit deutschem Gruß
gez. Name
Heil Hitler

Vgl. hierzu die Bemerkung Sartres auf S. 44. Haben sich in den vergangenen 40 Jahren prinzipielle Veränderungen in der Haltung zu Minderheiten bei uns eingestellt?

Nazi-Hetze gegen die Juden

Deportation deutscher Juden in die Vernichtungslager.

Im Verlauf des II. Weltkrieges wurden die Juden aller besetzten Gebiete in das nun systematisch betriebene Vernichtungswerk einbezogen. In Konzentrationslagern wurden etwa 6 Millionen Juden umgebracht, wovon besonders die osteuropäische Judenheit betroffen wurde. Vielen gelang die Flucht in außereuropäische Länder, die meisten der europäischen Juden wurden in einem in der Geschichte der Menschheit beispiellosen Völkermord hingemordet. Diese Geschehnisse, die den Namen Deutschlands auf immer in schwerster Weise belasten werden, sind auch heute, fast 50 Jahre nach Auschwitz, von grundlegender Bedeutung für das Verhältnis zwischen Juden und Deutschen.

Kann man nach Auschwitz noch an Gott glauben?

Zahlreich sind die Deutungs- und Erklärungsmodelle, die der Holocaust, der nationalsozialistische Judenmord, in den letzten Jahren ausgelöst hat. Richard L. Rubinstein (geb. 1924) sieht im Holocaust den Nachweis für den Tod Gottes. Er schreibt 1974:

Ich habe oft darauf hingewiesen, daß die Vorstellung, daß ein Gott, welcher der menschlichen Verehrung würdig sein soll, seinem angeblich erwählten Volk Auschwitz zugefügt haben könne, anstößig ist. Aber man vergesse nicht den schrecklichen Preis, den man zahlen muß, wenn man den Gott des Bundes ablehnt. Wenn der Gott des Bundes mit Israel existiert, dann stand mein Volk in Auschwitz unter dem fürchterlichsten Fluch, den Gott je auferlegt hat. Wenn der Gott der Geschichte nicht existiert, dann ist der Kosmos letztlich seinem Ursprung nach widersinnig und seinem Zweck nach sinnlos. Wir sind in die Welt geworfen worden, in der nacktes, amorphes Leben sich vermehrt, das eine Zeitlang besteht, nur um unter weiterer Vermehrung von Leben zu verschwinden. Als Menschen sind wir durch geschichtliche und geographische Zufälle ohne Sinn und Zweck in die Stämme der Menschheit aufgeteilt. Wir sind einfach nur für einen Augenblick da, nur um wieder im Mitternachtsschweigen des Ewigen Chaos zu verschwinden. Wie Kierkegaard hatte ich die Wahl zwischen einer Welt ohne den biblischen Gott oder den Sprung in den Glauben. Allerdings war mein Entweder-Oder ein klein wenig anders gewesen. Ich hatte entscheiden müssen, ob ich die Existenz eines Gottes bejahen sollte, der seinem schuldbeladenen Volk Auschwitz zufügt, oder ob ich die Überzeugung vertreten sollte, daß durch nichts, was die Juden getan hatten, sie eher als irgendein anderes Volk Auschwitz verdient hatten, daß Auschwitz keineswegs eine Strafe sei und daß ein Gott, der eine solche Strafe auferlegen könnte oder würde, nicht existiert. Oder mit anderen Worten: Ich habe mich für das entschieden, was Camus mit Recht den Mut zum Absurden genannt hat, den Mut, lieber in einem sinn- und zwecklosen Kosmos zu leben, als an einen Gott zu glauben, der seinem Volk Auschwitz zufügt.

Emil L. Fackenheim (geb. 1916) gelangt zu ganz anderen Folgerungen.
Er wendet sich gegen die Selbstaufgabe und schreibt 1970:

Was gebietet die Stimme von Auschwitz?

Es ist den Juden verboten, Hitler nachträglich siegen zu lassen. Es ist ihnen geboten, als Juden zu überleben, damit das jüdische Volk nicht untergehe. Es ist ihnen geboten, der Opfer von Auschwitz zu gedenken, damit das Andenken an sie nicht verlorengehe. Es ist ihnen verboten, am Menschen und seiner Welt zu verzweifeln und Zuflucht entweder im Zynismus oder der Jenseitigkeit zu suchen, damit sie nicht dazu beitragen, die Welt den Mächten von Auschwitz auszuliefern. Schließlich ist es ihnen verboten, am Gott Israels zu verzweifeln, damit das Judentum nicht untergehe. Ein säkularisierter Jude kann nicht durch einen bloßen Willensakt zum Gläubigen werden, noch kann dies von ihm gefordert werden ... Und ein religiöser Jude, der seinem Gott treu geblieben ist, kann sich vielleicht zu einer neuen, möglicherweise revolutionären Haltung zu ihm gezwungen sehen. Eine Möglichkeit jedoch ist gänzlich undenkbar. Ein Jude darf auf Hitlers Versuch, das Judentum zu vernichten, nicht antworten, indem er selbst an dessen Vernichtung mitarbeitet. In alten Zeiten war die undenkbare jüdische Sünde der Götzendienst. Heute ist es die, auf Hitler zu antworten, indem man sein Werk verrichtet.

Elie Wiesel hat den Holocaust in seiner Bedeutung als Offenbarung mit dem Sinai verglichen – und die Befürchtung geäußert, daß wir ihr kein Gehör schenken. Wir schrecken vor diesem gewagten Vergleich zurück – aber noch mehr davor, nicht zu hören. Wir schrecken vor dem Anspruch zurück, sie vernommen zu haben – aber noch mehr davor, daß wir uns in einem Agnostizismus ohne Ende vor einer Stimme, die zu uns spricht, fälschlich in Sicherheit wähnen.

Welche Konsequenzen ergeben sich aus beiden Auffassungen?

Gedenkstätte Yad Vashem, Jerusalem (vgl. Jesaja 56,5).

Wo stehen wir heute?

Deutsche und Juden, ein unlösbares Problem.

Wo stehen wir nun nach dem unsagbaren Grauen jener zwölf Jahre? Die Juden und die Deutschen haben nach dem Krieg einen sehr verschiedenen Weg genommen. Die Juden haben, in ihrem vitalsten Teil, versucht, sich eine eigene Gesellschaft im eigenen Land aufzubauen. Niemand kann sagen, ob es ihnen gelingen wird, aber jeder weiß, daß die Sache Israels für die Juden lebenswichtig ist. Die Dialektik ihres Unternehmens ist augenfällig. Sie leben auf einem Vulkan. Ihrem großen Aufschwung, der von der Erfahrung der Katastrophe, sagen wir's rund heraus: ihrer Erfahrung mit dem deutschen Judenmord und mit der Stumpfheit und Herzensträgheit der Welt bestimmt war, ist auch eine tiefe Müdigkeit gefolgt, deren Zeichen unverkennbar sind. Aber noch immer wirkt jener Antrieb, der von ihrer ursprünglichen Einsicht in ihre wahre Lage bestimmt war. Die Deutschen haben ihre Katastrophe mit der Teilung des Landes bezahlt und andererseits einen materiellen Aufschwung erlebt, der die vergangenen Jahre in den Schatten stellte. Ob es zwischen den zwei Bergen, die aus dem vulkanischen Ausbruch hervorgekommen sind, wohl eine, wie immer schwankende, Brücke geben kann?
Der Abgrund, den die Ereignisse zwischen ihnen aufgerissen haben, kann nicht ergründet und angemessen werden. Ich glaube nicht, daß nur die völlige Aufnahme dieses Abgrunds in unser Bewußtsein nach allen seinen Dimensionen und in allen seinen Bedeutungen es möglich machen wird, ihn zu überwinden – eine Meinung, die man in Israel oft hört. Es wäre eine trostlose Prognose, die freilich nur in Worten besteht. Denn in Wahrheit gibt es diese Möglichkeit gar nicht, daß Geschehene, dessen Unfaßbarkeit ja gerade sein Spezifikum ist, zu erfassen, voll zu erkennen und so durchdrungen in unser Bewußtsein aufzunehmen. Es ist eine Forderung, die ihrer Natur nach unerfüllbar ist. Ob wir in diesem Abgrund uns begegnen können, weiß ich nicht. Und ob der Abgrund, den unsagbares, unausdenkbares Geschehen aufgerissen hat, geschlossen werden kann, wer möchte sich vermessen, es zu sagen?
Abgründe werden vom Geschehen aufgerissen. Brücken werden vom reinen Willen gebaut. Brükken sind notwendig, um über Abgründe zu führen, sie werden konstruiert, sie sind ein Erzeugnis bewußten Denkens und Wollens. Moralische Brücken, ich wiederhole es, sind Erzeugnisse reinen Willens. Sie müssen von beiden Seiten her fest verankert und gegründet werden, wenn sie Bestand haben sollen. Israel hat bei fast allen Völkern Europas Fürchterliches durchgemacht. Die Brücken, auf denen wir uns mit anderen Völkern treffen, sind schwankend genug, auch wenn sie nicht von der Erinnerung an Auschwitz belastet sind. Aber – ist diese Erinnerung nicht auch eine Chance? Brennt in diesem Dunkel nicht auch ein Licht, das Licht der Einkehr? Anders gesprochen: Fruchtbare Beziehungen zwischen Juden und Deutschen, in denen eine bedeutende und ebensosehr eine die Sprache lähmende grauenhafte Vergangenheit aufbewahrt und neu verarbeitet werden soll, sie müssen, wenn anders sie noch einmal aktuell werden können, im Verborgenen vorbereitet werden. In solchem Wirken liegt die einzige Garantie, daß die öffentlichen Beziehungen unserer Völker nicht von gefälschten Losungen und Forderungen vergiftet werden. Schon nagt der Wurm der Heuchelei an den zarten Wurzeln! Zu einem neuen Verständnis bedarf es, wo Liebe nicht mehr aufgebracht werden kann, anderer Ingredienzen: der Distanz und des Respektes, der Offenheit und Aufgeschlossenheit, und mehr als alles, des reinen Willens.
Ein junger Deutscher schrieb mir, er hoffe, die Juden mögen, wenn sie an Deutschland denken, sich des Wortes Jesajas erinnern »Gedenket nimmer des Frühern, dem Vormaligen sinnt nimmer nach«. Ob die messianische Zeit den Juden Vergessen schenken wird, weiß ich nicht. Es ist ein heikler Punkt der Theologie. Aber von uns, die illusionslos in einer unmessianischen Zeit leben müssen, wird mit solcher Hoffnung das Unmögliche verlangt. So erhaben das sein mag, wir können es nicht liefern. Nur im Eingedenken des Vergangenen, das niemals ganz von uns durchdrungen werden wird, kann neue Hoffnung auf Restitution der Sprache zwischen Deutschen und Juden, auf Versöhnung der Geschiedenen keimen.
Gershom Scholem

Welche Möglichkeiten des »Brückenbaues« zwischen Christen und Juden oder Deutschen und Israelis gibt es heute?

Zionismus und Staat Israel

Die Reaktion der jüdischen Seite auf den in der 2. Hälfte des 19. Jahrhunderts aufkommenden modernen Antisemitismus ist der Zionismus. In dem Begriff steckt das Wort Zion, eine alte Bezeichnung für die Stadt Jerusalem (Psalm 137,1). Die zu allen Zeiten tiefe religiöse Verbundenheit der Juden mit dem Land Israel führte zu einer nationalen Bewegung, die sich eine Rückkehr in das Land Israel zum Ziel setzte. Gruppen junger russischer Juden gingen unter dem Druck der Verfolgung nach Palästina, um dort in eigenen Siedlungen landwirtschaftlich zu arbeiten. Die meisten dieser Juden vertraten sozialistische Grundsätze, was sich auch darin zeigte, daß viele von ihnen später in Gemeinschaftssiedlungen lebten. Eine solche, auf freiwilliger Basis bestehende Form der Gemeinschaftssiedlung heißt Kibbuz.

Gebet an der Westmauer des Tempels, der sog. Klagemauer

Der Zionismus wurde durch Theodor Herzl (1860–1904), einem österreichischen Schriftsteller, zu einer weitere Kreise erfassenden Bewegung. In seinem Buch »Der Judenstaat« (1896) forderte Herzl die Schaffung einer gesicherten Heimstätte für das jüdische Volk in Palästina. Auf seine Initiative gingen die Zionisten-Kongresse zurück. Viele Juden in aller Welt trugen finanziell dazu bei, das Aufbauwerk zu unterstützen.
Als die ersten Einwanderungsgruppen nach Palästina kamen, war das Land Bestandteil des Osmanischen Reiches. Es war bevölkert von Arabern, die seit der Zeit der islamischen Eroberung (um 650) dort lebten. Das Aufeinanderprallen der jüdischen nationalen Bestrebungen auf den erwachenden arabischen Nationalismus mußte zu Spannungen führen.

Die Auseinandersetzung mit den Arabern

Zunächst konnten sich die zahlenmäßig kleinen jüdischen Gruppen ohne größere Schwierigkeiten im Land etablieren. 1917 wurde Palästina während des I. Weltkrieges von den Engländern besetzt, die es später als Mandatsgebiet zugesprochen erhielten. Seit 1929, vor allem aber nach der Machtergreifung Hitlers, als immer mehr Juden nach Palästina fliehen mußten, gab es größere Unruhen. Die britische Regierung versuchte durch Beschränkungen der Zahl der jüdischen Einwanderer, der Schwierigkeiten Herr zu werden, was aber auf jüdischer Seite in dieser Situation auf erbitterten Widerstand stieß. Auch nach dem Ende des II. Weltkrieges, als das Ausmaß der Katastrophe der europäischen Judenheit offenbar geworden war, versuchten die Engländer, die jüdische Einwanderung in das Land zu begrenzen. 1947 wurde von der Mehrheit der Vereinten Nationen ein Plan befürwortet, nach dem das Land zwischen Juden und Arabern geteilt werden sollte. Jerusalem sollte einen internationalen Status erhalten. Dieser Plan wurde von den Juden angenommen, während die arabische Seite ihn ablehnte. Mit dem Ende des britischen Mandats am 15. 5. 1948 wurde der jüdische Staat Israel feierlich ausgerufen.
Dieser für die Geschichte des jüdischen Volkes überaus bedeutsame Augenblick wurde durch die sofort beginnenden kriegerischen Auseinandersetzungen mit den Arabern überschattet.
Nach schweren Kämpfen gelang es den israelischen Verbänden, über die Grenzen des Tei-

lungsplans hinaus Land zu besetzen, Jerusalem blieb eine geteilte Stadt. Viele Araber flohen und gingen in die umliegenden arabischen Staaten.
Dem Waffenstillstand von 1949 folgten der Sinai-Krieg von 1956 und der Sechstage-Krieg von 1967. Im letztgenannten Krieg besetzten israelische Truppen die Sinai-Halbinsel, die Golan-Höhen und die Gebiete westlich vom Jordan, einschließlich des ehemals jordanischen Teils der Stadt Jerusalem. Nach dieser schweren militärischen Niederlage kam es zur Bildung von palästinensischen Kampfverbänden und im weiteren Verlauf zur Ausübung von Terror-Akten, wie Flugzeugentführungen und Anschlägen, in die auch nicht unmittelbar beteiligte Staaten hineingezogen wurden. Auch der Jom-Kippur-Krieg vom Oktober 1973 brachte keine Lösung der Probleme. Durch die Vereinbarungen von Camp David (September 1978) und den ägyptisch-israelischen Friedensvertrag (März 1979) gelang es, mit Ägypten als dem ersten arabischen Staat Beziehungen herzustellen. Allerdings schlossen sich andere arabische Staaten einem solchen Vorgehen nicht an. Im Zuge der Vereinbarungen wurde der Sinai geräumt.
Der Mitte der siebziger Jahre ausbrechende Bürgerkrieg im Libanon und die sich anschließende syrische Intervention verschärften die Spannungen in der Region zusätzlich. Mit dem Einmarsch Israels in den Libanon im Juni 1982 begann eine neue Phase der kriegerischen Auseinandersetzungen. Dieser Schritt, der innenpolitisch stark umstritten war, hat zu unsagbarem Elend und Leid vor allem im Libanon geführt.
Die Konflikte im Nahen Osten bilden heute durch das Engagement der beiden Supermächte USA und Sowjetunion in diesem Raum eine der ernstesten Bedrohungen des Weltfriedens.

David Ben-Gurion verliest die Unabhängigkeitserklärung des Staates Israel am 14. 5. 1948.
In der Fahne ist der Davidstern zu erkennen (Davidschild), ein Sechseck, das aus zwei ineinandergeschobenen gleichseitigen Dreiecken besteht. Als kultisches Symbol ist der Davidstern erst seit dem Mittelalter bekannt. Vom 19. Jahrhundert an wird er ein Symbol der jüdischen Religion, vergleichbar dem Kreuz als Zeichen der christlichen Religionen. Den Davidstern mußten die Juden unter der Herrschaft des Nationalsozialismus an ihre Kleidung nähen (gelber Judenstern). Das Bild ist ein Porträt von Theodor Herzl.

Vor neuen Aufgaben

In den letzten Jahrzehnten, vor allem nach 1948, gelang den Israelis ein Aufbauwerk, das überaus eindrucksvoll ist. Außer der Fruchtbarmachung von weiten Flächen und der Industrialisierung wurden Hunderttausende von jüdischen Einwanderern eingegliedert. Während bis 1948 vorrangig Einwanderer aus Europa kamen, waren es danach Juden aus den islamischen (arabischen) Staaten. Sie bilden heute die Mehrheit der jüdischen Bevölkerung Israels und prägen den Charakter des Landes immer stärker. Soziale Spannungen blieben bei der unterschiedlichen ethnischen und sozialen Herkunft der Einwanderer nicht aus. Hinzu kamen Auseinandersetzungen zwischen religiösen und nichtreligiösen Gruppen, die bis heute nicht abgeschlossen sind. Die enorme Belastung des staatlichen Haushalts durch Militär-Ausgaben hat zu schweren Wirtschaftsproblemen und zu einer hohen Inflationsrate geführt.
Eine der wichtigsten Entwicklungen in den letzten einhundert Jahren war die Wiederbelebung der hebräischen Sprache. Sie wird heute wieder in Israel gesprochen, nachdem sie mehr als 2000 Jahre lang im wesentlichen nur Sprache der Gelehrten und des Kultus gewesen war.

Israelitisches Wochenblatt

ABONNEMENTS
Das Abonnement kostet für die Schweiz Fr. 5.20 pro Quart., Fr. 9.50 pro Halbjahr. Fr. 17.80 pro Jahr (einschliessl. Einzugsspesen). Ausland pro Quart. inkl. Porto Fr. 7.80
Einzelnummer im Inland 50 Cts. Postcheck VIII 6451.
Tel. 23 29 40 Erscheint jed. Freitag

für die Schweiz

Journal Israélite Suisse

Gegründet 1901 von Rabbiner Dr. Littmann und Dr. phil. David Strauss

ANNONCEN
Pro Seite 4 Spalten à 125 Nonpareillezeilen. Preis der 1spaltigen Nonpareillezeile oder deren Raum 60 Cts., bei Platzvorschrift 75 Cts., Reklamen, erste Umschlagseite und Seiten der Familienanzeigen 1.— Fr. Rabatt ab 500 Zeilen.
4 Spalten à 5 cm Breite, Spaltenhöhe 28,2 cm

Nummer 21 | Zürich, Uraniastr. 9 — 21. Mai 1948 (12. Ijar 5708) | 48. Jahrgang

Das Israelitische Wochenblatt ist ein unabhängiges Organ. Die darin enthaltenen Artikel verpflichten nur die Verfasser.

Die Proklamation des Staates „Israel"

Dienstag, 18. Mai.

Die Existenz des jüdischen Staates wurde am Freitag, 14. Mai nachmittags 16.45 Uhr im Museum von Tel Aviv bei der Anwesenheit von 400 führenden Zionisten, darunter von solchen, die am ersten Kongreß in Basel im Jahre 1897 teilgenommen haben, proklamiert. Während jüdische Flugzeuge die Stadt überflogen und große Kontingente von Haganahtruppen durch die Straßen rollten, um an den Kämpfen um die Oeffnung der Straße nach Jerusalem teilzunehmen, ergriff Ben Gurion das Wort zu folgender

Proklamation

«Erez Israel ist der Geburtsort des jüdischen Volkes. Hier wurde sein geistiger, religiöser und nationaler Charakter geformt. Hier errangen die Juden die Unabhängigkeit und schufen eine Kultur von nationaler und universeller Bedeutung. Hier wurde die Bibel geschrieben und der Welt gegeben. Verbannt vom Lande blieben die Juden in ihrer Zerstreuung ihm treu und niemals haben sie aufgehört, für ihre Rückkehr und ihre nationale Freiheit zu beten und zu hoffen. Sie haben Jahrhunderte lang versucht, das Land ihrer Väter wieder zu gewinnen. Sie bearbeiteten das öde Land, belebten wieder ihre Sprache, bauten Städte und Dörfer und bildeten eine neue Gemeinschaft mit eigenem ökonomischem und kulturellem Leben. Sie brachten den Segen des Fortschrittes allen Bewohnern des Landes.

Im Jahre 1897 proklamierte der Zionistenkongreß, inspiriert durch Theodor Herzl, das Recht auf Rückkehr in das eigene Land. Dieses Recht wurde durch die Balfour-Deklaration im Jahre 1917 und durch den Völkerbund bestätigt. Der Krieg der Nazis gegen die Juden bewies die Dringlichkeit der Errichtung des jüdischen Staates, welcher allein das Problem der jüdischen Heimlosigkeit lösen und dem jüdischen Volk die Gleichheit in der Familie der Völker geben kann. Im zweiten Weltkrieg haben die Juden ihren vollen Beitrag im Kampfe der friedliebenden Nationen gegen den Nazismus geleistet. Am 29. November 1948 hat die Generalversammlung der Vereinten Nationen den Beschluß auf Schaffung eines unabhängigen Staates gefaßt. Dieser Beschluß kann nicht mehr rückgängig gemacht werden.

Wir, die Mitglieder des jüdischen Nationalrates, welche die Juden Palästinas und die Zionistische Weltorganisation repräsentieren, sind zusammengekommen, um gestützt auf diesen Beschluß und unser historisches und natürliches Recht **die Errichtung des jüdischen Staates zu proklamieren, der «Israel» genannt wird.** Der gegenwärtige Nationalrat wird spätestens bis zum 1. Oktober amtieren und dann die Funktionen der konstituierenden Versammlung abtreten, die bis dahin gewählt sein wird.

Der jüdische Staat wird für die Entwicklung des Landes und aller seiner Bewohner arbeiten. Er wird auf den Prinzipien von Freiheit und Gerechtigkeit im Sinne des jüdischen Propheten aufgebaut sein; er wird allen Bürgern ohne Unterschied der Rasse, Religion und Geschlecht die volle soziale und politische Gleichberechtigung gewähren. Er wird die volle Freiheit des Glaubens, der Erziehung und der Kultur gewährleisten; er wird die Unverletzlichkeit der heiligen Stätten aller Religionen achten und bekennt sich zu den Prinzipien der Charta der Vereinten Nationen.

Wir appellieren an die Vereinten Nationen, dem jüdischen Volk im Aufbau seines Staates beizustehen und Israel in die Familie der Nationen aufzunehmen. Wir appellieren an die arabischen Einwohner unseres Staates, den Weg des Friedens zu beschreiten und ihren Teil an der Entwicklung des Staates in voller Gleichberechtigung und mit Beteiligung an der Regierung und Verwaltung zu übernehmen.

Wir bieten den umliegenden Staaten und ihren Völkern Frieden und Freundschaft an und laden sie ein, mit uns zum friedlichen Fortschritt und Aufbau des Mittleren Ostens teilzunehmen.

Unser Ruf geht an das **jüdische Volk überall in der Welt,** sich an unsere Seite zu stellen und uns im großen Kampfe um die Erfüllung des Traumes vieler Generationen, der Erlösung Israels, beizustehen.»

Nach der Verlesung der Proklamation, welche die Zustimmung des Oberrabbinats erhalten hatte, unterschrieben die 13 Mitglieder der neuen Regierung das Protokoll. Die Rede Ben Gurions wurde mit Lautsprechern übertragen. Die Stadt legte Flaggenschmuck an.

Am frühen Morgen des Sabbaths ging die Meldung ein, Truman habe für Amerika den jüdischen Staat und die provisorische Regierung als de facto Autorität des neuen Staates anerkannt. Marshall hatte sich damit einverstanden erklärt. Es handelt sich um einen gut überlegten Schritt und nicht um eine plötzliche Ueberlegung, wurde im Weißen Haus erklärt. Die Nachricht platzte in die Verhandlungen der Vereinten Nationen, wo sie eine allgemeine Ueberraschung verursachte. Nicht einmal die amerikanische Delegation war über diesen Schritt des Präsidenten informiert. Guatemala hat die Anerkennung ebenfalls sofort ausgesprochen, Rußland und Polen folgten. Die Tschechoslowakei wird die Anerkennung nach der Rückkehr des Außenministers Clementis aussprechen, in Frankreich wird sich der Ministerrat diese Woche noch damit befassen, ebenso in Oesterreich. Italien dürfte ebenfalls in den nächsten Tagen die Anerkennung aussprechen. Die Ernennung von Gesandten erfolgt erst nach der de jure Anerkennung, vorläufige Vertreter werden sein: Epstein in Washington, Locker in London und Fischer oder Jarblum in Paris. Der aus 31 Mitgliedern bestehende neue Nationalrat wählte einstimmig **Prof. Weizmann zum ersten Präsidenten des jüdischen Staates.**

Judentum heute

Man kann in gewisser Weise die Situation, in der die Juden heute leben, mit der von vor 2000 Jahren vergleichen. Wie damals gibt es neben einem Staat im Lande Israel Juden in vielen anderen Ländern, deren Zahl die der Juden in Israel bei weitem übertrifft. Viele Juden in der Diaspora wollen in den Ländern, in denen sie oft schon seit Jahrhunderten ansässig sind, weiterhin bleiben. Für sie steht als Juden die Ausübung ihrer Religion im Mittelpunkt, sofern sie ihr nicht fernstehen. Von den Juden in Israel hingegen wird neben der Zugehörigkeit zur jüdischen Religion das Bekenntnis zum jüdischen Volk stärker betont. Der jüdische Staat versteht sich als die Stätte, in die die Juden der Welt kommen sollten. Gewiß ist er keine Theokratie mehr, sondern ein demokratisches Staatswesen, in dem freilich in bestimmten gesetzlichen Bereichen das religiöse Recht angewendet wird. Durch die Anwesenheit im »Land der Väter« ist es in weiten Kreisen der Bevölkerung – auch in solchen, die der Religion nicht sehr verbunden sind – zu einer intensiven Beschäftigung mit den Büchern der hebräischen Bibel gekommen, weil ein aktueller Bezug zu den historischen Stätten und Geschehnissen im Lande Israel gegeben ist.

Das Judentum ist heute keine einheitliche Größe. Auf Grund der historischen Entwicklungen kann man unterscheiden:

a) orthodoxes,
b) konservatives und
c) Reformjudentum.

Am weitesten von den traditionellen Formen des Kultus hat sich das Reformjudentum entfernt, die Konservativen stehen zwischen den beiden Lagern. In beiden Gruppierungen ist es in der letzten Zeit möglich geworden, daß Frauen das Rabbineramt übernehmen können. In Israel und überhaupt bei den Juden aus den orientalischen Ländern herrschen orthodoxe Anschauungen vor. In der Diaspora – vor allem in den USA – sind konservatives und Reformjudentum stark vertreten. Allen Gruppen gemeinsam ist die Überzeugung, daß sie als Juden zusammengehören, und das Bewußtsein, daß sich Juden in Israel und in der Diaspora in gegenseitiger Abhängigkeit voneinander befinden.

Der Prozeß der jüdischen Selbstbesinnung, der in Deutschland bis 1933 von Gelehrten wie Martin

Inneres der neuen Synagoge in Münster

Buber, Franz Rosenzweig und Leo Baeck entscheidend mitbestimmt worden ist und der durch die Gründung des Staates Israel soviel Auftrieb erhalten hat, ist noch nicht abgeschlossen. In seinem Mittelpunkt steht die Frage nach der Position, die der Staat Israel in der modernen Welt einnimmt. Ist er nur ein normaler Staat, wie es viele gibt, oder sind seine Neugründung und sein Bestehen mit theologischen Kategorien zu beurteilen?

Juden – Christen – Deutsche

Die Christen in Deutschland können und dürfen nicht vergessen, welche Verbrechen im Namen des deutschen Volkes an den Juden begangen worden sind, und treten darum für neue Beziehungen zu allen Juden ein.
Als Christen bedenken wir die besonderen Schwierigkeiten, die sich aus den Beziehungen der Deutschen zum jüdischen Volk ergeben haben. Die lange gemeinsame Geschichte von Juden und Christen in Deutschland hat zu vielfältiger gegenseitiger Anregung wie Ablehnung geführt. Die immer wieder auftretende Judenfeindschaft hat neben religiösen auch wirtschaftliche, politische und kulturelle Ursachen. Eine besondere Zuspitzung erfuhr der Judenhaß im Deutschland des 19. und 20. Jahrhunderts auf der Grundlage christlich-germanischer und rassistischer Ideologien. Er führte in letzter Konsequenz zu der Judenverfolgung nach 1933 und schließlich zum Mord an etwa 6 Millionen Juden in Europa.
Bis zum Beginn des Zweiten Weltkrieges konnten sich viele deutsche Juden dem drohenden Schicksal noch entziehen, insbesondere durch Auswanderung. Während des Zweiten Weltkrieges wurden jedoch in Deutschland und in allen besetzten Ländern jüdische Männer, Frauen und Kinder in Vernichtungslager deportiert und umgebracht; nur wenigen gelang es noch, auszuwandern oder sich zu verbergen. Zusammen mit Juden fielen auch Millionen nichtjüdischer Menschen der Verfolgung zum Opfer.
Zwar hatten nur wenige Deutsche vollen Einblick in die gesamte Planung der Vernichtung. Aber die meisten erlebten die Gesetzgebung und die öffentliche Hetze gegen Juden seit 1933, die Synagogenbrände und Geschäftsplünderungen im November 1938, das plötzliche Verschwinden jüdischer Nachbarn und Schulkameraden. Es gab auch Informationen durch ausländische Rundfunksendungen und durch Gerüchte. An die geplante Vernichtung der europäischen Judenschaft (»Endlösung«) glaubten die meisten Deutschen jedoch nicht oder wollten nicht daran glauben. Sie meinten, sich beruhigen zu dürfen mit den Nachrichten von Umsiedlungen der Juden nach Osteuropa. Die christlichen Kirchen haben weithin geschwiegen. Nur wenige Menschen verhalfen unter eigener Lebensgefahr Juden zur Flucht oder versteckten sie.
Die Ausrottung von 6 Millionen Juden und damit die fast völlige Vernichtung der jüdischen Kultur in Europa haben im Bewußtsein des jüdischen Volkes in aller Welt eine tiefe seelische Verwundung hinerlassen, die noch Generationen hindurch wirksam sein wird und die sich oft in Unsicherheit und Angst sowie in einem empfindlichen Reagieren auf jede Form der Existenzgefährdung ausdrückt.
Die Katastrophe von Völkermord und Vernichtung (Holocaust) ist für das jüdische Volk in Israel wie in der Diaspora mit dem Namen Auschwitz in Polen verbunden, des größten Vernichtungslagers. Auschwitz wurde ähnlich wie Hiroshima zum Symbol für die Erfahrung des Grauens der Vernichtung und zu einem Wendepunkt geschichtlichen und theologischen Denkens, insbesondere im Judentum.
Aus den schuldhaften Versäumnissen dieser Vergangenheit erwächst uns als Christen in Deutschland die besondere Verpflichtung, die neu aufkommende Judenfeindschaft, auch in der Gestalt des politisch und sozial motivierten »Antizionismus«, zu bekämpfen und an der Neugestaltung des Verhältnisses zu den Juden mitzuarbeiten.
»Christen und Juden«
Studie des Rates der EKD (1975)

Namen und Begriffe

Assimilation Prozeß der Angleichung an die Umwelt, hier der jüdischen Minderheit an die nichtjüdische Mehrheit.

Baeck, Leo geb. Lissa (Posen) 1873, gest. London 1956, Rabbiner, jüdischer Theologe, geistiges Oberhaupt der deutschen Juden 1933–45.

Bar-Kochba gest. 135 n. Chr. Führer des Aufstandes der Juden in Palästina gegen die Römer (132–135 n. Chr.).

Ben Gurion, David geb. Plonsk (Polen) 1886, gest. Tel Aviv 1973. Israelischer Politiker und Ministerpräsident (1948–53; 1955–63).

Buber, Martin geb. Wien 1878, gest. Jerusalem 1965. Jüdischer Religionsphilosoph.

Diaspora (griechisch »Zerstreuung«) – Bezeichnung für eine konfessionelle oder politische Minderheit, die außerhalb des eigenen Landes lebt.

Emanzipation Befreiung aus rechtlichen und politischen Abhängigkeitsverhältnissen.

Herodes geb. 73, gest. 4 v. Chr. Jerusalem. Seit 37 v. Chr. König von Judäa, erneuerte den Tempel in Jerusalem.

Herzl, Theodor geb. Budapest 1860, gest. 1904 Edlach/Österreich. Begründer des politischen Zionismus (»Der Judenstaat«, 1896).

Kabbala (hebräisch »Überlieferung«) Bezeichnung für Geheimlehren und jüdische Mystik. Vor allem im Mittelalter erlebte die Kabbala einen Aufschwung, vergleichbar den Entwicklungen im christlichen Raum.

Lasker-Schüler, Else geb. Elberfeld 1869, gest. Jerusalem 1945. Dichterin (Lyrik, Dramen).

Maimonides, Moses geb. Corboda 1135, gest. bei Kairo 1204. Philosoph und Arzt. Systematisierte die jüdischen Glaubenslehren, beeinflußte die christliche Scholastik (Thomas von Aquin).

Mendelssohn, Moses geb. Dessau 1729, gest. Berlin 1784. Philosoph, Vertreter der Aufklärung.

Midrasch (hebräisch »Forschung«) Ausdeutungen und Interpretationen alttestamentlicher Bücher.

Pogrom russ. Bezeichnung für den Angriff einer Bevölkerungsgruppe gegen eine andere. Der Ausdruck wurde vor allem für die Judenverfolgungen in Rußland nach 1880 verwendet.

Riesser, Gabriel geb. Hamburg 1806, gest. Hamburg 1863. Jurist und Politiker, Vorkämpfer für die Emanzipation der Juden in Deutschland.

Rosenzweig, Franz geb. Kassel 1886, gest. Frankfurt a. M. 1929. Philosoph und Theologe, gründete 1920 mit Martin Buber und anderen das »Freie Jüdische Lehrhaus«.

Roth, Joseph geb. Schwabendorf bei Brody (Galizien) 1894, gest. Paris 1939. Österreichischer Schriftsteller.

Scholem, Gershom geb. Berlin 1897, gest. Jerusalem 1982. Religionshistoriker, Erforscher der jüdischen Mystik.

Toller, Ernst geb. Samotschin (Posen) 1893, gest. New York 1939 durch Selbstmord. Dramatiker des Expressionismus, Pazifist.

Zion dichterische Bezeichnung für die Stadt Jerusalem, die später auf das ganze Land Israel ausgedehnt wurde.

Zur Diskussion

Drei Grundvorstellungen, nämlich die
von dem einen Gott,
von der Gerechtigkeit
und der Nächstenliebe
treten in besonderer Weise als Beitrag der jüdischen Religion zum religiösen Leben der Menschheit hervor. Hinzu kommt der Gedanke der wesensmäßigen Bindung dieser Religion an ein bestimmtes Volk.

Seit der frühen Zeit sind geschichtliche Vorgänge in das religiöse Leben einbezogen worden (Verheißung des Landes Israel, einzelne Feste), und auch in der Folgezeit hatten historische Abläufe maßgeblichen Einfluß auf die Weiterentwicklung der Formen religiösen Lebens und das eigene Selbstverständnis. Verstreut in viele Länder waren die Juden mit ihrem Glauben stets in der Minderheit und zahlreichen Verfolgungen ausgesetzt. Dadurch wurden auch ihre wirtschaftlichen und sozialen Bedingungen maßgeblich beeinflußt (Berufsverbote, stark entwickeltes Zusammengehörigkeitsgefühl der Gruppe). Durch den vielfältigen Kontakt mit anderen Religionen und Zivilisationen in der über 3000jährigen Geschichte des jüdischen Volkes sind Einflüsse anderer Kulturen nachzuweisen. Zu unterschiedlichen Zeiten sind Judenheiten einzelner Religionen in besonderer Weise geistig hervorgetreten (in der Spätantike die Juden in Babylonien, im Mittelalter die in Spanien und im 19. Jahrhundert die Juden in Deutschland). Judentum ist kein monolithischer Block, es hat sich vielmehr ständig mit den jeweils entscheidenden geistigen Bewegungen auseinandergesetzt und von seinem Standpunkt aus eine Antwort auf gestellte Fragen gegeben.

Zu zwei großen Weltreligionen – Christentum und Islam – hat die jüdische Religion ein besonderes Verhältnis, da diese in wesentlichen Grundvorstellungen und Formen des kultischen Lebens von ihr ausgehen. Kirche und Moschee gehen als Institutionen des religiösen Lebens auf die Synagoge zurück. Mit dem Islam wurde die Auseinandersetzung vor allem im Mittelalter geführt; der Konflikt zwischen dem Staat Israel und seinen arabischen Nachbarn liegt auf einer anderen Ebene, in die freilich religiöse Kategorien mit hineinspielen. Gegenüber dem Christentum, dessen Lehren sich teilweise mit zentralen Themen der jüdischen Religion berühren, grenzt man sich ab. Nach jüdischer Ansicht ist

Jesus nicht der geweissagte Messias. Er hat nicht das messianische Recht der Gerechtigkeit heraufgeführt,

bedarf das von den Christen so genannte »Alte Testament« keiner Ergänzung durch das »Neue Testament«. Die Thora, das jüdische Religionsgesetz und zugleich die Heilsgabe Gottes an sein Volk, bleibt bestehen und kann nicht – wie die Christen glauben – durch Jesus aufgehoben werden,

ist das Verhältnis dieser beiden Religionen nicht zuletzt dadurch gekennzeichnet, daß die jüdische Religion seit fast 2000 Jahren Objekt von Verfolgung und Feindschaft seitens des Christentums gewesen ist.

1. Was bedeutet der Anspruch auf den einen universalen Gott für die Auseinandersetzung mit anderen Religionen
– im religiösen Bereich
– im ethisch-sozialen Bereich
– im Blick auf das Verständnis von Welt und Geschichte

2. Welche Grundlehren der jüdischen Religion bieten fruchtbare Ansätze für einen Dialog mit anderen Religionen?

3. Welche besonderen Probleme könnten für Juden beim Führen eines derartigen Dialogs auftreten? (Bindung der Religion an ein Volk, Minderheitencharakter, Bindung an das Gesetz.)

4. Inwieweit haben Grundlehren der jüdischen Religion das soziale Leben des jüdischen Volkes beeinflußt?

5. War die religiös bedingte Sonderstellung der Juden die Hauptursache für die Judenfeindschaft in der Antike und im Mittelalter? (Erlösungsgedanke, Verwerfung Jesu als Sohn Gottes.)

6. Welches sind die Wurzeln des modernen Antisemitismus und wo zeigt er sich heute? Welche Gemeinsamkeiten/Unterscheidungen im Antisemitismus und Antizionismus lassen sich anführen?

7. Wie verhalten wir uns im Konflikt zwischen Israelis und Palästinensern? Verpflichten uns die Greuel der Judenverfolgung im Dritten Reich noch heute?

8. Judenfeindschaft und Antisemitismus sind klassische Modelle für ein von Vorurteilen geprägtes Verhalten gegenüber einer Minderheit. Vergleichen Sie die Einstellung unserer Umwelt gegenüber anderen Minderheiten.

9. Was verbindet/trennt Juden und Christen heute?

Islam

Inhaltsverzeichnis

Besonderheiten der Schreibweise und Aussprache arabischer Wörter

Arabische Wörter sind durch Vermittlung des Türkischen in die europäischen Sprachen gelangt, dies bedeutet eine Veränderung der Aussprache der Vokale. Arabisches u wurde zu türkischem o, arabisch a zu türkisch e:

Muhámmad	zu	Mohammed
Muslim	zu	Moslem
Qur'án	zu	Qoran = Koran
Uthmán	zu	Osman (th wie engl. th)
Umár	zu	Omar
Karbala	zu	Kerbela

Betont wird jeweils die letzte Silbe, wenn diese aus einem langen Vokal besteht, oder bei drei- und mehrsilbigen Wörtern die vorletzte Silbe. Da in der Mehrzahl aller deutschsprachigen Veröffentlichungen die englische Umschrift vorherrscht, ist stets für sh unser sch zu lesen, für dj häufig dsch. Im Interesse der allgemeinen Benutzbarkeit wurde im Buch eine dem deutschen Alphabet gemäße vereinfachende Umschrift angewandt.

Zum Selbstverständnis des Islam

Sich Gott anvertrauen

Das Wort »Islam« kommt aus dem Arabischen und bedeutet: Sich völlig hingeben, sich ohne Vorbedingungen anvertrauen und umschreibt den Zustand des Heils. Der Glaubende, der Muslim, ist der, der sich ganz auf den Willen Gottes einläßt und ihm gehorcht. Der Wortstamm »salam« erinnert auch daran, daß Gott mit dem Menschen Frieden geschlossen hat. Die von Gott gesandten Menschen, die Propheten, verkünden diese Heilsbotschaft. Der Koran geht davon aus, daß jeder Mensch von Geburt an Muslim ist, weil er sein Leben Gott verdankt und auf ihn ausgerichtet ist. Aber Gott hat dem Menschen Freiheit geschenkt, die dieser immer wieder dazu benutzt hat – und noch benutzt –, sich gegen Gott zu entscheiden und damit die Weisungen, die Gott gibt, zu mißachten.
Gottes Gottheit ist so unendlich, daß selbst schon der Gedanke an bestimmte Eigenschaften und Wesensbeschreibungen, mit denen man seinem Geheimnis näherkommen will, schon seinen Absolutheitsanspruch verletzen könnten. Darum ist es dem Muslim auch verboten, sich ein Abbild von Gott zu machen. Der Islam spricht von den 99 Namen Gottes, die bekannt sind, der hundertste Name bleibt verborgen. Wüßte man den hundertsten Namen Gottes, würde man versuchen, Gott in den »Griff« zu bekommen; es ist aber umgekehrt. Gott umgreift den Menschen mit seiner Liebe.
Gott ist grenzenlos und dem Menschen doch unendlich nahe, so daß es im Koran heißen kann, daß Gott dem Menschen näher sei als seine Halsschlagader (Sure 50,17).

Gott. Es gibt keinen Gott außer ihm, dem Lebendigen und Beständigen. Ihn überkommt weder Ermüdung noch Schlaf. Ihm gehört alles, was im Himmel und auf Erden ist. Wer könnte – außer mit seiner Erlaubnis – bei ihm Fürsprache einlegen? Er weiß, was vor ihm und was hinter ihnen liegt. Sie aber wissen nichts davon – außer was er will. Sein Thron reicht weit über Himmel und Erde. Und es fällt ihm nicht schwer, sie zu bewahren. Er ist der Erhabene und Gewaltige.
Sure 2,255 – Thronvers

Dieses Grundbekenntnis gibt es in verschiedenen Ausprägungen. In verkürzter und populärer Fassung heißt es: Es gibt keine Gottheit außer Gott; und Mohammed ist sein Gesandter.
Vollständig umfaßt das islamische Glaubenszeugnis: Gott, seine Engel, seine Bücher, seine Gesandten, die Auferstehung nach dem Tode, das Jüngste Gericht und die göttliche Vorherbestimmung.
Unzweifelbar steht aber in der Mitte des Glaubens der eine, einzige Gott, wie ihn Sure 112 bezeugt:

Sprich: Er ist der eine Gott, Gott, der Alleinige, er zeugt nicht und wurde nicht gezeugt, und keiner ist ihm gleich.

Der Thronvers hat eine Entsprechung in Ezechiel 1.

Der Bund zwischen Gott und Mensch

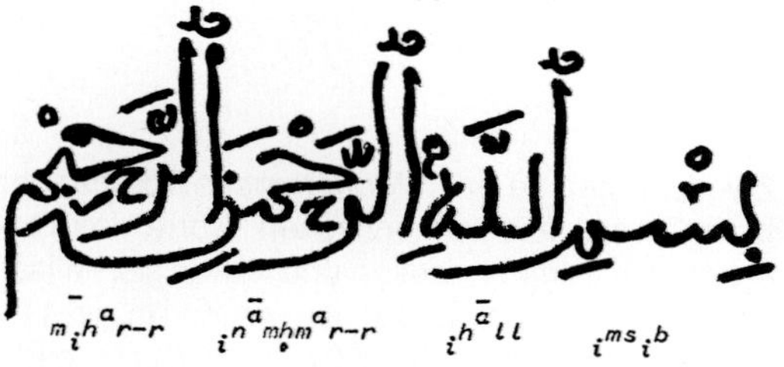

Das wiedergegebene Schriftbild enthält die sogenannte Basmala. Die Araber schreiben und lesen von rechts nach links. In Umschrift lautet die Formel: bismi llahi r-rahmani r-rahim: Im Namen Gottes, des Erbarmers, des Barmherzigen.

Mit der Basmala beginnen fast alle Suren. Nach den Anfangsworten wird die Formel Basmala genannt: Im Namen Gottes. Es handelt sich um einen Glücks- und Segenswunsch, der noch heute bei jeder Gelegenheit gesprochen wird. Man hört ihn bei Mahlzeiten, beim Antritt einer Reise und liest ihn in der Einleitung eines Briefes. Sogar Radio-Ansagen werden mit diesem Spruch eingeleitet.
Die Basmala steht in bewußtem Gegensatz zur trinitarischen Formel »auf den Namen des Vaters und des Sohnes und des Heiligen Geistes«. Die Basmala verdeutlicht dem Muslim, so oft er sie am Tag hört oder spricht, daß Gott nur einer ist und daß Gottes vorzüglichste Eigenschaft seine Barmherzigkeit ist.
Der Koran ist einem Muslim nur in der arabischen Originalsprache das Buch Gottes, welcher der mehr als 30 verschiedenen Nationen mit unterschiedlichen Muttersprachen er auch angehören mag.
Nach Auffassung des Islam hat Gott seinen Bund mit dem Menschen geschlossen. Weil die Menschen dies jedoch allzu oft vergaßen, sandte Gott ihnen immer wieder »Propheten«, die die Menschen an ihre Beziehung zu ihm erinnerten (Sure 13,7 und 35,24).
Die Sendung Mohammeds beendet die Prophetengeschichte. Im »Islamischen Modell« verwirklicht sich die Offenbarung Mohammeds, es umfaßt, reguliert und durchdringt das ganze Leben. Was in der Tora den Juden und im Evangelium den Christen an Lebensorientierung gegeben ist, soll durch den Koran abschließend zur Sprache gebracht werden und zum konkreten Handeln anleiten.
Auch die Beziehung Gottes zum Menschen bestimmt der Koran. Die islamische Gesetzgebung heißt darum »der rechte Weg« (Scharia).

Namen und Begriffe

Ayatollah (wörtlich: Zeichen Gottes) im schiitischen Islam Titel für charismatische Prediger oder angesehene Universitätsprofessoren.

Hodscha (türkisch) Lehrer für Koran und Glaube.

Imam Gemeindeleiter, Vorbeter.

Muezzin (arabisch: Muaddin) = Rufer zum Glauben, Gebetsrufer (zum fünfmaligen täglichen Ritalgebet).

Mufti Koranwissenschaftler, Religions- und Rechtsgelehrter.

Groß-Mufti erster Mufti eines Landes.

Mullah (wörtlich: Meister) = gebräuchlicher Ausdruck für Prediger im schiitischen Islam und in solchen Ländern, in denen der Islam von der iranischen Kultur geprägt ist.

Scharia (wörtlich: der Weg zur Tränke, zum Wasser des Lebens) das islamische Recht, der »rechte Weg« des Glaubenden zum Heil. Dafür gibt es eine Reihe von Bestimmungen, die teilweise sehr ins einzelne gehen (s. u. S. 74).

Ulama Versammlung der islamischen Rechtsgelehrten.

Die Glaubensquellen

Der Koran – Gottes Offenbarung

Nicht nur der Glaube der Muslime, fast jeder Glaube entspringt aus einer Gottesbegegnung, die ein Bekenntnis hervorruft.
Die Eröffnungssure des Koran (Sure 1) ist ein Gebet, in dem sich der Gläubige zu Gott bekennt. Er weiß, daß Gottes Wille im Himmel und auf der Erde geschieht:

Im Namen des barmherzigen und gnädigen Gottes.
Lob sei Gott, dem Herrn der Menschen in aller Welt,
dem Barmherzigen und Gnädigen,
der am Tag des Gerichts regiert!
Dir dienen wir, und dich bitten wir um Hilfe.
Führe uns den geraden Weg,
den Weg derer, denen du Gnade erwiesen hast,
nicht den derer, die dem Zorn verfallen sind und irregehen!

Gott kommt allein Heiligkeit zu.
Gott offenbarte sich Mohammed und berief ihn zu seinem Boten. Der Koran bewahrt Gottes Wort, darum ist er verehrungswürdig.
Von seiner arabischen Wortbedeutung her bedeutet Qur'an (eingedeutscht Koran) das Vorzutragende. Mohammed hat diese dort niedergeschriebenen Offenbarungen zu verschiedenen Zeiten empfangen und »vorgetragen«. Das Wort bedeutet außerdem, daß diese niedergeschriebenen Offenbarungen im Sinne göttlicher Weisungen immer wieder von den Gläubigen laut vorgelesen und vorgetragen werden sollen.
Viele Muslime können den gesamten Koran mit seinen etwa 78 000 Wörtern auswendig; sie rezitieren die Texte in der Ursprache des Koran, dem Arabischen, die für den Muslim die geoffenbarte Form ist.

> *Worin besteht der Unterschied im Umgang mit ihren heiligen Schriften bei Muslimen und Christen?*

Zwei Jahrzehnte nach Mohammeds Tod hat der Kalif Osman alle authentischen Worte des Gesandten zusammenfassen und kanonisieren lassen. Daraus entstand der heutige Koran mit 114 Suren (= Kapiteln) und 6200 Versen. Die Gebetssure als Eröffnungswort und die Mahnung zu unbedingter Orientierung an Gott in der Schlußsure bilden den Rahmen. Die Ordnung ist nicht chronologisch; im Prinzip stehen die längsten Suren am Anfang, die kürzesten am Schluß. Diese sind überwiegend die ältesten. Die Surennamen gehören nicht zum Offenbarungstext, sondern sind spätere Ergänzungen.
Die zentrale Stellung des Buches, des Korans, kommt mehrfach zum Ausdruck, etwa:

Dies ist die Schrift, an der nicht zu zweifeln ist, als Rechtleitung für die Gottesfürchtigen, die an das Übersinnliche glauben, das Gebet verrichten und von dem, was wir ihnen beschert haben, Spenden geben, und die an das glauben, was zu dir und was vor dir herabgesandt worden ist, und die vom Jenseits überzeugt sind. Sie sind von ihrem Herrn rechtgeleitet, und ihnen wird es wohl ergehen.
Sure 2,2–5

Die Frömmigkeit besteht vielmehr darin, daß man an Gott, den Jüngsten Tag, die Engel, die Schrift und die Propheten glaubt.
Sure 2,177b

Der Koran versteht sich als Offenbarungswort, weil er von Gott, dem Herrn aller Menschen, herabgesandt wurde (Sure 26,192 ff.; 97,1–5). Nur Ungläubige können sagen, daß sich Mohammed den Koran ausgedacht habe, vgl. Sure 10,38.

> *Welche Konsequenzen ergeben sich daraus, daß der Koran als Offenbarungswort anzusehen ist?*

Die Offenbarung Gottes hat universale Weite, Gott umfaßt alles und ist gleichzeitig jedem Menschen persönlich nahe und kümmert sich um jeden. Dabei spielen die Gesandten Gottes eine besondere Rolle. Adam, Noah, Abraham, Mose,

Jesus und alle anderen haben auf Gottes Wege verwiesen, haben Gottes Wort verkündet. Aber die Menschen mißachteten diese Verkündigung. Darum sandte Gott zum Schluß Mohammed, um seinen Willen endgültig zu offenbaren und den Weg zum Heil ein für allemal zu weisen, und zwar im Sinne von Glauben, Vertrauen und Gehorsam.

Er hat die Schrift mit der Wahrheit auf dich herabgesandt als Bestätigung dessen, was (an Offenbarungsschriften) vor ihr da war. Er hat auch die Thora und das Evangelium herabgesandt, (schon) früher, als Rechtleitung für die Menschen. Und er hat die Rettung herabgesandt. Diejenigen, die an die Zeichen Gottes nicht glauben, haben eine schwere Strafe zu erwarten. Gott ist mächtig. Er läßt (die Sünder) seine Rache fühlen. Vor Gott ist nichts verborgen, weder auf Erden noch im Himmel.
Sure 3,3–5

An Gottes letztgültiges Wort glauben also alle Muslime. Sie glauben nicht an Mohammed, denn er ist ein Mensch. Es ist darum beinahe beleidigend, Gläubige als Mohammedaner zu bezeichnen, schließlich glauben sie an Gott und orientieren sich an den im Koran festgelegten Handlungsanweisungen.
Weil die Vertreter der Schriftreligionen, Juden wie Christen, Anteil an Gottes Offenbarung haben, weil sie auch die großen Gesandten von Adam bis Jesus verehren, haben sie gegenüber den anderen Religionen eine Sonderstellung. Sie werden als Schriftbesitzer geachtet (Leute der Schrift – Ahl al kitab). Allerdings sah Mohammed in jüdischer und christlicher Lehre, wie sie in Arabien verbreitet war, Verfälschungen. Es forderte besonders seinen Widerspruch heraus, daß Jesus als göttlicher Erlöser gilt.

Was wird über das Verhältnis der Muslime zu den anderen Schriftbesitzern gesagt?

Tradition und Konsens

Die Sunna in Hadithen und Idschma

Neben dem Koran als dem geoffenbarten Wort Gottes steht die Sunna, d. h. die Überlieferung des beispielhaften und vorbildlichen Verhaltens Mohammeds. Die Sunna dient als Erläuterung des Korans im Sinne praktischer Verwirklichung und Konkretisierung der Botschaft für den Alltag. Sie gibt Handlungsorientierung.
Die Sunna wird in Form von Hadithen überliefert, d. h. in kurzen Mitteilungen, Berichten und Erzählungen. Zum Hadith gehört einmal der Inhalt und zum anderen die Überlieferungsreihe der Männer und Frauen, die diesen Hadith weitergegeben haben, und zwar beginnt die Namenskette beim Erzähler und geht über dessen Lehrer bis hin zu Mohammeds Freunden und dem Propheten selbst.
Die Traditionsreihe sichert den Wahrheitsanspruch der Hadithe dann, wenn sie mit den islamischen Grundsätzen übereinstimmen und die ungeteilte Zustimmung der Gemeinschaft finden. Niemand soll Beliebiges aus der Tradition herauslesen können. Diese Übereinstimmung in Fragen des Glaubens wird Idschma genannt. Ein Hadith überliefert ein Prophetenwort: »Meine Gemeinde wird nicht in einem Irrtum übereinstimmen.«
So achten die Ausleger, also insbesondere die Rechtsgelehrten, auf Übereinstimmung der Aussagen. Sie sichern damit Rechtmäßigkeit und Legitimität des jeweiligen Verständnisses. Gleichzeitig erreichen sie, daß die Anleitung zu konkretem Handeln und die Verbindlichkeit solchen Handelns nicht durch ständig abweichende Auslegungen infrage gestellt wird.

Namen und Begriffe

Sunna gewohnte Handlungsweise, Brauch, Lebensführung, dann auch: vorbildliches, beispielgebendes Verhalten; gemeint ist damit das überragende Beispiel Mohammeds, nicht im Koran niedergelegte Offenbarungstradition.

Hadith Form, in der die Sunna überliefert wird, eigentlich: Mitteilung, Erzählung, Bericht, ebenfalls nur bezogen auf den Bericht über die Sunna Mohammeds.

Idschma Übereinstimmung, Konsensus der Gemeinschaft der Gläubigen in Fragen des Glaubens.

Biblische Traditionen im Koran

Aus dem Alten Testament

Abraham als gemeinsamer Ahne wirkt sich im Judentum, Christentum und Islam entsprechend aus. So bekennt sich der Islam ausdrücklich zur biblischen Tradition, mehr noch: Adam, Noah, Abraham, Mose und schließlich Jesus (Isa) sind Orientierungspunkte.
Ein Beispiel ist die Geschichte von Kain und Abel.

Abel wurde ein Hirt, Kain aber wurde ein Ackerbauer.
Es begab sich aber nach geraumer Zeit, daß Kain von den Früchten des Ackers des HERRN ein Opfer brachte. Und auch Abel brachte von den Erstlingen seiner Schafe dar und von ihrem Fette. Der HERR aber sah auf Abel und seine Gabe; aber auf Kain und seine Gabe sah er nicht. Da entbrannte Kain sehr, und es senkte sich sein Angesicht. Aber der HERR sprach zu Kain: »Warum ergrimmst du, und warum blickst du so finster? Ist's nicht also? Wenn du recht handelst, darfst du frei aufschauen, handelst du aber nicht recht, so lauert die Sünde vor der Tür, und nach dir steht ihre Begierde; du sollst aber Herr werden über sie!« Darauf sprach Kain zu seinem Bruder Abel: »Laß uns aufs Feld gehen!«
Und als sie auf dem Feld waren, erhob sich Kain gegen seinen Bruder und schlug ihn tot.
Da sprach der HERR zu Kain: »Wo ist dein Bruder Abel?« Er sprach: »Ich weiß nichts. Bin ich denn meines Bruders Hüter?« Er aber sprach: »Was hast du getan! Horch, das Blut deines Bruders schreit zu mir empor vom Ackerland. Und nun verflucht bist du, verbannt vom Ackerland, das seinen Mund aufgetan und deines Bruders Blut von deinen Händen empfangen hat. Wenn du den Acker bebauen wirst, soll er dir hinfort seinen Ertrag nicht geben. Unstet und flüchtig sollst du sein auf Erden.
Kain aber sprach zum HERRN: »Meine Strafe ist zu schwer, als daß ich sie tragen könnte. Siehe, du treibst mich heute vom Acker, und ich muß mich vor deinem Antlitz verbergen und muß unstet und flüchtig sein auf Erden. So wird mir's gehen, daß mich totschlägt, wer mich findet.« Aber der HERR sprach zu ihm: »Nein, sondern wer Kain totschlägt, der soll siebenfältig gerächt werden.« Und der HERR machte ein Zeichen an Kain, daß ihn nie-

Und er erzählte ihnen die Kunde von den beiden Söhnen Adams, der Wahrheit gemäß.
Als die beiden ein Opfer brachten, da wurde es von dem einen der beiden angenommen, und von dem anderen wurde es nicht angenommen. Dieser sagte: »Ich will dich erschlagen!«, (jener) antwortete: »(Was kann ich dafür?) Gott nimmt ein Opfer nur von den Gottesfürchtigen an (den Frommen); solltest du deine Hand nach mir ausstrecken, um mich zu töten, ich strecke meine Hand nicht nach dir aus, um dich zu töten.
Ich fürchte ja Gott, den Herrn der Welten. Deshalb wünsche ich, daß du lieber die Sünde gegen mich und deine eigenen (früheren) Sünden trägst; doch – du machst dich selbst zum Genossen des Feuers; denn das ist der Lohn für die Frevler.« – Aber sein Inneres trieb ihn, seinen Bruder zu töten und er tötete ihn und wurde nun einer der Verlorenen. Gott schickte einen Raben, daß er in der Erde wühle und ihm zeige, wie er die Leiche seines Bruders verbergen könne;
er sagte:
»Wehe mir! Sollte ich nicht im Stande sein, es diesem Raben gleich zu tun und die Leiche meines Bruders zu verbergen?«
Da schämte er sich. (Er gehörte nun zu denen, die bereuen.)

mand erschlüge, der ihn fände. So ging Kain hinweg von dem Angesicht des HERRN und wohnte im Lande Nod, jenseits von Eden, gegen Osten.
Bibel, 1. Mose 4,2–16

Als Kain Abel erschlagen hatte, lag dieser (tot) da. Kain aber wußte nicht, was er tun sollte. Da bestimmte Gott zwei seiner Vögel für ihn, von denen einer den anderen tötete. Der (überlebende Vogel) grub mit seinen Krallen (die Erde) auf und begrub jenen. Und Kain lernte von ihm, hob eine Grube aus und begrub Abel.
Midrasch zu 1. Mose 4

Aus diesem Grunde haben wir den Israeliten vorgeschrieben, daß, wenn einer jemanden tötet (außer es geschieht nach dem Gesetz der Blutrache oder zur Bestrafung für auf der Erde begangenes Unrecht), es so sein soll, als ob er alle Menschen getötet hätte. Wenn aber einer jemanden am Leben erhält, soll es so sein, als ob er alle Menschen am Leben erhalten hätte. Denn unsere Gesandten sind mit klarer Weisung zu ihnen (d. h. zu den Israeliten) gekommen, aber viele von ihnen verhalten sich weiterhin maßlos auf Erden.
Koran, Sure 5,27–32

Arbeiten Sie die Gemeinsamkeiten und Unterschiede beider Texte heraus. Fallen Ihnen Besonderheiten auf, wenn Sie die christlich-jüdische und die islamische Tradition im Blick auf die Kain-und-Abel-Geschichte vergleichen?

Die Bedeutung Jesu im Koran

Der Koran geht von der realen Existenz Jesu aus, er sieht ihn als Propheten und Gesandten und gleichzeitig als den Messias Israels. Der Titel »Messias« taucht achtmal im Koran auf.
Es gibt nach diesem Verständnis eine Kontinuität von Jesus zu Mohammed, denn nach Johannes 14,6 weist Jesus auf den Parakleten (= Beistand, Tröster) hin, der nach ihm kommen wird, ein deutlicher Hinweis für den Muslim auf den letzten Propheten, nämlich Mohammed.
Jesus erfüllt das Gesetz des Mose. Seine Bedeutung als Gesandter ist bleibend und für den Glauben an Gott unerläßlich.
Der Muslim hält die Überlieferung vom Kreuzestod Jesu für eine Legende, denn Gott läßt die Seinen nicht im Stich. Im Koran finden sich Aussagen zum Leben und Wirken Jesu, die seine Geburt von der Jungfrau Maria, seine Auferstehung und Himmelfahrt umgreifen.

Jesus und die Einzigkeit Gottes

Nach einer Reihe von Aussagen des Koran verträgt sich der Glaube an die Einheit und Einzigkeit Gottes nicht mit dem Gedanken einer göttlichen Wesenheit Jesu:

Gott ist einer und nicht drei.
Vgl. Sure 4,171

Jesus ist in Wirklichkeit nicht getötet und gekreuzigt worden. Es erschien vielmehr ein anderer, der ihm ähnlich war und den sie mit Jesus verwechselten.
Vgl. Sure 4,157

Jesus hat weder sich noch seine Mutter zu Göttern erhoben.
Vgl. Sure 5,116

Nach dem Fortgang Jesu wurden die Glaubenden uneins; das hat auch zum Unglauben geführt.
Vgl. Sure 19,37

Nach einer möglichen Deutung von Sure 4,157 hat Gott Jesus ohne Tod zu sich in den Himmel erhoben.

Erläutern Sie die Bedeutung von Jesus und Maria im Koran.
Welche Stellung hat Jesus im Koran im Blick auf die Einzigkeit Gottes?
Wie wird der Glaubenssatz: »Empfangen durch den Heiligen Geist, geboren von der Jungfrau Maria« durch den Islam aufgenommen?

Grundsätze der Lehre

Bekenntnis des Glaubens

Nach der Hadithsammlung des Imam Mohammed bin Ismail al-Buhari hat der Prophet Mohammed gesagt, daß der Glaube der Muslime auf fünf Pfeilern ruht:

Dem Glaubensbekenntnis (Schahada).
dem Gebet mit vorhergehender Waschung,
dem Fasten im Monat Ramadan,
der Mildtätigkeit (Zakat),
der Pilgerfahrt nach Mekka (= zur Kaaba)

Diese Verhaltensweisen charakterisieren einen Muslim, sie erwachsen aus der Befolgung des Auftrags Gottes. Er besteht darin, immer wieder auf ihn als den einen Gott hinzuweisen und daran zu erinnern, daß es nur ihn allein als Gott gibt. Dazu dienen das Bekenntnis (Schahada), die Gebote und die Gemeinschaft.
Obwohl die Beschneidung nicht als religiöse Vorschrift betrachtet wird, ist sie doch unter vielen Muslimen üblich. Es ist ein Brauch, der schon vor Mohammed bekannt war und neben den Muslimen auch von den Juden praktiziert wird.

Namen und Begriffe

Kaaba (Haus) Zentralheiligtum der Muslime in Mekka
Mohammed ibn Ismail al-Buhar (810–870) berühmtester Hadithensammler
Ramadan Fastenmonat
Schahada Glaubensbekenntnis (des Islam)
Zakat Mildtätigkeit

Die fünf »Pfeiler« des Islam – Glaubensbekenntnis, Gebet, Fasten, Mildtätigkeit und Pilgerfahrt – können durch eine geöffnete Hand symbolisiert werden. Diese ist im Schlußstein eines Torbogens der Alhambra in Granada eingemeißelt.

Gebote der Muslime

Im Islam finden sich im wesentlichen die Gebote wieder, wie sie in der hebräischen Bibel bzw. in der Thora festgehalten wurden.

Koran	Bibel
Setz nicht Gott einen anderen Gott zur Seite, damit du nicht getadelt und verlassen dasitzt! Und dein Herr bestimmt, daß ihr ihm allein dienen sollt. *Sure 17,22f.*	Höre, Israel, der HERR ist unser Gott, der HERR allein. Und du sollst den HERRN, deinen Gott, liebhaben von ganzem Herzen, von ganzer Seele und mit all deiner Kraft. *5. Mose 6,4f*
Und zu den Eltern (sollst du) gut sein. Wenn eines von ihnen oder beide hochbetagt geworden sind, dann sag nicht ›Pfui!‹ zu ihnen und fahr sie nicht an, sondern sprich ehrerbietig zu ihnen, und senke für sie in Barmherzigkeit den Flügel der (Selbst)erniedrigung und sag: ›Herr! Erbarm dich ihrer (ebenso mitleidig), wie sie mich aufgezogen haben, als ich klein war!‹ Euer Herr weiß sehr wohl, was ihr in euch bergt... Den Bußfertigen ist er bereit zu vergeben. *Sure 17,23–25*	Du sollst deinen Vater und deine Mutter ehren, auf daß du lange lebest in dem Lande, das dir der HERR, dein Gott, geben wird. *2. Mose 20,12* Wer Vater oder Mutter schlägt, der soll des Todes sterben. *2. Mose 21,15* Ein jeder fürchte seine Mutter und seinen Vater. Halte meine Feiertage; ich bin der HERR, euer Gott. *3. Mose 19,3* Vor einem grauen Haupt sollst du aufstehen und die Alten ehren und sollst dich fürchten vor deinem Gott; ich bin der HERR. *3. Mose 19,32*
Und gib dem Verwandten, was ihm zusteht, ebenso dem Armen und dem, der unterwegs ist! Aber sei nicht ausgesprochen verschwenderisch! Diejenigen, die verschwenderisch sind, sind Brüder der Satane. Und der Satan ist seinem Herrn gegenüber undankbar. Und falls du dich von ihnen abwendest (ohne ihnen etwas zu geben), indem du erwartest, daß dein Herr, wie du hoffst, sich erbarmen wird, dann sprich (wenigstens) begütigend zu ihnen! *Sure 17,26–28*	Wenn du dein Land aberntest, sollst du nicht alles bis an die Ecken deines Feldes abschneiden, auch nicht Nachlese halten. Auch sollst du in deinem Weinberg nicht Nachlese halten noch die abgefallenen Beeren auflesen, sondern dem Armen und Fremdling sollst du es lassen; ich bin der HERR, euer Gott. *3. Mose 19,9–12* Du sollst deinen Nächsten nicht bedrücken noch berauben. *3. Mose 19,13*
Mach nicht, daß deine Hand (gleichsam) an deinen Hals gefesselt ist (d. h. knausere nicht mit deinen Gaben)! Aber streck sie (auch) nicht vollständig aus (indem du hemmungslos Geschenke austeilst), damit du nicht getadelt und (aller Mittel) entblößt dasitzt. Dein Herr teilt den Unterhalt (reichlich) zu, wem er will, und begrenzt (ihn auch wieder). Er kennt und durchschaut seine Diener (d. h. die Menschen). *Sure 17,29–30*	Neige mein Herz zu deinen Mahnungen und nicht zur Habsucht. *Psalm 119,36* Und er sprach zu ihnen: Seht zu und hütet euch vor aller Habgier; denn niemand lebt davon, daß er viele Güter hat. *Luk 12,15*
Und tötet niemand, den (zu töten) Gott verboten hat, außer wenn ihr dazu berechtigt seid! Wenn einer zu Unrecht getötet wird, geben wir seinem nächsten Verwandten Vollmacht. Er soll dann im Töten nicht maßlos sein. Ihm wird ja geholfen. *Sure 17,33*	Du sollst nicht töten. *2. Mose 20,13* Wer irgendeinen Menschen erschlägt, der soll des Todes sterben. Wer aber ein Stück Vieh erschlägt, der soll's ersetzen, Leben um Leben. *3. Mose 24,17f.*

Und tötet nicht eure Kinder aus Furcht vor Verarmung! Wir bescheren ihnen und euch (den Lebensunterhalt). Sie zu töten ist eine schwere Verfehlung. *Sure 17,31*	Und wer seinen Nächsten verletzt, dem soll man tun, wie er getan hat, Schaden um Schaden, Auge um Auge, Zahn um Zahn; wie er einen Menschen verletzt hat, so soll man ihm auch tun. *3. Mose 24,19f.*
Und laßt euch nicht auf Unzucht ein! Das ist etwas Abscheuliches – eine üble Handlungsweise! *Sure 17,32* Und tastet das Vermögen der Waise nicht an, es sei denn auf die (denkbar) beste Art! (Laßt ihr Vermögen unangetastet), bis sie volljährig geworden ist (und selber darüber verfügen darf)! *Sure 17,34*	Du sollst nicht ehebrechen. *2. Mose 20,14* Du sollst nicht begehren deines Nächsten Haus. Du sollst nicht begehren deines Nächsten Weib, Knecht, Magd, Rind, Esel noch alles, was dein Nächster hat. *2. Mose 20,17*
Und gebt, wenn ihr zumeßt, volles Maß und wägt mit der richtigen Waage! So ist es am besten (für euch) und nimmt am ehesten einen guten Ausgang. *Sure 17,35* Und geh nicht einer Sache nach, von der du kein Wissen hast! Gehör, Gesicht und Empfindung, – für all das wird Rechenschaft verlangt. *Sure 17,36*	Ihr sollt nicht stehlen, noch lügen, noch betrügerisch handeln einer mit dem andern. *3. Mose 19,11* Du sollst nicht stehlen. *2. Mose 20,15* Ihr sollt nicht unrecht handeln im Gericht, mit der Elle, mit Gewicht, mit Maß. Rechte Waage, rechtes Gewicht, rechter Scheffel und rechtes Maß sollen bei euch sein; ich bin der HERR, euer Gott, der euch aus Ägyptenland geführt hat. *3. Mose 19,35f.*
Und schreite nicht ausgelassen (und überheblich) auf der Erde einher! Du kannst weder ein Loch in die Erde machen, noch die Berge an Höhe erreichen. Jedes derartige schlechte Verhalten ist deinem Herrn zuwider. Das ist (etwas) von dem, was dein Herr dir an Weisheit eingegeben hat. Setz nicht Gott einen anderen Gott zu Seite, damit du nicht der Hölle verfällst, getadelt und verworfen! *Sure 17,37–39* *Vgl. oben Sure 17,22f.*	Liebet den HERRN, alle seine Heiligen! Die Gläubigen behütet der HERR und vergilt reichlich dem, der Hochmut übt. *Psalm 31,24* Ihr sollt euch nicht wenden zu den Geisterbeschwörern und Zeichendeutern und sollt sie nicht befragen, daß ihr nicht an ihnen unrein werdet; ich bin der HERR, euer Gott. *3. Mose 19,31* Du sollst keine anderen Götter haben neben mir. Du sollst dir kein Bildnis noch irgendein Gleichnis machen, weder von dem, was oben im Himmel, noch von dem, was unten auf Erden, noch von dem, was im Wasser unter der Erde ist. Bete sie nicht an und diene ihnen nicht! Denn ich, der HERR, dein Gott, bin ein eifernder Gott, der die Missetat der Väter heimsucht bis ins dritte und vierte Glied an den Kindern derer, die mich hassen, aber Barmherzigkeit erweist an vielen Tausenden, die mich lieben und meine Gebote halten. *2. Mose 20,3–6*

Was fällt auf, wenn man biblische und koranische Gebote miteinander vergleicht?

Das Gebet

Das rituelle Gebet prägt das Leben der Muslime. Noch vor Sonnenaufgang ruft der Muezzin zum Gebet. Fünfmal ertönt der Ruf auf Arabisch: »Ich bezeuge, es gibt keine Gottheit außer Gott; und ich bezeuge, Mohammed ist der Gesandte Gottes.«
Mittags erfolgt die zweite Einladung zum Gebet. Am frühen Nachmittag und bei Sonnenuntergang finden das dritte und vierte Gebet statt. Das letzte liegt vor dem Schlafengehen, also vor Mitternacht.

Das Gebet zieht sich wie ein ›roter Faden‹ durch das Leben, es ist ›das Seil Allahs‹, an dem der Gläubige sich Zeit seines Lebens festhält.
M. S. Abdullah

Vor dem Gebet ist es notwendig, sich zu reinigen. Dafür gibt es eine Reihe von rituellen Waschungen. Wenn man kein Wasser zur Verfügung hat, darf es auch eine sogenannte Staubwaschung sein. Mit der äußeren Waschung wird zugleich eine innere Haltung deutlich, nämlich dem Gebot des Korans zu folgen:

Verlies, was dir von der Schrift eingegeben worden ist! Und verrichte das Gebet! Das Gebet verbietet, was abscheulich und verwerflich ist. Aber Gottes zu gedenken, bedeutet mehr. Und Gott weiß, was ihr tut.
Sure 29,45

Und wenn dich meine Diener nach mir fragen, so bin ich nahe und erhöre, wenn einer zu mir betet, sein Gebet. Sie sollen nun auf mich hören und an mich glauben. Vielleicht werden sie den rechten Weg einschlagen.
Sure 2,186

Beispiel
Wie man das Morgengebet verrichtet

1. Ich wende mich zur Gebetsrichtung (Kibla) hin und fasse die Absicht, indem ich spreche: »Ich beabsichtige, für Gott das Morgengebet zu verrichten. Gott ist größer.«
2. Ich rezitiere die 1. Sure (Fatiha, Eröffnungssure, sie ist das Zentrum des Gebets). Dann folgen weitere Korantexte.

3. Ich beuge mich vor Gott.
4. Ich richte mich auf zum Lob.
5. Ich werfe mich nieder zum Lob.
6. Ich setze mich und spreche: Gott ist größer.
7. Ich werfe mich zum 2. Mal nieder.
8. Ich stehe preisend auf.

Diese Grundhaltungen wiederholen sich und enden mit einer Gesichtswendung nach rechts und links.
Die Bedeutung dieser Gebetshaltung wird auch so erläutert: Gott hat geboten, das Gebet in der Form der Namen Ahmad und Muhammed zu üben:

أحمد *(Ahmad)*

So entspricht das Stehen dem ا *Alif*

Die Verbeugung dem ح *Ha*

Die Niederwerfung dem م *Mim*

Und das Sitzen dem د *Dal*

Er erschuf die Schöpfung nach der Gestalt des Namens Mohammed, der Friede sei mit ihm.

محمد *(Muhammad)*

So ist der Kopf rund wie das erste مـ *Mim*

Die zwei Hände entsprechen dem حـ *Ha*

Der Leib entspricht dem zweiten ـمـ *Mim*

Und die Füße dem د *Dal*

Das Freitagsgebet

Am Freitag sollen die Gläubigen gemeinsam das Dschuma-Gebet sprechen. Anläßlich dieses Gebets wird eine Ansprache vorgetragen, um den Gemeinschaftssinn der Muslime zu stärken. Vom gemeinsamen Gebet erhofft man sich eine besondere Wirkung. Sonst können die Gebete auch allein gesprochen werden, wo immer sich ein Muslim befinden mag.

Das Gebet des einzelnen

Es versteht sich von selbst, daß Gebet mehr ist, als die formale Erfüllung ritueller Vorschriften. Vielmehr soll das Gebet das ganze Leben durchdringen.
Als Gebetshilfe für das persönliche Gebet kann man auch die Kette mit 33 oder 3 × 33 Perlen ansehen, die auf die 99 Namen Gottes weisen.

Mildtätigkeit

Jeder Muslim übernimmt mit seinem Glauben die Verpflichtung, einen Teil seines Vermögens abzuführen. Diese Pflichtabgabe wird Zakat genannt. Wenigstens 2,5 % vom Barvermögen und entsprechende Abgaben auf andere Wertgegenstände, Edelmetalle, Handelsgüter und Vieh müssen alljährlich entrichtet werden. Auf landwirtschaftliche Erzeugnisse werden bei natürlicher Bewässerung 10 % »Steuern« erhoben, bei künstlicher 5 %.
Zakat ist eine besondere Steuer, die der Staat einzieht. Ohne Gebet ist die Zakat fruchtlos, denn Zakat ist gleichzeitig Reinigung und Läuterung. So glaubt der Muslim durch seine Abgabe den Rest seines Vermögens, das ihm verbleibt, zu reinigen.
Zusätzliche freiwillige Gaben, die besonders verdienstlich angesehen werden, heißen Sadaka: man kann sie als »Darlehen an Gott« bezeichnen. Die Mildtätigkeit dient im Rahmen des Gebets, also der Gottesbeziehung, gleichzeitig der Menschenwürde. Das Almosengeben (Sadaka) ist unverzichtbares Merkmal des Gläubigen.
In der Tradition wird dies so beschrieben:

Ein Almosen (obliegt) jedem Glied des Menschen, jeden Tag, an dem die Sonne aufgeht. Zwischen Zweien Gerechtigkeit herstellen, ist ein Almosen, einem Mann mit seinem Reittier zu helfen, ihn darauf zu heben, oder sein Gepäck darauf zu heben, ist ein Almosen. Das gute Wort ist ein Almosen, und jeder Schritt, den du zum Gebet gehst, ist ein Almosen, und ein Hindernis aus dem Weg zu räumen, ist ein Almosen.
Hadith 26

Die Rettung auf dem Meer

Es kam einmal ein Mann zu Abu Huraira, einem Gefährten Mohammeds, mit der Bitte: »Flehe zu Gott für meinen Sohn; denn meine Seele hat Furcht ergriffen, er könnte umkommen.« Jener fragte: »Soll ich dir nicht lieber ein Mittel nennen, das nützlicher und wirkungsvoller als mein Gebet ist und dir schneller Erhörung bringt?« – »Ja, freilich«, antwortete er. Da riet ihm Abu Huraira: »Gib an seiner Statt ein Almosen zu dem Zweck, daß dein Sohn gerettet und alles, was bei ihm ist, vor Schaden bewahrt bleibe.« Nachdem der Mann Abu Huraira verlassen hatte, gab er einem Bettler einen Dirhem mit den Worten: »Dies soll dazu dienen, meinen Sohn zu erretten und ihn sowie alles, was bei ihm ist, vor Schaden zu bewahren.« Da verkündete in der gleichen Stunde irgend jemand auf dem Meere: »Fürwahr, das Lösegeld ist angenommen, und Zaid wird geholfen.« Als er später nach Hause kam, fragte ihn sein Vater nach seinen Erlebnissen. Da erzählte er: »Liebes Väterchen, ich habe an dem und dem Tag zu der und der Stunde« – dies war der Tag, an dem der Vater

an seiner Statt den Dirhem als Almosen gegeben hatte – »etwas Wunderbares auf dem Meer erlebt. Wir sahen nämlich damals dem Tod und dem Verderben ins Auge. Da hörten wir auf einmal eine Stimme in der Luft, die rief: ›Fürwahr, das Lösegeld ist angenommen, und Zaid wird geholfen.‹ Und es erschienen Männer in weißen Gewändern. Diese trieben unser Schiff zu einer Insel in der Nähe. So blieben wir wohlbehalten und wurden allesamt errettet.«
Arabisches Märchen

Das Fasten im Ramadan

Aus dem Koran

Und haltet allesamt fest an der Verbindung mit Gott und teilt euch nicht! Und gedenket der Gnade, die Gott euch erwiesen hat! Damals, als ihr Feinde waret und er zwischen euren Herzen Freundschaft stiftete, worauf ihr durch seine Gnade Brüder wurdet.
Sure 3,103

Das gemeinsame Fasten im Monat Ramadan ist Ausdruck der solidarischen Gemeinschaft aller Muslime. Als geistliche Übung verzichten sie einen Monat lang vom Sonnenaufgang bis zum Sonnenuntergang auf Essen und Trinken. Das Fasten wird nicht von Kindern verlangt. Erst wenn sie als erwachsen gelten, kommt diese Verpflichtung hinzu.

Bedeutung des Ramadan

Der Fastenmonat ist der Höhepunkt des religiösen Jahreszyklus. Er ist die sichtbare Identifikation der Gläubigen mit ihrem Glauben. Selbst Muslime, die in ihrer Glaubenspraxis nachlässig geworden sind, erinnern sich wieder an die Quellen ihres Lebens. In Deutschland reichen darum während des Fastenmonats die Moscheen nicht aus, und die Moscheegemeinden versuchen für diese Zeit größere Räume zu erhalten oder zu mieten.

Begründung für das Fasten

Der Monat Ramadan ist es, in dem der Koran als Rechtleitung für die Menschen herabgesandt worden ist, und (die einzelnen Koranverse) als klare Beweise der Rechtleitung und der Rettung. Wer nun von euch während des Monats anwesend ist (d. h. nicht unterwegs), soll in ihm fasten. Und wenn einer krank ist oder sich auf einer Reise befindet, ist ihm eine Anzahl anderer Tage (zur Nachholung des Versäumten auferlegt). Gott will es euch leicht machen, nicht schwer. Macht darum die Zahl (der vorgeschriebenen Fastentage) voll und preiset Gott dafür, daß er euch rechtgeleitet hat! Vielleicht werdet ihr dankbar sein.
Sure 2,185

Höhepunkt des Fastens

Mit der Nacht der Bestimmung Lailat al-Kadr wird eine Zeit der Besinnung und des Rückzugs aus der Welt eingeleitet. Nach 10 Tagen folgt das Fest des Fastenbrechens, Id al-Fitr, auch Id al-Sadaka (Fest der Almosen). Es ist Brauch, sich bei diesem Fest zu beschenken.

Das Fest beginnt mit dem Zeitpunkt, da das Erscheinen der Mondsichel den Ausgang des Monats Ramadan und den Beginn des Monats Schawwal anzeigt und dauert vier Tage. Die tiefere Bedeutung des Festes wird durch Gebete um Sündenvergebung, Bewahrung der Gesundheit und Segnung der Arbeit unterstrichen, verbunden mit der Verteilung von Almosen und Nahrungsmitteln an die Armen. An einem Tage besuchen die Familien, insbesondere die Frauen, die Gräber ihrer Verwandten und von Freunden, die mit Myrtenzweigen und Palmblättern geschmückt werden. Im übrigen herrscht allgemeine Feststimmung mit regem Leben und Volksbelustigungen in den Straßen, dem Austausch von Segenswünschen und konventionellen Besuchen, offiziellen Empfängen beim Staatsoberhaupt und den hohen Würdenträgern. Die Minarette und die Moscheen sind mit Lichtergirlanden illuminiert, Feuerwerk wird abgebrannt und die Kinder ziehen mit bunten Glaslaternen von Haus zu Haus, tragen Lieder vor und erhalten als Belohnung Süßigkeiten und Backwerk.
M. S. Abdullah

Die Wallfahrt und das Opferfest

Der Besuch der Kaaba in Mekka gehört zu den religiösen Pflichten aller Gläubigen. Viele Muslime können jedoch das Geld für die Wallfahrt (Hadsch) nicht aufbringen. Außerdem darf man die Reise nur antreten, wenn man gesund ist und die Familie während der Abwesenheit des Mekkapilgers (Hadschi) ausreichend versorgt ist. Darum ist es in vielen Dörfern Afrikas und Asiens üblich, daß die Dorfgemeinschaft ihre Ersparnisse zusammenlegt und es *einem* Mitglied ermöglicht, die Reise zu machen.
Dieser Dorfbewohner macht damit die Wallfahrt stellvertretend für alle. Das gute Werk, das er vollbringt, kommt allen im Dorf zugute.

Man unterscheidet zwei Formen der Wallfahrt:
– Die kleine Pilgerfahrt irgendwann während des Jahres
– Die große Pilgerfahrt im Pilgermonat (nach dem islamischen Kalender)

Ehe man die ehrwürdigen Zentren des Glaubens betritt, verzichtet man auf alles, was vom Zweck der Wallfahrt abhalten könnte, also üppige Speisen o. ä. Die innere Haltung der Ruhe und Besinnung drückt sich auch in der Kleidung aus: Die Männer tragen zwei ungenähte Tücher in weißer Farbe, die Frauen können ihre normalen Kleider weiter anziehen, jedoch sollten diese schlicht sein. Oft sind sie ebenfalls weiß oder hell.
Die Besonderheit Mekkas hängt damit zusammen, daß an diesem Ort nach islamischer Tradition die Propheten Abraham und Ismael lebten und sich völlig Gott anvertrauten, von hier ging auch die Verkündigung des Islam durch Mohammed aus.
Das Beeindruckendste für die Pilger ist die große Gemeinschaftserfahrung des einenden Glaubens, der keine Unterschiede der Rasse, Nationalität, der Sprache und des Herkommens kennt. Vor Gott sind alle gleich.
Höhepunkt der Wallfahrt ist das Opferfest, das an das Ereignis erinnert, bei dem Abraham seinen erstgeborenen Sohn opfern wollte. Bei diesem Fest werden in der Nähe Mekkas (in Mina) Opfertiere geschlachtet.

Das Innere einer Moschee, Berlin-Kreuzberg. Rechts das Bild der Kaaba. Das Bild steht für die reale Wallfahrt.

Das Opfer soll allerdings so verstanden werden, daß es auf die Ehrfurcht vor Gott ankommt, nicht auf das Blut.
Bei den Prozessionsgängen um die Kaaba am Anfang und am Schluß der Wallfahrt wird auch der in der Kaaba eingelassene Stein (ein schwarzer Meteorit) ehrfürchtig berührt (»geküßt«). Auf diese Weise erhalten die Pilger symbolisch den Bruderkuß des Propheten im Sinne eines Friedensgrußes.

Namen und Begriffe

Ayat (wörtlich: Zeichen) Koranvers (z. B. die Originalbedeutung in: Ayatollah = Zeichen Gottes).

Hadsch Wallfahrt nach Mekka, die jeder Muslim nach Sure 3,97 einmal in seinem Leben verrichten soll.

Hadschi Mekkapilger.

Koran (Al-Qur'an) Die niedergeschriebenen und in einen Kanon gebrachten Offenbarungen Gottes an Mohammed.

Lailat al-Kadr Nacht des Schicksals oder der Bestimmung, hl. Nacht des Islam, in der der Koran auf die Erde herabgesandt wurde.

Muslim (türkisch: Moslem) an Gott Glaubender, Anhänger des Islam.

Der Prophet Mohammed, der letzte in der Reihe der Propheten von Adam an.

Ramadan (türkisch: Ramasan) neunter Monat des islamischen Kalenders, in dem das Fasten vorgeschrieben ist.

Sadaka Almosen, freiwillige, zusätzliche Spende.

Sure (Sura) Koranabschnitt, insgesamt 114 Suren, untergliedert in Verse: Ayat

Zwei Millionen am Ziel der religiösen Sehnsucht

Labbaika Allahuma – Hier bin ich zu deinen Diensten o Gott!
Dieser Ruf, im Chor gesprochen, hallt in diesen Tagen millionenfach durch Mekka und Medina, die heiligen Städte des Islam. Die Muslime begehen den Pilgermonat Dhu'l Hiddscha, in dem die Wallfahrt zu den heiligen Stätten unternommen wird. In diesem Jahr ist der Andrang besonders groß: Das saudiarabische Innenministerium hat angegeben, etwa zwei Millionen Muslime würden in Mekka und Medina erwartet ...
Trotz aller Anstrengungen ist es nicht möglich, die Pilger komfortabel unterzubringen. Die meisten von ihnen verbringen die Pilgerzeit unter teilweise bedrohlichen hygienischen Verhältnissen in einer riesigen Zeltstadt in der Ebene von Mina östlich Mekkas. Längst kommt die Mehrzahl der Hadschis nicht mehr zu Fuß, in einer mühsamen Reise durch die Wüsten Nordafrikas und Arabiens, sondern mit modernen Verkehrsmitteln, mit Bussen, Schiffen und Großraumflugzeugen. Die größte Investition der Saudis war gewiß der Ausbau des Flughafens von Dschidda, der am Roten Meer gelegenen Schwesterstadt Mekkas. An einer Grenzlinie zwischen Dschidda und Mekka endet das Gebiet, das »Ungläubige« betreten dürfen. Bis heute ist das »hochedle Mekka«, wo der Prophet geboren wurde und starb, für Anhänger anderer Religionen tabu ...
Die Zeremonien der Pilgerfahrt liegen seit Jahrhunderten fest. Sie folgen den Geboten, die der Prophet beispielhaft vorgegeben hat und sind an bestimmte Tage des Pilgermonats gebunden. Weil viele Hadschis das Arabische nicht beherrschen und mit den Örtlichkeiten nicht vertraut sind, ist es üblich, einen »Mutawwif« oder »Dalil« zu mieten, einen Fremdenführer aus Mekka, der gegen Entgelt als Betreuer der Pilger arbeitet ...
Die Institution der Wallfahrt ist das stärkste Bindemittel unter den Muslimen. Im Angesicht der Kaaba erleben die Pilger die Einheit des Glaubens, die Zusammengehörigkeit aller Gläubigen in einer »Umma« – eben der Gemeinde des Islam.
Günter Lerch

Welche Bedeutung lassen die »Fünf Pfeiler des Islam« für das Leben des Muslim und für die muslimische Gemeinschaft?
Überlegen Sie, wie diese Anweisungen im Blick auf die Situation in der Bundesrepublik von Muslimen gelebt werden können.
In wiefern sichert die Mildtätigkeit, im Unterschied zum Almosen, die muslimische Gemeinschaft?
Wie ist der Zusammenhang von Pilgerfahrt und Opferfest zu sehen?

Das Recht

Einer der Armen der Stadt Aksehir hatte sich ein Stück Brot verschaffen können. Während er darüber nachdachte, wie er es anstellen müßte, um eine Zuspeise zu erhalten, kam er vor eine Gaststätte. In dem offenen Lokal war der Koch gerade dabei, das Essen zuzubereiten. Der Fleischkessel dampfte und verbreitete einen herrlichen Duft, der auch dem Armen in die Nase stieg. Dieser beugte sich über den Kessel, brach das Brot und ließ jedes Stück vom ausströmenden Dampf bestreichen.
Diese Art, sein Mahl zu halten, verblüffte den Koch, und er schaute eine Weile wortlos zu. Doch als der Arme sein Mahl beendet hatte, packte er ihn am Kragen und forderte ihn auf, für das Essen zu zahlen. Der Arme lehnte indes dieses Ansinnen ab, indem er beteuerte, er habe doch nicht einen Bissen von dem Fleischgericht verzehrt.
Der Koch schleppte den Armen vor den Kadi. Dieses Amt übte zu jener Zeit unser Hodscha aus. Nachdem der Hodscha die beiden Parteien schweigend angehört hatte, wie es bei einer ordentlichen Gerichtsverhandlung üblich ist, holte er zwei Silbergroschen aus der Tasche und winkte den Koch zu sich heran. »Tritt näher und spitz die Ohren!« sagte er und ließ die beiden Geldstücke klimpern. »Nimm den Klang des Geldes und scher dich fort!«
»Das ist doch keine Verhandlung«, rief der Koch.
»Doch! Mit diesem Urteil wird der Gerechtigkeit genüge getan. Wer den Duft des Essens verkauft, hat lediglich Anspruch auf das Klingen des Geldes.
Hodscha Nasreddin

Begründungen für gerechtes Handeln

Der Glaube der Muslime orientiert sich an der von Gott für sie gesetzten Weltordnung. Von daher wird das Verhalten des einzelnen und der Gemeinschaft strukturiert. Diese Rechtsordnung heißt Scharia im Sinne eines Lebensweges, der vor Gott Bestand hat. Sie steht für das gesamte koranische Gesetz.
Eigentlich bedeutet das arabische Wort »scharia« nicht Recht in unserem Sinne, sondern »Weg zur Tränke«, also zum Wasser des Lebens.

Die Vorschriften der Scharia lassen sich in zwei Hauptgruppen gliedern:
1. Bestimmungen für Kultus und Ritus
2. Rechtsbestimmungen und politische Anweisungen

Aus dem Koran

Wer sich aber von den Gesandten trennt, nachdem ihm die Leitung (d. h. die rechte Orientierung) offenkund getan ist und einen anderen Weg als den der Gläubigen befolgt, dem wollen wir den Rücken kehren, wie er den Rücken gekehrt hat, und wollen ihn in Dachehannam (= Hölle) brennen lassen; und schlimm ist die Fahrt dorthin.
Sure 4,115

Von dieser Grundlage aus ist die Übereinstimmung durch die gesamte islamische Gemeinschaft möglich. Da die Gemeinschaft niemals in die Irre gehen wird (wie die Tradition sagt), kann man nun Ableitungen für den einzelnen Rechtsfall oder das konkrete Handeln vornehmen.
Dies geschieht häufig durch die Methode des Analogieschlusses. Der Analogieschluß erlaubt es, nur angedeutete Lösungen aus Koran und Tradition als Normierungsfälle für den Alltag zu sehen und sachgemäß anzuwenden. So schließt man im Falle der Übereinstimmung mit dem Koran von Ähnlichem auf Ähnliches.
Doch nicht immer gelingt eine solche Parallelisierung oder Übertragung. Der Rechtsgelehrte muß dann trotzdem versuchen, ein abgewogenes Urteil herbeizuführen. Dazu gehören persönliches Engagement und intensive Bemühung, schließlich geht es um die Anerkennung und das Recht eines Menschen.
So haben sich bei der genaueren Festlegung der Bestimmungen im Islam *Rechtsschulen* gebildet, die sich alle als orthodox, d. h. also mit dem Koran und damit der göttlichen Wahrheit übereinstimmend verstehen. Im sunnitischen Islam erhielten vier Rechtsschulen die notwendige Autorität:
Die Rechtsschule der Malikiten
Gründer dieses Systems: Malik Ibn Assbahi (708/715–795): Berufung auf die Traditionen der Stadt Medina und auf die Übereinstimmung der Rechtsgelehrten, in Zweifelsfällen Berufung auf das eigene Urteil. Mit der Zeit fand jedoch eine Festschreibung der Traditionen statt, und das eigene Urteil verlor an Wert.
Verbreitung: Überwiegend in Nordafrika und Schwarzafrika.

Die Rechtsschule der Schafi'iten
Gründer: Mohammed Ibn Idriss as-Schafi'i (767–820): Eigentlicher Theoretiker des islamischen Rechts: Mittelweg zwischen Malikiten und denjenigen, die neue Gesetze und Rechtsnormen entwickeln wollten und dabei das eigene Urteil regelmäßig anwendeten (s. u. Hanifiten). Wichtigkeit der Übereinstimmung der Rechtsgelehrten.
Verbreitung: Überwiegend in Nahost, Pakistan, Indien, Indonesien, Sowjetunion.
Die Rechtsschule der Hanbaliten
Gründer: Ibn Hanbal (780–855): absolute Grundlage ist der Koran in seinem Wortlaut, keine exetischen Eingriffe und Umdeutungen. Erweiterungen durch die auf Mohammed zurückgehenden Überlieferungen und die Stellungnahmen seiner Gefährten.
Ablehnung, sich ein eigenes Urteil zu bilden, aber auch Ablehnung des Analogieschlusses. Nur die vom Koran und der Tradition vorgeschriebenen religiösen Pflichten und Praktiken sind erlaubt.
Verbreitung: Saudi-Arabien (Wahhabiten), einige Staaten am Persischen Golf, Syrien, Israel, Jordanien.
Die Rechtsschule der Hanifiten (für Deutschland am bedeutendsten) Gründer: Abu Hanifa Nu'man Ibn Thabit (697–767). Neben dem Koran sind nur die Hadithe beweiskräftig, insofern sie authentisch sind. In Argumentation und Rechtsfindung spielen das persönliche Urteil und die Analogie eine große Rolle: also der Glaube, die Quellen der Tradition und der gesunde Menschenverstand sind entscheidend. Verbreitung: Ägypten, Afghanistan, Pakistan, Indien, Türkei, Balkan, West- und Mitteleuropa, Nahost, Teile Zentralasiens.

Arbeiten Sie Unterschiede und Gemeinsamkeiten der verschiedenen Rechtsschulen heraus.
In welchem Zusammenhang stehen für den Muslim Glaube, Recht und praktisches Handeln.

Namen und Begriffe

Rechtsschulen Auslegungsrichtungen im Islam für Rechtsprechung und Normenfindung, nicht mit den christlichen Konfessionen zu vergleichen.

Riten, Brauchtum, Feste

Vorschriften zur Ernährung

Der Islam hält sie in Fragen der Ernährung an Traditionen, wie sich auch im Judentum begegnen. In Mitteleuropa fällt besonders das Verbot auf, Schweinefleisch zu essen. Auch soll auf Alkoholgenuß verzichtet werden. Ein ständiges Problem ist das rituelle Schlachten, das sogenannte Schächten, bei dem dem zu schlachtenden Tier die Halsschlagader mit einem Schnitt durchtrennt wird und das Blut auslaufen muß.
Das Schächten allein sichert das Auslaufen des Blutes. Blut darf, weil es als Sitz der Lebenskraft Gott allein gehört, nicht weiterverwendet werden.
Die Forderungen des Koran sind auch für in Deutschland lebende Muslime voll erfüllbar:

Verboten ist euch Fleisch von verendeten Tieren, Blut, Schweinefleisch und Fleisch, worüber ein anderes Wesen als Gott angerufen worden ist, und was erstickt, (zu Tod) geschlagen, gestürzt oder gestoßen ist, und was ein wildes Tier angefressen hat – es sei denn, ihr schächtet es –, und was auf einem Opferstein geschlachtet worden ist . . .
Sure 5,3a

Feste und Brauchtum sind in den Jahreszyklus integriert und ändern sich im Rhythmus des Mondjahres.

Feste und Riten im islamischen Jahr

Das islamische Jahr richtet sich nach dem Mondwechsel und ist folglich kürzer als das Sonnenjahr. Man nennt es nach der Emigration des Propheten Mohammed von Mekka nach Medina im Jahr 622 n. Chr. das Hidschrajahr. Das Hidschrajahr zählt 354 Tage und ist in zwölf Monate zu je 29 bzw. 30 Tagen eingeteilt. Das hat zur Folge, daß die islamischen Feste, die auf bestimmte Tage im Mondjahr festgelegt sind, sich im Laufe der Zeit über den ganzen Zyklus des im Christentum gebräuchlichen Sonnenjahres verschieben. Hinzu kommt, daß der jeweilige neue Tag nicht am Morgen, sondern mit dem Sonnenuntergang beginnt, d. h. er umfaßt Tag und Nacht.
Der Wochenruhetag der Muslime ist der Freitag.

Die islamischen Monate

Muharram, Safar, Rabi-ul-Awwal, Rabi-us-Sani, Jamadi-ul-ula, Jamadi-us-Sani, Rajab, Schaban, Ramadan, Schawwal, Dhul Quada, Dhul Hidschah.

Der Muharram ist der islamische Trauermonat, Ramadan der Fastenmonat und Dhul Hidschah der Wallfahrtsmonat.

Das neue Jahr beginnt mit dem Monat Muharram. Allerdings kennt der Islam kein offizielles Neujahrsfest analog den christlichen Gebräuchen.

Am 12. Tag des dritten islamischen Kalendermonats (Rabi-ul-Awwal) ist Maulid, der Geburtstag des Propheten Mohammed. Aus diesem Anlaß versammeln sich die Muslime in den Familien und Moscheen, um mit erbaulichen Geschichten und Rezitationen von Suren Geburt und Leben Mohammeds zu gedenken und die Sendung des Propheten zu preisen.

Das Fest Miradsch erinnert an die Himmelfahrt des Propheten und darf nicht mit der Himmelfahrt Jesu verglichen werden. Dem Koran und der Tradition zufolge handelt es sich um eine Vision des Propheten – die Theologie spricht von einer »Traumreise« –, während er von Mekka nach Jerusalem und von dort in den Himmel entrückt wurde, um Gott von Angesicht zu Angesicht zu schauen.

In der Lailat al-bara'at ruft islamischem Glauben zufolge Gott die Menschen zur Sündenvergebung auf. Die Nacht wird betend verbracht.

nach M. S. Abdullah

Die wichtigsten islamischen Feste

1. Muharram	Neujahrstag
12. Rabi-ul-Awwal	Maulid an-nabi = Geburtstag des Propheten
27. Rajab	Lailat al-miradj = Nacht der Himmelfahrt
14./15. Schaban	Lailat al-bara'at = Nacht der Sündenvergebung
1. Ramadan	Beginn der Fastenzeit
27. Ramadan	Lailat al-qadr = Nacht des göttlichen Ratschlusses oder Nacht der Bestimmung (des Schicksals)
1. Schawwal	Id al-Fitr = Fest des Fastenbrechens (türkisch: Scheker bayram)
10. Dhul Hidscha	Id al-Adha = Opferfest (Türkisch: Kurban bayram)

Islamische Feiertage

	Geburtstag des Propheten	1. Ramadan (Beginn des Fastenmonats)	Fasten brechen Schekerbayram Id al-Fitr	Opferfest Kurbanbayram Id al-Adha
1985	26. November	21. Mai	18. Juni	28. August
1986	15. November	11. Mai	8. Juni	17. August
1987	5. November	30. April	28. Mai	6. August
1988	24. Oktober	19. April	17. Mai	26. Juli
1989	14. Oktober	8. April	6. Mai	15. Juli
1990	3. Oktober	29. März	26. April	5. Juli

Wissen Sie etwas über islamische Feste in Ihrer Umgebung und können Sie etwas dazu in Erfahrung bringen?

Beispiele des Glaubens und der Lehre

Abraham/Ibrahim, der erste Muslim

An vielen Stellen des Koran ist von Abraham die Rede. Er wird als der erste Muslim angesehen (Sure 3,58.60 f.).

Und als wir das Haus zu einer Stätte der Einkehr für die Menschen und zu einem Ort der Sicherheit machten! (gemeint ist die Kaaba, von der fortan die Götzenanbeter ausgeschlossen wurden) Und: ›Macht euch aus dem Platz Abrahams eine Gebetsstätte!‹ Und wir verpflichteten Abraham und Ismael: ›Reinigt mein Haus für diejenigen, die die Umgangsprozession machen und sich dem Kult hingeben und die sich verneigen und niederwerfen!‹«
Sure 2,125

Denn als Abraham dabei war, die Grundmauern – die des Hauses (der Kaaba) – aufzuführen, beteten er und Ismael zu Gott: ›Herr nimm von uns an! Du bist der, der hört und weiß. Und mach, Herr, daß wir dir ergeben sind, und (mach) Leute aus unserer Nachkommenschaft zu einer dir ergebenen Gemeinde! Und zeig uns unsere Riten! Und wende dich uns wieder zu! Du bist ja der Gnädige und Barmherzige. Und laß, Herr, unter ihnen einen Gesandten aus ihren eigenen Reihen auftreten, der ihnen deine Verse verliest, sie die Schrift und die Weisheit lehrt und sie läutert! Du bist der Mächtige und Weise‹.
Wer anders könnte die Religion Abrahams verschmähen als einer, der selbst töricht ist? Wir haben ihn doch im Diesseits auserwählt. Und im Jenseits gehört er zu den Rechtschaffenen.
Sure 2,127–130

In der islamischen Tradition werden eine Reihe von Geschichten über Abraham erzählt, die teilweise von den biblischen abweichen, insbesondere spielt Ismael eine größere Rolle. In der Geschichte der Sohnesopferung durch Abraham tritt Ismael an die Stelle Isaaks. Überhaupt spielt dieses Opfer und der Zusammenhang mit der Kaaba in die Festtradition so hinein, daß die Pilgerfahrt nach Mekka und das große Hammelopfer beim Fest Id-al Adha davon bestimmt werden. Die große Bedeutung Abrahams wird noch dadurch verstärkt, daß er Imam, also Leiter und Vorbeter der Gemeinde genannt wird. Mit Ismael führt er die ersten Wallfahrtszeremonien aus. Er gehört zu denen, die die unverfälschte Lehre bewahren und wird darum *Hanif* genannt.
Ursprünglich war die Gebetsrichtung der Muslime Jerusalem. Seit dem Jahr 624 galt die Vorschrift, sich beim Gebet nach Mekka zu wenden. Von diesem Zeitpunkt an ist die Kaaba das wichtigste Heiligtum aller Muslime.

Abraham und Ismael beim Bau der Kaaba
Türkische Miniatur aus dem 15. Jahrhundert

Warum hat Abraham für den Glauben der Muslime eine so erhebliche Bedeutung?
Warum spielt von den Söhnen Abrahams in Islam Ismael eine größere Rolle als Isaak?
Versuchen Sie, biblische Stellen zu finden.

Namen und Begriffe

Kaaba Haus (in Form eines Würfels), Zentralheiligtum in Mekka für alle Muslime.

Hanif der Fromme, Hanife: Menschen, die schon in vorislamischer Zeit den Glauben rein bewahrt haben.

Id-al Adha (türk. Kurban-bayram) Opferfest während der Pilgerfahrt und auch für die daheimgebliebenen Muslime.

Die Anstrengung für den Glauben

Die Entwicklung und Ausbreitung des islamischen Reiches lief nicht selten unter kriegerischen Bedingungen ab. Der in diesem Zusammenhang gebrauchte arabische Begriff *dschihad* wird meiste mit *Heiligem Krieg* übersetzt, bedeutet im eigentlichen Sinn jedoch Eifer, Einsatz und Anstrengung um der Sache Gottes willen, und weniger *Angriff, Krieg, Feindseligkeit* oder *Kampf.* Es geht vielmehr darum, alle Kräfte der Seele, des Körpers und des Geistes auf ein Ziel hin zu konzentrieren.
Für die bessere Verständigung wird darum auch in der Tradition unterteilt:

Dschibad akbar: Der innere Kampf gegen Laster und Leidenschaften: Hierzu zählen auch die islamischen Hilfswerke und die karitativen Aktivitäten bis hin zur Entwicklungshilfe.
Dschihad kabir: Die große Anstrengung im Sinne der Verkündigung der Glaubenslehren und des Dialogs mit anders Glaubenden. Mohammed erklärte nach dem Krieg gegen die Mekkaner ausdrücklich, daß der ›dschihad kabir‹ wesentlich höher zu bewerten sei als der »dschihad asgar«.
Dschihad asgar: Die kleine Anstrengung, zu der die Verteidigung der Glaubensfreiheit und damit auch der Krieg unter bestimmten Bedingungen gehört.

Der Kampf gegen den Unglauben ist zwar vorgeschrieben, dennoch gilt er auch im Koran als abscheulich (Sure 2,212 ff.). Christen und Juden gehören nicht zu den Ungläubigen, darum ist gegen sie der *dschihad* nicht möglich (Sure 9,73–74). Letztlich darf überhaupt kein Krieg und kein Kampf um Beute oder Gewinnstreben geführt werden, auch ein Vernichtungskrieg ist nicht zulässig.
Für Juden und Christen in den von Muslimen eroberten Ländern bestand Glaubens- und Gewissensfreiheit.
In der Sure 8, »Die Beute« genannt, die die Verteilung der Kriegsbeute nach einer Schlacht regelt, wird betont, daß man den Geboten Gottes gerade in einer Extremsituation folgen solle. Das spricht sich etwa in der Fürsorge für die Gefangenen aus:

Prophet! Sag zu den Gefangenen, die ihr in eurer Gewalt habt: Wenn Gott an eurem Herzen etwas Gutes findet, wird er euch etwas Besseres geben als das, was euch genommen worden ist, und wird euch vergeben. Gott ist barmherzig und bereit zu vergeben.
Sure 8,70

Natürlich wurde dieser Gedanke in der Geschichte des Islam nicht immer konsequent durchgehalten. Das hat allerdings weniger mit dem Islam als Glaubensweise als vielmehr mit dem Machtstreben einzelner islamischer Herrscher zu tun, die ihre politischen Ziele mit religiösen Motiven verbanden.

Der Mensch und die Schöpfung

Gott schuf die Welt, damit der Mensch leben kann. Das Schöpfungsgeschehen wirkt sich aus bis in die letzte und feinste Handbewegung Gottes. Die Vorstellungen und Bilder des Koran erinnern dabei sehr stark an die biblischen Schöpfungsgeschichten:

Sehen denn nicht die Ungläubigen, daß die Himmel und die Erde eine zusammenhängende Masse bildeten und wir sie dann spalteten und aus dem Wasser alles Lebendige machten? Glauben sie denn nicht? Und wir setzten festgegründete (Berge) auf die Erde, damit sie nicht schwankte mit ihnen, und wir machten auf ihre breite Täler zu Wegen, auf daß sie rechtgeleitet würden. Und wir machten den Himmel zu einem geschützten Dach, und doch kehrten sie sich ab von unseren Zeichen.
Sure 21,30–32

In zwei Tagen hat Gott die Erde geschaffen und sie befestigt. Aus dem Rauch des Himmels wurde das Firmament, das Feste. Wie ein riesiges Zelt wölbt sich der Himmel über der Erde. Eine Reihe von Abschnitten beschreibt dieses Werk Gottes, um dann die Bevorzugung des Menschen hervorzuheben:

Und wahrlich, erschaffen haben wir den Menschen aus feuchter Lehmmasse; und die Geister erschufen wir zuvor aus dem Feuer des Samum. Und gedenke, da dein Herr zu den Engeln sprach: ›Siehe, ich erschaffe einen Mensch aus feuchter Lehmmasse: Und wenn ich ihn gebildet und ihm von meinem Geiste eingehaucht habe, so fallet anbetend vor ihm nieder.‹ Und nieder fielen alle Engel insgesamt, außer Iblis.
Sure 15,26–30

In einzelnen Schritten entstand so die Erde als Gottes Werk für den Menschen.

Namen und Begriffe

Dschinn Geister, Dämonen, zwischen Engeln und Menschen.
Iblis Widersacher, Teufel; Lehnwort aus dem Griechischen (diabolos).
Samum Gluthauch (sengender Wüstensturm).

Gott bleibt nun auch durch die Geschichte Wegbegleiter des Menschen. Er sorgt für ihn: so ist die Welt dem Menschen wohlgesonnen. Er findet alles, was er zum Leben braucht:

Und Gott hat euch aus dem Leib eurer Mutter hervorkommen lassen, ohne daß ihr etwas wußtet, und euch Gehör, Gesicht und Verstand gegeben. Vielleicht würdet ihr dankbar sein. Haben sie denn nicht gesehen, wie die Vögel in der Luft des Himmels in den Dienst gestellt sind? Gott allein hält sie. Darin liegen Zeichen für Leute, die glauben. Und Gott hat euch aus euren Häusern eine Stätte der Ruhe gemacht. Und aus der Haut der Herdentiere hat er euch Zelte gemacht, die ihr, wenn ihr aufbrecht, und wenn ihr haltmacht, leicht handhaben könnt, und aus ihrer Wolle, ihrem Fell und ihrem Haar Gegenstände für den täglichen Gebrauch, und (das) zur Nutznießung auf eine Zeit. Und Gott hat bewirkt, daß das, was er geschaffen hat, euch Schatten spendet. Und in den Bergen hat er euch Schlupfwinkel gemacht... So vollendet er seine Gnade an euch. Vielleicht würdet ihr euch ergeben zeigen.
Sure 16,78–81

Ja, Gott hat den Menschen viele gute Dinge beschert. Als Zeichen seiner Gnade entdeckt sie der Mensch überall und lebt mit und von ihnen. Auch in Not und Gefahr bleibt diese Hilfe und Unterstützung Gottes nicht aus.

Durch den Sündenfall Adams hat sich die Beziehung zwischen Gott, Mensch und Welt grundlegend geändert. Iblis (der Teufel) hat als Feind Gottes den Menschen zum Bösen verführt (Sure 7,17–18). Die Freiheit, die Gott dem Menschen zum Bösen schenkte, führt ihn in die Spannung von Gut und Böse. So wird Adam zum Propheten, der mahnt, von Sünden abzulassen.
Der Islam kennt den Begriff der Erbsünde nicht und betont daher, daß trotz der Macht der Sünde der Mensch die Umkehrmöglichkeit zu Gott hat und diese Chance selbständig ergreifen kann, denn Gottes Barmherzigkeit ist größer als seine strafende Gerechtigkeit.
Die Sorge des Menschen muß um seine Zukunft gehen, stehen doch Tod und Auferstehung vor ihm. Wenn er stirbt, überschreitet er seine irdischen Grenzen und wird von Gott gerichtet werden.

Gott verlangt von niemandem mehr, als er vermag. Jedem kommt zugute, was er begangen hat,

und jedem kommt auf sein Schuldkonto, was er sich geleistet hat. Herr! Belange uns nicht, wenn wir vergeßlich waren oder uns versehen haben! Herr! Lade uns nicht eine drückende Verpflichtung auf, wie du sie denen aufgeladen hast, die vor uns lebten! Herr! Belaste uns nicht mit etwas, wozu wir keine Kraft haben! Verzeih uns, vergib uns und erbarm dich unser! Du bist unser Schutzherr. Hilf uns gegen das Volk der Ungläubigen.
Sure 2,286

Text der sog. Totenbarke:
»Ich habe an Gott geglaubt, und an seine Engel, und an seine Bücher, und an seine Gesandten und an den Jüngsten Tag, und an die Verheißung Gottes, des Erhabenen über das Gute wie Böse an diesem Tage, und an die Auferstehung nach dem Tode.«

Welche Bedeutung hat der Sündenfall für die menschliche Geschichte?
Wie sieht der Islam die Stellung des sündigen Menschen vor Gott?

Schicksal und freier Wille

Gottes freier Wille bestimmt die Geschichte, die Zeit und das Lebensende eines Menschen. Die Allmacht Gottes findet hier ihre Konkretion, läßt jedoch erneut die Frage der Vorherbestimmung und der menschlichen Freiheit laut werden.

Er ist es, der lebendig macht und sterben läßt. Und wenn er eine Sache beschlossen hat, sagt er zu ihr nur: sei!, dann ist sie.
Sure 40,68

Gott bestimmt also das Schicksal des Menschen, gleichzeitig hat der Mensch aber Entscheidungsmöglichkeiten. Der Muslim lebt so in der Spannung von menschlicher Freiheit und göttlicher Vorherbestimmung.
Allerdings betont der volkstümliche Glaube mehr die Vorherbestimmung, teilweise so stark, daß es dem außen stehenden Betrachter wie Fatalismus vorkommt. Tatsächlich kennt jedoch auch der Volksglaube kein unerbittliches Schicksal, vielmehr nimmt der Mensch auch in ohnmächtiger und verzweifelter Lage alles aus Gottes Hand an. Auch in Grenzsituationen fühlt sich der Mensch nicht hoffnungslos ausgeliefert, selbst der Tod kann nicht von Gott trennen:

Und keinem Menschen vor dir haben wir Unsterblichkeit verliehen. Wenn du nun stirbst, sollten sie dann ewig leben? Ein jeder wird den Tod erleiden. Und wir setzen euch mit Schlechtem und Gutem Prüfungen aus, um euch auf die Probe zu stellen. Und zu uns werdet ihr zurückgebracht.
Sure 21,34–36

Auferstehung und Gericht

Wie das im einzelnen vor sich geht, beschreibt der Koran im Zusammenhang der *Auferstehung von den Toten:* Es gibt nicht nur ein diesseitiges Leben, sondern Gott wird die Toten zur Auferstehung versammeln.

Meint der Mensch, wir würden (dereinst) seine Knochen nicht zusammensetzen (und ihn wieder zum Leben erwecken)? Aber ja! Wir sind (sogar) imstande, seinen Finger (wieder zurecht) zu formen.
Sure 75, genannt: Die Auferstehung, 3–4

Das ist ihr Lohn dafür (nämlich die Hölle mit ihrem Feuer), daß sie an unsere Zeichen nicht geglaubt und gesagt haben: ›Sollen wir etwa, wenn wir vermoderte Knochen sind, in einer neuen Schöpfung auferweckt werden?‹ Haben sie denn nicht gesehen, daß Gott, der Himmel und Erde geschaffen hat, die Macht hat, ihresgleichen zu schaffen? Er hat ihnen eine Frist gesetzt, an der nicht zu zweifeln ist. Aber die Frevler wollten nichts anderes, als ungläubig sein.
Sure 17,98f.

Einer hat nach einer Strafe gefragt, die hereinbrechen wird. Für die Ungläubigen kann sie niemand abwehren, (denn sie kommt) von Gott, zu dem die Leiter emporführt. Die Engel und der Geist stei-

Der Prophet Ezechiel schaut die Totenauferweckung (Hes. 37,36). Türkische Miniatur aus dem 16. Jhd.

gen zu ihm auf in einem Tag, dessen Ausmaß fünfzigtausend Jahre sind. Sei nun schön geduldig (und laß dich durch das vorläufige Ausbleiben der Strafe nicht beirren)! Sie (d. h. die Ungläubigen) sehen sie in der Ferne, wir aber in der Nähe. (Die Strafe wird hereinbrechen) am Tag, da der Himmel wie flüssiges Metall und die Berge wie Wolle sein werden und niemand nach seinem Freund fragen wird.
Sure 70,1–10

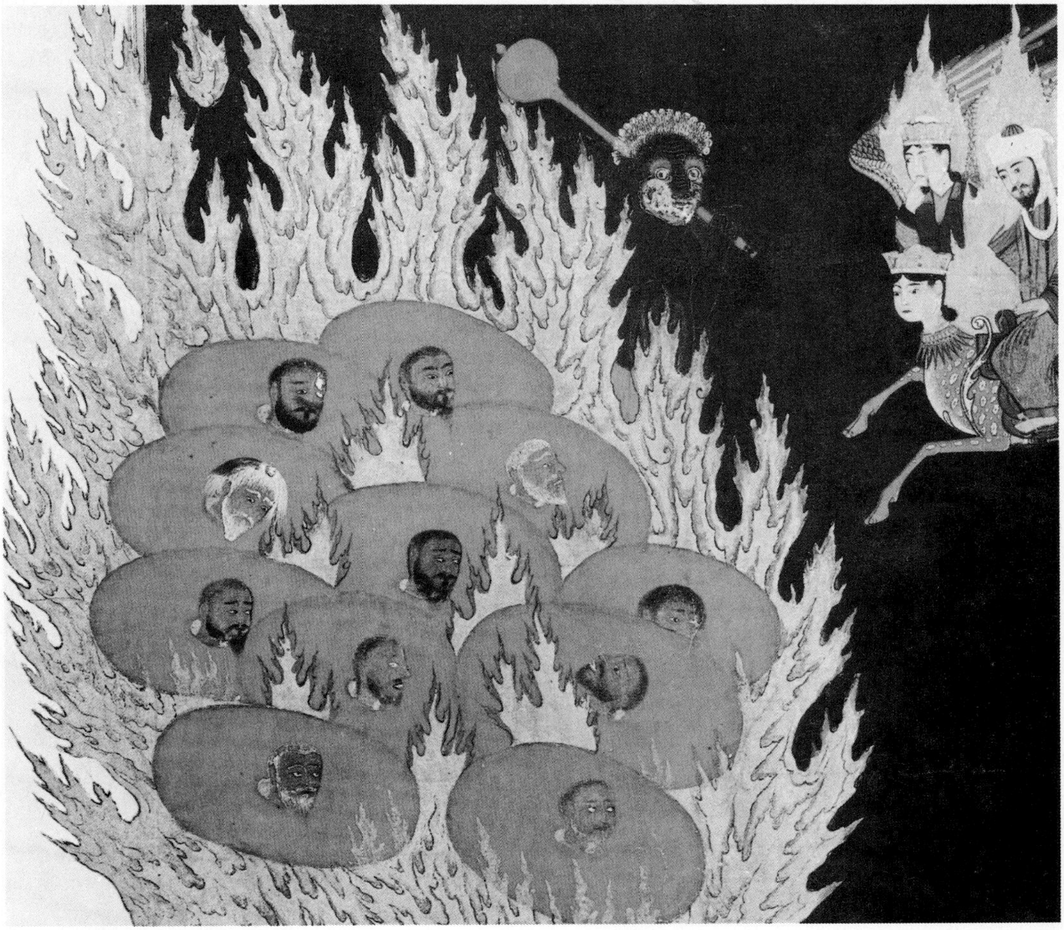

Mohammed und der Engel Gabriel besuchen die Hölle

Gerechtigkeit und Gnade im Gericht

Und macht euch darauf gefaßt, einen Tag zu erleben, an dem ihr zu Gott zurückgebracht werdet, worauf jedem voll heimgezahlt wird, was er begangen hat! Und ihnen wird (dabei) nicht Unrecht getan.
Sure 2,281

Die Propheten und auch Jesus werden als Zeugen im Gericht auftreten und je nach ihren Taten die Menschen aus ihren Völkern anklagen, zu denen sie gesandt wurden. Wenn Gott es zuläßt, können Propheten und Engel für einzelne Fürsprache einlegen, so daß Gnade vor Recht ergeht.
Das Ende bricht jedoch weder unvorbereitet noch unerwartet über die Menschen herein. Das Wissen um den Tod bereitet auf das letzte Urteil im Jüngsten Gericht vor. Wenn der Todesengel ab-

beruft, nimmt er die Seele mit. Vor Gott erfolgt dann eine Art Abrechnung, man könnte auch sagen, ein vorläufiges Gericht.
Ein Zurück in das Leben gibt es nicht mehr. Diejenigen, die in ihrem Leben Unrecht getan haben, sind von der Wahrheit zu spät überzeugt.
Für die Ungläubigen gibt es nur den Weg in die Hölle, den Gläubigen steht der Weg ins Paradies offen.

Doch wir werden die Ungläubigen bestimmt eine strenge Strafe spüren lassen und ihnen ihre schlechten Taten vergelten. Das ist der Lohn der Feinde Gottes, das Höllenfeuer, in dem sie eine Behausung für die Ewigkeit finden, zum Lohn dafür, daß sie unsere Zeichen geleugnet haben . . . Auf diejenigen, die sagen: ›Unser Herr ist Gott‹ und hierauf geraden Kurs halten, kommen die Engel herab: ›Ihr braucht keine Angst zu haben und nicht traurig zu sein. Freut euch darüber, ins Paradies zu kommen, das euch versprochen worden ist! Wir sind im diesseitigen Leben und im Jenseits eure Freunde. Und ihr werdet im Paradies haben, was euer Herz begehrt und wonach ihr verlangt, – ein Quartier von einem, der barmherzig ist und bereit zu vergeben.‹
Sure 41,27–28; 30–32.

Weil die Gerechten und Geretteten bzw. diejenigen, die gerettet werden sollen, die entscheidenden Fragen beantworten konnten:
– Wer ist dein Gott? Gott
– Wer ist dein Gesandter? Mohammed
– Welches ist deine Religion? Islam
– Welche Gebetsrichtung hast du? Nach Mekka
steht ihnen der Weg ins Paradies offen, und sie bekommen keine Schläge ins Gesicht und aufs Hinterteil wie die Ungläubigen und Frevler.
Die lange Nacht bis zum Endgericht geht für die Gläubigen nun schnell vorbei; und die Verheißung des Paradieses wird wahr.

Wie ist der Zusammenhang von Gottes Handeln und menschlicher Freiheit?
Welche Bedeutung haben der Tod und das Jüngste Gericht?
Wie wirkt sich die Lehre von der Vorherbestimmung des Menschen aus?
Welche Rolle spielt der Zusammenhang von Barmherzigkeit und Gerechtigkeit Gottes?
Wer erlebt die Auferstehung? Wie sehen die Folgen für die Ungläubigen aus?
Was wird im Koran über die Zeitspanne zwischen Tod und Auferstehung zum Jüngsten Gericht (also dem endgültigen Urteil) gesagt?

Familie und Gemeinschaft

Für Ehe und Familie gab es vor dem Auftreten Mohammeds kein einheitliches arabisches Recht, sondern nur das unterschiedliche Brauchtum von Stämmen und Sippen. Der tägliche Existenzkampf und der Wille zum Überleben in einer schwierigen Umwelt prägte die Familiensitten.
Mit dem Koran treten klare Regelungen an diese Stelle. Dies betrifft vor allem die Ehe als Lebensgemeinschaft.

Und zu seinen Zeichen gehört es, daß er euch aus Erde geschaffen hat. Hierauf waret ihr auf einmal Menschen, die sich ausbreiteten. Und zu seinen Zeichen gehört es, daß er euch aus euch selber Gattinnen geschaffen hat, damit ihr bei ihnen wohnet. Und er hat bewirkt, daß ihr einander in Liebe und Erbarmen zugetan seid.
Sure 30,20

Ehe

Bei der Eheschließung unterzeichnen zwei ehemündige Partner einen Vertrag, der ihre Lebensbeziehungen regelt. Schon mit 9 Jahren sind in einigen islamischen Ländern Mädchen, mit 12 Jahren Jungen ehemündig. Die Heirat wird vor dem muslimischen Standesbeamten und vor zwei Zeugen geschlossen.
Im Islam geht die Tendenz zur Einehe, obwohl der islamische Mann bis zu vier Ehefrauen haben darf, allerdings unter einer Bedingung:

Wenn ihr aber fürchtet, (sie) nicht gerecht zu (be)-handeln, dann heiratet nur eine oder was ihr (an Sklavinnen) besitzt.
Sure 4,3b

Ansonsten gelten ähnliche Regelungen wie in anderen großen Religionen. So ist eine Ehe zwischen einem Muslim und einem Polytheisten verboten, dagegen darf ein Muslim eine jüdische oder christliche Frau heiraten, obwohl diese weniger geachtet werden.

Scheidung

Da die Ehe ein Vertrag ist, kann er auch aufgelöst werden, wenn die in ihm genannten Bedingungen nicht mehr erfüllt werden. Das kann auch zur ein-

seitigen Auflösung des Ehevertrages durch den Mann und zur Verstoßung der Frau führen. Aber ebenso ist die einvernehmliche Auflösung der Ehe möglich, sowie die Scheidung durch das Urteil eines Richters.
Bei der Auflösung der Ehe muß eine ausreichende finanzielle Sicherung der Existenz für die Frau gegeben sein.

Eine schwangere Frau darf nicht aus dem Haus verstoßen werden, deshalb gelten bestimmte Fristen, um das Leben des werdenden Kindes nicht zu gefährden.
Auch für die Kinder bestehen entsprechende Regelungen, die die Eingliederung im Familienverband auch weiterhin festhalten.

Zusammenleben in der Ehe

Die Vorrangstellung des Mannes ist eindeutig. Das hängt damit zusammen, daß auch der Koran von der patriarchalischen Familienstruktur ausgeht: »Die Männer stehen über ihnen« (Sure 2,228), so daß auch die Scheidung letztlich für den Mann leichter ist als für die Frau. Allerdings ist damit den Männern auch eine besondere Verpflichtung und Fürsorge für ihre Frauen auferlegt. Sie haben nicht nur für den Unterhalt der Familie zu sorgen, sondern stets das Wohl der Familie im Auge zu behalten. Von daher leiten sie das Recht ab, von den Frauen Demut und Unterordnung, sowie den entsprechenden Gehorsam zu fordern. Sich auflehnende Ehefrauen soll man ermahnen oder zur Not auch durch Schläge bestrafen (Sure 4,34).

Der Mann tritt so für die Familienordnung und für die Belange der Familie nach außen hin ein und setzt deren Ansprüche auch im öffentlichen Leben durch.
Was nun den Umgang der Partner miteinander betrifft, so sagt der Koran:

Ihr Gläubigen! Es ist euch nicht erlaubt, Frauen (nach dem Tode ihres Mannes) wider deren Willen zu erben. Und drangsaliert sie nicht in der Absicht, einen Teil von dem, was ihr ihnen (vorher als Morgengabe) gegeben habt, wegzunehmen... Und geht gut mit ihnen um. Wenn sie euch zuwider sind, so ist euch vielleicht etwas zuwider, während Gott viel Gutes in es hineinlegt.
Sure 4,19

Mit Morgengabe bezeichnet man die Aufwendungen des künftigen Ehemanns an die Familie sei-

ner künftigen Frau, damit diese die Zustimmung zur Eheschließung gibt. Die Morgengabe bleibt allerdings Eigentum der Frau auch in der Ehe. Daran sieht man bereits, daß die Besitzverteilung in der Ehe nach islamischem Recht der Gütertrennung unterliegt. Das was die Frau an Besitz und Gütern in die Ehe einbringt, bleibt ihr persönliches Eigentum, das auch im Falle der Scheidung nicht an den Mann fällt, sondern ihrer persönlichen Existenzsicherung dient.

Das traditionelle Bild der islamischen Familie sieht für die Frau keine öffentliche Rolle vor. Ihre Rolle ist hauptsächlich die der Ehepartnerin, der Hausfrau, der Mutter und Erzieherin der Kinder. In ihrem Haushalt darf sich die Frau frei bewegen. Vor fremden Besuchern und draußen in der Öffentlichkeit hat sie sich so zu bekleiden und ihre Reize so zu bedecken, daß sie kein Ärgernis verursacht, als anständige Frau erscheint und entsprechend behandelt wird.
Dabei herrscht in einigen Ländern die Sitte, daß die Frau teilweise oder ganz verschleiert ausgeht.
Adel-Theodor Khoury

Welche Vorstellung hat der Muslim von der Ehe und wie ist die Ehe im Islam gesichert?
Was bedeutet die Familie für das islamische Leben?
Wie ist das Verhältnis zwischen Ehemann und Ehefrau geregelt? Welche Rechte hat die Ehefrau?

Aus der Geschichte des Islam

Religion und Gesellschaft im alten Arabien

Die Bevölkerung der Arabischen Halbinsel verehrte eine Vielzahl von Göttern und Göttinnen. Einzelne Stämme hatten ihre eigenen Gottheiten, deren Bilder sie mit sich auf ihren Wanderungen herumführten. Von anderen Göttern glaubte man, daß sie an diesem oder jenem Ort ihren Wohnsitz hatten und etwa in einem Baum oder einem merkwürdig geformten Felsblock gegenwärtig waren. Es scheint auch einen Gestirnkult gegeben zu haben, in dem Mond, Morgenstern und Sonne als

Heidnisches Trageidol

Götter eine Rolle spielten. Jedenfalls waren polytheistische Vorstellungen fest im Bewußtsein verankert, wie der in Sure 38,4 überlieferte Vorwurf der heidnischen Gegner Mohammeds zeigt:

Hat er denn aus all den Göttern einen einzigen Gott gemacht? Das wäre höchst sonderbar!

Durch den Initiationsritus der Beschneidung wurden die heranwachsenden Jungen in die männliche Stammesgesellschaft aufgenommen. Von Verstorbenen dachte man, daß sie ein elendes Schattendasein fristen mußten. Über ihren Gräbern errichtete man Steinhaufen oder auch Stelen und brachte ihnen zu bestimmten Zeiten Opfergaben dar. Die Volksfrömmigkeit glaubte die Erde von unsichtbaren Geistern bevölkert, den ›Dschinn‹, die sich manchmal in Tiergestalt zeigen konnten. Mit Amuletten schützte man sich vor dem bösen Blick, der einen ins Unglück stürzen kann.
In einer Reihe von Oasen hatten sich auch jüdische Siedler in einem eigenen Wohnbezirk niedergelassen, Land kultiviert und Palmenhaine angepflanzt. So war es z. B. in *Jathrib,* dem späteren Medina. Einzelne Araber sagten sich vom vorherrschenden Polytheismus los und traten als *Proselyten* zum Judentum über. Sie begingen mit den Juden z. B. gemeinsam den Sabbatanfang in deren Synagoge. Es gab auch christliche Gemeinschaften. Dort lebten Christen als Handwerker, Händler, Kaufleute und Sklaven mit ihren andersgläubigen arabischen Nachbarn Haus an Haus. Es gab arabische Stämme, die sich geschlossen zum christlichen Glauben bekannten. Jedoch war das Christentum auf der Arabischen Halbinsel vielgestaltig und weitgehend in Form von Sonderlehren verbreitet.

Gottsucher, Seher und Priester

Es gab auch arabische Gottsucher, die über religiöse Fragen nachdachten. Sie suchten bei Juden und Christen Antworten, weil sie von der heidnischen Art der Frömmigkeit nicht mehr be-

friedigt waren, und vertraten entschieden den Monotheismus. Das Neben-, Gegen- und Miteinander unterschiedlicher religiöser Überlieferungen führte zu einem Pluralismus, in dem sich allerdings der Glaube an nur einen allmächtigen Gott immer mehr durchsetzte.
Dichter verbreiteten Nachrichten und Informationen von Sippe zu Sippe, von Stamm zu Stamm. Die Kraft dichterischer Eingebung schrieb man einem Geist zu, der den Dichter inspirierte und durch seinen Mund sprach. Dichter hießen *Kahin,* das Wort ist mit dem hebräischen Kohen, d. h. Priester, verwandt, und sie wurden auch als Wahrsager in Anspruch genommen, etwa wenn ein Kamel entlaufen war. Sie deuteten Träume und berieten die Stammesältesten bei wichtigen Entscheidungen.
Jedes Heiligtum hatte teil an der Unantastbarkeit seiner Gottheit. Heiligtümer eines Stammes oder einer Gruppe von Stämmen waren selbst unantastbar. Wer dort Zuflucht suchte vor Räubern oder einem Bluträcher, erhielt Asyl. Die Priesterfamilie, der die Obhut über den heiligen Bezirk zukam, stand für den Schutz einer Karawane oder des Totschlägers ein. So gab es einen bergenden Damm vor dem unerbittlichen Zugriff der Wüstenbewohner. Der Teufelskreis der Rache, der einen Kampf aller gegen alle heraufbeschwor, war durchbrochen. Berühmte Heiligtümer waren das Ziel von Wallfahrten, die feierlich nach altem Brauch begangen wurden. Während dieser Zeit galten besondere Gesetze, Raubzüge und Stammesfehden waren einzustellen. Man brachte Opfergaben dar und opferte der Gottheit Tiere, mitunter auch Menschen, Wahrsager deuteten die Zukunft.

Soziale Bedingungen und Gewohnheiten

In vorstaatlicher Zeit, in den lebensfeindlichen, wasserlosen Einöden Arabiens war es Sache der nächsten Angehörigen, füreinander einzustehen und sich gegenseitig zu bewahren. Dies geschah durch die Bande der Bruderschaft. Leibliche Brüder, wie Milchbrüder, die die gleiche Amme genährt hatte, oder auch Blutsbrüder, die miteinander einen durch ihr Blut besiegelten unverbrüchlichen Bund geschlossen hatten, standen füreinander über den Tod hinaus ein. Väter schützten ihre Söhne und Neffen, Söhne verstanden sich als mögliche Rächer für Onkel und Väter. Wer keinen Bruder besaß, wer keinen Sohn sein eigen nennen konnte, der sorgte sich zu Recht um seine Zukunft. Frauen und Kleinkinder wurden bei Überfällen geschont, aber wenn ihr Schützer und Besitzer im Streit zu Tode kam, wurden sie der Beute zugeschlagen und wechselten als Sklaven in den Besitz des Siegers. Immerhin vermochte in ruhigeren Zeiten die Einrichtung der Blutrache die gegenseitige Aggression einzudämmen.
Das Leben einer Frau war im allgemeinen tabu, aber sie hatte ohne männlichen Beistand keine Rechte. Ehen konnten auf Zeit geschlossen werden, dem Mann stand es frei, über die Dauer zu entscheiden oder zu bestimmen, mit wieviel Frauen er zusammenleben wollte. Er mußte jedoch das notwendige Vermögen besitzen, damit er sich die Frauen leisten konnte, die er haben wollte. Väter, Onkel, Brüder handelten nach dem Gesetz von Angebot und Nachfrage den Tagespreis für ihre weibliche Verwandte aus, den der Markt hergab.
In der Gesellschaft der Beduinen war auf Grund der erbärmlichen Lebensbedingungen der Steppe und des Nahrungsmangels die Säuglingssterblichkeit hoch. Da eine Mutter nur durch die Geburt eines lebensfähigen Sohnes Ansehen gewinnen konnte, war man dazu übergegangen, sich weiblicher Neugeborener zu entledigen, indem man sie an einem Lagerplatz oder außerhalb der Siedlung im Wüstensand verscharrte. Diese grausame Sitte war so verbreitet und allgemein geübt, daß durch sie kein Unrechtsbewußtsein aufkam.
Mit der wachsenden Bedeutung städtischer Siedlungen auf der Arabischen Halbinsel begann sich die Stammesgesellschaft im 6. nachchristlichen Jahrhundert zu verändern. Es wuchs allmählich eine große Sehnsucht nach einem politisch selbständigen arabischen Einheitsstaat, in dem alle Zersplitterung in Religion, Sitte und Moral überwunden sein würde.

Das alte Mekka

In Mekka galt ein vom Himmel gefallener schwarzer Steinblock, ein Meteorit, als besonders heilig. Als Stadt- und Stammesgott verehrten die Mekkaner einen Gott, den sie Hubal nannten. Er war »Herr des Hauses«, d. h. des mekkanischen Heiligtums. Weil man das Heiligtum in der Gestalt eines oben offenen Kubus gebaut hatte, hieß es Kaaba, der »Würfel«. Innerhalb des heiligen Bezirks befand sich ein guter, wasserreicher Brunnen, der *Zamzam* genannt wurde. Für Karawanen war Mekka ein wichtiger Stützpunkt geworden. Es lag auf halbem Wege zwischen Südarabien und dem byzantinischen Palästina am Schnittpunkt mehrerer Handelsstraßen und konnte sich so auch zu einem bedeutenden Zentrum des Kunsthandwerks entwickeln. Das mekkanische Heiligtum schützte die reisenden Kaufleute und ihre Waren vor Überfällen. Jährliche Wallfahrtsfeste vermehrten die Einnahmen des mekkanischen Stammes, der *Koraisch,* der das Heiligtum und seinen Brunnen verwaltete, der sich aber auch durch Neid und Habsucht untereinander in Machtkämpfe verwickelt sah.

Namen und Begriffe

Jathrib Später umbenannt in Medinet al-Nabi oder kurz: Medina, d. h. die Stadt des Propheten, weil Mohammed dort seinen Wohnsitz nahm.

Kahin Hebr.: Kohen. Ein arabischer Dichter, Seher und Wahrsager. Es gab auch Frauen als Seherinnen.

Koraisch Mekkanischer Stamm in der Nachfolge Ismaels, dem der Schutz des Heiligtums oblag; aus diesem Stamm kommt Mohammed.

Proselyten Griech., wörtl.: Hinzugekommener, Ankömmling; nichtjüdischer Anhänger der jüdischen Religion.

Zamzam Brunnen mit Heilwasser am Heiligtum in Mekka.

Mohammeds Leben

Die Zeit bis zur Berufung (610 n. Chr.)

Mohammed soll im Jahr 570 in Mekka geboren sein. Schon vor der Geburt war der Vater gestorben. Die Mutter Amina gab ihren Sohn einer Amme in Pflege, die zu einer Nomadensippe gehörte. Das war damals in Mekka üblich. Man dachte, in der reinen Luft der Wüste könnten sich die Kinder kräftigen. Amina starb auf dem Rückweg von einer Reise nach Medina, die sie mit ihrer Sklavin und dem sechsjährigen Mohammed unternommen hatte. So kam Mohammed zu seinem Großvater Abd-al-Muttalib, der damals fast achtzig Jahre alt war und schon nach zwei Jahren sterben sollte.

Aus dieser Zeit wird überliefert, daß man dem betagten Großvater im Schatten der Mauern der Kaaba eine Liegestatt aufgestellt hatte, um welche seine Söhne herumsaßen und warteten, bis er jeweils aus der Kaaba herauskam. Aus Ehrfurcht vor ihm wagte es keiner, sich daraufzusetzen. Nur der kleine Mohammed kam oft und nahm Platz darauf, obwohl er noch ein Kind war. Stets versuchten seine Onkel, ihn davon fernzuhalten, doch immer wenn Abd-al-Muttalib dies sah, sprach er: »Laßt meinen Jungen! Bei Gott, Großes wird mit ihm geschehen.« Dann pflegte er sich auf sein Bett zu setzen und ihm den Rücken zu streicheln. Alles, was er das Kind tun sah, freute ihn. Als Mohammed acht Jahre alt war, starb aber auch Abd-al-Muttalib, und sein Sohn Abbas übernahm den Dienst am Zamzam-Brunnen und das Austeilen des Wassers, obwohl er der Jüngste der Söhne war.
Ibn Ischaq

Mohammed aber kam in die Obhut seines Onkels Abu Talib und wuchs zusammen mit dessen Sohn Ali auf. Beide waren von klein auf befreundet. Von Mohammeds Kindheit und Jugend ist wenig überliefert. Er soll zeitweise die Schafe seines Onkels gehütet haben. Gelegentlich nahm ihn auch Abu Talib mit auf seine Handelsreisen nach Syrien.
Etwa im Alter von dreiundzwanzig Jahren trat er in die Dienste einer fünfzehn Jahre älteren, wohlhabenden Kaufmannswitwe, die Chadidscha hieß. In ihrem Auftrag begleitete er jetzt selbst Handelskarawanen nach Syrien, um byzantinische Waren einzukaufen. Zwei Jahre später bot Chadidscha Mohammed die Heirat an. Er stimmte zu und wurde nun selber ein reicher Kaufmann.
Diese Veränderung war so bedeutsam, daß sie in einer besonderen Offenbarung genannt wird:

Dein Herr hat dich nicht verlassen, auch haßt Er dich nicht ... Hat Er dich nicht als ein Waisenkind gefunden und Sorge für dich getragen? Hat Er dich nicht im Irrtum gefunden und dich recht geleitet? Hat Er dich nicht arm gefunden und dich reich gemacht?
Sure 93,3–8

Auf seinen Handelsreisen konnte er fremde Sitten und Gebräuche kennenlernen. Juden und Christen, denen er hin und wieder begegnete, mögen ihm von ihren religiösen Auffassungen erzählt haben. Ein in Mekka ansässiger Vetter seiner Frau bekannte sich zum Christentum. Mohammed zeigte sich mehr und mehr von der religiösen Lehre vom Glauben an den einen Gott beeindruckt.

Die Berufung Mohammeds durch den Erzengel Gabriel. In den islamischen Miniaturen wird Mohammed mit durch ein weißes Tuch bedecktem Gesicht dargestellt.

Die Berufung

Im Alter von etwa vierzig Jahren, um das Jahr 610, erlebte Mohammed seine Berufung. Schon zuvor hatte sich Mohammed oft in die einsamen Berge um Mekka zurückgezogen, um über Sinn und Wert des Lebens nachzudenken. In einer Nacht im Monat Ramadan erfuhr er dann seine erste Offenbarung. Die beiden folgenden Texte aus dem Koran haben das Berufungserlebnis zum Inhalt. Mohammed begründet mit diesen Aussagen seine Beauftragung. Mohammed war der Auftrag zuteil geworden, der ganzen Welt, vor allem aber seinen arabischen Landsleuten, die Botschaft von dem einen Gott weiterzugeben.

Beim Stern, wenn er untergeht!
Euer Gefährte ist nicht fehlgegangen und hat nicht geirrt.
Und er spricht nicht aus eigener Neigung. Was er vorträgt, ist nichts anderes als eine wirkliche Eingebung.
Gelehrt hat es ihn der an Kräften Gewaltige, dem Festigkeit zu eigen ist.
Und er stand aufrecht da, oben am Horizont.
Hierauf näherte er sich und ließ sich herunter.
Und er war nur eine doppelte Bogenschußweite entfernt oder noch näher.
Und er gab seinem Knecht eine Eingebung.
Das Herz hat nicht gelogen, was es gesehen hat.
Wollt ihr denn mit ihm streiten über das, was er sieht?
Sure 53,1–12

Dieses ist wahrlich die Aussage eines edlen Gesandten (Engels),
eines, der Macht hat beim Herrn des Thrones, und der einen festen Stand hat,
der dort Gehorsam beanspruchen kann und vertrauenswürdig ist.
Und euer Gefährte ist nicht besessen.
Er hat ihn wahrlich am klaren Horizont gesehen.
Und er hält nicht mit dem zurück, was verborgen ist.
Und es ist nicht die Aussage eines verfluchten Satans.
Wo geht ihr denn hin?
Sure 81,19–25

In anderen Religionen gibt es vergleichbare Prophetenerzählungen: Aurobindo, Buddha, Mose, Jesaja, Paulus usw. Die Berufung des Mose steht in 2. Mose 3, 1 ff. Hier findet sich in Vers 5 die Bestimmung, vor Gott ohne Schuhe zu treten. Diese Sitte hat der islamische Gottesdienst bewahrt. Jesajas Beauftragung wird in Jes. 6 geschildert. In Gal. 1, 11 ff. und 1. Kor. 2, 12 f. (vgl. Apg. 9 usw.) wird von der Berufung des Paulus berichtet. Berufung, Amt und Auftrag, d. h. Person und Werk werden als Einheit verstanden, daher beglaubigen persönliche Glaubenserfahrungen die Botschaft.

Predigt in Mekka und die Auswanderung nach Jathrib (Medina)

Vom Jahr 612 an lehrte Mohammed öffentlich in Mekka. Er sammelte einen kleinen Kreis von Gläubigen um sich, zu denen seine Frau Chadidscha gehörte. Aber der Prophet hatte mit seiner Lehre nur bei den unteren Schichten der Bevölke-

rung, den wirtschaftlich und sozial Unselbständigen, Erfolg.
Schon drei Jahre später wurde der Widerstand der Oberschicht gegen die neue Lehre so groß, daß über hundert Anhänger des Propheten in das christliche Abessinien auswandern mußten.
Anläßlich einer Wallfahrt waren Männer aus Jathrib nach Mekka gekommen. Sie hatten sich dem Propheten angeschlossen und ihm gehuldigt. Bei dieser Begegnung kündigte Mohammed an, er wolle ihre Huldigung unter der Bedingung annehmen, daß sie ihn wie ihre Frauen und Kinder schützten. Sie erklärten sich dazu bereit, wenn Mohammed sie bei der Auseinandersetzung mit den jüdischen Stämmen ihrer Stadt nicht im Stich ließe. Diesem Vertrag stimmte der Prophet zu und sagte:

Blut ist Blut und nicht zu bezahlendes Blut ist nicht zu bezahlendes Blut. Ich gehöre zu euch und ihr gehört zu mir. Ich bekämpfe den, den ihr bekämpft, und bin im Frieden mit dem, mit dem ihr im Frieden seid.
Ibn Ischaq

622 n. Chr. verließ Mohammed mit kaum über siebzig Anhängern seine Heimatstadt Mekka, um nach Jathrib umzusiedeln. Die Mekkaner hatten sich voller Mißtrauen, ja in offener Feindschaft gegen seine Botschaft gewandt. Mit Boykottmaßnahmen wollten sie die Muslime zum Abfall bewegen. Es sollten keine Ehen mehr mit ihnen geschlossen werden und es durfte weder etwas verkauft, noch von ihnen gekauft werden.
Mohammed verfolgte mit seiner Predigt das Ziel, die Mitmenschen aus ihrer gedankenlosen Selbstsicherheit wachzurütteln und zu einer von Grund auf neuen, wirklich religiösen Lebenshaltung zu bekehren. Der Gott, den er verkündete, der Schöpfer Himmels und der Erden und der Richter der Menschheit, war nicht der Gott der Mekkaner. Für den Propheten stellte es sich so dar, daß die Mekkaner aus kleinlichen Stammesinteressen und um persönlicher Vorteile willen nicht von der Verehrung ihres Gottes Hubal ablassen wollten. Hubal schrieben sie ihr Ansehen und ihren Reichtum zu und riefen ihn als Herrn der Kaaba an.
Mohammeds Lehre ließ die Mekkaner befürchten, daß ihre Stadt ihren Ruf als Wallfahrtsort bei den anderen Stämmen der Arabischen Halbinsel verlor und ihnen so große Einnahmen verlorengehen könnten. Ihren Aberglauben hielt der Prophet für eine so schwere Schuld, daß sie keine Vergebung mehr finden konnte.
Mekka wie Jathrib, das spätere Medina, liegen im heutigen Staat Saudi-Arabien. Der Zug von Mekka nach Medina im September 622 wird »Auswanderung« oder »Trennung«, auf arabisch Hidschra, genannt. Mit den Vorbereitungen zu diesem Ereignis am 16. Juli 622 beginnt die islamische Zeitrechnung.

Die Zeit in Medina bis zum Tode Mohammeds

Die Tatsache, daß das Gemeinwesen von Medina einer politischen Führung entbehrte, bot dem Propheten die Möglichkeit, dort Fuß zu fassen. Mohammed gelang es, die beiden verfeindeten arabischen Stämme von Medina zu vereinen. Wie auf politischem, gab es auch auf religiösem Gebiet günstige Voraussetzungen für den Propheten. In Medina waren Juden seit vielen Generationen ansässig. In der dauernden Berührung mit den jüdischen Mitbewohnern hatten die Araber die Überzeugung von der Absolutheit des eigenen Götterglaubens eingebüßt. Mohammed versuchte auch das medinische Judentum für seine Lehre zu gewinnen. Nach seiner Überzeugung stimmte diese Lehre, die von dem Bekenntnis zu dem einen Gott ausging, mit der jüdischen Religion überein, so daß er erwartete, von den Juden als Prophet anerkannt zu werden. Die Begegnung mit den Juden verlief aber für ihn enttäuschend. Sie lehnten Mohammed als religiösen Führer ab. Daraufhin bekämpfte er die jüdischen Bevölkerungsgruppen, vertrieb oder vernichtete sie. Für die Araber Medinas aber stärkten gerade diese schweren Machtkämpfe das Ansehen Mohammeds. Er hatte sich für sie als Staatsmann und politischer Führer, als Gesetzgeber, Richter und Heerführer ebenso bewährt wie als religiöser Führer.
Im Jahr 630 gelang Mohammed die Einnahme Mekkas. Seiner Streitmacht von 10 000 Mann leisteten die Mekkaner nur symbolisch Widerstand. In Mekka betrat er das Heiligtum und verkündete: »Die Wahrheit ist gekommen, der Irrtum hat sich zerstreut.« Daraufhin ließ er die Götzenbilder zerschlagen. Die vom Aberglauben befreite Kaaba war fortan der geistige Mittelpunkt des Islam, während Medina die politische Hauptstadt wurde. Großzügig und gütig behandelte Mohammed die Bevölkerung der eroberten Stadt, schon bald traten seine heftigsten Gegner von einst zum Islam

über. Gleichzeitig drangen seine Truppen immer weiter auf der Arabischen Halbinsel vor und gewannen fast alle Stämme dem Islam. Im Jahr 632, also im Jahr 11 der Hidschra, starb Mohammed in Medina. Bei seinem Tode bekannte sich fast ganz Arabien zum Islam.

Vgl. hierzu die Kultreform Josias, 2. Könige 22

Mohammeds Tod und die Frage der Nachfolge

Die Überlieferung bewahrt die folgende Erzählung Aischas, der Lieblingsfrau des Propheten, die damals etwa 18 Jahre alt war:

An jenem Tag kam der Prophet von der Moschee zurück und legte seinen Kopf in meinen Schoß. Da trat ein Mann aus der Familie Abu Bakrs ein. In der Hand hatte er ein grünes Zahnputzholz, und als ich den Blicken des Propheten entnahm, daß er das Holz gerne gehabt hätte, fragte ich ihn: »Möchtest du das Zahnputzholz?« Er bejahte. Ich nahm das Hölzchen, kaute es für ihn weich und gab es ihm. Er rieb sich damit gründlich die Zähne, wie ich es noch nie an ihm gesehen hatte, und legte es beiseite. Dann bemerkte ich, wie mir sein Kopf auf meinem Schoß schwer wurde, und als ich ihm darauf ins Gesicht sah, waren seine Augen starr. Er sprach: »Ja! Der Erhabenste Gefährte ist der im Paradies!« »Bei Dem, der dich mit der Wahrheit gesandt hat! Du wurdest vor die Wahl gestellt und hast gewählt!« antwortete ich, und der Gesandte Gottes verschied.
Ibn Ischaq

Die Erzählungen vom Sterben bedeutender religiöser Persönlichkeiten enthalten oft wichtige Hinweise auf das Wesen des Glaubens; vgl. Buddha, Mose, Jesus.

Mohammed hatte versäumt, für den Fall seines Todes Vorkehrungen zu treffen und seine Nachfolge zu regeln. Seine eigene Stellung als letzter bevollmächtigter Gesandter Gottes, als Siegel der Propheten war so einzigartig, daß die Frage nach dem wahren religiösen und politischen Führer, dem rechtgeleiteten Iman im Islam nicht mehr verstummen sollte. Die junge, noch kaum gefestigte Glaubensgemeinschaft bedurfte ebenso eines legitimen religiösen Leiters wie der neue politische Verband der arabischen Stämme des anerkannten Führers. Welcher Mann konnte diese Aufgabe übernehmen?

Die ersten Kalifen

Nach dem Tode Mohammeds wurde sein Schwiegervater Abu Bakr, der Vater Aischas, zum religiösen und weltlichen Führer bestimmt. Er nahm den Titel »Chalifa rasulu 'llah« an, was »Nachfolger des Gesandten Gottes« bedeutet. In diesem Amt als Kalif (Chalifa) aber mußte er sich erst durchsetzen. Denn unmittelbar nach Mohammeds Tod waren Aufstände ausgebrochen, arabische Stämme weigerten sich, noch länger die vereinbarte Abgabe zu zahlen, weil sie sich nur an die Person Mohammeds gebunden fühlten.
Abu Bakr schickte Truppen aus. Innerhalb von zwei Jahren erklärten sich fast alle Stämme der arabischen Halbinsel bereit, auch den neuen Herrscher zu unterstützen. Unter Abu Bakr begann die kriegerische Ausbreitung des Islam. Seine Truppen drangen in die Gebiete des byzantinischen und persischen Reiches vor. Diese Eroberungszüge sollten in erster Linie der Ausbreitung des Glaubens dienen, zugleich lockten die fruchtbareren Gebiete. Die arabische Halbinsel mit ihrer Dürre und Armut brachte für ihre Einwohner nicht genügend Nahrung hervor. Im Jahr 635, nach sechsmonatiger Belagerung, kapitulierte Damaskus. Der arabische Feldherr Chalid, dem schon Mohammed für seine Tapferkeit den Beinamen »Schwert des Islam« verliehen hatte, stellte erstaunlich milde Übergabebedingungen mit dem Ziel, dadurch die eroberten Gebiete für den neuen Glauben zu gewinnen.
Hierdurch erreichten die Muslime, daß in wenigen Jahren weite christliche Gebiete zu islamischen wurden. Schon 634, nach nur zweijähriger Herrschaft, starb Abu Bakr. Omar wurde sein Nachfolger. Er nahm den Titel »Beherrscher der Gläubigen« an. Omar, der zehn Jahre herrschte, gilt als einer der größten Kalifen. Keiner achtete so wie er die Gesetze des Islam. Es wird berichtet, er habe einmal seinen Sohn öffentlich wegen eines Verstoßes auspeitschen lassen. Unter Omars Kalifat gelangen dem Islam die größten Eroberungen. Palästina, Syrien, Ägypten und schließlich fast

das ganze Perserreich fielen in die Hände der Muslime. Den besiegten Völkern ging es unter der Regierung der Muslime oft besser als unter ihren früheren Herrschern. Als der Patriarch von Jerusalem, Sophronius, die heilige Stadt dem Kalifen nur persönlich übergeben wollte, kam Omar tatsächlich, aber nicht in herrschaftlichem Prunk, sondern in seinem üblichen bescheidenen Aufzug nach Jerusalem. Er behandelte die Jerusalemer Bevölkerung, Juden wie Christen, mit Milde und Großzügigkeit.

Omar ordnet die Verwaltung der eroberten Gebiete

Schon der Koran hatte als Pflicht der Muslime festgelegt: »Bekämpft diejenigen, die nicht ... der Religion der Wahrheit angehören, bis sie willig Tribut entrichten« (Sure 9,29). Diese Bestimmung bezieht sich ausdrücklich auf die »Völker der Schrift«, also Juden und Christen. Andersgläubige mußten zum Islam übertreten. Nach Zahlung der Glaubenssteuer wurde Juden und Christen erlaubt, ihren Glauben beizubehalten und ihren Kultus auszuüben, solange sich dieser nicht in der Öffentlichkeit vollzog. Das Geläut der Glocken, religiöse Betätigung außerhalb der Gotteshäuser, der Bau neuer Synagogen und Kirchen war verboten.

Die unter Omars Kalifat eroberten Gebiete, ein Reich vom Mittelmeer bis fast nach Indien, wurden einer zentralen Verwaltung unterstellt und nach seinen Vorschriften regiert. Wer zum Islam übertreten wollte, sollte nicht daran gehindert werden, und er sollte die gleiche Behandlung erfahren wie die arabischen Muslime. Aber diese Möglichkeit wurde Bekehrungswilligen oft nicht eingeräumt, denn als Muslime zahlten die neuen Untertanen nur eine geringe Steuer, an der die Herrscher eigentlich nicht interessiert waren. Zum Islam Übergetretene wurden förmlich als »mawali« oder Klienten einem arabischen Stamm zugerechnet, weil nach arabischen Vorstellungen nur ein Stammesverband den Schutz seiner Angehörigen gewährleisten kann. Im Jahr 644 fiel Omar dem Attentat eines christlichen Sklaven zum Opfer.

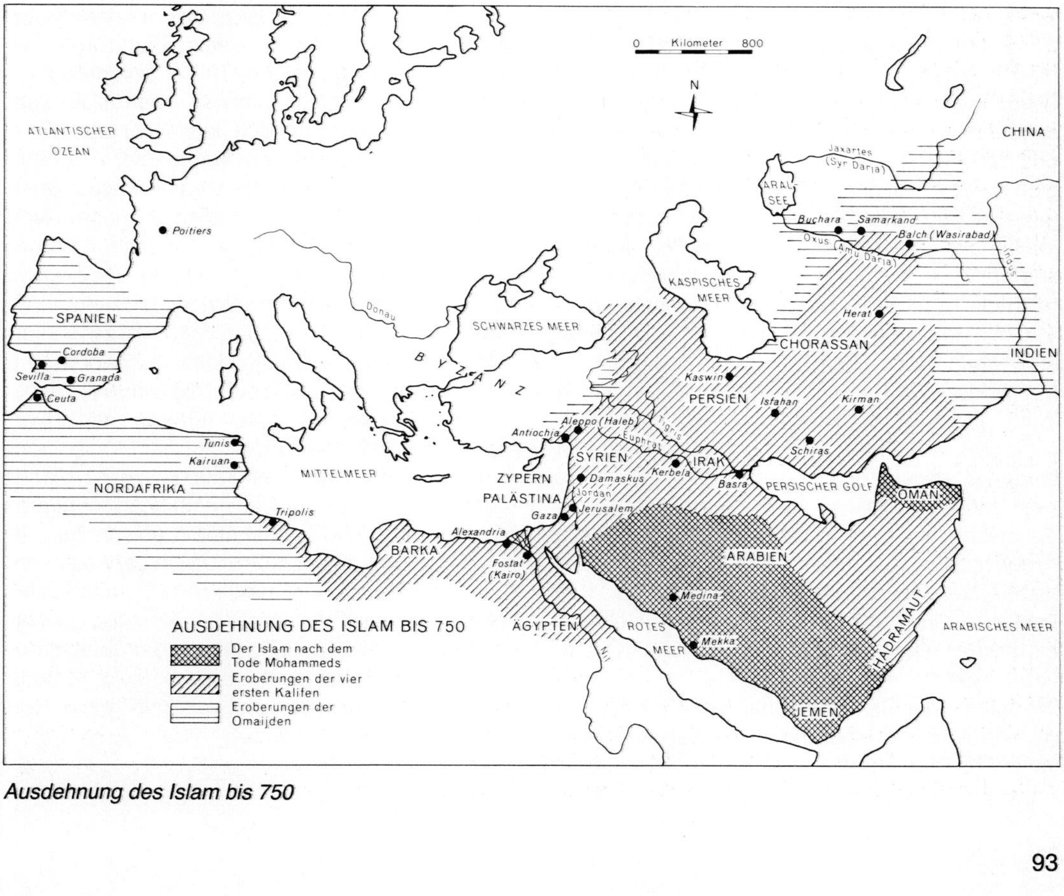

Ausdehnung des Islam bis 750

Osman und Ali, die folgenden Kalifen

Osman, ein älterer, frommer Muslim, war Angehöriger des reichen und mächtigen altmekkanischen Geschlechts der Omaija. Als einziges Mitglied seiner Familie war er schon in der Frühzeit zum Islam übergetreten, während andere Familienmitglieder Mohammed anfangs verfolgt hatten. Die Familie Omaija bekannte sich erst dann zum Propheten, als dessen Lehre sich allgemein durchgesetzt hatte. Jetzt versuchten die Omaijaden durch »ihren« Kalifen Einfluß auf die neue Bewegung zu nehmen. Osman begünstigte tatsächlich Verwandte und Freunde, Familienangehörige erhielten bedeutende Ämter, sein eigener Vetter wurde Statthalter in Ägypten. Dieser Vetter war ein Mann, der mehr in die eigene Tasche wirtschaftete, als für die allgemeine Wohlfahrt zu sorgen. Beschwerden über die Mißregierung wies der Kalif auf Anraten seiner Familie ab. So wuchs die Empörung aufs Äußerste. Erbitterte Muslime drangen in das Haus Osmans ein und ermordeten ihn, während er gerade im Koran las. Diese Tat rief Entsetzen hervor, Gläubige hatten einen Nachfolger des Propheten umgebracht, die Geschlossenheit des Islam war in Frage gestellt. Bürgerkrieg und eine Spaltung des Islam sollten die Folge sein.

Osman kommt ein für den Islam bis heute entscheidendes Verdienst zu. Durch die Initiative und Tatkraft dieses Kalifen erhielt die neue Religion ihre einheitliche und verbindliche Koranausgabe. Schon der erste Kalif, Abu Bakr, hatte befohlen, alle Offenbarungsworte des Propheten zu sammeln, wo immer sie zu finden wären, im Gedächtnis frommer Muslime oder als geschriebene Einzeltexte: »von den Rippen der Palmblätter, von Tafeln aus weißem Stein, aus der Brust von Menschen«. So waren im Laufe der Zeit verschiedene Sammlungen entstanden, die aber unterschiedlich aufgebaut waren und zahlreiche voneinander abweichende Lesarten enthielten. Osman berief einen Ausschuß und stellte ihn unter die Leitung einer der Schreiber Mohammeds. Die Arbeit des Ausschusses erbrachte eine anerkannte Version des heiligen Buches. Der Kalif bestimmte sie zur offiziellen Fassung, sie ist es bis heute, alle anderen Versionen ließ Osman vernichten.

Als Nachfolger Osmans wählten die Ältesten 656 Ali, den Sohn von Mohammeds Onkel und Pflegevater Abu Talib. Er war mit Mohammeds Tochter Fatima verheiratet und hatte von ihr zwei Söhne. Ali hatte sich als einer der ersten zu Mohammeds Offenbarungen bekannt. Dadurch genoß er unter den Muslimen höchstes Ansehen. Aber auch als Krieger hatte er sich hervorgetan. Wegen seiner Großzügigkeit und Beredsamkeit wurde er von vielen bewundert. Jedoch fehlte es Ali an einer Hausmacht, wie sie Osman besessen hatte. So erhob sich gegen sein Kalifat von Anfang an heftiger Widerstand. Wollte Ali sein Kalifat behaupten, dann mußte er sich gegen seine Gegner mit Waffengewalt durchsetzen. So trafen im Juli 657 seine Truppen auf die syrischen Streitkräfte seines Widersachers Moawija. Ali hatte den Sieg fast schon in der Tasche, da weigerten sich seine Truppen weiterzukämpfen. Der unterlegene Gegner hatte mit einer einmaligen Kriegslist das Blatt gewendet. Die syrischen Soldaten hatten auf ihre Lanzen Koranseiten gespießt und einen Korantext zitiert: »Die Entscheidung liegt bei Gott allein.« Ali mußte sich bereit erklären, den Streit durch Verhandlungen beizulegen, damit hatte er praktisch Moawijas Statthalterschaft und sein Kalifat als gleichwertig anerkannt. Der Schiedsspruch forderte Ali auf, auf das Kalifat zu verzichten, auch Moawija sollte abgelöst werden. Ali weigerte sich, dem Spruch Folge zu leisten, obwohl ihm in der Zwischenzeit neue Gegner erwachsen waren, Muslime, die sich nicht damit abfinden wollten, daß ein geistlicher Führer sich menschlichem Schiedsspruch unterwarf, statt allein dem Willen Gottes zu folgen. Im Jahr 661 wurde Ali in der Moschee von Kufa von einem Eiferer getötet. Für drei Monate hatte dann sein ältester Sohn Hassan das Kalifat inne, bis er es gegen eine umfangreiche Geldsumme an Moawija abtrat.

Moawija wurde bald allgemein als Kalif anerkannt, ja es gelang ihm darüber hinaus seinen Sohn Jasid als seinen Erben im Kalifat zu bestimmen und damit eine Dynastie zu begründen. Hauptstadt wurde Damaskus, die Stadt, die er als Gouverneur schon Jahre regiert hatte. Dort herrschten Kalifen aus dem Hause Omaija vom Jahre 661 bis zum Jahr 750. Während dieser 90jährigen Periode entstand eine besondere arabische Kultur. Erst jetzt wurde Arabisch zur offiziellen Verwaltungssprache in allen Landesteilen, die griechische und persische Sprache verschwanden als Amtssprachen. Anstelle griechischer und persischer Münzen mit den Bildern der ehemaligen Herrscher traten arabische Golddinare und silberne Dirhems, die mit Texten aus dem Koran versehen waren.

Sunna und Schia als islamische Glaubensrichtungen

Der gewaltsame Machtwechsel, den die Omaijaden erzwungen hatten, spaltete den Islam. Eine Gruppe von Muslimen war der Meinung, das Kalifat gehöre zu Recht den Nachkommen Alis, weil dieser verwandtschaftlich und menschlich dem Propheten am nächsten gestanden hatte. So bildete sich im Islam eine eigene Partei, die Schia Ali. Diese Gruppierung errang in der Grenzprovinz des Reiches, dem Irak, für kurze Zeit die Vorherrschaft. Hussain, der Sohn Alis und Enkel Mohammeds wurde zum Gegenkalifen gewählt. Doch noch im gleichen Jahr 680 ließ ihn der Omaijaden Kalif Jasid ermorden. Das Grab Hussains in Kerbela wurde fortan für alle Schiiten ein beliebter Wallfahrtsort und Begräbnisplatz. Zahlreiche sakrale Spiele und Legenden erinnern an dieses tragische Ereignis.
In der Schia bildeten sich Vorstellungen von einem wahren Herrscher der Gläubigen, dem rechtgeleiteten Imam. Im Tode Hussains sehen die Schiiten ein Blutopfer für die Sünden der Menschheit, eine für den Islam neue Vorstellung. Es entwickeln sich Lehren über die Wiederkunft eines jetzt in der Verborgenheit lebenden Nachkommen Alis. Die schiitischen Muslime errangen im Jemen die Vorherrschaft und die Schia ist seit dem Jahr 1502 Staatsreligion im Iran. Die Schiiten glauben, daß der in der Gegenwart noch verborgene Imam die Welt lenkt und dereinst wiederkommt, um die Erde mit Gerechtigkeit zu erfüllen. Die Schiiten unternehmen Wallfahrten zu den heiligen Gräbern in Kerbela und anderswo. Die Mehrzahl aller Muslime zählt sich bis heute zu den Sunniten, weil sie sich nach dem Koran auch an die in der frühen Geschichte der Religion entstandenen Überlieferungen, die Sunna, halten. Dabei ist der Vorwurf durchaus unbegründet, daß die Schiiten die Sunna nicht anerkennen und sich auf den Koran allein stützen. Denn auch die Schiiten richten sich nach der Überlieferung, wobei sie den Aussagen das stärkste Gewicht beimessen, die auf Ali zurückgehen.
Alle Muslime, Sunniten wie Schiiten erkennen an, daß der Kalif nicht der Stellvertreter Gottes auf Erden ist, sondern Nachfolger des Gesandten Gottes in dessen politischem Herrschaftsamt, nicht dagegen in seinem prophetischen Offenbarungsauftrag. Dieser Auftrag ist ein für allemal mit

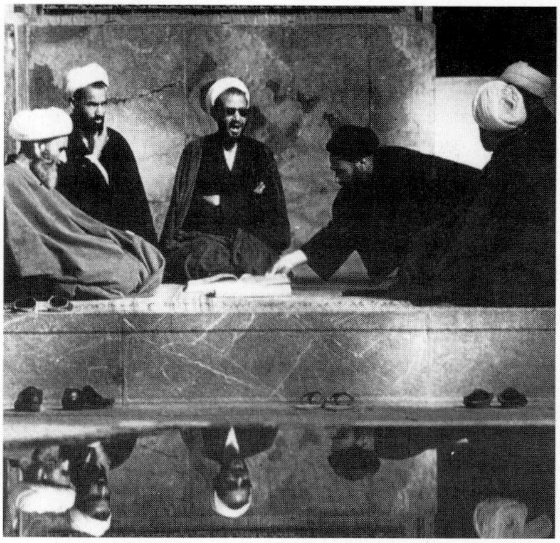

Im schiitischen Islam bestimmen Mullahs und Ayatollahs – religiöse Führer – das gesellschaftliche Leben der Gemeinschaft.

Mohammeds Tod abgeschlossen. Der Kalif hat die Aufgabe, dem im Koran geoffenbarten Gesetz in allen gesellschaftlichen Bereichen Geltung zu verschaffen. Der Unterschied zwischen den Richtungen Sunna und Schia beruht also nicht so sehr auf dogmatisch-lehrmäßigen Differenzen wie im Christentum zwischen den Konfessionen, sondern ist mehr praktisch-politischer Natur.

Der Sufismus, Askese und Mystik

Schon im Omaijadenreich hatten es fromme Muslime vorgezogen, ein einfaches Leben zu führen und sich nicht in die Geschäfte dieser Welt verstricken zu lassen. Als Zeichen ihres Asketentums trugen sie grobe, ungefärbte Wollgewänder, auf Arabisch »suf«, von denen sie den Namen Sufis erhielten. Sie zogen dem weltlichen Reichtum und Luxus, aber auch dem mechanischen Gebetsritual und der gesetzlichen Erstarrung ein inneres geistiges Leben vor, das ihnen zur Vereinigung mit Gott verhelfen sollte. Der bewußte Verzicht auf Reichtum befreite sie von allen Bindungen an irdischen Besitz. Manche Sufis wanderten von Dorf zu Dorf, nährten sich von Almosen und begeisterten ihre Zuhörer mit ihrer Verkündigung. Andere Sufis hatten sich wie Eremiten von der

Welt abgeschlossen und hausten allein in strenger Selbstzucht. Mit Meditationen und anderen geistigen Übungen suchten sie der Liebe Gottes gewiß zu werden.
Frauen und Männer wählten dieses selbstlos fromme Leben nicht um einer zukünftigen Belohnung willen, sondern aus Liebe zu Gott, wie das folgende Gebet eines weiblichen Sufis verdeutlicht:

O Gott, wenn ich aus Angst vor der Hölle zu dir bete, dann laß mich in der Hölle brennen; und wenn ich in der Hoffnung auf das Paradies zu dir bete, dann schließe mich aus vom Paradies; aber wenn ich um deiner selbst willen zu dir bete, dann versage mir nicht deine ewige Schönheit.
Rabia al-Adawija († 801)

In der islamischen Askese spielte das Gelübde der Keuschheit kaum je eine Rolle. Von Mohammed wird der Ausspruch überliefert: »Es gibt keine Möncherei im Islam.«
Die Lehren vieler Sufis gerieten in Widerspruch zum Koran. Heiligenverehrung kam auf, und das Volk sah fromme Sufis als Mittler zwischen Gott und Mensch an, obwohl nach rechtgläubigem Verständnis Mohammed als letzter Mittler galt. Erst etwa 300 Jahre später verstand es der Theologe Ghasali, Anschauungen der Orthodoxie und der Mystik zu vereinigen.

Das höchste Wahrsagen der Propheten ist das Geständnis, daß Gott nicht beschrieben werden kann. Gott offenbarte dies Mose – der Friede sei mit ihm!
Ein Lügner ist gewiß der, der vorgibt, meine (Gottes) Liebe zu haben, und dabei einschläft, weit von meinen (Gottes) Gedanken, sobald die Nacht ihn in ihren Schatten hüllt.
Verlangen nicht alle Liebenden danach, den Freund zu treffen? Hier bin ich, ganz nahe, und wer mich sucht, der hat mich gefunden. Moses – der Friede sei mit ihm! – hat gesagt: Herr, wo bist du, damit ich meine Schritte zu dir lenke? Wenn du mit dieser Absicht aufbrachst, antwortete Gott, so bist du schon am Ziel angekommen.
Abu Chamid al-Ghasali († 1111)

Später entstanden regelrechte Orden, so der Orden der »heulenden Derwische« oder der »tanzenden Derwische«. So nannte man sie, weil ihre ekstatischen Ausrufe manchen wie ein Heulen erschien und die rhythmischen Bewegungen an Tänze erinnerten.

Auch die Fakire waren ursprünglich islamische Asketen, der arabische Begriff *faqir* heißt *arm,* später wurden auch hinduistische Mönche mit diesem Namen bezeichnet. Das Wort *Derwisch* kommt wohl vom persischen *darwisch,* was Bettler bedeutet.

Dieser Löwe, der die Kraft ʿAlīs sinnbildlich darstellt, ist aus arabischer Schrift, die den Satz ergibt: Im Namen des Löwen Gottes, des Antlitzes Gottes, des Siegreichen, ʿAlīs, des Sohnes von Abū Tālib. Wandschmuck in einer Bektashitekke in der Türkei aus dem XIII./19. Jh.

Das spanische Kalifat von Cordoba und die geistig religiöse Entwicklung

Im Jahr 711 hatte die Eroberung der iberischen Halbinsel (Spanien, Portugal) begonnen, nordafrikanische Berber, die selbst erst vor kurzem zum Islam übergetreten waren, stellten unter arabischen Feldherren die Invasionstruppen. Innerhalb von fünf Jahren war fast die ganze iberische Halbinsel erobert. An die Spitze der neuen islamisch-spanischen Gesellschaft trat die reiche arabische Herrenschicht, oft waren es aber auch berberische Muslime. Unter den muslimischen Herrschern standen die Spanier, die zum Islam übergetreten waren. Dann kam eine weitaus größere Gruppe der einheimischen Bevölkerung, die Christen geblieben waren, sich aber in Sitten und Gebräuchen dem Islam angeglichen hatten. Den spanischen Juden ging es in Spanien nach dem Herrschaftswechsel besser als je zuvor. So paßten sie sich bereitwillig der neuen Kultur an. Die christliche Kirche verlor ihren politischen Einfluß

und geriet auf die unterste Stufe der spanischen Gesellschaft. In Spanien entstand bald eine blühende Kultur und Zivilisation. Die Städte erhielten öffentliche Kanalisation, die Straßen von Cordoba wurden nachts erleuchtet. Cordoba hatte eine halbe Million Einwohner, denen mehr als 300 öffentliche Bäder und 3000 Moscheen zur Verfügung standen. – Mit der Rückeroberung Granadas im Jahr 1492 endete die Herrschaft des Islam in Spanien.
Juden und Christen aus Syrien hatten schon zur Zeit der Omaijaden-Kalifen griechische Texte ins Arabische übersetzt. So blieb es nicht aus, daß das griechische Erbe von Plato und Aristoteles, die Dinge unvoreingenommen zu sehen und mit der Vernunft zu begreifen, einen nachhaltigen Einfluß auf arabisches Denken ausübte.
Etwa um 730 entstand eine theologische Schule, die sich nicht mehr damit begnügen wollte, die Tradition, die Hadith, auszulegen, sondern an die Fähigkeit des Menschen zu logischem Denken anknüpfte. Hier gab es Stimmen, die den Zweifel als Grunderfordernis aller Erkenntnis begriffen. Die Mutasiliten, so nannten sich diese Theologen, betonten das Recht auf freie Forschung und ließen sich durch Dogmen und volkstümliches Glaubensverständnis nicht von ihr abhalten.
Die Mutasiliten stellten z. B. fest, im Koran heiße es, nur Gott allein sei ewig und frei. Daher könne der Koran nicht wesensgleich mit Gott sein, sondern müsse als geschaffenes Wort begriffen werden. So komme es der Vernunft zu, den Koran kritisch und frei auszulegen.
Diese Theologie wurde im Abbasidenreich für einige Jahrzehnte zur offiziellen Lehre erklärt und die Traditionalisten waren Verfolgungen ausgesetzt. Schließlich vermochten sich doch die Anhänger der orthodoxen Frömmigkeit durchzusetzen. Um 850 wurde ihnen der Sieg zugesprochen.
Fortan sollte der Koran als ewig und ungeschaffen gelten. Wer die menschliche Vernunft über Gott und seine Offenbarung stellte, wie die Mutasiliten es getan hatten, hatte keinen Platz in der islamischen Gemeinde.
Gleichzeitig wurde durch die Übernahme von Methoden mutasilitischen Denkens die Lehre in eine geschlossene Ordnung gebracht, die bis heute den Islam bestimmt. Der Muslim ist seit dieser Auseinandersetzung und dem Sieg der Orthodoxie von der Vernünftigkeit seiner Religion überzeugt. Der Theologe ist seinem Wesen nach zum Juristen geworden, der das geoffenbarte Gesetz anwendbar macht.

Myrtenhof in der Alhambra

Einflüsse der arabisch-islamischen Kultur auf Europa

Die Begriffe der folgenden Zusammenstellung lassen sich einzelnen Bereichen zuordnen, wie denen des Wohnens, Kleidens, Ernährens, der Seefahrt, Technik, Wissenschaft u. a. Wer sich eine entsprechend geordnete Tabelle anlegt, erfährt, welche Sachverhalte vor der Berührung mit der Kultur islamischer Staaten in den westlichen Ländern unbekannt waren; denn zugleich mit den fremden Gegenständen wurden in der Regel die fremden Begriffe übernommen. Kreuzfahrer, Händler und Pilger brachten diese Dinge aus dem Morgenland mit, wenn sie nach Europa zurückkehrten.

Fremd- und Lehnworte aus dem Arabischen:

Admiral, Albatros, Alchimie, Alkohol, Alkoven, Aprikose, Arabeske, Burnus, Chemie, Fakir, Fanfare, Gazelle, Giraffe, Gitarre, Jacke, Kabel, Kaffee, Kaliber, Kandis (Zucker), Karussel, Kittel, Laute, Magazin, Marzipan, Maske, massieren, Matratze, Monsun, Mulatte, Mumie, Natron, Papagei, Rasse, Schirokko, Sirup, Sofa, Talisman, Tamburin, Tarif, Watte, Zenit, Ziffer, Zucker.
Die Zahlzeichen sind durch Vermittlung arabischer Gelehrter von Indien nach Europa gelangt und heißen darum arabische Ziffern. Erst seit Adam Riese († 1559) setzte sich das Rechnen mit diesen Zahlzeichen durch.

Fremd- und Lehnwörter aus dem Persisch-Türkischen:

Basar, Bronze, Derwisch, Dolmetsch, Horde, Jasmin, Joghurt, Kaftan, Karawane, Kasack, Kaviar, Khaki, Kiosk, Limonade, Orange, Pascha, Risiko, Saffian, Schach, schachmatt, Schakal, Schal, Scharlach, Scheck, Schikane, Spinat, Tasse, Tulpe, Turban, Türkis, Zinnober.
Manche Kulturgüter und Begriffe sind über die von Spanien gebildete Brücke nach Mitteleuropa gelangt. Dies gilt besonders für die Philosophie. Die arabisch-islamische Philosophie übernahm aus der Antike das Erbe des Aristotelismus, das im christlich-lateinischen Europa unbekannt war. Ein bedeutender arabischer Gelehrter war Ibn Roschd, der Theologe, Jurist, Mediziner und Philosoph, der unter dem Namen Averroes bekannt wurde und von 1126 (Cordoba) bis 1198 (Marokko) lebte. Ohne die Vermittlung des Aristoteles durch die Araber ist die Ausbildung der abendländischen Philosophie und Theologie der Scholastik im 12. und 13. Jahrhundert undenkbar. Vor allem der bedeutende Kirchenlehrer Thomas von Aquin (1225–1274) fußte auf den Lehren des Aristoteles.
Während des 9. bis 13. Jahrhunderts war der islamische Einfluß auf Europa am stärksten. Viele Wissenschaften wie Medizin, Geographie, Philosophie verdanken der arabischen Kultur entscheidende Impulse oder sind sogar in Europa erst durch Vermittlung arabischer Gelehrter begründet worden. Mittelbar auf die Ausstrahlung islamischer Kultur und Gelehrsamkeit lassen sich die europäischen Universitätsgründungen des 13. und 14. Jahrhunderts zurückführen.
Von Kaiser Friedrich II (1194–1250) ist überliefert, daß er an seinem Hof arabische Gelehrte beschäftigte, arabische Schriften aus vielen Wissensgebieten übersetzen ließ und sich öffentlich zu dem geistig-kulturellen Vorsprung des Islam bekannte. Besondere wissenschaftliche Probleme, die kein Gelehrter des Abendlandes lösen konnte, ließ er sich von arabischen Wissenschaftlern beantworten.

Die Zeit der Kreuzzüge und der Mongolensturm

Seit dem Sieg von 1071 über das byzantinische Heer konnten sich die türkischen Seldschuken in Anatolien festsetzen und dort das rumseldschukische Sultanat von Ikonium gründen (1092; Rum, d. h. [Ost-]-Rom). Der byzantinische Kaiser entsandte eine Delegation zum Papst, die um Hilfe gegen die Türken nachsuchen sollte. Um für die Wiedereroberung Anatoliens die notwendigen Truppen aus Mitteleuropa zu erhalten und den Papst für sein Vorhaben zu gewinnen, ließ er den Gedanken einer Hilfe für Jerusalem in den Vordergrund rücken.
Auf dem Konzil von Clermont (1096) in Frankreich hielt Papst Urban II eine Rede, die wegen des

außerordentlichen Andrangs von Laien und Geistlichen auf ein freies Feld verlegt werden mußte. Es ist überliefert, daß der Papst ein düsteres Bild von der Lage der orientalischen Christen gezeichnet habe. Die Seldschuken hätten Kleinasien überflutet, Kirchen und heilige Orte zerstört oder geschändet. Selbst die Stadt des Petrus, Antiochia, sei in den Händen der Ungläubigen. Die Ansprache forderte gegen Ende Arme und Reiche auf, den christlichen Brüdern im Osten beizustehen. Die Worte zündeten, die Zuhörer brachen in den Ruf aus »Deus lo volt«, Gott will es. Gewänder wurden zu Stoffkreuzen zerschnitten, die sich die einzelnen auf die Schultern hefteten, um damit sichtbar zu zeigen, daß sie das Kreuz in der Nachfolge Christi auf sich nehmen wollten (vgl. Mt 10,38).

Jerusalem war das Zauberwort, dem man verfiel. Denn man dachte dabei nicht nur an die Stadt im fernen Palästina, an den Ort des Leidens und Sterbens, des Begräbnisses und der Auferstehung Jesu, sondern vor allem an das himmlische Jerusalem mit seinen Toren aus Saphir, mit edelsteingeschmückten Plätzen (Offenb. 21,10 ff. u. Tob. 13,21 f.), Jerusalem war der Ort der Gerechten, die Stadt des Paradieses und des Lebenswassers, das alle Völker heilt (vgl. Psal. 46,5 und Hes. 47.1 ff.).

Die päpstliche Zusage, den Teilnehmern alle von der Kirche auferlegten Sündenstrafen zu erlassen, deutete man als Zusicherung einer vollständigen Tilgung aller Sünden. Neben diesen religiösen Gründen lockten Abenteuerlust und die Aussicht auf Gewinn. Die Kreuzzugsscharen setzten sich aus Menschen aller sozialen Schichten und Stände zusammen. Einige Horden begannen bereits am Rhein mit ihrem Krieg gegen die Ungläubigen, indem sie die jüdischen Gemeinden in Speyer, Worms, Mainz, Trier und Köln überfielen. Es kam zu Judenprogromen wie sie das Mittelalter bisher nicht erlebt hatte. Die Juden wurden umgebracht, ihr Besitz geplündert. Diese Kreuzfahrer suchten sich so die notwendigen Mittel für ihren Zug nach Palästina zu verschaffen. Die Muslime aber begriffen nicht, was auf sie zukam. Sie hielten es nicht für erforderlich, ihre inneren Streitigkeiten aufzugeben. Der fortgeschrittene Zerfall des Abbasidenreiches ermöglichte den Kreuzfahrern ihr Ziel zu erreichen. Am 15. Juli 1099 gelang die blutige Eroberung Jerusalems. Empörung und Entsetzen erfaßte die islamische Welt über das sinnlose Morden. Auf palästinensischem Boden entstand das fränkische Königreich von Jerusalem.

Zwischen den Kreuzfahrern und den Muslimen aber kam es zu keinem Dialog. Kaum ein Kreuzfahrer lernte Arabisch. Man befaßte sich nicht mit dem Islam als Religion in Palästina, während in Toledo bereits der Koran ins Lateinische übersetzt wurde.

In Saladin, einem Muslim kurdischer Abstammung, erwuchs den Kreuzfahrern ein Gegner, dem sie weder moralisch noch militärisch gewachsen waren. Am 2. Oktober 1187 gelang ihm die Rückeroberung Jerusalems. In einem feierlichen Gottesdienst nahmen die Muslime wieder von der Al-Aksa Moschee Besitz. Man entfernte die Kreuze von den Kirchendächern, ließ aber zu, daß vier syrische Priester am heiligen Grab den Gottesdienst weiterführten.

Kaiser Friedrich II. hatte 1220 anläßlich seiner Krönung erneut öffentlich gelobt, so bald wie möglich einen Kreuzzug ins Heilige Land durchzuführen. Fünf Jahre später erwarb er sich durch die Heirat mit Isabella, der Prinzessin von Jerusalem, den Anspruch auf den Titel »König von Jerusalem«. Jedoch verzögerte sich das Vorhaben des Kaisers, Jerusalem für die Christenheit zurückzugewinnen, mehrfach, zuletzt durch eine schwere Erkrankung Friedrichs II. Das hinderte den Papst nicht, den Kaiser wegen des Bruchs seines Gelübdes zu bannen. Trotz des Bannes schiffte sich Friedrich II. mit einem kleinen Heer ein und landete im September 1228 in Akkon.

Die Situation begünstigte den Plan des Kaisers, möglichst ohne Krieg, mit Hilfe diplomatischer Verhandlungen sein Ziel zu erreichen. Denn auf islamischer Seite war es zwischen Saladins beiden Nachfolgern Al-Kamil und Al-Mu'azzan zu einem erbitterten Machtkampf gekommen. Im Februar 1229 wurde ein Friedensvertrag zwischen Al-Kamil und Friedrich II. auf 10 Jahre, 5 Monate und 40 Tage geschlossen. Dem Kaiser wurde Jerusalem zugesprochen, wobei der Tempelplatz mit Felsendom und Al-Aksa Moschee islamisch blieb. Unter einem Kadi behielten die Muslime ihre eigene Zivilverwaltung. Die Stadt Lydda und Bethlehem und ein beträchtliches Gebiet im Norden fielen gleichfalls an die Franken.

Aus dem Osten, nicht aus dem Westen, drohte dem Islam die eigentliche Gefahr durch Dschingis Khan und seine mongolischen Heere.

Unter der Parole »eine Sonne am Himmel, ein Heer auf Erden« begann in einer unglaublich raschen Ausbreitung ein gewaltiges Weltreich zu entstehen. Das explosionsartige Vordringen der Mongolen lähmte die alten Kulturvölker, die Städte Mittelasiens wurden dem Erdboden gleich ge-

macht, die Bewohner niedergemetzelt oder versklavt. Die Söhne Dschingis Khans führten nach seinem Tode seine Eroberungen weiter. 1233 war der Iran erobert, 1255 fielen die Mongolen in Vorderasien ein und erstürmten am 10. 1. 1258 Bagdad. Der letzte abbasidische Kalif wurde mit einem Teppich erstickt. Damaskus fiel 1260 in die Hände der Mongolen. In Galiläa trat dem Khan das mamelukische Heer unter General Baibars entgegen und besiegte in einer erbitterten Schlacht die Mongolen. Dies war eine der großen geschichtlichen Entscheidungen. Den Muslimen war es gelungen, die Legende von der Unbesiegbarkeit der Mongolen zu zerstören und den Fortbestand des Islam zu sichern. Anstelle des zerstörten Bagdad wurde nun Kairo zum kulturellen Zentrum des arabisch sprechenden Islam.
Durch die Kreuzfahrer ging jedoch zu keiner Zeit eine wirkliche Bedrohung für den Islam aus. Mit dem Fall von Akkon im Jahr 1291 fand die fränkische Herrschaft in Vorderasien ihr Ende. Die Kreuzzüge förderten die Ausbreitung der islamisch-sunnitischen Orthodoxie und stärkten das Einheitsbewußtsein der islamischen Welt. Aufgrund der Erfahrungen verhärtete sich die islamische Haltung gegenüber den Christen.

Der Islam im Zeitalter des Kolonialismus

Erste Schatten des heraufziehenden Kolonialismus fielen über die islamische Welt, als in den Jahren 1600 und 1602 die Englische Kompanie Indiens und die Niederländische Kompanie Ostindiens (später Batavia) gegründet wurden.
Das osmanische Heer unterlag 1697 bei Zenta den Truppen des Prinzen Eugen von Savoyen, zwei Jahre darauf räumten die Osmanen entsprechend den Friedensbedingungen von Karlowitz Ungarn. Rund hundert Jahre später besiegten die Österreicher erneut das Großtürkische Reich; im Vertrag von Swischtow wurde 1791 der türkische Rückzug aus Europa festgeschrieben.
Knapp sieben Jahre darauf erschien Napoleon mit einem französischen Heer in Ägypten. Die Bevölkerung Kairos nutzte die Gelegenheit und erhob sich gegen die osmanische Regierung, die Hohe Pforte in Istanbul.
Nach dem Vertrag von Adrianopel (Edirne) erhielten 1729 Griechenland, die Moldau und die Walachei ihre Unabhängigkeit. Algerien wurde 1830 von Frankreich besetzt. Damit begann das eigentliche Kolonialzeitalter. Seit 1877 beherrschten Franzosen und Engländer gemeinsam Ägypten. Im gleichen Jahr unterlagen die Osmanen dem zaristischen Rußland. Muslime hatten fortan unter russischer Herrschaft zu leben.
Seit 1880 errichteten Europäer Kolonien und Protektorate auf islamischem Gebiet. Gleichzeitig erwuchsen Gegenkräfte, eine panislamische Bewegung formierte sich, besann sich auf das eigene religiöse und kulturelle Erbe und suchte mit der Macht des überlieferten Wortes den Einfluß der Christen und Europäer einzudämmen.
Die gemeinsame Niederlage des Deutschen Kaiserreiches und der verbündeten Türkei beendete das große Geschichtskapitel der fast sechshundertjährigen osmanischen Herrschaft. 1922 entstand die türkische Republik. Mustafa Kemal, genannt Atatürk, d. h. Vater der Türken, wurde zum Präsidenten gewählt. Er setzte die Säkularisation durch, das bedeutete die Trennung von staatlichen und religiösen Institutionen nach westlichem Vorbild, von weltlichem und geistlichem Recht, von politischem Handeln und islamischer Frömmigkeit. Anstelle des arabischen Alphabeths wurde die lateinische Schrift eingeführt. Das Jahr 1924 brachte auch das Ende des Kalifats, das seit Mohammeds Tod im Jahr 632 bestanden hatte.
Die durch den Ausgang des Zweiten Weltkrieges geschaffenen neuen geopolitischen Bedingungen entzogen dem kolonialen Imperialismus europäischer Staaten die Grundlage und entließen in der Folge eine Vielzahl islamischer Länder in die Unabhängigkeit. Bis heute bleiben jedoch Erblasten: die kolonialen Grenzfestlegungen, die Unterentwicklung. Den Muslimen in der Sowjetunion wird das Recht auf Selbstbestimmung und Eigenständigkeit verweigert. Die Afghanistan-Frage zeigt, wie sehr die russische Politik gegen den Strom der Zeit zu schwimmen sucht, um mit imperialen Mitteln die islamische Bewegung im eigenen Lande in Schach zu halten.
Zwielichtig ist das Bild, das die islamische Bevölkerung der einstigen Kolonien von den Ansprüchen und Zielen christlichen Glaubens ihrer Unterdrücker in ihrer Erinnerung trägt. Unvergessen ist das Leid unter der Selbstherrlichkeit, dem Machthunger, der wirtschaftlichen und kulturellen Ausbeutung durch die Europäer. Erniedrigt, gedemütigt, überfremdet bewahrten sie dennoch

das eigene religiöse und kulturelle Erbe, wenn auch in den Hinterhöfen ihrer Gesellschaft. Gewiß war der Glaube an die Überlegenheit der eigenen Religion verblaßt, Fatalismus machte sich breit; mit dem Wort Inschallah, Wie Gott will, suchten Muslime ihre Enttäuschung, ja oft auch Verzweiflung über den Sinn des Lebens zu verbergen.
Die Geschichte von Niederlagen und Demütigungen erzählt ihre eigenen Geschichten, bewahrt ihre besonderen Erfahrungen. Die großen Museen in Europa und Nordamerika mit ihren überwältigenden Sammlungen geraubter islamischer Kunst sollten nachdenkliche Betrachter finden.

Muslime in Deutschland

Die meisten Muslime sind zwischen 1965 und 1975 nach Deutschland gekommen. Bereits seit dem 18. Jh. sind größere Gruppen von Muslimen in Deutschland und Österreich anzutreffen.
In der Bundesrepublik leben inzwischen vier »Generationen« von Zugewanderten:
- Die ältere Generation kam schon vor 20 Jahren in die Bundesrepublik.
- Manche brachten ihre Kinder mit oder ließen sie nachkommen, das ist die zweite Generation.
- Deren Kinder sind durchweg in Deutschland geboren. Die junge Generation ist ihrer ausländischen Heimat größtenteils entfremdet. Sie lebt jedoch zum Teil in zwei Welten. Zu Hause sind die Jugendlichen eingebunden in Sitten und Gebräuche ihrer Heimatländer. In der Schule oder am Arbeitsplatz begegnen sie anderen Lebens- und Verhaltensweisen. Ist es möglich, die eigene kulturelle und religiöse Identität in dieser andersartigen Umwelt zu erhalten? Viele stehen vor der Frage, wieweit sie sich anpassen sollen, um nicht in ein ghettohaftes Leben gedrängt zu werden.
- Diese jungen Leute haben teilweise auch schon wieder Kinder.

Um die tatsächliche Situation zu erfassen, hatte der Islamische Weltkongreß schon 1981 eine Repräsentativumfrage unter den türkischen Muslimen in der Bundesrepublik gemacht. Dabei legte er besonderen Wert auf die glaubensstrengen und gläubigen Muslime.
Die Fragen betrafen das Tragen des Kopftuches, Einkaufsgewohnheiten und das Einhalten der Fastenvorschriften. In der Umfrage wurden auch das Sprachproblem und die Frage nach der Ausbildung der Kinder berücksichtigt.
Bezüglich der Sitte des Kopftuchtragens äußerten sich etwa 80 Prozent der befragten Familienväter positiv, sie legen Wert darauf, daß ihre Frauen und Töchter diese Sitte befolgen. Allerdings bezweifeln die meisten Befragten, daß sich das Kopftuchtragen als »islamisches Attribut« auch unter den Bedingungen der deutschen Öffentlichkeit beibehalten läßt. Auch diese Frage: »Könnten Sie sich vorstellen, daß sich diese Sitte eines Tages verliert?«, antworteten immerhin 15,4 Prozent mit Ja, während 4,2 Prozent sich nicht äußern wollten.
Die Kontrollfrage hatte die Kaufgewohnheiten der islamischen Familien zum Inhalt und hier gezielt den Einkauf des Fleischbedarfs. Damit wurde ein wichtiges religiöses Element angesprochen: die rituelle Schlachtung und der Verkauf und Verzehr rituell reinen (unbedenklichen) Fleisches. Auf die Frage: Viele ausländische Moslems, die in Deutschland leben, empfinden den Aufenthalt hier als sehr schwer. Sie haben sich daher an deutsche Verhältnisse angepaßt. Wenn Sie Fleisch essen, wo haben Sie es gekauft, antworteten 51,1 Prozent: Wir kaufen unser Fleisch ausschließlich in einem türkischen Laden. 48,5 Prozent bezeichneten sich hingegen als Wechselkäufer (türkischer Laden, Verkaufsstelle einer Moschee, deutsche Metzgerei). Auffällig ist, daß 72 Prozent der Befragten angaben, auch Selbstschlachter zu sein, d. h. unter ihnen befinden sich sowohl Familienväter, die ausschließlich Fleisch aus eigener Schlachtung verwenden als auch solche, die gelegentlich oder an den hohen Feiertagen selbst schlachten. Die Zahl der Türken, die ihr Fleisch ausschließlich bei einem deutschen Metzger einkaufen, liegt der Umfrage zufolge bei lediglich 1,5 Prozent.
Auch im Bereich Sprache zeigten sich einige Überraschungen. 48,7 Prozent der befragten Väter gaben an, daß ihre Kinder sowohl die deutsche als auch die türkische Sprache »gut« beherrschen. Besser türkisch als deutsch sprechen der Umfrage zufolge 31,2 Prozent der Kinder religiöser Eltern, während 7 Prozent sogar die Auffassung vertraten, daß ihre Kinder die deutsche Sprache besser beherrschen. Bei weiteren 13,1 Prozent waren die Kinder entweder zu klein bzw. wollten sich die Befragten nicht äußern. Es muß hinzugefügt werden, daß von den Kindern, die nach Meinung der Befragten beide Sprachen »gut« beherrschen, immerhin 29,1 Prozent Eng-

lisch als weitere Fremdsprache erlernen. Rund 10 Prozent der Kinder aus religiösen Familien besuchen der Umfrage zufolge eine weiterführende Schule.
Ob die muslimischen Arbeitnehmer und ihre Familien ihre Sitten und Gebräuche, die Ausdruck ihres Glaubens sind, bewahren oder sich den hiesigen Sitten anpassen sollen und wie weit eine solche Anpassung gehen soll, ist auch eine Frage an unsere Gesellschaft.

Inwieweit ist unsere Gesellschaft offen für andere Glaubens- und Verhaltensweisen?
Sollen Christen dafür eintreten, daß Muslime ihren Glauben in allen Lebensbereichen praktizieren können?
Welche Bedeutung haben religiöse Praktiken wie die genannten für die Integration muslimischer Türken in die Gesellschaft der Bundesrepublik.

Erneuerungsbewegungen in der islamischen Welt

Die islamische Welt ist in Bewegung. Das ist vor allem deutlich geworden seit der Revolution des Ayatollah Khomeini im Iran. Es handelt sich hier um einen Selbstfindungsprozeß aus den Quellen der Religion, für den die Begriffe »Renaissance« im Islam oder »Re-islamisierung« nur sehr unzureichend sind.
Letztlich geraten traditionalistische, fundamentalistische und säkularistische Tendenzen aneinander.
Offensichtlich sind sie auf das gleiche Ziel ausgerichtet, einen lebendigen, als gesellschaftliche Kraft wirkenden Islam durchzusetzen.
Alle Gruppierungen stimmen darin überein, daß der Islam nicht nur ein religiöses System ist, sondern auch als politisch-ökonomisch-soziales Modell gilt, das im Grunde nur in einer auch islamisch geprägten Gesellschaftsordnung verwirklicht werden kann; wie diese auszusehen hat, wird unterschiedlich beantwortet.

Traditionalisten

Sie wollen die bestehende Ordnung aufrechterhalten, suchen sie allerdings im Sinne der Sunna zu reformieren. Der Selbstfindungsprozeß richtet sich an Koran und Sunna aus, damit sollen im 19. und 20. Jahrhundert eingedrungene westliche Ideologien allmählich zurückgedrängt werden. Das religiöse Gesetz, die Scharia, gilt als Basis. Sie soll, wenn auch unter Beachtung der heutigen Situation, wieder eingeführt werden.
Die traditionalistische Auffassung findet sich in Ägypten, Saudi-Arabien, in den Golf-Scheichtümern, in Jordanien und Pakistan.

Fundamentalisten

Sie wollen die bestehende Ordnung beseitigen und zum frühislamischen Gesellschaftssystem zurückkehren, wie es in Medina praktiziert wurde. Die historisch gewachsenen Gesellschaftsmodelle lehnen sie ab, da sonst die Reinheit des Glaubens verlorengeht. Diese Auffassung des Islam versteht sich u. a. als politische Alternative zur kapitalistischen und kommunistischen Gesellschaftsordnung. Der eigene Weg zwischen Ost und West hat im Iran unter der Führung des Ayatollah Khomeini zur Abgrenzung gegenüber den westlichen Einflüssen geführt, gleichzeitig blokkieren religiöse Bestimmungen evolutionäre Bewegungen.
Die Fundamentalisten haben sich im Iran und Libyen durchgesetzt.

Säkularisten

Der Islam muß sich nicht unbedingt in einer Staatsordnung verwirklichen. Die Säkularisten sehen den Islam vielmehr als ethische Unterweisung, kulturelle Basis und moralische Orientierung. Sie sind Veränderungen gegenüber aufgeschlossen. Die gesamte Spannbreite zeigt sich am deutlichsten in der Türkei. Die säkularistische Auffassung findet sich in den Ländern Türkei und Indien, in Teilen Schwarzafrikas, Malaysia, Indonesien und in den meisten Ländern mit muslimischer Diaspora.
Die drei Richtungen Traditionalismus, Fundamentalismus und Säkularismus sind politisch wirksam. Die Entwicklung vollzieht sich zwischen religiösem Radikalismus und maßvoller Ausrichtung des gesamten Lebens an die Weisungen des Korans.
Vor allem in den Ländern, die vom Druck der christlich geprägten Kolonialmächte befreit wurden, entwickelte sich ein neues islamisches Selbstverständnis. Der Islam übt vor allem auf die

Länder Afrikas eine große Faszination aus, da er nicht mit dem westlichen Kolonialismus in Zusammenhang gebracht werden kann.

Die islamische Gesellschaft als politisches Gebilde steht unter dem Gesetz Gottes, das als Richtschnur der Tätigkeit der Regierung und als Maßstab zur Bestätigung ihrer Autorität oder zur Verurteilung ihrer Willkür dient. Das Gesetz des Korans ist auch die Grundlage der Rechtsprechung und der Ausübung der öffentlichen Ämter. Aufgrund dieser Bindung des politischen Lebens in der islamischen Gesellschaft an das von Gott in seiner Offenbarung erlassene Gesetz wird der islamische Staat als Theokratie bezeichnet. Ziel der politischen Struktur des islamischen Staates ist, die Rechte Gottes zur Geltung zu bringen und die Rechte und Interessen der Muslime zu sichern, aber auch von Untertanen Gehorsam gegen das Gesetz Gottes zu fordern und dies im praktischen Leben durchzusetzen. Den Regierenden ist Autorität und Vollmacht gegeben, um die Herrschaft Gottes und die Vorherrschaft des Islam zu festigen und auszudehnen.

Adel-Theodor Khoury

Die Verbreitung des Islam

Angesichts des rapiden Bevölkerungswachstums in Afrika und Asien und in Blick auf die große geographische Verbreitung des Islam besonders in den sogenannten Entwicklungsländern können bisherige Denkmaßstäbe nicht länger verwendet werden, weil mit ihnen immer von einem faktischen Übergewicht Europas und Nordamerikas ausgegangen wird. Der Islam hat heute etwa die gleiche Zahl von Anhängern wie das Christentum.

Wie läßt sich der Zusammenhang von Religion und Politik im Islam beschreiben?

Die islamische Welt

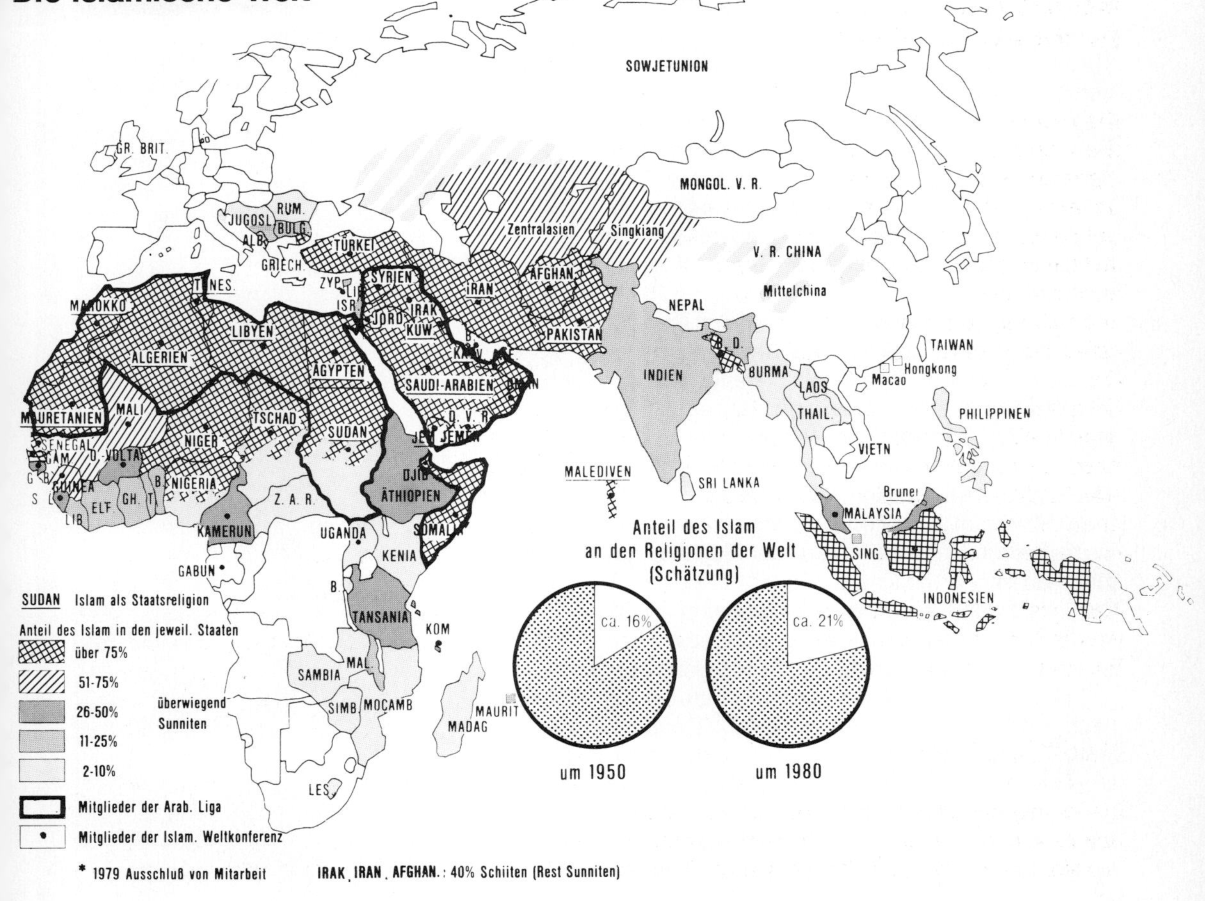

Zur Diskussion

Der Islam ist – historisch betrachtet – die jüngste der großen Weltreligionen. Getragen von dem Glauben an den einen Gott (Allah), dessen Gesandter Mohammed ist, versteht er sich als abschließende Offenbarung der göttlichen Wahrheit. Bereits vor Mohammed, dem letzten der Propheten, gab es Propheten, so etwa Mose und Jesus, deren richtige Lehren jedoch nach islamischer Vorstellung von Juden und Christen verfälscht worden sind. Mit dem Koran liegt für die Muslime die unverfälschte göttliche Offenbarung vor, mit der sich Mohammed zunächst an seine arabischen Landsleute gewandt hat.

Die neue Religion breitete sich erstaunlich schnell aus. Aufgrund verständlicher Glaubensinhalte und Riten gelang es ihr bald, auch andere Völker zu bekehren. Die islamischen Araber konnten bald weite ehemals christliche Gebiete im Mittelmeerraum für sich gewinnen. Aber auch im mittel- und fernöstlichen Raum drang die neue Religion in buddhistische und hinduistische Gebiete vor. Attraktivität und Expansionskraft sind oft für das Verhältnis des Islam zu den anderen Weltreligionen bestimmend gewesen.

Das soziale Leben der Gläubigen wird von den Religionen in vielfältiger Weise bestimmt (Lebensgewohnheiten, Stellung der Frau usw.). Die Verflechtung von Glaubenslehren und geschichtlichen Abläufen in enger Verbindung mit dem offensichtlichen Erfolg des Islam ist auch heute noch bedeutsam. Dies gilt nicht nur für die Rückschau in die Vergangenheit, sondern erst recht für den Übergangsprozeß von der Tradition zur Moderne, der im 19. Jahrhundert begann. Von der religiösen Kraft zeugen die in den letzten Jahren verstärkt einsetzenden Tendenzen einer Rückbesinnung auf das islamische Erbe in einer Reihe von islamischen Staaten, die in einigen Fällen (Iran, Pakistan) zur Wiedereinführung des koranisch begründeten Gesetzes, der Scharia, geführt haben.

Der im 20. Jahrhundert zu beobachtende anhaltende Zustrom von Muslimen nach Westeuropa hatte seine Ursachen in der Auflösung alter Kolonialreiche (England, Frankreich) und im Bedarf nach Arbeitskräften (Bundesrepublik Deutschland). Die Tatsache, daß nunmehr ca. 2 Millionen Muslime in der Bundesrepublik leben und eine bedeutende religiöse Minderheit bilden, hat eine Vielzahl neuer Fragen und Probleme entstehen lassen, deren Lösung noch nicht in Sicht ist. An dieser Lösung mitzuarbeiten, ist Aufgabe der Kirchen.

Der Islam weiß um sein besonderes Verhältnis zu den beiden Religionen Christentum und Judentum.

Jesus wird als vorletzter Gesandter Gottes anerkannt.

Das Verhältnis zur christlichen Religion ist jahrhundertelang dadurch belastet worden, daß durch mittelalterliche Kreuzzüge und neuzeitliche Kolonialisierungsversuche von »westlicher« Seite versucht wurde, in den Bereich des Islam einzudringen.

Gegenüber dem Buddhismus werden Vorbehalte geltend gemacht, weil dort eine personale Struktur Gottes keine Rolle spielt.

Der Hinduismus wird weitgehend abgelehnt, da er eine Vielzahl von Göttern kennt. Missionsarbeit unter Christen und Juden wird vom islamischen Selbstverständnis her nicht vertreten.

Welche Gemeinsamkeiten gibt es zwischen den drei Religionen Islam, Judentum und Christentum?
Wodurch wird das Verhältnis zum Christentum in besonderer Weise gekennzeichnet.
Welche geschichtlichen Gründe für die unterschiedlichen Einstellungen des Islam gegenüber der westlichen Welt gibt es?
Welche Rückwirkungen hat das Vorhandensein einer muslimischen Diaspora in Europa für die Christen in jenen Ländern? Welche Lösungsansätze gibt es für religiöse und soziale Spannungen?

Hinduismus

Der von vielen Hindus verehrte Gott Schiwa tanzt den Tanz zur Erhaltung des Weltkreislaufes. Bronze, 10. Jh. n. Chr.

Afghanistan
Karakorum-Paß
Dschammu und Kaschmir
Srinagar
Aksai Chin, von China besetzt
China
Indus
Himatschal Pradesch
Simla
Chinesischer Anspruch
Pakistan
Harappa
Pandschab
Tschandigarh
Tibet
Brahmaputra
Brahma putra
Beds
Harjana
Delhi
Delhi
Neu-Delhi
Mohenjo-daro
Indus
Nepal
Sikkim
Arunatschal Pradesch
Gangtok
Bhutan
Itanagar
Dschaipur
Uttar Pradesch
Radschastan
Laknau
Yamuna
Dispur
Assam
Nagaland (Naga Pradesch)
Kohima
Sarnath
Patna
Schillong
Benares
Ganga
Tripura
Imphal
Sanchi
Bodh-Gaya
Bangladesch
Manipur
Gudscharat
Sarasvati
Bhopal
Madhja Pradesch
Bihar
West-Bengalen
Agar-tala
Aidschal
Mizoram
Gandhinagar
Cakutta
Narmada
Kalkutta
Vaitarani
Diu
Silvassa
Dadra und Nagar Haveli
Orissa
Birma
Daman
Bhubaneswar
Bombay
Maharaschtra
Godavari
Bhima
Haiderabad
Vanam
Krsna
Tungrabadhra
Pandschim (Goa)
Andhra Pradesch
Karnataka
Bangalore
Madras
Pondicherry
Pondicherry
Kaveri
Mahe
Kawaratti
Karikal
Port Blair
Lakshadweep
Kerala
Tamil Nadu
Andamanen und Nikobaren
Trivandrum
Sri Lanka
Ceylon
Staatsgrenzen
Grenze von Dschammu und Kaschmir
Indisch-pakistanische Waffenstillstandslinie
Grenzen der Gliedstaaten (Bundesländer) und der Unionsterritorien
Assam Gliedstaaten
Delhi Unionsterritorien
Flüsse

Inhaltsverzeichnis

Ursprung und Ort des Hinduismus

Indien – die Welt des Hinduismus

Indien – ein Land voller Überraschungen und Gegensätze! Sie springen einem geradezu ins Auge:

Hier – große Denkmäler alter Kulturen, Tempel, Burgen und Schlösser
dort – Slums mit brüchigen, zusammengeflickten Hütten, meist ohne Kanalisation
hier – Großindustrieanlagen mit modernster Computertechnologie
dort – der Bauer mit dem einschaligen Pflug, der von einem Ochsen gezogen wird
hier – eine kleine Minderheit bedeutender Gelehrter, Ingenieure, Industrieller, wohlhabender Kaufleute und Großgrundbesitzer
dort – die Masse der Hilfsarbeiterinnen und -arbeiter, der armen Bauern und Analphabeten
hier – die Schar fröhlich feiernder Hindus
dort – der weltabgewandte Asket
hier – der in Meditation versunkene *Yogi*
dort – die zahlreichen Gläubigen, die vor den Bildern ihrer besonders beliebten Gottheiten im Tempel oder vor den Hausaltären ihre Blumenopfer darbringen.

»Es gibt kein Land auf der Erde, das so reich ist an Spiritualität wie Indien. Nirgendwo auf der Welt ist Gott mir so nahe, wie hier«, erklärt ein amerikanischer Guru in einem Hindu-*Aschram.*

Die Welt des Hinduismus ist faszinierend, aber dem Europäer doch sehr fremd. Es ist schwer, sie zu begreifen und sich in den Glauben der Hindus hineinzuversetzen. Nicht nur Vorurteile, sondern ganz andere Denkgewohnheiten stehen da im Wege. Der Zugang in diese Glaubenswelt ist überdies dadurch erschwert, daß es keine institutionell festgelegte Glaubenslehre gibt, die für eine größere Mehrheit gültig ist. Eine unermeßliche Vielfalt tut sich dem auf, der die Glaubenswelt des Hinduismus zu ergründen sucht. Der Außenstehende fragt sich: An wen soll man sich halten? An die Heiligen Schriften? Sie füllen eine riesige Bibliothek! Auf wessen Aussagen soll man sich bei der Interpretation stützen? Auf die der indischen Wissenschaftler, die zum großen Teil westliche Schulen und Universitäten besucht haben und dadurch beeinflußt, jetzt einen Reformhinduismus propagieren? Oder auf deutsche Indologen? Oder auf indische Yogis?

Die Frage nach dem ›wahren Hinduismus‹ läßt sich kaum entscheiden und ist überdies eine typische ›westliche Fragestellung‹. Deutsche Indologen verweisen gerne auf die ältesten Heiligen Schriften, die *Weden,* und auf die Lehren des sogenannten ›Klassischen Hinduismus‹. Andere, insbesondere die Hindus, sehen in der *Bhagawadgita* (Gita) das bedeutendste Dokument hinduistischen Glaubens. Indienbesuchern mögen die regionalen Unterschiede der Gottesverehrung auffallen: In Benares (Waranasi) zum Beispiel finden sie ein Zentrum des Schiwa-Kultes. In Kalkutta wird die Göttin *Kali* bzw. *Durga* verehrt, und in Südindien opfert man in den Tempeln Wischnus. In Auroville in der Nähe von Madras hat Sri Aurobindo einen vergeistigten Hinduismus in der Form des *integralen Yoga* gelehrt. *Mahatma Gandhi* proklamierte einen Hinduismus ohne Kastenschranken, in dem die ehemals ›Unberührbaren‹ als ›Kinder Gottes‹ (Haridschans) geachtet werden sollen. Diese Vielfalt der Glaubensweisen ist für den Hinduismus charakteristisch. Deshalb müssen die wichtigsten Strömungen im Hinduismus bis hin zu ihren Quellen zurückverfolgt werden, um die gegenwärtige Religion in ihren vielfältigen Erscheinungsformen annähernd zu verstehen.

Aus der Statistik für Indien

Indien steht mit 684 Mill. Einwohnern nach der Volksrepublik China (985 Mill.) an zweiter Stelle in der Welt. Seit Erlangung der Unabhängigkeit (1947 – 344 Mill. = 15 % der Weltbevölkerung) hat sich Indiens Bevölkerungszahl innerhalb von 34 Jahren verdoppelt. Die Vorhersagen und die Absichten der Familienplanung der siebziger Jahre, eine Verminderung der Zunahmerate, haben sich nicht verwirklicht. Die Bevölkerungszunahme betrug zwischen 1971 und 1981 jährlich etwa 13,5 Mill. Menschen, dies entspricht der Einwohnerzahl Australiens.

	1961	1971	1981
Bevölkerung insgesamt	439,2	548,2	684,0
– männlich	226,3	284,1	353,5
– weiblich	212,9	264,1	330,5
(Angaben in Mill.)			

Die Volkszählung 1981 fand in den letzten Februartagen (Stichtag 1. März) statt, in entlegenen und wenig zugänglichen Gebieten dauerte die Erhebung Monate, für Assam wurden die Zahlen wegen der Unruhen nur geschätzt.
Eine durchschnittliche jährliche Bevölkerungszunahme von 1,9 % unterstellt, ist zum Jahresende 1983 mit einer Gesamtbevölkerung von 723 Mill. zu rechnen. Die Zahl der Inder (und Pakistaner) im Ausland wird auf etwa 5 Mill. geschätzt, die meisten von ihnen leben in Sri Lanka (Ceylon), Malaysia, Südafrika, Mauritius, Trinidad, Fidschi, Birma und Surinam. In jüngerer Zeit kommen noch einige 100 000 als »Gastarbeiter« in den Golfstaaten hinzu.

Schema der indischen Sozialstruktur

Angedeutet ist die in über 3000 Jahren gegliederte kultsozial zu begreifende Kastenhierarchie der vier Varna (= Hautfarben) im Sinne von Urständen. Unter ihnen rangieren die Klassen der Kastenlosen und Nichthindu (Muslime, Christen, Sikhs, Djainas u. a.) mit zum Teil eigenen Abstufungen.

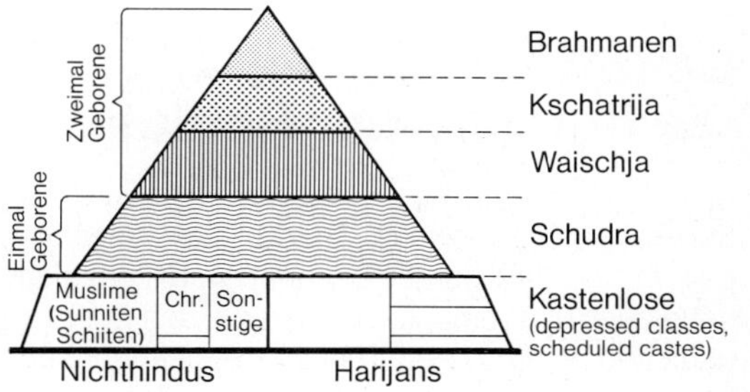

In Indien sind laut Verfassung 15 Hauptsprachen als Regional- und Landessprachen zugelassen. Daneben gibt es 24 selbständige Sprachen, über 720 Dialekte und 23 Stammessprachen.

Bevölkerung nach der Religionszugehörigkeit:

Religion	1961[1)]		1971[2)]	
	Mill.	%	Mill.	%
Hindus	366,5	83,52	453,4	82,72
Moslems	46,9	10,69	61,4[a)]	11,20
Christen	10,7	2,44	14,2	2,60
Sikhs	7,8	1,79	10,4	1,89
Buddhisten. . .	3,3	0,74	3,9	0,71
Dschainas . . .	2,0	0,46	2,6	0,48
Andere[3)]	1,6	0,36	2,2	0,40

1) Volkszählungsergebnis vom 1. März; ohne Sikkim und Arunatschal Pradesch. –
2) Volkszählungsergebnis vom 1. April. –
3) Einschl. Personen, die keine Angaben machten.
a) Volkszählung 1981: 121 Mill. = 18 %

Etwa 65 000 Ausländer leben im Lande, gut zur Hälfte Chinesen bzw. Tibeter, ferner Perser, Afghanen, aber nur wenige Europäer.

Der Hinduismus außerhalb Indiens

Indien ist das eigentliche Mutterland des Hinduismus. Nach ursprünglicher Auffassung ist man Hindu durch Geburt in diesem Land und innerhalb einer bestimmten Kaste. Durch Handelsbeziehungen brachten Hindus ihre Weltanschauung schon früh nach Südostasien. Seit dem 7. Jahrhundert n. Chr. begann der Hinduismus Südostasien kulturell und religiös stark zu beeinflussen, so Bhurma, Thailand, Laos, Kambodscha und Vietnam. Er verschmolz mit der einheimischen Religion und ließ gleichzeitig eigene Überlieferungen einfließen. Davon zeugen zum Beispiel die Tempel von Angkor Wat, in denen die indischen Gottheiten Wischnu und Schiwa verehrt wurden. In Thailand und Kambodscha gibt es zahlreiche Kultstätten mit Skulpturen aus der hinduistischen Mythologie.
Heute findet man Inder in aller Welt, besonders in Ost- und Südafrika, wo sie lange Zeit im Handel

beherrschend waren, im Pazifik (vor allem auf Fiji), in Großbritannien und in Süd- und Nordamerika. Sie bewahren ihre Kultur und ihren Glauben auch in fremden Landen. Seit Beginn dieses Jahrhunderts gibt es missionarische Bewegungen, die in Amerika einsetzten und seit einigen Jahren auch Europa überziehen, wie z. B. die Hare Krischna- oder die Bhagwan-Bewegung.

Die Kenntnis davon, daß der Höchste Geist im Herzen jeder lebendigen Kreatur wohnt, ist das Grundprinzip jeglichen Dharmas...
Der Hindu-Dharma gibt uns einen Katalog von Regeln und Bestimmungen und gestattet uns, sie unaufhörlich zu verändern. Die Dharma-Gesetze sind das vergängliche Fleisch unvergänglicher Ideen und deshalb wandelbar.
S. Radhakrishnan

Sanatana Dharma – die Religion der Hindus

Die Religion von etwa 80 Prozent aller Inder wird gewöhnlich Hinduismus genannt. Dabei bezeichnet dieser Name nichts anderes als den Ort bzw. das Land, in dem diese Religion seit Jahrtausenden praktiziert wird. Die Bezeichnung *Hindu* wurde erstmals von den Persern in Umwandlung des Sanskritnamens *Sindhu* für die Bewohner des (H)Industales verwandt. Seit der islamischen Eroberung ist er als solcher gebräuchlich. Erst im 19. Jahrhundert hat sich die Bezeichnung *Hinduismus* für die Religion der Hindus eingebürgert. Die Hindus nennen ihre Religion *Sanatana Dharma.* Damit wird das Wesen ihrer Religion besser beschrieben. *Sanatana* bedeutet ›ewig‹ und soll sagen, daß diese Religion auf keinen menschlichen ›Stifter‹ zurückzuführen ist. Vielmehr reicht diese Religion nach Auffassung gläubiger Hindus zurück hinter die historisch datierbare Zeit. Sie ist zeitlos und universal.
Dharma ist die ewig gültige Weltordnung, die das Weltall erhält. Der Dharma ist die wahre Natur und innere Kraft allen Lebens. Darum muß der Mensch diesen Dharma zu erkennen suchen und ihm gemäß handeln, um so Heiligung und Erlösung zu erfahren. Das ist Religion. Der Mensch bedarf des Dharma zur Orientierung und Sicherung seines Lebens. Nur in Erfüllung seines Dharma hat er eine heilvolle Zukunft. Leben ohne Religion ist deshalb für den Hindu nicht denkbar. Er braucht sie wie die Luft zum Atmen. Nach der Auffassung der Hindus ist der Sanatana Dharma die Heimat aller Religionen.

Unter dem Begriff Dharma faßt der Hindu die Formen und Tätigkeiten zusammen, die das menschliche Leben gestalten und aufrecht erhalten...

Die Quellen des Glaubens

Obwohl der Umfang der Heiligen Schriften des Hinduismus den aller anderen Religionen bei weitem übertrifft, ist der Hinduismus keine reine Schriftreligion. Das heißt, der Glaube gründet nicht in dem Maße auf heiligen Schriften, wie das zum Beispiel im Judentum, Christentum und Islam der Fall ist.
Vielmehr glaubt der Hindu an eine durch alle Zeiten hindurch stattfindende Offenbarung. Sie ereignet sich im Hören auf die Überlieferung ebenso, wie in der inneren Schau des Yogi oder am beispielhaften Leben eines *Guru.*
Deshalb kann Radhakrishnan die überraschende Erklärung geben:

Die Quellen des Dharma sind:
1. die *Schruti* oder die *Weden,*
2. die Überlieferung und die Praxis derer, die sie kennen,
3. die Lebensführung tugendhafter Männer und
4. das individuelle Gewissen.
S. Radhakrishnan

Der Hindu orientiert sich also weniger an Dogmen oder an Glaubensbekenntnissen. Wichtiger ist ihm ›spirituelles Leben‹. Auch alles, vom Transzendenten erfüllte Handeln kann als heilbringend erkannt und übernommen werden. Das erklärt die große Offenheit des Hinduismus für andere Glaubensrichtungen und religiöse Praktiken und die Fähigkeit, diese der eigenen Religion zuzuordnen, was oft als Toleranz mißverstanden wird. Sie ermöglicht auch die großen Wandlungen des Hinduismus im Lauf der Geschichte.

Die Weise, in der sich die Gebildeten verhalten, ist ebenfalls eine Quelle des Dharma. Es wird vorausgesetzt, daß das Handeln guter Menschen

im Einklang mit den heiligen Schriften steht, und es gilt daher als Richtschnur des Verhaltens. Gute Menschen brauchen nicht unbedingt Brahmanen zu sein.
Zugleich mit dem Handeln des Auserwählten besitzen wir das ›gute Gewissen‹ als anerkannte Quelle des Dharma ... Es ist das Gewissen der Gebildeten und nicht die Laune eines Oberflächlichen.
S. Radhakrishnan

Dharma ist ein zentraler Begriff für das Verständnis des Hinduismus. Wie unterscheidet er sich von der Bedeutung der Thora im Judentum?

Namen und Begriffe

Aschram Einsiedelei eines Yogi oder Asketen; zurückgezogene Wohngemeinschaft von Frommen und Mönchen.

Aurobindo Ghose (1872–1950) Aurobindo Ghose trat bis 1908 als Freiheitskämpfer für die Unabhängigkeit Indiens auf. Im Gegensatz zu Mahatma Gandhi plädierte er für den gewaltsamen Aufstand. Nach einem Bombenattentat wurde er, obwohl unschuldig, verhaftet. Im Gefängnis von Alipur erfuhr er Auditionen und Visionen, die ihn veranlaßten, seinen Weg als Revolutionär aufzugeben und in Pondicherry als *Yogi* zu wirken. Aurobindo verstand sich als Geburtshelfer einer neuen Zeit, in der göttlicher Geist die Materie durchdringt und die Welt verändert. Sein *Yoga* schafft ein neues, übersinnliches Bewußtsein und bewirkt auf diese Weise einen evolutionären Sprung im menschlichen Bewußtsein. Die Frucht dieses Yoga, den er ›integraler Yoga‹ nennt, sind okkulte Kräfte. Der Mensch lebt mittels dieses Yoga in der Fülle des Seins und in Harmonie mit dem Absoluten. Das Himmelreich wird Wirklichkeit auf Erden. Aurobindo hat viele Anhänger gefunden, die in seinem Aschram die Wirkung seiner okkulten Kräfte verspürten und noch heute seinen Yoga als eine weltbewegende Kraft verstehen.

Bhagawadgita (Abkürzung: **Gita**) Gesang des Erhabenen.
Die Bhagawadgita, kurz Gita genannt, ist ein Teil des großen Heldenepos Mahabharata, das etwa 100 000 Doppelverse umfaßt und zwischen 400 v. Chr. bis 400 n. Chr. entstanden ist. Die Datierung der Gita ist umstritten. Indische Gelehrte vermuten ihren Ursprung noch vor 500 v. Chr., während westliche Gelehrte ihre Entstehung in der Zeit zwischen 400–200 v. Chr. annehmen. Die Gita gibt ein Lehrgespräch zwischen dem göttlichen Krischna und dem Prinzen Ardschuna wieder, in dem die wichtigsten theologischen Fragen und die Erlösungswege des Hinduismus behandelt werden.

Dharma (m.) Von der Sanskrit Wurzel dhr = halten, erhalten werden, tragen, getragen werden. Dharma ist die wahre Natur und Kraft jeden Lebens. Das Universum existiert durch Dharma. Die Erkenntnis dieses Zusammenhanges heißt Religion haben. Wo Dharma befolgt wird, durchwirkt er wesenhaft alle Orte, Gegenstände und Personen. Sie werden heilig. Als Bezeichnung für die Religion des Hinduismus ist Dharma der Weg zur Heiligung und Erlösung.

Durga Personifikation der vitalen Kraft und Energie in Gott *Schiwa.* Sie wird als Gemahlin (Schakti) Schiwas dargestellt, goldhäutig und auf einem Tiger oder Löwen reitend. In ihren Händen hält sie Waffen, die ihr von verschiedenen Göttern geliehen wurden, um gegen den

Durga

Kali

Dämon Mahischa siegreich bestehen zu können. Eine Gruppe von Gläubigen, die *Schaktas,* verehren sie als höchste Gottheit.

Ghandi, Mahatma Karamchand (Mahatma) (1869–1948) Mahatma ist ein Titel und bezeichnet einen Menschen, in dem die göttliche Kraft und Weisheit vorherrscht (Mahat), in dem das Ich ganz zurückgetreten ist, und der deshalb zu außergewöhnlicher geistiger und sittlicher Größe herangewachsen ist. Der Titel kennzeichnet Gandhi, der seine Politik – zunächst in Südafrika gegen die brutale Ausbeutung und die rassische Unterdrückung seiner Landsleute, später in Indien selbst – mit dem Programm des Satjagraha, des »zur Wahrheit (Satja) Haltens« (Agraha) durchführte.
Gandhi wollte der Unwahrheit (Asatja), die die Politik der Kolonialmächte bestimmte, die heilige Wahrheit des Hinduismus entgegenstellen, deren erstes Prinzip die Gewaltlosigkeit (ahimsa) ist. Er kämpfte deshalb mit der Waffe der Liebe und Gewaltlosigkeit um die Unabhängigkeit Indiens, die es im August 1947 erlangte. Im Januar 1948 erlag er dem Mordanschlag eines Hindu-Extremisten.

Guru Geistliches Vorbild und Lehrer im Hinduismus mit nahezu göttlicher Autorität.

Haridschans (Harijans) Kinder Gottes – Mahatma Gandhi gab den aus der hinduistischen Kastengesellschaft Ausgeschlossenen und ›Unberührbaren‹ diesen Namen, um sie, als vor Gott gleich geachtet, aufzuwerten, ohne dadurch das Kastensystem als solches aufzuheben.

Hindu/Hinduismus Seit dem 19. Jahrhundert gebräuchliche Bezeichnung für die Religion der Hindus, so genannt nach den Bewohnern des (H)Indus-Tales.

Kali Ebenso wie Durga gilt Kali als Personifikation (Schakti) der vitalen Kraft und Energie in Gott Schiwa. Kali verkörpert die zerstörerische Kraft Schiwas und wird dargestellt als schwarze nackte Frau mit weit heraushängender blutiger Zunge, um den Hals Ketten von Schlangen und Schädeln, mit vier oder mehr Händen, die Schwert und Schild tragen. Von ihren Anhängern (vor allem in Kalkutta) wird sie als höchste Gottheit mit Tieropfern verehrt.

Krischna (Krishna) Sanskrit: Der Dunkle. Name einer heute besonders verehrten Hindu-Gottheit. Er gilt als menschliche Verkörperung (awatara, vgl. S. 146) des Gottes *Wischnu* und wird dunkelblauhäutig als Hirte und als Flötenspieler dargestellt. Seine Liebesspiele mit Hirtenmädchen (den Gopis), besonders mit Radha, symbolisieren die Liebe Gottes zu den Seelen.

Linga/Lingam (n.) Fruchtbarkeitssymbol. Der Phallus als Zeichen männlicher Zeugungskraft hat einen noch tiefer reichenden Symbolgehalt: Er versinnbildlicht das formlose Absolute. Das Lingam wird vielfach mit Joni (Yoni = Mutterschoß) dargestellt und symbolisiert so »den Urzeugungs- und Schöpfungsakt, aber gleichzeitig die Aufhebung der Geschlechtspolarität, die Rückführung des Geteilten und Geformten in den Urzustand des Ungeteilten und Ungestalteten vor der Schöpfung, in den absoluten Geist (Brahman)«.

Ramakrischna-Mission Erste ›Missionsgesellschaft‹ des Hinduismus. Sie wurde 1897 von Swami Vivekananda (sprich: Wiwekananda) (1863–1902) begründet, der sie nach seinem Guru, dem Bengali-Heiligen Paramahamsa Ramakrischna benannte. In Indien ist die Ramakrischna-Mission auch auf sozialem Sektor tätig. Ihr Hauptsitz ist Kalkutta.

Krischna und Radha

Schruti (Hören) Es handelt sich um die Sammlung Hl. Texte, die vor Urzeiten von den Rischis (das sind ›Seher‹) gehört und also als geoffenbarte Texte angesehen werden. Wichtigster Bestandteil sind die Weden.

Sarvepalli Radhakrishnan (1888–1975) Seit 1911 Professor für Philosophie an verschiedenen Universitäten. 1952 wurde er Vizepräsident und 1962 Präsident der Republik Indien. 1955 wurde er mit dem Orden ›Pour le merite‹, 1959 mit der Goethe-Plakette der Stadt Frankfurt und 1961 mit dem Friedenspreis des deutschen Buchhandels ausgezeichnet. In seiner kommentierten Übersetzung der Bhagawadgita bringt er interessante Vergleiche mit dem westlichen Denken ein.

Schiwa Von den Schiwaiten als höchste Gottheit verehrt. Einzelne Züge weisen in die vorarische Induskultur zurück (Stier- und Fruchtbarkeitsgott). Als »Schiwa-Trimurti« besitzt er die Kraft des Schöpfers, Zerstörers und Erhalters. Wenn aber Brahma als Schöpfer, Wischnu als Erhalter dargestellt wird, erhält Schiwa die Funktion des Zerstörers. Schiwa wird meist unter dem Fruchtbarkeitssymbol des *Lingam* verehrt.

Smriti Gedächtnis. Die Smritis umfassen alles, was im Volk im Gedächtnis aufbewahrt wurde. Zu ihnen gehören die Puranas und die großen Epen Mahabharata und das Ramayana.

Upanischaden (Upanishad) Sich nahe bei (upa) jemandem (mi) niedersetzen (schad) oder auch: verehren. Die Upanischaden sind Texte, in denen das wahre Wesen des Seins aufgedeckt wird. Damit erweist man der Sache, um die es geht, Verehrung. Die Upanischaden schließen das wedische Schrifttum ab. Sie wollen den tiefen Hintergrund des Kultus ergründen und das ewige Sein offenbaren. Sie waren nicht für jedermann bestimmt, sondern wurden von bedeutenden Lehrern (Gurus) nur bewährten Schülern, oft in der Einsamkeit des Waldes, vorgetragen. Die Upanischaden gehören mit den drei Hauptsammlungen der Weden, den sogenannten Samhitas, den Brahmanas und den Waldtexten (Aranyakas) zur Schruti (etwas, das gehört wird). Sie gelten als göttliche Offenbarung und sind von der *Smriti* (Tradition) zu unterscheiden.

Der eine Gott wird unter verschiedenen Namen angerufen: Brahma, Wischnu, Schiwa.

Weda (Veda) m. Wissen, ewige Weisheit. Der Weda ist eine Sammlung heiliger Texte, die zwischen 1300/1200 und 500 v. Chr. mündlich überliefert und später in schriftlichen Sammlungen festgehalten wurden. Sie sind in der altindischen Schriftsprache Sanskrit abgefaßt. Im wesentlichen handelt es sich um Hymnen, mit denen Priester die Götter zum Opfer einluden, um Opfersprüche und Gesänge, die der Abwehr von Dämonen und von Krankheiten dienen, und die das Glück im Kampf oder in der Liebe beschwören. Der Weda findet seinen Abschluß mit den philosphischen Texten der *Upanischaden.* Die Schriften des Wedas lassen sich in drei Textgruppen gliedern:

- Die *Samhitas,* Sammlungen von Hymnen und Formeln;
- die *Brahmanas,* Texte zu den Opferhandlungen;
- die *Aranjakas (Aranyakas),* d. h. ›Waldbücher‹, weil sie in der Einsamkeit des Waldes in Lehrgesprächen zwischen den weisen Einsiedlern und ihren Schülern entstanden sind.

Wischnu (Vishnu) Hinduistischer Hochgott. Von den Wischnuiten wird er als der All-Eine-Gott verehrt. In der Darstellung von »Trimurti« (Plastik der drei höchsten Gottheiten in einer Figur) repräsentiert Wischnu die Kraft der Erhaltung.

Yoga Von yuj (juj) – zusammenbinden. System von körperlichen und geistigen Übungen, die durch innerste Konzentration (Zusammenbinden) das eigentliche Wesen des Menschen aus den Umhüllungen der Materie herauslösen und vom Zwang der Wiedergeburt befreien sollen (vgl. S. 46 ff.).

Yogi Ein Mensch, der durch *Yoga* Sinne und Geist zügelt, um so sein wahres Selbst zu erfahren und Befreiung vom Kreislauf der Wiedergeburt zu erreichen.

Saraswati (vgl. S. 125)

Die Glaubenswelt des Hinduismus

Entwicklungsstufen im Hinduismus?

Westliche Wissenschaftler beobachten fünf Perioden in der langen Geschichte des Hinduismus:

1. Die vorarische Periode der Induskultur (ca. 3000–1700 v. Chr.) Sie wird nach der Mitte des 2. Jts. von den in mehreren Wellen eindringenden Ariern abgelöst;
2. die wedische Periode (ca. 1300/1200 bis 500 v. Chr.)
a) den Wedismus – Religion der Arier (ca. 1300/1200 bis 1000 v. Chr.)
b) den Brahmanismus (ca. 1000–500 v. Chr.);
3. die klassische Periode (ca. 500 v. Chr. bis 1000 n. Chr.) (Herausbildung des eigentlichen *Hinduismus*);
4. die nachklassische Periode (ca. 1000–1800 n. Chr.) (Aufkommen der Glaubensrichtungen der Schiwaiten, Wischnuiten und Schaktas);
5. Die Periode des Reformhinduismus (Neohinduismus) 19./20. Jahrhundert.

Diese Periodisierung und Benennung der Zeitabschnitte entspricht *nicht* hinduistischem Denken, dem die historische Dimension fremd ist. Sie hindert im Grunde das Verständnis von Sanatana Dharma als eines großen Stromes, in den seit ältester Zeit verschiedene Nebenflüsse eingedrungen sind. Statt dessen erweckt sie den Eindruck eines Entwicklungsprozesses, als ob die Vätergeneration einen primitiveren oder unvollkommeneren Glauben gehabt hätte. Für den Hindu jedoch findet Religion sich dort, wo Menschen sich ihrem Dharma entsprechend verhalten, und das geschieht zu allen Zeiten und Orten verschieden, aber deshalb nicht minder richtig. Wenn im Folgenden dennoch dem historischen Abriß gefolgt wird, so ist das ein Zugeständnis an die abendländische Denkweise.

Die Vorarische Periode der Induskultur (ca. 3000–1700 v. Chr.)

Mutterkult und Lingam-Verehrung

Unter der Erde des heutigen Pakistan lagen die Reste der ersten indischen Kultur über 4000 Jahre verborgen. Diese Kultur, die so fortgeschritten war, wie die des alten Ägypten und Mesopotamien, blühte zwischen 2300 und 1800 v. Chr. an den Ufern des Indus und seiner Nebenflüsse. Ihre Ruinen wurden erst bei Grabungen seit 1920 entdeckt. Bald wurde deutlich, daß hier eine eigenständige Hochkultur gewachsen war. Ihre Städte, wie Mohenjo Daro und Harappa, waren sorgfältig geplant. Feste Häuser und Burgen, ein rasterförmig angelegtes Straßennetz mit Wasser- und Abwasserleitungen, tausende beschriftete Siegel, die bisher noch nicht entziffert werden konnten, und Abbildungen von Gottheiten und Kultszenen

Siegel aus der »Prä-Harappa und städtischen« Harappa-Kultur um 1700 v. Chr.

legen Zeugnis ab von der hochentwickelten Harappa- bzw. Indus-Kultur. Neueste archäologische, geologische und klimatologische Forschungen haben ergeben, daß der Untergang dieser Kultur nicht Folge der Eroberung plündernder Arierstämme war, sondern auf klimatische Veränderungen (Dürre) und – als Folge – auf wirtschaftlichen Niedergang zurückgeführt werden muß. Diese klimatischen Veränderungen sind auch ein Grund für die großen Wanderbewegungen der damaligen Zeit.

Die Ausgrabungen brachten zahlreiche kleine Heiligtümer zutage. In den meisten Häusern fand man kleine Statuetten einer Frauengestalt, die auf den Kult einer großen Muttergottheit schließen lassen. Stierbilder verweisen auf den Stier als Fruchtbarkeitssymbol ebenso wie Abbildungen männlicher und weiblicher Geschlechtssymbole (vgl. S. 116). Später haben die Hindus das Phallus-Symbol in den eigenen Kult aufgenommen und Schiwa zugeordnet. Noch heute spielt die Verehrung des Phallus des Schiwa eine bedeutende Rolle.

Paschupati, der Herr der Tiere. Als gehörnter Gott im Yogasitz ist er der Vorläufer des hinduistischen Schiwa. – Siegel, 3. Jtd. v. Chr.

Der Fund eines Siegels mit einem Mann im Yogasitz als »Herr der Tiere« (Paschupati) läßt vermuten, daß von den Industalbewohnern eine Gottheit verehrt wurde, die einen Vergleich mit den späteren hinduistischen Vorstellungen von Schiwa als Yogi nahelegt. Und auch die Vorstellung, daß Gott nicht allein als Mann begriffen werden darf, weil es ja die Frau ist, die neues Leben gebiert, bleibt erhalten, wenn zum Beispiel Schiwas schöpferische Energie als Schakti, also als Gattin Schiwas begriffen und verehrt wird (vgl. S. 142).

Lingam Schiwas neuer Wischwanath-Tempel in Waanasi

Die wedische Periode (ca. 1300–1000 v. Chr.)

Offenbartes Wissen – Der Weda

Es mag verwundern, daß S. Radhakrishnan bei seiner Aufzählung der Quellen des Dharma (vgl. S. 114) aus den hunderten von heiligen Schriften des Hinduismus allein den Weda nennt. Tatsächlich ist seit alter Zeit die sehr umfangreiche Schriftensammlung des Weda die eigentlich autoritative Quelle hinduistischen Glaubens. Das gilt auch heute, obwohl nur noch relativ wenige Hindus größere Abschnitte des Weda kennen. Zwar begrüßen jeden Morgen Millionen Hindus die Sonne mit einem Gebet aus den Weden, und bei den Opferfeiern im Tempel wie beim häuslichen Opferritual werden täglich wedische Texte rezitiert, aber in aller Munde sind heute mehr die anschaulichen Erzählungen der großen religiösen Epen Mahabharata und Ramayana und vor allem die ›Gita‹. Dennoch wird sich jeder Hindu immer wieder auf den Weda berufen.

Weda heißt Wissen. Es geht dem Hindu dabei nicht um Viel- oder Alleswissen oder um ein Wissen, mit dem man anderen überlegen ist, sondern um die Kenntnis dessen, was die Welt letztlich zusammenhält, um das Bewußtsein vom Grund und Ziel allen Seins. Von Anfang an war dabei klar, daß der Weda etwas Geheimnisvolles, Wunderbares, ja eine jenseitige verehrungswürdige Macht ist. Die schriftliche Wiedergabe vermag seinen Gehalt nicht voll festzuhalten, sondern allein die Rezitation. Hören muß der Schüler die Worte des Weda beim Weisen oder beim Priester und dann nachsprechen. So beweist das Gehörte seine Macht, seine Wunderkraft. Beschwörung der Naturgewalten, die in frühen Zeiten als Gottheiten gedacht wurden, und Beschwörung unbekannter Mächte zur Sicherung des Lebens ist das Anliegen der Gläubigen. Der Weda liefert die Formeln (mantra), die Kraft haben, die Gebete zu erfüllen. Die Macht des Wedawortes wird sogar so hoch eingeschätzt, daß es im Zusammenwirken mit dem Opfer Gottheiten zwingen kann, Gebete zu erhören. Auch die Götter sind der Macht des Weda untergeordnet, denn sie stellen keine letzte Macht dar. Schon in einem Hymnus der ältesten Weda-Sammlung, dem Rigweda, taucht die Frage auf »Wer ist der Gott, daß wir ihm opfernd dienen?« (Rigweda X 121). Damit wird ein Thema angeschnitten, das die indische Philosophie nicht mehr losgelassen hat: Wer oder was ist die letzte, alles umfassende Macht? Aber damals wie heute schließt dies Wissen um eine letzte Macht die Wirklichkeit von anderen Gottheiten nicht aus. Und damals wie heute ist es die Pflicht des Gläubigen, der unbeschreibbaren Macht und den Gottheiten Verehrung zu erweisen.

Der alles schuf, an Geist und Werken kraftvoll,
Der Schöpfer, Ordner ist und höchstes Wesen,
Mit Opfern jauchzt ihm zu der Menschen Wille,
Er thront, der eine, jenseits aller Sterne.

Er, unser Vater, Schöpfer, er, der Ordner,
Er kennt die Räume, kennt die Wesen alle,
Er gab allein den Göttern ihre Namen,
Von ihm erfragten erst sie alle anderen.

Der hoch erhaben über Erd' und Himmel,
Erhaben über Götter und Dämonen,
War er der Urkeim, den die Wasser bargen,
In dem die Götter all zu sehen waren?

Er war der Urkeim, den die Wasser bargen,
In dem die Götter all versammelt waren.
Der eine, Mittelpunkt der ew'gen Nabe,
In der die Wesen alle festgewurzelt.

Rigweda X 62

Welche Bedeutung hat der Weda für den Hindu? Wie geht der Hindu mit dem Weda-Wort um? Vgl. dies mit dem christlichen Verständnis von der Bibel.

Namen und Begriffe

Atharwaweda (Atharvaveda) – Vierter Teil der *Samhitas* (vgl. S. 117); er enthält Hymnen und Sprüche, die der Heilung oder Abwehr böser Kräfte dienen.

Brahman Das Absolute, der Urgrund des Alls und allen Seins. Brahman kann nicht als Person begriffen werden.

Brahmanas Heilige Schriften, die die Opferhandlungen erklären und begründen, ab 1000 v. Chr.

Brahmane Angehöriger der obersten Kaste, Priester (vgl. S. 131).

Jajurweda (Yajurveda) Die Sammlung der Opfersprüche, mit denen die Priester das Opfer begleiteten, um Unheil abzuwenden und Segen zu stiften.

Maja (Maya) Von der Wurzel ma = messen, gestalten, formen. ›Maja‹ bezeichnet die kosmische Macht, die dem Menschen Trugbilder vorgaukelt, so daß er die wandelbare Natur für wirklich hält. Nach *Schankara* ist der sinnlich erfaßbare Kosmos eine Illusion, hervorgerufen durch Maja, die dem Menschen das wahre Selbst, Brahman, verdeckt.

Mahabharata – Das größte Epos der indischen Literatur (100 000 Doppelverse). Die fromme Überlieferung schreibt es dem Gott Ganescha und dem Heiligen Vyasa zu. Es ist das Werk vieler Generationen (400 v. Chr. bis 400 n. Chr.). Zum Mahabharata gehört auch die Bhagawadgita.

Puruscha (Purusha) – Urmensch, aus dem die ganze Welt entsteht. In der nicht-theistischen Philosophie des Samkhja (Samkhya) ist Puruscha die unveränderliche Seele, bzw. der reine Geist im Unterschied zur Materie (prakriti).

Ramajana (Ramayana) – Das zweite große Epos mit 24 000 Doppelversen. Es soll von dem Heiligen Valmiki gedichtet sein. Es ist aber wahrscheinlich in einem längeren Zeitraum zwischen 400 v. Chr. und 200 n. Chr. entstanden. Held der Erzählung ist der Königssohn Rama. Das Ramajana rühmt die Gattentreue Ramas und Sitas.

Rigweda (Rigveda) Bedeutendste und älteste Sammlung des Weda mit 1028 Hymnen, die der Priester beim Opfer rezitiert, um die Götter herbeizurufen.

Schakti (Shakti) Von schak = fähig sein, die Kraft zu besitzen, etwas zu tun = Kraft, Energie, Potenz; die Manifestation der Lebenskraft in weiblicher Gestalt, als solche die Gattin eines Gottes.

Schankara (Shankara) Um 800 n. Chr. lebender, südindischer Brahmane, der zu den bedeutendsten Philosophen Indiens zählt. Er begründete die philosophische Schule des Adwaita-Wedanta, die einen absoluten Monismus, d. h. eine All-Einheitslehre, vertritt. Nach ihr besitzt allein das Brahman Realität. Es ist das Eine ohne ein Zweites (Adwaita = Nicht zwei). Danach sind Brahman und Atman identisch (vgl. S. 135, 139).

Der Brahmanismus (ca. 1000–500 v. Chr.)

»Ein Mensch, der nicht opfert, ist kein Mensch«

Dieses Zitat beschreibt das Denken vieler Hindus. Es findet seine Begründung in den Lehren des Weda. Die älteste Sammlung, der Rigweda, enthält Hymnen, die vor der Darbringung eines Opfers vorgetragen werden.
Der Begriff ›Opfer‹ hat für den Hindu keinen negativen Klang, wie das bei uns z. T. der Fall ist. Das Opfer dient zur Läuterung der Gesinnung, um den Opfernden würdig zu machen, die Erkenntnis Gottes zu empfangen. Darüber hinaus glaubte der Wedakundige, daß der Bestand der Welt und das Heil der Menschen allein vom rechten Opfer abhängen. »Die Sonne würde nicht aufgehen, wenn man nicht morgens das Feueropfer vollzöge.«

Morgenpudscha

Die Vorstellung von der Kraft des Opfers geht sogar soweit, daß die Entstehung der Welt als Opferhandlung begriffen werden kann. Davon singt eine berühmte Hymne aus dem Rigweda. Sie erzählt von dem Urmenschen Puruscha:

Nur Riesenmensch ist diese ganze Welt,
Und was da war und was zukünftig währt;
Herr ist er über all das Göttliche,
Das sich durch frommer Opfer Speise nährt.

So groß ist diese seine Majestät,
Doch ist er größer noch als sie erhoben;
Denn alle Wesen sind von ihm ein Viertel,
Drei Viertel aber sind unsterblich droben.

Diese drei Viertel schwangen sich empor,
Ein Viertel wuchs heran in dieser Welt,
Um auszubreiten sich als alles, was
Durch Nahrung sich und ohne sie erhält.

Als Opfertier ward auf der Streu geweiht
Der Riesenmensch, der vorher war entstanden,
Den opferten die seligen Götter da
Und weise Menschen, die sich dazu fanden.

In wieviel Teile ward er umgewandelt,
Als sie den Riesenmenschen da zerstückelt?
Was ward statt seines Mundes, statt seiner Arme,
Statt seiner Schenkel, seines Leibs erblickt?

Zum Priester ist damals sein Mund geworden;
Der Krieger ist aus seinem Arm gemacht,
Der Bauer aus den Schenkeln, aus den Füßen
Ward da der Knechte Schar hervorgebracht.

Aus seinem Denken ist der Mond geworden,
Das Auge ist als Sonne jetzt zu sehen,
Aus seinem Mund entstanden Blitz und Feuer,
Es war der Wind aus seines Odems Wehen;

Das Reich des Luftraums ward aus seinem Nabel,
Der Himmel aus dem Haupt hervorgebracht,
Die Erde aus den Füßen, aus den Ohren
Die Pole, und so ward die Welt gemacht.
Rigweda X. 90

Dieser Hymnus ist für das Verständnis des Hinduismus von besonderer Bedeutung, weil er die Entstehung der vier Kasten (vgl. S. 131 ff.) erklären und begründen will. An diesem Text ist zunächst dreierlei wichtig:

1. Welt und Menschheit, einschließlich der sozialen Ordnung verdanken sich der Aufopferung des Urmenschen Puruscha.

2. Diejenigen, die das welterhaltende Opfer vollziehen, die Priester (Brahmanen), sind die wichtigste und oberste soziale Gruppe.
3. Diese Welt ist nur ein Drittel eines unermeßlichen Universums. Darüber gibt es den Luftraum und noch jenseits davon den Himmel.

Angesichts dieser Bedeutung des Opfers kommt alles darauf an, daß das Opfer auch gewissenhaft und richtig vollzogen wird. Zu dem Zweck entstehen Anweisungen, die genau festlegen, wann, wie und wo die Opferhandlungen durchzuführen sind. Sie wurde von den Priestern, den Brahmanen, weiter überliefert und heißen deshalb Brahmanas. Das Opfer erlangt in der Vorstellung der Gläubigen eine besondere Heiligkeit, die dann auch auf den Priester übertragen wird. Er muß rein sein, um das Opfer darzubringen. Das ist der Grund, warum der Brahmane bis heute besonderen Reinheitsvorschriften folgt und sich vor Unreinheit, zum Beispiel durch die Berührung unreiner Gegenstände und Menschen, schützen muß.

Es gibt die Theorie, daß die Menschen früherer Zeiten sich in Situationen besonderer Gefährdung (z. B. bei der Geburt) Weltentstehungsmythen erzählt haben, um sich ihres Lebens zu vergewissern. Sie geben nicht nur Auskunft, von wem alles Leben abhängt und wie es beschaffen ist, sondern auch, wie Leben gesichert werden kann. Ein Vergleich der Schöpfungsberichte verschiedener Religionen deckt interessante Parallelen, aber auch wichtige Unterschiede auf (vgl. auch S. 125).

Die klassische Periode – Der eigentliche Hinduismus (ca. 500 v. Chr.–1000 n. Chr.)

Die sogenannte *Wedische Periode* klingt aus mit einigen wichtigen neuen Erkenntnissen, die hinüberleiten zum sogenannten *Klassischen Hinduismus.* In den nun folgenden Jahrhunderten werden vor allem drei Themen in immer neuen Variationen entfaltet:

1. Die Frage nach dem Wesen Gottes und seinem Verhältnis zum Kosmos, zu allen Lebewesen und natürlich auch zum Menschen (eine rein anthropologische Sicht gibt es nicht!).
2. Die Frage nach Grundbestimmung und Ziel allen Lebens.
3. Die Lebensordnung des Menschen in bezug auf seinen Lebenslauf und seine soziale Einordnung.

Vom Götterglauben zum Glauben an das Absolute (Brahman)

Wie in den meisten Religionen stand die Frage nach der Weltentstehung und nach den Mächten, die den Kosmos und den Menschen lenken, im Vordergrund. Dabei konnten ganz unterschiedliche ›Weltentstehungstheorien‹ nebeneinander stehen bzw. sich ablösen.
Zunächst glaubt man an das schöpferische Wirken von Gottheiten, zum Beispiel an den Schöpfergott, der als »Allmacher« (Wischwakarman) die Welt wie ein Bildhauer gebildet hat. Sodann wurde der Weltentstehungsmythos vom Urmenschen Puruscha erzählt (vgl. S. 123). Daneben gab es die Vorstellung, daß ein goldener Embryo die Welt hervorbringt (Rigweda X. 121), oder daß ein Absolutes, das *›Eine‹*, die Welt durch die Kraft der Askese erschafft (Rigweda X. 129). Hier taucht bereits der im Hinduismus so wichtige Gedanke auf, daß die Askese besondere Kraft hat.

Aus einem Lied über die Weltentstehung

Nicht war Nichtsein noch war Sein damals,
nicht war der Luftraum noch der Himmel darüber
was bewegte sich wo? in wessen Schutz?
Wo war das tiefe, das unergründliche Wasser?

Nicht war Tod oder Nicht-Tod damals,
nicht gab es ein Erkennen von Tag und Nacht;
hauchlos atmete aus freiem Willen das Eine,
außer ihm war nirgendwo etwas anderes.

Dunkel war in Dunkel gehüllt am Anfang,
völlig unerkennbar war diese ganz (dunkle) Flut;
die Leere, die von Leere bedeckt war,
dies Eine gebar durch die Macht der Askese.
Rigweda X 129

Immer sind Gottheiten am Weltgeschehen mit beteiligt. Sie verkörpern die Naturkräfte und die Ordnungsmächte, die für Sitte und gesellschaftliche Ordnung sorgen. Dem damaligen Weltbild entsprechend wurden sie den Bereichen Himmel (zum Beispiel, *Waruna, Mitra, Surja, Wischnu, Uschas* und die beiden *Aschwins*), Luftraum (zum Beispiel *Indra* und *Rudra*) und Erde (zum Beispiel *Agni, Prithiwi, Saraswati* und *Soma*) zugeordnet. Aber auch die drei wichtigsten Kasten hatten ihre eigenen, für sie zuständigen Gottheiten: die Priester den Agni, die Fürsten und Krieger den Indra und die Bauern und Viehzüchter die beiden Aschwins.

In der römisch-katholischen Kirche verehren verschiedene Berufsgruppen ihre eigenen Schutzheiligen. Gibt es Unterschiede in der Bedeutung der hinduistischen Gottheiten und der Schutzheiligen und in den Formen ihrer Verehrung? (vgl. auch *S. 142ff.)*

War es der Einfluß der Priester oder das allgemeine Bedürfnis nach Lebensversicherung? – jedenfalls wurde das Opfer selbst im Lauf der Zeit wichtiger als die Gottheit, für die es bestimmt war.
Mit der Entmachtung der Götter tauchte erneut die Frage nach der höchsten Macht auf. Sie fand eine beachtenswerte und den Hinduismus für alle Zeiten prägende Antwort: »Das *Brahman* ist das Höchste in der Welt«.
Da Eigenschaften immer vom Menschen her bestimmt sind, können sie auf Brahman nicht übertragen werden. Es steht jenseits von Gut und Böse. Von nun an ist *Brahman* der dem Hinduismus eigentümliche Begriff für das, was andere Religionen *Gott* nennen, aber doch deutlich von diesem zu unterscheiden.

Im Rigweda war das Brahman noch eine mythische Kraft, die dem heiligen Wort oder Zauberspruch (mantra) innewohnte.
Die Brahmanas (Priestertexte) sehen das Brahman als eine unpersönliche, weltschöpferische Potenz, dessen Personifizierung der Gott Prajapati ist.
In den Upanischaden und auch später ist das Brahman die Bezeichnung für das durch nichts bedingte, für sich allein bestehende Absolute.
Anneliese Keilhauer

Wie unterscheidet sich Brahman vom Gottesbild im Judentum, Christentum und Islam?

Namen und Begriffe

Agni Wedische Gottheit. Als Gott des Feuers nimmt er die Opfer entgegen und gilt als himmlischer Opferpriester. So wird er zum Vorbild der Priester (Brahmanen).

Die beiden Aschwins Pferdeköpfige Zwillingssöhne der Sonne. Sie werden als Beschützer der Bauern und Viehzüchter verehrt und gelten auch als himmlische Ärzte und Helfer der Notleidenden.

Indra Hauptgott der Krieger und Herrscherklasse in der Zeit des Rigweda. Sein Reittier ist der weiße Elefant Airawata.

Mitra Gott der Vertragstreue und zusammen mit Waruna Hüter der kosmischen Ordnung und Herr der himmlischen Wasser.

Prithiwi Mutter Erde – sie wird zusammen mit dem Himmelsvater Djaus (Dyaus) in frühwedischer Zeit als Eltern von Agni, Indra und Surja verehrt.

Rudra Wedischer Gott des Verderbens und Schreckens. Als Herr der Tiere und Patron der Jäger hat er auch wohlwollende Züge. Er gilt als ›Vorläufer‹ Schiwas.

Saraswati Ursprünglich als Flußgöttin verehrt, wird sie in der Brahmanaliteratur zum weiblichen Schöpfungsprinzip und später als Gemahlin des Schöpfergottes Brahma angebetet. Heute wird sie als Göttin der Wissenschaft und Kunst verehrt.

Soma Ein Rauschtrank, der beim wedischen Opfer eine bedeutende Rolle spielt, später wird der Mondgott als Wasserspender mit dem Namen Soma belegt.

Surja (Surya) Sonnengott, der mit Agni und Indra eine Trias bildet.

Uschas Göttin der Morgenröte, wichtige Gottheit zu wedischer Zeit.

Waruna (Varuna) in wedischer Zeit der Weltenschöpfer und Hüter der Wahrheit. Beim Schwur wird Waruna als Zeuge angerufen.

Die Entdeckung des Göttlichen (Atman) im Menschen

Die Erkenntnis, daß das Brahman der Urgrund allen Seins ist, führte zu einer weiteren Einsicht: Brahman muß auch der tiefste Kern des Menschen sein, sein wahres Ich. Ein Lehrgespräch, das ein Vater mit seinem Sohne führt, zeigt, wie anschaulich die Upanischaden diesen Gedanken entwickeln können. Das Gespräch ist durch traditionelle Anredeformen geprägt.

Vater »Hole mir dort von dem Feigenbaum eine Frucht.«
Sohn »Hier ist sie, Ehrwürdiger.«
Vater »Spalte sie!«
Sohn »Sie ist gespalten, Ehrwürdiger.«
Vater »Was siehst du darin?«
Sohn »Ich sehe hier, o Ehrwürdiger, ganz kleine Kerne.«
Vater »Spalte einen Kern!«
Sohn »Er ist gespalten, Ehrwürdiger.«
Vater »Was siehst du in dem Kern?«
Sohn »In dem Kern, Ehrwürdiger, sehe ich gar nichts mehr.«
Vater »Diese Feinheit, die du nicht wahrnimmst, o Teurer, aus dieser Feinheit, fürwahr, ist dieser große Feigenbaum entstanden. Glaube mir, o Teurer, was diese Feinheit ist, daraus besteht das Weltall, das ist das Wahre, das ist dein Ich, das bist Du.«
Sohn »Noch weiter, Ehrwürdiger, belehre mich.«
Vater »So sei es. Hier dieses Stück Salz lege ins Wasser und komme morgen wieder zu mir.«
Der Sohn tat es.
Vater »Bringe mir das Salz, das du gestern abend ins Wasser gelegt hast.«
Sohn Er tastete danach und fand es nicht, denn es war ganz zergangen.
Vater »Koste davon von dieser Seite! Wie schmeckt es?«
Sohn »Salzig.«
Vater »Koste aus der Mitte. Wie schmeckt es?«
Sohn »Salzig.«
Vater »Koste es von jener Seite. Wie schmeckt es?«
Sohn »Salzig.«
Vater »Laß es stehen und setz' dich her!«
Sohn Er tat es und sagte: »Es ist immer noch vorhanden.«
Vater »Fürwahr, so nimmst du auch das Seiende im Menschen nicht wahr, und es ist doch in ihm. Was diese Feinheit ist, daraus besteht das Weltall, das ist das Wahre, das ist dein Ich, das bist du.«

Chandogya Upanischad VI

Weil Brahman als Urgrund allen Seins unbegrenzt, in allem enthalten und doch nicht voll identifizierbar mit allen Wesen ist, darum haben die Weisen der Upanischadenzeit nach einem Begriff gesucht, der den eigentlichen Lebensgrund des Menschen bezeichnet und zugleich auf Brahman zu beziehen ist. Sie fanden ihn in dem Namen für Lebenshauch: ATMAN (Atem!). So wie der Atem ein Merkmal des Lebens ist, so kennzeichnet ATMAN das Wesen des Menschen.

In der mystischen Schau der Upanischaden ist der Atman der im tiefen Unbewußtsein des Menschen verborgen ruhende göttliche Urgrund, sozusagen der eingeschlossene Funke des Brahman im individuellen Lebewesen. Der Atman ist somit das einzig wahre Sein, das wahre Selbst im Menschen, zum Unterschied von der trugvollen Welt der vielfältigen Erscheinungen.
Anneliese Keilhauer

Mystik – abgeleitet von dem griechischen Wort ›myo‹ – die Augen schließen, ist zunächst nur ein Aufheben des Umwelt-Kontaktes und ein Konzentrieren auf sich selbst. Insofern ist die Mystik eine Loslösung von der Welt. Gleichzeitig aber erlebt man in der mystischen Schau die Vereinigung mit der Welt in einem Maße, wie es die Weltzugewandtheit gar nicht erreichen kann. Mystik ist das Gefühl und das Bewußtsein, mit der Weltschöpfung und dem Schöpfer in eins zu verschmelzen, weil man im Mikrokosmos des eigenen Selbst den Makrokosmos von Schöpfung und Geschöpf erlebt: »Agni (der Gott des Feuers) ruht in meiner Rede... Waju (der Gott des Windes) ruht in meinem Atem; die Sonne ruht in meinem Auge... der Atman ruht in meinem Atman« heißt es an einer Stelle.
Johannes Lehmann
Interessant ist, wie das Wesen des Menschen erschlossen wird. Vgl. dazu die Art und Weise unserer Bestimmung des Menschen.

Die neue monistische Lehre der Upanischaden über Gott und Mensch bekennt also die Wesensgleichheit von *Brahman* (der großen ›Weltseele‹ des Makrokosmos) und *Atman* (dem Kern der Einzelseele im Mikrokosmos). Beim Aufspüren des innersten Selbst des Menschen, dem Atman, erkennt der Hindu seine Identität mit Brahman (tat tvam asi = das bist du selbst!). Damit ist auch das Ziel des Lebens bezeichnet: Die Rückführung des menschlichen Selbst zum Urgrund seines Seins, das im innersten Kern verborgen ruht. Die Erkenntnis der Identität des menschlichen Atman mit Brahman führt gleichzeitig zur Erkenntnis der Identität mit der Umwelt, mit allen Lebewesen, den Tieren ebenso wie den Pflanzen. Daher kommt also die große Achtung der Hindus vor allem Leben.

»Zwischen Gott und Mensch herrscht in der indischen Philosophie eine innige Harmonie, indes im Westen ein ausgeprägter Gegensatz zwischen beiden besteht. Dies belegen die Mythologien der Völker. Die Mythe von Prometheus, der den Menschen darstellt, der der Menschheit zu helfen sucht, indem er sie gegen Zeus verteidigt, der das Menschengeschlecht vernichten und durch eine neue, bessere Art ersetzen will: die Geschichte der Taten des Herkules, der die Welt zu erlösen trachtet; die Vorstellung von Christus als dem Menschensohne – dies alles deutet daraufhin, daß im Westen der Mensch im Mittelpunkt des Interesses steht.«
Rhadakrishnan
Wie ist diese Aussage von Rhadakrishnan zu bewerten?
Wie ist das Verhältnis Gott – Mensch in den anderen Weltreligionen beschrieben?

Namen und Begriffe

Atman (m.) Das wahre ›Selbst‹ des Menschen, fälschlich oft wiedergegeben mit ›Seele‹. Atman bezeichnet den tiefsten Wesensgrund des Menschen, der mit Brahman identisch ist.

Der Kreislauf von Werden und Vergehen

In der hinduistischen Philosophie wurden zwei Vorstellungen über den Urgrund allen Seins entwickelt: Eine *monistische,* die alles Leben auf ein Urprinzip (Brahman) zurückführt und eine *dualistische,* die zwei wesensverschiedene Urprinzipien annimmt: den Urgeist (Puruscha) und die Urmaterie (Prakriti).
Nach der monistischen Lehre hat zunächst ein ungeteiltes Ganzes existiert, das von den Theisten ›Gott‹ genannt wird und von den ›Nicht-Theisten‹ das Absolute, Brahman. Dieses ist transzendent und nicht faßbar. Mit der Schöpfung bringt es sich, in vielfältige Form zerlegt, in Erscheinung und durchläuft eine Weltenperiode, bis es zum Ursprungszustand des ungeteilten Ganzen wieder zurückkehrt.

Die dualistische Philosophie (Samkhja) stellt sich die Schöpfung als Entfaltung der Urmaterie unter dem Einfluß des Urgeistes vor. Dieser Urgeist besteht aus einer Unzahl von Lebensmonaden, die in der Verbindung mit der Materie (Prakriti) in Knechtschaft geraten und dem Kreislauf der Wiedergeburt unterworfen werden (vgl. S. 128f.).
Für beide Vorstellungsweisen gilt, daß alles Sein einem immer wiederkehrenden Ablauf von Werden und Vergehen ausgesetzt ist. So wie der Mensch im Rhythmus des Ein- und Ausatmens lebt, so bewegt sich die Welt in einem Rhythmus, der wahrhaft kosmische Ausmaße hat. Er bedingt einen Kreislauf (Zyklus) von Hervorbringen, Reifen, Auflösen und erneutem Hervorbringen, also von Geburt und Wiedergeburt. Jeder Weltzyklus zerfällt in vier Weltalter, die Jugas genannt werden. Nach den Namen der vier Würfe des indischen Würfelspiels heißen sie *Krita Juga, Treta Juga, Dwapara Juga* und *Kali Juga.*
Das erste der Weltalter *(Krita Juga)* zeichnet sich dadurch aus, daß in ihm das Gestalt gewordene Lebensgesetz *(Dharma)* noch voll verwirklicht wird. Es

befindet sich während dieser Periode sicher auf seinen vier Beinen wie eine heilige Kuh, es ist zu hundert Prozent oder vier Vierteln wirksam als alldurchdringendes Bauelement im Organismus des Universums.
Heinrich Zimmer

Von Weltalter zu Weltalter schwindet jedoch Viertel um Viertel der Kraft des Heiligen Dharma. Im dritten Weltalter, dem *Dvapara Juga,* hat die Unvollkommenheit bereits überhand genommen, daß nur noch zwei Viertel des Dharma zur Geltung kommen.

Die Kuh der ethischen Ordnung steht nicht mehr fest auf vier Beinen oder ruht einigermaßen sicher auf drei, sondern balanciert auf zwei. Der ideale halbgöttliche Zustand des Sozialen ist zerstört, und das Wissen um die offenbarte Rangordnung der Welten verloren. Die Vollkommenheit der spirituellen Ordnung gibt dem Dasein des Menschen und des Universums keine Kraft mehr. Alle menschlichen Wesen, Brahmanen und Könige sowohl wie Handelsvolk und Diener, werden, geblendet durch Leidenschaften und nach irdischem Besitz süchtig, gemein und erwerbsgierig. Sie wenden sich von der Erfüllung auch der geheiligsten Pflichten ab, wenn sie Selbstverleugnung er-

fordern. Die wahre Heiligkeit, nur durch gläubige Hingabe erreichbar, durch Gelübde, Fasten und asketisches Tun erlangbar, erlischt.
Heinrich Zimmer

Der schlimmste Zustand wird jedoch im *Kali Juga* erreicht.

Wenn die Gesellschaft in einen Zustand gerät, wo Reichtum Rang verleiht, Besitz die einzige Quelle der Tugend wird, Leidenschaft das einzige Band zwischen Mann und Weib, Betrug die Grundlage des Erfolges im Leben, geschlechtliche Liebe der einzige Weg zur Freude und äußere Verwirrung mit innerlichem Glauben zusammengeworfen werden, dann ist das Kali Juga erreicht. Es ist das Zeitalter, in dem wir leben, und hat am 18. Februar 3102 v. Chr. begonnen.
aus der Wischnu Purana

Die vier Zeitalter bilden ein Großzeitalter (mahajuga). Es läßt sich wie folgt einteilen:

Krita-Juga	4800 Götterjahre =	1 728 000 Menschenjahre
Treta-Juga	3600 Götterjahre =	1 296 000 Menschenjahre
Dwapara-Juga	2400 Götterjahre =	864 000 Menschenjahre
Kali-Juga	1200 Götterjahre =	432 000 Menschenjahre
Maha-Juga	12000 Götterjahre =	4 320 000 Menschenjahre

1 Götterjahr entspricht 360 Menschenjahren
1000 *Maha-Jugas* sind ein Tag Brahmas (Kalpa)

Nach einem *Brahma-Tag* kommt es zur Auflösung der Welt. Es folgt eine ebenso lange *Brahma-Nacht,* während der die Welt im Ruhezustand existiert. Ein Brahma ›lebt‹ 100 Brahma-Jahre. Danach verfällt alles in einen Zustand vollkommener Eingeschmolzenheit für 100 Brahma-Jahre. Ein Weltenzyklus dauert also 311 040 Milliarden Menschenjahre. Ihm folgen weitere Zyklen.
Bedenkt man diese Zeitspanne, in der der Hindu denkt und lebt, so wird einem das ganz andere Zeitempfinden deutlich, nach dem das menschliche Leben nur ein winziger Punkt im großen Zeitenmeer ist.

Indien ... denkt, wenn es ›Zeit‹ denkt, in Perioden, die denen unserer Astronomie, Geologie und Paläontologie vergleichbar sind. Der Inder betrachtet gewissermaßen die Zeit und sich selbst auf biologische Weise in Begriffen, die sich auf die Art, nicht auf das vergängliche Ich beziehen. Dieses letztere wird alt: das erstere ist alt und damit ewig jung. Wir im Westen dagegen betrachten die Weltgeschichte als eine Biographie der Menschheit ... Biographie ist diejenige Form des Sehens und Darstellens, die sich auf das Einzigartige, Nicht Verdoppelbare in jedem Teil des Daseins richtet und sich bemüht, die sinn- und richtungsgebenden Züge herauszuarbeiten. Wir denken an Ichs, Individuen, Leben, aber nicht an das Leben.
Heinrich Zimmer

Wie sieht und beurteilt der Hindu Zeit und Geschichte im Unterschied zu Juden und Christen? Welche Bedeutung hat das Zeitempfinden für Lebensplanung und Arbeitswelt?

Namen und Begriffe

Juga (yuga) Ein Zeitalter.
Krita Juga Das erste, goldene Zeitalter.
Treta Juga Das folgende Zeitalter, das nur ¾ der Vollkommenheit des Krita-Juga ausmacht (treta – tres – three).
Dwapara Juga Das Zeitalter des Gleichgewichts von Vollkommenheit und Unvollkommenheit (dwa – duo – zwei).
Kali Juga Das vierte und letzte Zeitalter, das nur noch ¼ des ersten, goldenen ausmacht.
Prakriti Urmaterie.
Samkhja (Samkhya) Aus dem Sanskrit – Aufzählung (von Weltprinzipien), theologisch-philosophisches System, das dem mythischen Weisen Kapila zugeschrieben wird. Es wird vermutet, daß es im östlichen Gebiet des Gangestieflandes in der Nähe der Heimat Buddhas entstanden ist, bald nach dem Tode Buddhas.

Alles hat seinen Lohn in diesem und in zukünftigen Leben (Karma und Samsara)

Die Weisen der Upanischadenzeit gingen den Dingen auf den Grund. Deshalb suchten sie auch eine Erklärung für die Unterschiede im Leben. Weshalb wird einer als König, der andere als Knecht geboren? Weshalb handeln die einen böse, die anderen gut usw.? Die Antwort: Jeder verdankt seine gegenwärtige Existenz den Taten in einem früheren Leben. Jeder erntet die Früchte von dem, was er in seinem vorausgehenden Leben gesät hat an bösen und an guten Werken. Das bedeutet auch: Jeder kann seine Zukunft in einem neuen Leben durch sein Handeln mitbestimmen. Wir unterliegen alle dem Gesetz der Vergeltung *(Karma-phala)*. Es erzwingt eine Wiedergeburt und bestimmt das neue Leben, dessen Charakter mit seinen Wünschen und Begierden *(Kama)* ebenso wie den gesellschaftlichen Stand (*Warna* = Kaste). Die Begierden führen zu bestimmten Taten *(Karma)* und diese wiederum bringen Früchte hervor, die in einem weiteren Leben geerntet werden. Das ist ein Kreislauf *(Samsara)* der erst dann zum Stillstand kommt, wenn der Mensch sein wirkliches Selbst als *Atman* = Brahman realisiert. Das ist also das Ziel, das als *Befreiung* (*Mokscha* oder *Mukti*) vom *Kreislauf des Lebens (Samsara)* verstanden wird. Diese Lehre von der Wiedergeburt aller Lebewesen ist für den Hinduismus charakteristisch. Sie setzt eine besondere Vorstellung von der Art und Gestalt der Lebewesen voraus. Demnach hat jedes Lebewesen einen groben Körper, der das Haus oder die Hülle des Lebens ist. Er verfällt mit dem Tod. Im Inneren des Körpers wirkt ein anderes, feineres Organ *(Sukschma Scharira)*, das den Körper funktionstüchtig macht, so daß er denken, fühlen, wünschen, wollen und handeln kann. Dieses feinstoffliche Organ ist nicht sterblich. Es verläßt mit dem Tode den abbruchreifen Körper und sucht sich entsprechend seinem Karma einen anderen neuen Leib. Allerdings kann es nicht aus sich allein heraus aktiv werden. Es braucht einen ›Animator‹, eine Lebenskraft, und das ist *Atman*.

Zwischen den einzelnen Sekten Indiens bestehen zwar Meinungsverschiedenheiten über die Natur der menschlichen Seele, doch in bestimmten Punkten herrscht völlige Einmütigkeit. So glauben wir alle, daß die Seelen ohne Anfang und Ende, somit also unsterblich sind und alle Kräfte, Segnung, Reinheit, Allgegenwärtigkeit und Allwissenheit, in jeder Seele vereinigt sind. Diesen großen Gedanken sollten wir uns immer vergegenwärtigen. In jedem Menschen und in jedem Tier, ob schwach oder stark, groß oder klein, herrscht die gleiche allgegenwärtige, allwissende Seele. Die Differenzierung liegt nicht in der Seele, sondern in der Offenbarung. Zwischen mir und dem kleinsten Tier liegt der Unterschied nur in der Erscheinungsform, im Prinzip sind wir das Gleiche, das Tier ist mein Bruder und besitzt die gleiche Seele wie ich. Dieser Gedanke der Gleichheit ist der größte, den Indien lehrte. Das Wort von der Bruderschaft des Menschen wird in Indien zum Gedanken der universalen Verbrüderung alles Lebens, aller Lebewesen bis herunter zum winzigsten Tierchen. Es heißt daher in unseren Schriften: »So wird der Weise wissend, daß der gleiche Gott allen Körpern innewohnt, in jedem Körper denselben Gott verehren«.
Aus diesem Grunde ist Indien von barmherziger Liebe zu den Armen und den Tieren durchdrungen, denn aufgrund dieser Gedanken über die Seele ist jedes Geschöpf vor Gott und den Menschen gleich ... Allerdings beim Gebrauch europäischer Sprachen wird man durch den falschen Sinn, der den Worten Seele und Geist gegeben wird, getäuscht. Unser Atman und der (»westliche«) Begriff Seele sind völlig voneinander verschieden, und was wir Manas, den Geist, nennen, bezeichnen die Völker des Westens als Seele. Über dem Körper steht der Geist, doch ist dieser ›Feinleib‹ noch nicht Atman, sondern Sukschma Scharira – das Verfeinerte, aus winzigen Partikeln bestehende Abbild des Körpers, das diesen von der Geburt bis zum Tode begleitet. Über diesem Geiste wieder steht Atman, die Seele, das Ich des Menschen. Atman läßt sich nicht durch die Worte Geist oder Seele übersetzen, so daß wir gezwungen sind, entweder das Wort selbst oder den von den Philosophen des Westens eingeführten Begriff des »Ich« oder »Selbst« zu gebrauchen. Doch welches Wort auch immer man verwendet, muß man sich stets daüber im klaren sein, daß Atman sowohl vom Körper als auch vom Geist (Sukschma Scharira) getrennt, durch Geburt und Tod geht. Und wenn der Tag kommt, an dem es alles Wissen erreicht und sich selbst zur Vollendung entwickelt hat, hört dieses Gehen von der Geburt zum Tod auf. Atman kann nun entweder den Geist Sukschma Scharira erwählen oder diesen für immer aufgeben und unabhängig und frei durch alle Ewigkeit sein.
Die Seele ist ohne Geschlecht, so daß wir vom Atman nicht sagen können, es sei männlich oder weiblich. Das geschlechtlich Differenzierte haftet lediglich dem Körper an ... Für das Altern gilt dasselbe, da die Seele niemals altert und immer die gleiche bleibt.
Swami Vivekananda

Wie soll man sich die Wiedergeburt vorstellen? Kann man mit der Lehre von der Wiedergeburt (Karma phala) noch die naturwissenschaftlichen Erkenntnisse über die Vererbung aufrechterhalten?

Viele Wege führen zum Ziel – Die Befreiung aus dem Kreislauf des Lebens (Mokscha/Mukti)

Die Vorstellung vom Zwang der Wiedergeburt unter dem Vergeltungsgesetz verleiht dem Leben nunmehr einen negativen Zug, der zur Zeit der Weden und Brahmanas so noch nicht erkennbar ist. Jetzt wird es notwendig, Wege der Befreiung aus dem Kreislauf des Lebens zu suchen. Die Beschreibung und Darstellung solcher Heilswege ist die Aufgabe der Hindu-Philosophen und Hindu-Heiligen der kommenden Jahrhunderte. Die Verwirklichung ist Sache der Religion.
Nach Auffassung der Hindus müssen die Heilswege dem Vermögen des Einzelnen angepaßt sein. Es kann deshalb nicht nur einen Heilsweg geben. Zunächst einmal lassen sich zwei Hauptgruppen von Menschen unterscheiden: diejenigen, die noch ganz an dieser Welt hängen, die von weltlichen Wünschen und Begierden geprägt und bestimmt sind, und solchen, die sich schon mehr auf Gott ausgerichtet haben. Die erste Gruppe hat naturgemäß einen längeren Weg durch mehrere Wiedergeburten hindurch zu gehen. Es ist der Weg der Steuerung der ›Begierden‹ (Pfad der Begierden – *Prawritti Marga*).

Wie ein Mann abgetragene Kleider ablegt und andere, neue, anzieht, so legt auch die Seele die abgetragenen Kleider ab und geht in andere, neue, ein.
Bhagawadgita II, 22

Die zweite Gruppe kann *Mokscha* auf dem Wege des Verzichtes *(Niwritti-Marga)* schneller erlangen. Während der ersten Gruppe ein der Welt zugewandtes Leben erlaubt ist, bei dem es nur darauf ankommt, die Lebens- und Kasten-Ordnung pflichtgemäß zu befolgen und gute Werke zu tun, wollen sich die Mitglieder der zweiten Gruppe ganz und gar auf das eigentliche Ziel ihres Lebens konzentrieren: Die Vereinigung *(Yoga)* mit dem Absoluten, dem Brahman. Sie führt zur Befreiung vom Kreislauf des Lebens. Um dieses Zieles willen muß der Gläubige auf alles, was begehrenswert ist, verzichten und auf dem Wege besonderer Konzentrationsübungen sein wahres Selbst (Atman) entdecken. Die Hindus nennen die Methode, die bis zum ›Atman‹ vordringt und so zur Vereinigung mit ›Brahman‹ führt, *Yoga.* Je nach Charakter und Fähigkeit kann der Gläubige unter Anleitung eines Guru den ihm gemäßen Yoga einüben. Es gibt demnach verschiedene Wege des Yoga, sein Ziel zu erreichen.
Der Heilsweg für die erste Gruppe von Menschen, der Weg zur Steuerung der Begierden (Prawritti Marga) wird von der Mehrzahl der Hindus begangen. Es ist ein Weg auf vier Lebensstufen, die der Gläubige unter bestimmten Vorschriften zu durchlaufen hat. Weil dieser Heilsweg, der schrittweise zur Vollkommenheit führen soll, an das Kastenwesen und seine Ordnungen gebunden ist, heißt er auch *Warna-schrama-dharma,* d. h. Ordnung der Lebensabschnitte der Kasten. Das Kastenwesen ist also religiös verstanden eine Heilsordnung und vor allem unter diesem Gesichtspunkt zu betrachten.

Namen und Begriffe

Buddha Der ›Vollkommen Erleuchtete‹, ›Erwachte‹, Titel des Prinzen Siddharta Gautama (560–480 v. Chr.) – vgl. Kapitel Buddhismus.

Kama Lust und Liebe. Kama ist in der hinduistischen Mythologie personifiziert in dem Gott Kama, dem Liebesgott (vergleichbar dem Cupido), der mit seinen Blütenpfeilen das Liebesverlangen weckt. Die Befriedigung von Lust und die Praktizierung von Liebe ist das zweite der vier Lebensziele (vgl. S. 131).

Karma Ursprünglich ›terminus technicus‹ für einen religiösen Ritus. Im wedischen Glauben ist zunächst an eine Opferhandlung gedacht, die je nach der Art des Opfers Früchte trägt. Es kommt zur Auffassung, daß jede Tat die Frucht der Vergeltung in sich birgt. Im Zusammenhang mit der Lehre von der Seelenwanderung bedingt jede Tat (karma) die Art der Wiedergeburt.

Karma-phala Gesetz der Vergeltung

Mokscha (Moksha) Befreiung als Ziel des menschlichen Lebens = Freisein vom Körper und den Fesseln von Raum und Zeit.

Niwritti Marga Weg des Verzichtes zur Befreiung vom Kreislauf des Lebens mittels Yoga.

Prawritti Marga Einer der Heilswege, bei dem es um die Steuerung der menschlichen Begierden geht.

Samsara Das Umherwandern, der Kreislauf. Samsara bezeichnet den Kreislauf des Lebens als Geburt–Tod–Wiedergeburt. Mit seinem Tun und Denken produziert der Mensch karma und verursacht so notwendig eine Wiedergeburt, die als Frucht seines Handelns zu verstehen ist. Wie es Werden–Vergehen–Werden in der hinduistischen Kosmogonie gibt, so auch im kreatürlichen Leben.

Warnaschrama-dharma (Varna = Farbe, Ashrama = die Lebensstadien) die Lebensordnung der Kasten in vier Lebensabschnitten.

Yoga Sanskrit: Sich unter ein Joch beugen, Anspannung, lat. iugum. Der Yoga ist ein System geistiger und körperlicher Übungen, das darauf abzielt, den überpersönlichen Lebenskern von den Umhüllungen der Materie abzulösen und vom Zwang der Wiedergeburt zu befreien. Er gründet auf der Philosophie des Weisen Kapila (ca. 500 v. Chr.). Die Technik des Yoga hat Patanjali (5. Jahrhundert n. Chr.) entwickelt. Es gibt verschiedene Formen des Yoga mit zum Teil unterschiedlichen Zielen (vgl. S. 135ff.).

Die religiöse Bedeutung des Kastenwesens

Das Kastenwesen ist eine dem Hinduismus eigentümliche Aufgliederung der Hindugesellschaft in vier Berufsstände (Kasten), die zu gegenseitigem Dienst verpflichtet sind:

1. *Brahmanen*
   Priester-Stand; er dient den beiden folgenden Ständen durch Opferdienst und Unterweisung in den Heiligen Schriften.
2. *Kschatrija (Kshatriya)*
   Adelsstand und Kaste der Krieger; sie beherrschen und schützen Land und Leute.
3. *Waischja (Waischya)*
   Stand der Kaufleute und Gewerbetreibenden, die alle mit dem Lebensnotwendigen zu versorgen haben.
4. *Schudra*
   Kasten der Diener, Handwerker, Hilfsarbeiter; sie dienen den drei oberen Ständen.

Nur die drei oberen Kasten haben Zugang zu den Heiligen Schriften. Sie werden auch die Zweimalgeborenen (Dwija) genannt, da ihre ›Einweihung‹ in den Schülerstand als geistige Neugeburt verstanden wird.

Neben diesen vier Kasten gibt es eine weitere Gruppe, die aus dem Kastensystem ausgeschlossen ist, weil zu ihr Menschen gehören, die einen rituell unreinen Beruf ausüben. Rituell unrein sind die Berufe, die mit den Blutungen der Frau (zum Beispiel die Hebammen), dem Tod (Leichenbestatter, Barbiere, Fleischer, Lederverarbeiter, Scharfrichter) oder berufsmäßig mit Schmutz zu tun haben (Abortreiniger, Kehrer u. a.). Sie dürfen von den ›Reinen‹ nicht berührt werden und werden deshalb die ›Unberührbaren‹ *(Candalas)* genannt. Erst Mahatma Gandhi hat es erreicht, daß sie zumindest vor dem Gesetz die gleichen Rechte erhalten. Er nannte sie ›Kinder Gottes‹ (Haridschans) und identifizierte sich mit ihnen, indem er wiederholt ihre Dreckarbeiten übernahm. Das Kastensystem als solches wollte er aber nicht aufheben. Jeder Stand hat für ihn eine lebensnotwendige Bedeutung und ist deshalb gleich zu achten.

Das Kastenwesen ist der Lehre vom Kreislauf der Geburten (Samsara) und dem Gesetz der Vergeltung Karma-Phala zuzuordnen. Dadurch wird seine religiöse Bedeutung ersichtlich. Jeder wird in die Kaste hineingeboren, die er sich in seinem vorausgehenden Leben verdient hat. Deshalb soll der Hindu sein ganzes Leben lang seiner Kaste treu bleiben und die vergangenen schlechten Taten sozusagen abarbeiten. Durch gehorsame Einhaltung der jeweiligen Kastenvorschriften kann er bei seiner Wiedergeburt in einen höheren Stand gelangen oder gar die Erlösung vom Kreislauf des Lebens, Mokscha, erlangen.

Der äußersten Toleranz des Hinduismus im Hinblick auf religiöse Ansichten, wie Gottesbegriff, Erlösungswege und -ziele steht das bedingungslose Festhalten an der heiligen und ewigen Sozialordnung gegenüber. Eine Auflehnung gegen das Kastenwesen käme vielmehr einer Revolte gegen die ewig gültige Weltordnung gleich.
Anneliese Keilhauer

Die heutige indische Gesellschaft entspricht allerdings nicht mehr dieser religiösen Idealvorstellung von vier Kasten. Vielmehr haben sich im Laufe der Zeit immer neue Unterkasten gebildet. Man vermutet, daß es heute nahezu 3000 solcher Unterkasten *Dschati (Jati)* gibt. Da sie dabei sind, eigene Ordnungen und Gesetze zu entfalten, befürchten konservative Hindus eine Entartung des ursprünglichen Kastensystems. Sie wollen seinen Sinn wieder bewußtmachen und verdeutlichen, daß es mit seiner Lebensordnung auch als Heilsweg zur Erlösung verstanden werden kann.

Um dieses Gesetz zu erhalten, wies das höchst glorreiche Wesen denen, die von seinem Munde, Arm, Hüfte und Fuße entsprossen, besondere Pflichten an.

Die Pflichten, welche es den *Brahmanen* auferlegte: den Weda zu lesen, ihn andere zu lehren, zu

opfern, anderen beim Opfer beizustehen, Almosen zu geben, wenn sie reich sind, und wenn sie arm sind, Geschenke zu nehmen.
Die Pflichten eines *Kschatrija* sind in wenig Worten: das Volk zu verteidigen, Almosen zu geben, zu opfern, den Weda zu lesen und sich vor den Reizen sinnlichen Vergnügens zu hüten.
Aber Viehherden zu hüten, Geschenke zu geben, zu opfern, die Schrift zu lesen, Handel zu treiben, auf Zinsen zu leihen und das Land zu bebauen, dies ist einem *Waischja* befohlen oder zugelassen.
Eine Hauptflicht legte der höchste Regierer einem *Schudra* auf: Den vorher erwähnten Klassen zu dienen, ohne ihrer Würde Abbruch zu tun.
Da der *Brahmane* aus dem vortrefflichsten Teile entstand, da er zuerst geboren wurde, und da er den Weda besitzt, so ist er von Rechts wegen das Haupt dieser ganzen Schöpfung.
Die drei wiedergeborenen Klassen müssen standhaft ihre verschiedenen Pflichten erfüllen und sorgfältig den Weda lesen; aber ein Brahmane muß ihnen denselben auslegen, keiner aus den zwei anderen Klassen; dies ist eine feste Vorschrift.
Die drei wiedergeborenen Klassen sind die der Priester, der Krieger und der Kaufleute, aber die vierte oder die dienende Klasse ist einmal geboren.
Gesetzbuch des Manu

Welche Bedeutung und welche Konsequenzen hat die religiöse Begründung des Kastenwesens für die indische Gesellschaft? Vgl. auch S. 151 ff.

Opfer – Sühne – Gute Werke – Die Lebensordnung der Kasten in den vier Lebensstadien (Warnaschrama-Dharma)

Für den gläubigen Hindu gibt es keine Diskussion über die Entstehung der Kasten. Sie sind göttlichen Ursprungs und sorgen für eine sinnvolle Verteilung der Arbeitsbereiche zur Erhaltung des Lebens und der Welt. Jede Kaste dient auf ihre Weise der anderen. Das wird daran deutlich, daß mit der Kastenordnung die Ordnung der *vier Lebensstufen (Aschrama)* verbunden wird. Jeder Kaste wird eine Lebensstufe zugeordnet:
Die *erste Lebensstufe des Schülers (Brahmatscharja)* entspricht der Kaste der Schudras. Wie der Schudra den oberen drei Kasten dient, so der Schüler seinem Lehrer.
Die zweite Lebensstufe des Hausvaters (Grihastha) wird mit der Waischja-Kaste verbunden. Beide haben die anderen mit dem Lebensnotwendigen zu versorgen.
Die dritte Lebensstufe des Waldeinsiedlers (Wanaprastha) ist die Zeit des Herbstes des Lebens. Jetzt soll der Gläubige in die Einsamkeit des Waldes ziehen und sich dem Wedastudium und der Meditation widmen. Er sammelt und ordnet die geistigen Schätze, so wie der König *(Kschatrija)* die materiellen.
In der *vierten Lebensstufe des Bettelmönches und Asketen (Sannjasin)* löst sich der streng gläubige Hindu von allen sozialen Bindungen und Verpflichtungen. Er wird zum Wandermönch, der zum Lebensunterhalt nicht mehr arbeiten muß, sondern sich von den Opfergaben anderer ernähren darf. Sein »Bettlerleben« entspricht dem Brahmanen-Stand. Der Brahmane sollte stets unabhängig von der Welt sein wie ein Bettler. Wobei zu beachten ist, daß hier das Betteln nicht aus Not erfolgt, sondern um sich von der Welt und allem Besitz zu lösen.
Einen Bettelmönch zu speisen, ist für den Hindu ein verdienstvolles Werk. Dagegen darf dem, der aus Eigennutz oder aus verschuldeter Not bettelt, die Gabe verweigert werden.
Innerhalb der vier Lebensstufen sind vier Lebensziele zu verwirklichen:

1. Kama – Lust und Liebe
2. Dharma – Rechtschaffenheit
3. Artha – Wohlstand
4. Mokscha – Freiheit, Erlösung – Freiheit von den Bindungen dieser Welt und Befreiung vom Kreislauf des Lebens

Diese Ziele können von jedem erreicht werden, der den Pflichten seiner Kaste und seines Lebensstadiums voll nachkommt. Sie sind im Detail im Gesetzbuch des Manu festgehalten, das bis heute großes Ansehen genießt, aber in den Einzelbestimmungen kaum mehr befolgt wird. Es hat jedoch Grundmuster geschaffen, die die Einstellung und das Verhalten der Hindus nach wie vor prägen, so zum Beispiel die besondere Vorrangstellung der Brahmanen, die zentrale Bedeutung des Opfers und die Bestimmungen zur Reinhaltung der Kasten.

Vorschriften für die einzelnen Lebensstufen

1. Die Lebensstufe des Schülers (Brahmatscharia)

Im Alter zwischen acht und zwölf Jahren sollen die Söhne der oberen Kaste durch eine Einweihungszeremonie (upanajana) von einem Guru in die Lehre genommen werden. Sie erhalten die aus einem dreisträngigen Baumwollfaden bestehende Heilige Schnur umgehängt. Sie symbolisiert die geistige Nabelschnur, an der alle Lebewesen mit ihrem Ursprung – dem Brahman – verbunden sind.

Im achten Jahr nach der Empfängnis eines Brahmanen, im elften nach der eines Kschatrija und im zwölften nach der eines Waischja, soll der Vater dem Sohne das Unterschreibungszeichen seiner Kaste feierlich mitteilen.
Gleich wie derjenige, welcher tief mit dem Spaten gräbt, auf einen Wasserquell stößt, so erhält der Schüler, welcher seinem Lehrer in Demut dient, die Kenntnis, die tief in seines Lehrers Seele verborgen liegt.
Gesetzbuch des Manu

Ein Schüler muß seinem Guru in Ehrfurcht begegnen, ihn bedienen und ihm in allem gehorsam sein. Er soll vor Sonnenaufgang aufstehen, die Morgenandacht halten, den Göttern opfern, im Lauf des Tages das Opferfeuer warten und beim Unterricht aufmerksam zuhören. Zum Abschluß seiner Lehrzeit muß er seinem Guru ein angemessenes Geschenk machen. Zumindest seitdem es Schulen gibt, ist der Aufenthalt bei einem Guru nicht mehr verpflichtend. Die Aufnahme- und Abschlußzeremonien haben jetzt nur noch symbolische Bedeutung.

Ein Brahmatscharin oder Schüler der Gottesgelehrtheit muß, solange er bei seinem Lehrer wohnt, folgende Vorschriften beachten und über alle seine Glieder wachen, um sich immer mehr und mehr an Andachtssübungen zu gewöhnen.
Tag für Tag, wenn er sich gebadet und gereinigt hat, muß er den Göttern, den Weisen und den Manen frisches Wasser darbringen: er muß dem Bilde der Gottheit seine Achtung bezeugen und Holz für Spenden ins Feuer zusammentragen.
Er muß sich enthalten des Honigs, des Fleisches, der Wohlgerüche, der Blumenkränze, der süßen Pflanzensäfte, der Frauen, aller süßen Sachen, die sauer geworden sind, und der Beschädigung irgend eines belebten Wesens.
Er muß immer allein schlafen und nie seine Mannheit verschwenden; denn wer seine Mannheit mit Willen verschwendet, verletzt die Vorschrift seines Standes und bricht sein Gelübde.
Gesetzbuch des Manu

2. Die Lebensstufe des Hausvaters (Grihastha)

Sie beginnt mit der Eheschließung und endet – theoretisch – mit der Geburt des ersten Enkels. Für den Bestand der Hindugesellschaft ist dies der wichtigste Lebensabschnitt. Die Ehe dient der Zeugung und Erziehung von Kindern, insbesondere von Söhnen. Nicht die Liebesheirat und geschlechtliche Zuneigung sind maßgeblich, sondern Kastenzugehörigkeit und die Auffassung der Eltern, daß die Partner in die Familie passen und wirtschaftlichen Wohlstand herbeizuführen in der Lage sind. Der Hausvater soll seine beruflichen Pflichten gewissenhaft erfüllen, Reichtum anstreben und das Leben genießen, ohne die religiösen Pflichten zu vernachlässigen. Dazu gehören vor allem die *Fünf großen Opfer:*

1. Das Zeitopfer, das den Weden dargebracht wird, indem er sie regelmäßig zitiert;

2. das Opfer an die Götter;
3. das Trank- und Speiseopfer an die Ahnen;
4. das Opfer an alle Lebewesen, die Dämonen ebenso wie die Tiere (Streuopfer);
5. das Opfer an die Mitmenschen (Gastfreundschaft).

Wenn ein Wiedergeborener die Einwilligung seines verehrungswürdigen Führers erlangt und nach der Vorschrift des Gesetzes das Reinigungsbad mit den verordneten Zeremonien bei seiner Rückkehr nach Hause verrichtet hat, heirate er eine Frau aus der gleichen Kaste, welche die Merkmale der Vortrefflichkeit besitzt.
Er muß eine Jungfrau zur Frau nehmen, deren Gestalt keinen Fehler aufweist und die einen angenehmen Namen hat, deren Gang voller Anstand so wie der Gang eines Flamingos oder eines jungen Elefanten ist, deren Haar und Zähne sowohl an Stärke als auch Größe das Mittel halten und deren Körper vorzüglich weich ist.
Gesetzbuch des Manu

3. Die Lebensstufe des Waldeinsiedlers (Wanaprastha)

Über die dritte Lebensstufe schreibt Manu:

Wenn der Vater einer Familie merkt, daß seine Muskeln schlaff werden und sein Haar grau, und wenn er das Kind seines Kindes sieht, dann fliehe er in einen Wald.
Er lasse alle Lebensmittel, die man in Städten zu genießen pflegt und all sein Hausgerät zurück und begebe sich also in den einsamen Forst; seine Frau aber vertraue er entweder der Vorsorge seiner Söhne an oder lasse sich, wenn sie bei ihm bleiben möchte, von ihr begleiten.
Er nehme sein geweihtes Feuer und all seine Hausgeräte, die zum Opfern gebraucht werden, dann wandere er aus der Stadt zum Walde und wohne dort mit völliger Herrschaft über seine Sinne und Handlungsorgane.
Sein beständiges Geschäft sei, den Weda zu lesen, geduldig in allen Nöten und wohlwollend gegen jedermann zu sein, seine Gedanken immer auf das höchste Wesen zu richten, immer Geschenke zu geben, aber nie welche anzunehmen und mit zärtlicher Neigung gegen alle belebten Körper durchdrungen zu sein.
Gesetzbuch des Manu

4. Die Lebensstufe des Wanderasketen (Sannjasin)

Die dritte und vierte Lebensstufe sind nicht als aufeinander folgende Lebensabschnitte zu verstehen. Sie unterscheiden sich mehr im Grade der Vollkommenheit. Die vierte Stufe bezeichnet das Ideal des weltabgewandten Asketen, der alle Bindungen aufgegeben hat, auch die Bindung an einen Ort, und der nun von Pilgerstätte zu Pilgerstätte wandert. Die Gläubigen verehren und versorgen ihn als einen Menschen, der sich vollkommen auf die Vereinigung mit dem Höchsten und auf die Erlösung (Mokscha) vom Kreislauf des Lebens konzentriert.

Die Lebensordnung der Kasten in den vier Lebensstufen zeigen, wie die Religion des Hinduismus das Leben der Gläubigen prägen kann. Die Religion wirkt sich lebensgestaltend im Alltag aus. Diskutieren Sie den Erziehungsstil und die Lebensprinzipien, die hier zum Ausdruck kommen.

Namen und Begriffe

Artha Wörtlich: Das Ding, die Substanz, das Objekt, gemeint ist alles, was zum Leben, zur Gründung einer Familie und zur Führung eines Haushaltes gebraucht wird, also Glück, Reichtum und dergleichen.
Artha ist das erste von vier Lebenszielen, die der warnaschrama-dharma kennt.

Aschrama Die Lebensstufe, Einteilung des Lebens in vier voneinander zu unterscheidende Lebensabschnitte.

Bhikschu (Bhikshu) Bettelmönch

Brahmatscharija (Brahmachariya) Brahmanenschüler, auch Bezeichnung für das erste Lebensstadium.

Dschati (Jati) Das Geschlecht, die Familie, der Stamm, die Unterkaste, in die der einzelne hineingeboren wird und die zugleich mit einem bestimmten Beruf gekoppelt ist.

Gajatri (Gayatri) Eine Strophe aus dem Rigweda, die jeden Morgen gebetet wird, personifiziert ist Gajatri die Gattin Brahmas.

Grihastha Der Familienvater, die zweite Lebensstufe.

Kandalas (Candalas) Die aus der Hindugesellschaft Ausgestoßenen und Unberührbaren.

Kschatrija (Kshatriya) Krieger, Angehöriger der zweithöchsten Kaste (2. Warna).

Manu Der Überlieferung nach Verfasser des berühmten hinduistischen Gesetzbuches, das überirdischen Ursprungs sein soll, wahrscheinlich aber zwischen 200 v. Chr. und 200 n. Chr. entstanden ist. Der Mythologie nach ist Manu der Stammvater des Menschengeschlechts.

Sannjasin (Sannyasin) Wanderasket, in der 4. Lebensstufe. Heute bezeichnen sich auch Angehörige östlicher Sekten als Sannjasin, so zum Beispiel die Anhänger Bhagwans.

Schudra (Shudra) Diener, Sklave, die unterste Kaste (4. Warna).

Upanajana Weihe der Schüler der drei oberen Kasten durch Umlegen der Heiligen Schnur zum »Zweimalgeborenen«.

Waischja Angehöriger der dritten Kaste der freien Landwirte und Handwerker.

Wanaprastha (Vanaprastha) Das dritte Lebensstadium, in dem der Mann sich in die Einsamkeit begibt.

Die Erlösungswege im klassischen Hinduismus

Die weltanschaulichen Voraussetzungen des Yoga

Die frühen Upanischaden hatten gelehrt, daß das Ziel der Erlösung vom Kreislauf des Lebens mit der Entdeckung des wahren Wesens des Menschen, der Identität von Atman und Brahman, erreicht werden könne. Nun galt es zu beschreiben, was denn eigentlich dieser Erkenntnis im Wege stehe und wie Mokscha erlangt werden könne. Das führte in der Zeit des sogenannten *klassischen Hinduismus* zu weiterem Nachdenken über Gott und die Welt in ihrer Erscheinungsvielfalt.

So bildeten sich sechs philosophische Schulen heraus, von denen zwei für das Verständnis des gegenwärtigen Hinduismus und der noch zu behandelnden ›Heilswege‹ von besonderer Bedeutung sind: das *Samkhja-System* und der *Wedanta.* Bemerkenswert ist noch, daß zwei der philosophischen Schulen nicht theistisch orientiert sind und dennoch zu den anerkannten philosophischen Systemen des Hinduismus zählen. Wie im Buddhismus und *Dschainismus* (Jainismus) ist die ›Gottgläubigkeit‹ also nicht notwendige Voraussetzung der Religion des Hinduismus. Die verschiedenen philosophischen Schulen unterscheiden sich aufgrund verschiedener Antworten auf wichtige Lebensfragen, wie zum Beispiel: Welche Realität hat die Welt, wenn doch Brahman allein wahre Wirklichkeit ist? Ist sie ein Teil von ihm, oder muß sie von ihm unterschieden, mit einer eigenen Ursubstanz ausgestattet, gedacht werden?

Während das Samkhja-System die Welt dualistisch aufteilt, bezeugen die Schriften des Wedanta einen sogenannten Monismus. Er besagt: Gott und Welt sind eins und nicht zwei (adwaita). Wichtigster Vertreter dieser Alleinheitslehre ist *Schankara.* Er glaubt, daß alles, was wir sehen und wonach wir uns sehnen, eine Täuschung ist, ein Gaukelspiel, das uns unsere eigentliche Wirklichkeit und Bestimmung verdeckt. Was wir sehen, ist *Maja (Maya),* eine Täuschung und Illusion. Es gilt deshalb zu durchschauen, daß es zwei Weisen der Erkenntnis gibt: eine relative und eine absolute Erkenntnis. Die relative Erkenntnis spiegelt uns eine Vielfalt von Erscheinungsformen vor. Sie läßt uns glauben, daß die Welt von einem Weltschöpfer erschaffen ist, der als Herr *(Ischwara)* zu verehren ist. Das kann zum Beispiel *Wischnu* oder *Schiwa,* aber auch die Mutter-

Yoga-Stellung des Haṭha-Yoga

gottheit *Durga* sein. Unter dieser Voraussetzung und Anerkennung einer nur relativen Erkenntnis kann eine Vielzahl von Gottheiten geglaubt werden. Die absolute Erkenntnis läßt dies alles aber als Täuschung der Maja erfahren, denn letzte Realität kommt allein dem Brahman zu. Die wahre Erlösung ist aber erst dann erreicht, wenn die Identität von Brahman und Atman erfahren wird. Demgegenüber erklärt *Kapila:* Diese Welt besteht aus der Urmaterie *(Prakriti),* die ewig und die Ursache allen Wirkens und Ursprung aller Dinge ist. Sie verbindet sich mit den Lebensmonaden *(Puruscha)* und setzt so den Kreislauf des Lebens in Gang.

Diese Verbindung wird als Knechtschaft des Puruscha angesehen. Er existiert ja nicht mehr frei in sich selbst, sondern er ist nunmehr dem Kreislauf der Wiedergeburt (Samsara) unterworfen. Es muß deshalb das Ziel des Menschen sein, den innersten Kern (Puruscha) aus seiner versklavenden Verflechtung zu befreien, d. h. ihn von allen Bindungen der ›feinstofflichen‹ und ›grobstofflichen‹ Materie abzutrennen. Die Technik dieses Ablösungsprozesses hat der weise Patanjali (5. Jahrhundert n. Chr.) auf der Basis alter, schon in vorarischer Zeit geübter Praktiken systematisch entfaltet. Dieses System, das Patanjali in den Yoga-Sutras darstellt, nennen wir den *›klassischen Yoga‹.* Er gehört mit dem Samkhja zusammen wie Theorie und Praxis einer Disziplin, die sich mit der Erlösung des Menschen befaßt. Dabei ist zu

Ein Fakir auf einer Straße in Kalkutta

beachten, daß der Samkhja-Yoga als ein dualistisches System von der Lehre Schankaras, in der es nur ein Lebens-Prinzip gibt (Brahman = Atman), zu unterscheiden ist. Dies wird auch daran deutlich, daß im Samkhja-Yoga die Materie als etwas Reales angesehen wird, während sie bei Schankara nur ein Trugbild der Maja ist. Wenn dann auch im späteren Hinduismus die Yoga-Methode des Patanjali übernommen werden konnte, dann darum, weil es in beiden Systemen um die Befreiung vom Körperlich-Materiellen und um die Beendigung des Zwanges zur Wiedergeburt geht.

Will man den Yoga verstehen, so muß man die Lernziele kennen, die die Samkhja-Philosophie formuliert, wie zum Beispiel:

1. Das Ausschalten aller Geistes- und Gemütsfähigkeiten, die den Menschen an das materielle Leben binden.
2. Die gezielte Abwehr alles dessen, was das Hervortreten des wahren Wesens – des Puruscha – behindert. So gilt ›Unwissenheit‹ als ›Behinderung‹, weil sie den Menschen naiv dahinleben und mit dem gegenwärtigen Zustand zufrieden sein läßt, oder auch die Vorstellung »Ich bin Ich«, weil hier der wahre Kern (Puruscha) nicht unterschieden wird von der Person, die der Wiedergeburt ausgeliefert ist. Aber auch alle Gefühle, wie Sympathie und Antipathie, Liebe und Haß, sind der Befreiung von Puruscha hinderlich und müssen ausgeschaltet werden. Schließlich muß auch der Lebenswille abgebaut werden, denn er fesselt an Samsara.
3. Die Entwicklung der Fähigkeit, den ewigen, in sich ruhenden, kristallenen Wesenskern von der Flut der den Menschen fesselnden Erscheinungen, Erregungen, Triebe und Begierden zu unterscheiden.
4. Die Rückverwandlung in den Urzustand, in dem der reine Geist des Puruscha der undifferenzierten Urmaterie Prakriti gegenübersteht.

Alles in allem geht es also um die Auflösung dessen, was wir Persönlichkeit nennen, mit allen bewußten und unbewußten Trieben, die den Menschen am Leben erhalten wollen, damit der Mensch zur Erkenntnis des unvergänglichen, leuchtenden Wesenskernes (Puruscha) kommt.

Welche Vorstellung vom Sinn und Ziel des Yoga haben Sie bisher gehabt? Werden in dem im Westen propagierten Yoga noch die ursprünglichen, weltanschaulichen Voraussetzungen sichtbar?

Namen und Begriffe

Dschainismus (Jainismus) Asketische Erlösungsreligion. Eine von Wardhamana Mahavira im 5./6. Jahrhundert v. Chr. begründete Reformbewegung gegen eine starre Ritualisierung und die wachsende Vorherrschaft der Brahmanen.

Ischwara (Ishvara) Herr bzw. Herrin, Ehrenbezeichnung für den höchsten Gott oder seine Gemahlin.

Patanjali Verfasser von Lehrsätzen über den Yoga (um 500 n. Chr.).

Puruscha In der Samkhja-Philosophie Bezeichnung für Lebensmonade und Geist im Gegensatz zur Materie.

Wedanta (Vedanta) Ende des Weda – das sind die Upanischaden, die als Vollendung des Weda angesehen werden. Auf ihnen gründet auch die so benannte Philosophenschule des Schankara.

Yoga-Sutras 194 Lehrsprüche des Patanjali, die die klassische Yoga-Methode darstellen.

Vier Wege zur Befreiung vom Kreislauf des Lebens

Der schwierigere Weg des Verzichtes (niwritti marga) (vgl. S. 130) eröffnet vier verschiedene Routen, die zur Befreiung vom Kreislauf des Lebens, zu Mokscha, führen sollen. Sie entsprechen nach Auffassung der Hindus den unterschiedlichen Naturen des Menschen. Der Mann der Tat wird sich den *Karma Yoga* wählen, der Philosoph den Weg der Erkenntnis *(Jñana Yoga),* der emotional Gestimmte den *Bhakti Yoga,* das ist der Weg der Hingabe in Liebe, und der Empiriker den klassischen Yoga des Patanjali *(Radscha Yoga).*

Diese Wege werden Yoga genannt, weil sie Methoden darstellen, die die Vereinigung mit Gott, bzw. dem Absoluten, zum Ziel haben.

Der Radscha-Yoga geht auf die Samkhja-Philosophie zurück. Die drei anderen Wege, die dazu führen sollen, unbegrenzte Erkenntnis, Befreiung von der Wiedergeburt und ewige Wonne zu erlangen, werden in der Bhagawadgita ausführlich beschrieben.

1. Der königliche Yoga (Radscha/Raja-Yoga)

Der klassische Yoga des Patanjali schreibt acht Stufen vor:

Auf der 1. Stufe müht sich der Yogi um die Erfüllung folgender fünf Gebote:

a) Gewaltlosigkeit *(Ahimsa)*. Dieses Gebot hat M. Gandhi in konsequenter Weise ausgelegt und befolgt und damit Aufsehen in aller Welt erregt.
b) Befolgung der Wahrheit *(Satja)*,
c) Nichtstehlen,
d) Enthaltsamkeit in Gedanken, Worten und Werken,
e) Nichtbegehren, d. h. kein Ansammeln von überflüssigen Dingen.

Auf der 2. Stufe übt sich der Yogi in weiteren fünf Verhaltensregeln: Hier geht es
a) um körperliche und geistige Reinheit. Er erreicht sie durch Körper- und Atemübungen,
b) Genügsamkeit,
c) Selbstzucht – und auch Kasteiungen,
d) Selbsterforschung und Studium der Heiligen Schriften,
e) Vertrauen und Hingabe an Gott.

Die 3. Stufe hat in der westlichen Welt am meisten Beachtung gefunden. Hier, im *Hatha-Yoga*, gewinnt der Yogi durch lange Übungen die volle Kontrolle über seinen Körper und das Nervensystem. In Verbindung mit dieser Stufe steht die
4. Stufe der Atemübungen. Hier soll die Beherrschung des ›inneren Atems‹ erreicht und damit die ›geistige Verdunkelung‹ aufgehoben werden.
Auf der 5. Stufe zieht der Yogi seine Sinne von den Dingen der Erscheinungswelt zurück und läßt sich durch nichts Äußeres beeindrucken.
Die 6. Stufe dient der Konzentration auf einen geistigen Gegenstand, die den Yogi entrückt, so daß er nichts Äußeres mehr wahrnimmt und jegliches Zeitgefühl verliert.
Auf der 7. Stufe der Meditation wird das Denken zum Stillstand gebracht. Der Yogi öffnet sich dem Einstrom der kosmischen Kraft und versinkt im ›kosmischen Meer‹ der Ruhe und des Friedens.
Mit der 8.Stufe – Samadhi – erreicht der Yogi das Ziel der vollkommenen Erleuchtung und Befreiung.

2. Karma-Yoga – der Weg des selbstlosen Tuns

Nicht durch das Unterlassen der Werke erlangt der Mensch Befreiung von den Werken; nicht durch bloßes Entsagen erlangt er Vollkommenheit. Denn kein Lebewesen kann auch nur einen Augenblick verharren, ohne zu handeln . . .
Vollbringe darum immer, ohne Anhänglichkeit, die auszuführende Tat, denn durch Handeln ohne Anhänglichkeit gelangt der Mensch zum Höchsten.
Bhagawadgita

Der Karma-Yoga lehrt alles Handeln als selbstloses Opfer zu verstehen. So wird alles Tun zum Gottesdienst. Nicht der eigenen Triebbefriedigung und der Erfüllung eigener Wünsche soll der Gläubige folgen, sondern der Pflicht.

»Alle Werke müssen im Geiste der Opferbereitschaft, um des Göttlichen willen vollzogen werden.«
Radhakrishnan.

Die grundsätzliche innere Ausrichtung auf ein selbstloses Handeln wird durch tägliche rituelle Übungen vollzogen. Dazu gehören die täglichen Hausgottesdienste (Pudscha) (vgl. die fünf großen Opfer).

Die heute im fortschrittlichen Westen zur ›Hygiene‹ gerechneten Notwendigkeiten des Lebens bildeten im Hinduismus seit alters einen integralen Bestandteil der Religion. Bei der ersten Morgendämmerung soll der Hausvater aufstehen: er spricht zuerst den Namen seines Ischtadewata aus, dann blickt er auf seine Handflächen, um als erstes beim Beginn des Tages ein ›glückbringendes Ding‹ zu erblicken, dann berührt er den Boden – eine glückbringende Handlung – macht seine Verneigung zu den Götterbildern, die er in seinem Schlafraum stehen hat. Die Mantras und Formeln, die zu sprechen sind, sind je nach Sekte und Familientradition verschieden. Verschiedene Schriften tragen dem Hausvater auf, als erstes darüber nachzudenken, wie er an diesem Tage Dharma und Artha (Reichtum) mehren wolle, und welche Anstrengungen er darum auf sich zu nehmen habe . . .
Für den fremden Besucher ist es ein Schauspiel, am frühen Morgen in den Dörfern und kleineren Städten überall an den Straßen entlang – durchaus nicht immer in sicherer Entfernung – Männer, Frauen und Kinder mit hochgezogenen Kleidern hocken zu sehen. Das Thema bildet auch einen nicht zu unterschätzenden Teil der täglichen Unterhaltung, ebenso wie das tägliche Bad und das Reinigen der Zähne, wofür ebenso detaillierte Regeln vorgesehen sind. Das tägliche Bad hat zeremoniös zu geschehen; eine Fülle von Vorschriften umgibt dieses wichtige Geschäft, eine Unzahl von Verboten und Geboten bezüglich der Richtung, in die man zu schauen hat, der Wassermenge, die man nehmen muß, was man sagen darf, wie oft man unterzutauchen hat, wie man die Kleider wechseln muß . . .
Nach dem Bad werden jeden Tag frischgewasche-

ne Tücher angelegt. Die ›heilige Schnur‹ wird nie abgenommen, bei verschiedenen Funktionen jedoch verschieden getragen: auf der rechten Schulter, auf der linken Schulter, ums Ohr gewickelt...
Klaus Klostermaier

3. Erkenntnis – der Weg zur Befreiung (Jñana-Yoga)

Wer Glauben hat, wer in sie (d. h. die Weisheit) vertieft ist und seine Sinne im Zaum hält, gewinnt Weisheit.
Und hat er Weisheit gewonnen, so gelangt er rasch in den höchsten Frieden.
Das Opfer der Erkenntnis ist größer als jedes materielle Opfer... Lerne es durch demütige Verehrung, durch Befragen und Dienen. Die Männer der Weisheit, die die Wahrheit geschaut haben, werden dich im Wissen unterrichten.
Bhagawadgita

Der Jñana-Yoga ist nur unter der Anleitung eines Guru möglich, denn es geht hier nicht um die Aneignung bloßen Wissens, sondern um die Erkenntnis des wahren Selbst des Menschen, um die Erfahrung der Identität des eigenen Selbst (Atman) mit dem Brahman. Diese Erfahrung kann nicht auf dem Wege logischen Denkens und philosophischen Bemühens gewonnen werden. Unsere Art und Weise, die Wirklichkeit zu erfassen, steht ihr vielmehr im Wege. Wirklichkeit ist für den normalen Menschen das, was er sieht und erlebt. Aber das ist nur eine Scheinwirklichkeit, die den wahren Grund und das wahre Wesen allen Seins nicht widerzuspiegeln vermag. Das, was wir äußerlich sehen und mit naturwissenschaftlichen Methoden zu Gesichte bekommen, ist nur Maja, wie Schankara es nannte (vgl. S. 135ff.), ist Täuschung und Illusion. Um zum wahren Kern des Seins vorzustoßen, bedarf es gläubiger Hingabe und tiefer, weltabgewandter Versenkung auf das Innerste hin. Der Guru, der die Heiligen Texte sprechen und meditieren lehrt, ist dabei unentbehrlich, denn es bedarf langer Einübung in die Methode dieses Yoga. Jñana-Yoga hat zum Ziel, den Gläubigen von allem Äußeren und dem, was ablenken könnte, sowie von allen Begierden zu lösen, um durchzudringen zu der überwältigenden Erfahrung des ›tat twam asi‹ »das ›Brahman‹, das bist du selbst!« Damit hat der Yogi die höchste Stufe erreicht: *Samadhi.* Was der Gläubige auf dieser Stufe höchster Selbstverwirklichung erfährt, glaubt er mit der Silbe *OM* (sprich: A – U – M) zum Ausdruck bringen zu können. Diese Silbe bezeichnet nach Auffassung gläubiger Hindus die vier Seinszustände des Menschen: A = Wach-Zustand, U = Traum, M = Tiefschlaf. Bei ganz langsamen Sprechen folgt dem letzten Buchstaben das Schweigen. Es bedeutet das Verstummen und Verschwinden aller Zwiespältigkeiten und verweist auf die Frieden bringende Einheit von *Atman* und *Brahman.*

So spricht der Lehrer: Zweifach ist das Denken;
Entweder ist es unrein oder rein,
Und zwar ist's unrein, wenn's den Wünschen dienet,
Rein ist es, wenn es frei von Wünschen ist.

Darum ist Denken denn der Grund
Der Bindung und Erlösung uns:
Der Bindung, wenn's an Dingen hängt,
Der Erlösung, wenn es frei davon.

Solange hemm' dein Denken drum,
Bis es im Herzen wird zunicht:
Nur das ist Wissen, das erlöst;
Das andere ist gelehrter Kram.

So knüpf' durch »Aum« den Yoga an,
Denn lautlos denkt das Höchste man:
Wo alle Worte überwunden,
Erst dort wird wahres Sein gefunden...

Ein Ich nur wohnt in allem Lebenden,
Nur *eine* Seele haben die Geschöpfe;
Als Einheit und als Vielheit doch zugleich
Erscheint sie, wie der Mond im Teich.

Das Ich ist wie der Raum im Krug,
Denn wenn der Krug zerbrochen wird,
Bricht nur der Krug, nicht bricht der Raum;
Das Leben ist dem Kruge gleich.

Ja, alle Formen gleichen ihm,
Zerbrechen ohne Unterlaß.
Ihr Wissen stirbt, wenn sie dahin,
Sein Wissen währt in Ewigkeit.

Das Brahman ist die Silbe »Aum«:
Wenn sie verhallt, was *dann* besteht,
Wer *dieses* Ew'ge sucht, der ist
Ein Weiser, dem der Frieden wird.

Wie Butter in der Milch verborgen ist,
So lebt in allen Wesen wahres Wissen,
Doch wie, wer buttert, eines Quirls, bedarf
Der Mensch des Geistes, um es zu befrei'n.

Dann erst erscheint *ihm,* der den Yoga treu
Geübt, die wahre, ungebroch'ne Stille,
Von der ein Weiser sagt: »Ich bin dies Brahman:
Das, worin jedes Wesen wohnt

Und was *in* allen Wesen wohnt,
Was alle liebend in sich faßt,
Das bin ich selbst – das bin ich selbst.
Aus dem Brahmabindu Upanischad

Der Laut OM, dessen Symbol hier dargestellt ist, versinnbildlicht das Brahman, das höchste Weltprinzip. Es heißt darüber: »Wer diese eine Silbe kennt, dem wird zuteil, was ihm beliebt.«

4. Die liebende Hingabe als Heilsweg zur Erlösung (Bhakti-Yoga)

Jene, die mich mit auf mich gerichtetem Geiste, in anhaltendem Ernste und im Besitz des höchsten Glaubens verehren, diese betrachte ich als am meisten im Yoga vollkommen.
Bhagawadgita

Der Weg der Bhakti-Lehre ist erstmals von der *Bhagawadgita* (Gesang Gottes) begangen worden. Sie dokumentiert damit einen Wendepunkt im Hinduismus. Der Gesang von einem Gott, der sich in Liebe dem Menschen zuwendet und den der Mensch in Liebe verehren kann, leitet die Phase monotheistischen Denkens im Hinduismus ein. Da Liebe immer ein personales Gegenüber erfordert, erscheint Gott in der Bhagawadgita in der menschlichen Gestalt *Krischnas,* der mit seinem Freunde *Ardschuna* ein langes Lehrgespräch führt.
Zunächst beschreibt er die verschiedenen Wege, die zur Befreiung führen. Dazu gehören ebenso das pflichtgemäße Handeln wie der Weg des Wissens, der durch intensive Yogaübungen gewonnen wird. Aber Zielpunkt des großen Lehrgedichtes ist das ›große Geheimnis‹, das Krischna erst ganz am Ende seiner Belehrung dem Ardschuna verrät:

Höre weiter mein höchstes Wort, das geheimste von allen. Ich habe dich sehr lieb und werde dir sagen, was für dich gut ist.
Richte deinen Geist auf mich; sei mir ergeben; opfere mir; verehre mich; so wirst du zu mir gelangen. Ich verspreche es dir wahrhaftig, denn du bist mir lieb.
Gib alle Pflichten auf und nimm allein zu mir deine Zuflucht.
Sei nicht betrübt, denn ich werde dich von allen Übeln erlösen.
Bhagawadgita

So spricht Krischna, der sich (im 11. Kapitel) als das alles umfassende, transzendente Wesen und doch als persönlicher Gott offenbart hat. Und er erklärt dem von der Vision überwältigten Ardschuna:

In dieser Gestalt, in der du mich nun geschaut hast, kann ich weder durch die Weden, noch durch Askese, noch durch Gaben, noch durch Opfer erblickt werden.
Man kann mich aber, o Arjuna, durch wankellose Hingabe an mich in dieser Weise erkennen, mich in Wahrheit schauen und in mich eingehen, o Feindbedrängter (Arjuna).
Bhagawadgita

Damit wurde im Hinduismus der Weg freigegeben zur praktischen Gottesverehrung, wie wir sie heute noch in der indischen Volksfrömmigkeit vorfinden, aber auch zur innigen Gottesbeziehung.

Denken, Anbetung, Opfer und Verehrung müssen alle auf den Herrn gerichtet werden. Wir müssen uns in eine einfache, andauernde, vertrauensvolle Hingabe an Gott hineingleiten lassen, uns ihm auftun mit den Worten der christlichen Hymne:

O Lieb, dir schenk' ich mich,
um immer dein, nur dein zu sein auf ewig.

Gott enthüllt seine Natur. Seine Gnade, seine Liebe und sein Verlangen führen uns zu ihm zurück. Er wartet, bereit, in uns einzugehen und von uns Besitz zu ergreifen, sobald wir ihm unsere Herzen auftun. Unser geistiges Leben hängt ebensosehr von unserem Hingehen zu ihm wie von seinem Kommen ab. Nicht nur wir steigen zu Gott empor, auch Gott steigt zum Menschen herab. Hören wir die Worte des Dichters Tagore:
Hast du nicht seine leisen Schritte vernommen?
Er kommt, er kommt; immer kommt er.

Die Liebe Gottes drängt an unsere Seelen. Wenn wir uns seinem unaufhörlichen Kommen erschließen, wird er in unsere Seele einziehen, unsere Natur erlösen und uns leuchten machen wie strahlendes Licht. Gott, der immer zu helfen bereit ist, wartet nur auf unseren vertrauensvollen Ruf.
Radhakrishnan

Wie beschreibt Radhakrishnan das Verhältnis zu Gott und was bedeutet ihm dieses Verhältnis?

Namen und Begriffe

Ahimsa Nichtschädigung; Verbot, lebende Wesen zu töten. M. Gandhi begründet auf dieser Auffassung die Methode der Gewaltlosigkeit in der Politik.

Ardschuna (Arjuna) Ein Prinz aus der Fürstenfamilie der Pandawas, der Held der Bhagawadgita, mit dem Krischna ein Lehrgespräch führt.

Bhakti-Yoga Der Weg der liebevollen Hingabe.

Hatha-Yoga Yoga, der besondere Anstrengung verlangt mit körperlichen und atemtechnischen Übungen. Er umfaßt die ersten fünf Stufen des achtteiligen Yoga.

Jñana-Yoga Der Pfad der Erkenntnis, der zur letzten Selbsterkenntnis und zu Samadhi führt.

Karma-Yoga Der Weg des selbstlosen Handelns, des Opferdienstes und der Übernahme der religiösen Pflichten.

Pudscha (Puja) Verehrung, Opfergottesdienst.

Radscha-Yoga Königlicher Yoga, er führt über die sechste Stufe der Konzentration, die siebente Stufe der Meditation hin zur achten Stufe, auf der Samadhi erreicht wird. Hatha-Yoga und Radscha-Yoga sind von Patanjali entwickelt worden.

Samadhi Tiefe Versenkung, in der, als der letzten Stufe des achtteiligen Yogapfades, übersinnliches Bewußtsein, Wahrheit und Erlösung erfahren wird.

Satja (Satya) Tiefste und letzte Wahrheit, die der Gläubige letztlich in Brahman entdeckt oder die einem offenbart wird.

Die nachklassische Periode des Hinduismus (ca. 1000–1800 n. Chr.)

Die nachklassische Periode trägt dem Verlangen der breiten Masse der Gläubigen mehr Rechnung und begünstigt eine Volksfrömmigkeit, die sich an einem verehrungswürdigen göttlichen Gegenüber orientieren will. (Die gleiche Tendenz hat im Buddhismus mit der Begründung des Mahayana- und Amida-Buddhismus ihren Ausdruck gefunden). Sie findet ihre Vorbilder und volkstümliche religiöse Belehrung in den großen Epen des Mahabharata und Ramayana sowie in den Puranas mit ihren Göttermythologien. Besondere Bedeutung erhält nun neben der Bhagawadgita das wischnuitische Bhagawata Purana. In dieser Zeit bilden sich auf dieser Grundlage drei kultische Hauptrichtungen heraus: der *Schiwa-*, der *Wischnu-* und der *Schakti-Kult.*
Auf dem Boden des Schakti-Kultes wächst nach 500 n. Chr. der *Tantrismus,* während der Wischnu-Kult in der Gestalt seines *Awatara Krischna* die Bhakti-Verehrung hervorruft, die »eine Tendenz zur religiösen Exklusivität und Intoleranz in die indische Religionsgeschichte gebracht hat« (K. Bätz).

Die Götterwelt des Hinduismus

Gottheiten dienen dem Hindu zur Deutung und Bewältigung des Lebens. Sie verkörpern jeweils ein Stück der Wirklichkeit, die der Mensch erlebt, die aber nach der Auffassung Schankaras (vgl. S. 135ff.) und seiner Anhänger nur ein Trugbild ist. Deshalb stellen sie auch nicht die letzte Wirklichkeit dar, sondern sind Bestandteil der Maja. Dennoch braucht sie der Gläubige, um sich Phänomene wie Tod und Leben, Schöpfung, Erhaltung und Zerstörung des Lebens, Liebe und Begierde, Gut und Böse usw. zu erklären. Als die großen Ver-Ursacher entsprechen sie dem Gesetz von Ursache und Wirkung. Und weil es Tausende von Wirkungen gibt, gibt es auch Tausende Götter, oder es wird der eine Gott in vielfachen Erscheinungen gedacht.
So wird z. B. *Schiwa* als Tänzer im Flammenkranz dargestellt. Er tanzt einen Tanz zur Erhaltung des Lebenskreislaufes. Jede Bewegung symbolisiert eine Erfahrung oder Wirklichkeit des Lebens.
Ein anderer Aspekt zeigt Schiwa in der Verbin-

dung mit *Parwati,* dem weiblichen Prinzip. Jetzt soll die Polarität von Mann und Frau sowie die Zeugungskraft, durch die alles Leben entsteht, symbolisiert werden. Er wird deshalb meist unter den Symbolen von Lingam und Joni verehrt. Um die Einheit von Mann und Frau zu bezeugen, wird Schiwa auch als Halb-Mann und Halb-Frau dargestellt. Auch auf diese Weise symbolisiert er ein kosmisches Prinzip. Die kosmische Energie wird als männliche gedacht, die aus sich das weibliche Prinzip hervorbringt. Im Zusammenwirken beider manifestiert sich die Welt.

Schließlich wird Schiwa auch noch als in tiefe Meditation versunkener Yogi dargestellt. So symbolisiert er die Erkenntnis, daß das Höchste Wesen nur auf dem Wege der Konzentration und Meditation erfaßt werden kann. Aus seinem Haarknoten, der von einer Mondsichel geschmückt wird, fließt der Ganges herab, beides Symbole für den Strom des Lebens und somit Zeichen dafür, daß Schiwa die Quelle des Lebens ist. Um seinen blau gefärbten Hals windet sich eine Schlange.

Schiwa wird als Schöpfer, Regent und Erhalter der Welt verehrt. Mit seinen 4 Händen demonstriert er die Symbole seiner Macht:

Schiwa

1. Die Trommel, ein Symbol für die Erschaffung der Welt, weil dies mit großem Getöse geschah.
2. Die Flamme, das Zeichen der Zerstörung.
3. Die segnende Hand, die dem Gläubigen Heil zusagt und ihn vertrauen läßt.
4. Eine Hand, die auf den linken, zum Tanz erhobenen Fuß weist. Er ist nach der Auffassung der Hindus der Sitz der Seele. Diese Geste verweist auf die Verinnerlichung des Lebens.

Schiwa steht auf dem bösen Dämon und beweist damit seine Kraft, das Böse zu überwinden. Er ist Herr über Leben und Tod. Die neun Strahlen, die rechts und links seinem Haupt entströmen – versehen mit Weltsymbolen – und die neunstrahlige Krone verweisen auf die Hl. Zahl 9 des Mondes. Dieser wiederum symbolisiert mit seinem Aufgang und Untergang das Werden und Vergehen alles Lebens und auch des Kosmos.

Damit soll gesagt werden, daß Schiwa selbst das tödliche Gift getrunken hat, um die Welt vor dem Tode zu bewahren. Die sonst so gefährliche Schlange hat nur noch ornamentale Bedeutung, sie dient Schiwa als Schmuck. Und noch ein weiteres Zeichen kennzeichnet Schiwa: Ein drittes Auge, inmitten der Stirn. Es symbolisiert den alles durchforschenden Blick. Er beseitigt Finsternis und Unwissenheit und vernichtet das Böse.

Schiwa trägt 1008 Namen, was besagen soll, daß der eine Gott sich in unzählig vielfältiger Weise erweisen kann. Jede seiner Äußerungen nimmt in der Hindumythologie die Gestalt einer Gottheit an. Auf diese Weise kann der Götterhimmel bis ins Unendliche gefüllt werden. Dennoch sollte stets im Sinn behalten werden, daß alle diese Gottheiten nur wechselnde Erscheinungen des Einen, des Absoluten, des Brahman sind.

Es kann als ein Merkmal des Hinduismus angesehen werden, daß er gerade auch durch diese Mythologie jedem die Möglichkeit gibt, seinen Vorstellungen zu leben und die Gottheit zu verehren, die ihm besonders zugänglich ist. So hat jeder, der sich noch auf solche Vorstellungen stützen muß und Gott nicht abstrakt denken kann, seinen Lieblingsgott (Ischtadewa), den er zu den gegebenen Festen und im täglichen Opfer verehrt. Drei Gottheiten ragen heraus, die als ›Dreiheit‹ (Trimurti) die Schöpfung, ihre Erhaltung und Zerstörung personifizieren. In diesem Fall gelten *Brahma* (nicht zu verwechseln mit – Brahman) als *Schöpfer, Wischnu* als *Erhalter* und *Schiwa* als *Zerstörer* dieser Welt. Von diesen wiederum wird Brahma weniger verehrt als Wischnu und Schiwa, so daß wir vornehmlich zwei große Gruppen heute vorfinden: Die Wischnu-Verehrer und die Schiwaiten. Dem Wischnu-Anhänger gilt Wischnu nicht nur als der Erhalter, sondern auch als der Urgrund der Schöpfung. Er wird deshalb als ein Wesen mit vier Armen dargestellt, das auf der Weltenschlange Schescha ausruht und aus dessen Nabel wie aus dem Weltenwasser eine Lotusblume – das Symbol der Weltenblume – wächst. Aus ihr geht der vierköpfige (!) Brahma, der Schöpfer der Welt, hervor. Als Urgrund und Erhalter der Welt vertritt Wischnu auch die Ordnung (Dharma). Und immer, wenn diese Ordnung bedroht ist, steigt er in unterschiedlicher Gestalt zur Erde, um rettend einzugreifen. In den beiden bedeutendsten Epen, die der Hinduismus hervorgebracht hat, Ramajana und Mahabharata, wird von zwei ›Inkarnationen‹ Wischnus berichtet: *Rama* und *Krischna*, die sich im Volk großer Beliebtheit erfreuen. Prinz Rama, das Vorbild der Krieger, befreit mit Hilfe des Affengottes *Hanuman* die Menschheit von den Greueltaten des Dämonenkönigs *Rawana,* der auf der Insel Lanka (Ceylon?) Ramas Frau Sita gefangenhielt. Ramas Sieg symbolisiert den Sieg des Guten über das Böse, der in jedem Jahr in Indien mit großem Aufwand gefeiert wird.

Schiwa – Anhänger

Bei der Morgenandacht legen sich die Gläubigen ein Stirnmal aus Sandelpaste, Zinnoberpuder, Safran oder auch einfach aus Asche an. Dabei zeichnen sie mit Strichen und Punkten Symbole der Gottheit, die sie verehren. Die *Schiwa-Anhänger* erkennt man an drei waagerecht verlaufenden Linien, die das Stirnauge Schiwas markieren sollen. Andere schiwaitische Stirnzeichen sind ein Dreizack, die Mondsichel, ein Dreieck nach oben, das das männliche Prinzip oder das Feuer symbolisiert, oder zwei zum Sechseck verschlungene Dreiecke, die die Vereinigung von männlich und weiblich symbolisieren.

Die *Wischnu-Anhänger* bemalen sich mit zwei senkrechten Linien, die von der Nasenwurzel an in Form eines U zur Stirn aufsteigen und die Fußspuren Wischnus symbolisieren sollen. Als Wischnuzeichen gilt auch das nach unten zeigende Dreieck als Symbol für das weibliche Prinzip oder das Wasser.

Krischna verdankt seine Beliebtheit nicht nur der Bhagawadgita, sondern auch den oft nachgespielten Erzählungen des Bhagawata-Purana. Dort wird (von der vielleicht historischen) Gestalt des Krischna berichtet, daß er schon als Säugling vor den Nachstellungen des Königs Kamsa verborgen werden mußte, dann als Hirte aufwuchs und durch sein Flötenspiel alle Welt bezauberte. Sein Liebesverhältnis mit einem der Hirtenmädchen, *Radha,* wird zum Symbol der Liebe Gottes zur menschlichen Seele. So haben sich die Awataras verselbständigt und werden vom Volk ebenso verehrt wie die Gottheit selbst. In ihren Freuden und Leiden kann sich der Mensch wiederfinden und mit ihnen identifizieren. Der Hindu gewinnt so die Leitbilder für sein Leben.
Es versteht sich, daß jedem Gott eine Göttin zugesellt ist, da ja alles Leben zweigeschlechtlich gedacht wird (vgl. S. 142). Dabei ist *schakti,* das Weibliche, die aktive Energie, die Lebenskraft, ohne die der Mann nicht wirksam sein kann. Je nach Art und Weise ihrer Aktion trägt sie verschiedene Namen und wird sie verschieden dargestellt. Einmal ist sie Uma, die gütige Göttin, ein andermal Sati, die Wahrhaftigkeit, und dann Kali (die in Kalkutta verehrt wird), die Göttin der Rache und des Unheils mit schwarzer Haut, weit heraushängender Zunge, um ihren Hals einen Kranz

Ein beliebtes Motiv in der Buchmalerei des 17. Jhd. war die Krischna-Legende. Unser Bild zeigt im unteren Teil einen Tanz Krischnas, während oben Radha ihrer Freundin von ihrer Liebe zu Krischna erzählt.

abgeschlagener Köpfe. Aus ihrer Vereinigung mit Schiwa stammt der so populäre elefantenköpfige Gott *Ganescha.*
Die Schakti Brahmas ist die Göttin der Kunst und der Wissenschaft und heißt *Saraswati,* während Wischnu die Göttin des Glückes und des Reichtums sein eigen nennen kann. Ihr Name ist *Lakschmi.* Und noch eine Besonderheit muß im Zusammenhang mit der kultischen Verehrung der Gottheiten und ihrer Darstellung in der hinduistischen Mythologie erwähnt werden: Sie werden stets durch ein Reittier gekennzeichnet, das dem Kulturforscher oft ein guter Hinweis ist für die Identifizierung der Darstellungen. So erkennt man Schiwa am Stier Nandi, Wischnu an einem Adler, Indra am Elefanten und Brahma am Schwan.
So wie Schiwa und Wischnu sich unterscheiden, so auch ihre Anhänger. Die Schiwaiten ringen um die wahre Erkenntnis und erstreben die Überwindung der Unwissenheit auf dem Wege der Vergeistigung. Sie legen großen Wert auf Selbstdisziplin. Unter ihnen finden sich deshalb auch zahlreich Asketen und Yogis.

Nach der Hindu-Mythologie waren die allerersten Elefanten, die es auf der Welt gab, geflügelt und paarten sich mit den Wolken. Eines Tages aber ließ sich eine Gruppe von Elefanten unbedachterweise auf einem Baum nieder, unter dem ein heiliger Mann seine Schüler unterrichtete. Wie zu erwarten, brach unter dem Gewicht der mächtigen Tiere ein Ast, fiel den Schülern auf die Köpfe und tötete zwei oder drei. Da rief der heilige Mann voller Empörung die Götter an und bat sie, dem ungeschlachten Elefanten die Flügel zu nehmen. Die Götter erfüllten die Bitte; die Elefanten aber blieben mit den Wolken gut Freund, und so stand es nach wie vor in ihrer Macht, sie um Regen zu bitten.

Schiwa mit Schakti

Ganescha

Wegen dieser »segensreichen Gabe« werden die Elefanten in Indien noch immer geehrt, vor allem ganz weiße Tiere, die nach alter Tradition von Herrschern als Glücksbringer gehalten und gepflegt werden. Auch heute noch ist das Sinnbild des Glücks der elefantenköpfige Gott *Ganescha,* dessen Beistand die Hindus vor jedem wichtigen Unternehmen erbitten.

Die Anhänger Wischnus orientieren sich vielfach an Krischna, seiner im Volke beliebtesten Inkarnation, und erhoffen sich die Erlösung durch *bhakti,* die liebende Hingabe. Unter den vielen Gruppen, die sich zu solch gläubiger Verehrung zusammenschließen, ist besonders die von A. C. Bhaktivedanta Swami Prabhupada begründete Hare-Krischna-Bewegung bekannt geworden. Ihr Weg zur Selbstverwirklichung wird in ihrer in aller Welt verbreiteten Zeitschrift *Back To Godhead* beschrieben:

Gott der Höchste, die absolute Wahrheit, ist durch und durch Geist ...

Der Name des Herrn ist identisch mit Gott selbst. Dies wird auf dem Weg der geistigen Erleuchtung realisiert. Indem die unzähligen Heiligen Namen des Herrn besungen werden, kann einer tatsächlich persönliche Gemeinschaft mit Gott dem Herrn aufnehmen. Durch die kontinuierliche gei-

stige Vereinigung mit Gott dem Höchsten gelangt man zur Selbstverwirklichung... So kann einer durch das schlichte Singen der hl. Namen Hare Krischna
Hare Krischna
Krischna, Krischna
Hare Hare
Hare Rama
Hare Rama
Rama Rama
Hare Hare
befreit werden von den Problemen, die ihn bedrängen.

> *Wie stehen Sie zu der Behauptung »Der einfache Mensch braucht einen Gegenstand der Verehrung?« Wie ist der ›Götterkult‹ im Hinduismus zu verstehen und in Einklang zu bringen mit dem Glauben an das ›Absolute‹ (Brahman)? Vgl. auch S. 135ff.*

Namen und Begriffe

Awatara (Avatara) Herabstieg des Wischnu in einer Art ›Inkarnation‹ in Tier- oder Menschengestalt immer dann, wenn die Ordnung und Erhaltung des Kosmos und der Menschheit gefährdet ist. Von zehn erwarteten Awataras sind neun bereits erschienen. Der zehnte, der apokalyptische Reiter Kalkin, kommt am Ende des letzten Zeitalters (Kali-Juga).

Bhagawata Purana Lehrbuch über die Awataras Wischnus (um 900 n. Chr.)

Brahma Gottheit der Schöpfung.

Dewa (Deva) Von ›div‹ – scheinen, leuchten (vgl. lat.: deus); eine Gottheit, die über den Menschen steht, verehrt und gefürchtet wird, aber endlich ist und daher nicht mit Brahman verwechselt werden darf.

Ganescha Elefantenköpfige Gottheit, Sohn des Schiwa und der Kali, von Schülern und Studenten besonders verehrt.

Hanuman Gottheit in der Gestalt eines Affen; er ist eine wichtige Figur im Ramajana.

Ischtadewa Die Gottheit, die sich der Gläubige erwählt und der er mit seiner Familie besondere Verehrung erweist.

Kamsa König in Mathura, in der Krischna-Legende verfolgt er Krischna.

Lakschmi Die Schakti (weibliche Energie), Gemahlin Wischnus, Göttin des Reichtums und Glücks.

Parwati Die Schakti Schiwas, Tochter des Himalaya, die die Güte verkörpert.

Radha Geliebte Krischnas.

Rama Ein Awatara Wischnus, Held des Ramajana und Vorbild der Krieger.

Rawana Zehnköpfiger Dämonenkönig auf Shri Lanka, der Ramas Gemahlin Sita raubt und dann von Rama besiegt wird.

Sati Schakti Schiwas, die gute, treue Frau (Sati), die sich zur Rettung der Ehre Schiwas in die Flammen stürzt. Sie wird zum Vorbild der Witwenverbrennung.

Swami Prabhupada (1895–1977) Begründer der Hare-Krischna-Bewegung.

Tantrismus Von Sanskrit: tantra – Faden, Gewebe. Die Aufreihung von Riten, die zur Erlösung führen. Im 6. Jahrhundert n. Chr. entstanden in Verbindung mit dem Schaktismus, der Verehrung der Göttin Durga. Mit magisch-mystischen Mitteln soll die Befreiung von allen irdischen Bindungen durch die Vereinigung mit dem Absoluten, das als Schakti gedacht wird, erreicht werden.

Uma Die Gnädige, Gattin Schiwas, Symbol für Licht und Schönheit.

Die Wohnung der Götter

Es ist jedem Hindu klar, daß die Götter nicht auf Erden wohnen. Dennoch ist es möglich, sie zu verehren und ihnen zu opfern, wenn sie durch einen berufenen *Mantrasprecher* veranlaßt werden, in einem Bildwerk oder Tempel Wohnung zu nehmen. *Mantras* sind Formeln aus heiligen Schriften, deren Rezitation magische Wirkungen hat. Die Bildwerke sind also nur Gehäuse der Götter, die man verehrt, aber mit ihnen hat man die Götter, kann sie anbeten, ihnen Milch, Blumen und Früchte als Opfer darbringen und sie in feierlicher Prozession zum hl. Fluß oder See oder einem anderen Tempel bringen. Der Gläubige braucht diese Medien, weil er seinem Gott nicht nur mit dem Munde, sondern auch mit seinen Gaben dienen und Liebe erweisen möchte. Die Opferspeisen werden dann als Gnadenerweis Gottes den Gläubigen ausgeteilt, zuerst den Pilgern und Armen. Berühmt ist der *Jagganath*-Tempel in Puri. Dort wird Krischna als Herr des Weltalls (Jagganath) mit allem Zeremoniell, wie es sich für einen König gebührt, verehrt. Der Hofstaat ist dementsprechend groß. Es wird gesagt, daß ca. 30 000 Dienstleute an diesem Tempel als Priester, Schreiber, Köche, Tempelreiniger u. a.

tätig sind. Zur Zeit der großen Feste, z. B. wenn der Gott Jagganath in großer Prozession auf einem riesigen Wagen zu seiner Sommerresidenz gefahren wird, weilen Hunderttausende von Pilgern in der Stadt. Der riesige Tempel birgt eine »Audienzhalle« Gottes und weitere Hallen. Er darf nur von gläubigen Hindus betreten werden. Das Allerheiligste ist, wie in allen Tempeln Indiens, ein schmuckloser, in Dämmerlicht gehüllter Raum. Es ziemt sich nicht für den Gläubigen, Gott neugierig zu betrachten, sondern ihm zu dienen. Wichtiger ist, daß Gott ihn sieht.
Was den gebildeten Hindu bewegt, auch heute noch seine Opfer darzubringen, kann aus dem Kommentar S. Radhakrishnans zur Bhagawadgita abgelesen werden:

Wie bescheiden auch das Opfer sein mag, wenn es in Liebe und Aufrichtigkeit dargebracht wird, ist es für Gott immer annehmbar. Der Weg zum Höchsten Gott geht nicht über ausgeklügelte Metaphysik oder verwickeltes Ritual. Er führt über reine Selbst-Hingabe, die durch das Opfer eines Blattes, einer Blume, einer Frucht oder durch ein Wasseropfer symbolisiert wird. Nötig ist nur ein Herz voller Hingabe.
Selbsthingabe führt zur Weihe aller Handlungen an Gott. Die Gezeiten der üblichen Obliegenheiten unseres täglichen Lebens müssen durch die Gottesverehrung fließen. Gottesliebe ist keine Flucht aus der Rauheit des Lebens, sondern Bereitschaft zu dienen.
S. Radhakrishnan

Jagganath-Tempel, Puri

Waranasi (Benares) – Die heilige Stadt

Gewaltige Tempel wie der Jagganatha-Tempel sind Ausnahmen. In der Regel verehren die Hindus ihre Gottheiten in kleinen Tempelchen oder bloßen Nischen, die der Tourist gar nicht beachtet, wenn er nicht darum weiß. Deshalb ist es auch möglich, daß in Benares über zwanzigtausend Tempel gezählt werden können, von denen dem Ausländer kaum hundert auffallen. Anders als bei uns haben die Tempel nicht die Funktion, der Gemeinde als Versammlungsraum zu dienen und sind deshalb nicht mit unseren Kirchen zu vergleichen.
Seine Bedeutung verdankt Waranasi (Benares) dem Ganges. Nur dort fließt die (Göttin) Ganga in einer Schleife nach Norden zurück, woher sie kommt: aus dem Himalaya, in dem der Überlieferung nach Schiwa wohnt und mit seinem Haupt die gewaltigen Ströme der aus dem Götterhimmel sich ergießenden Ganga bremst, damit sie nicht die Erde verheere. Die Stadt bildet zusammen mit dem Flußbogen das Bild eines gespannten Bogens und erinnert den frommen Hindu an den Bogen des Schiwa, mit dem er seine Pfeile gegen die Unwissenheit und Sünde abschoß. Der Name ›Ganga‹ symbolisiert die Bewegung des Lebens. Auch der Name Waranasi hat symbolische Bedeutung. Er ist eine Zusammensetzung der beiden Flüsse, die Waranasi im Norden und Süden einschließen: Waruna und Asi. Waruna ist der Gott der Moral und des Wassers, Asi bedeutet Schwert und meint hier das Schwert, das die Bande der Unwissenheit und die Fesseln der Sünde durchschneidet. All diese Deutungen sind Hinweise auf die Bedeutung der »ewigen« Pilgerstadt Waranasi. Das Bad im Ganges bringt Erkenntnis und Befreiung, denn es führt zu einer ganz elementaren Berührung mit dem Göttlichen. Tausende von Pilgern strömen wöchentlich in die Stadt. Unter ihnen sind vor allem alte Menschen, die an den Ufern der hl. Ganga ihr Ende erwarten, um auf einem Floß aufgebahrt und verbrannt zu werden, damit die Ganga ihre unsterbliche Seele hinauftrage in die göttliche Welt.

Name und Begriffe

Ganga Hinduistische Bezeichnung für den »Ganges‹. Der Name leitet sich her von dem Sanskrit-Verb ›gam‹ = bewegen und symbolisiert die Bewegung des Lebens. Der Hindu personifiziert diese göttliche Kraft (schakti) und schreibt sie Schiwa zu.

Die Verehrung der Kuh – Symbol der Ehrfurcht vor dem Leben

Aus einem Gespräch mit Dr. Singh in Ranchi/ Bihar
Herr Dr. Singh, ich habe vor kurzem ein Krankenhaus für Kühe in der Nähe von Chaibassa gesehen. Halten Sie es nicht auch für unangebracht, daß in einer Zeit, in der Tausende von Menschen auf den Straßen Indiens verhungern, Geld für kranke Kühe verschleudert wird?
Dr. Singh: Man kann unterschiedlicher Auffassung darüber sein, ob das Mitleid mit der kranken Kreatur ein Verschleudern von Geld ist. Mahatma Gandhi hat uns wieder deutlich gemacht, daß der Schutz der Kuh ein Zeichen dafür sein soll, daß die ganze, stumme Kreatur Gottes zu schützen ist, denn auch sie hat eine Seele.
Weshalb ist man gerade darauf verfallen, der Kuh diese Ehre zu erweisen?
Dr. Singh: Nun, in Indien wird nicht nur der Kuh eine besondere Verehrung erwiesen. So schützt man z. B. auch die Affen, weil in dem großartigen Epos Râmâyana erzählt wird, daß der Affenkönig Hanuman dem Helden Rama geholfen habe, seine entführte Frau wiederzugewinnen. Aber die Kuh hat für die Inder noch eine besondere Bedeutung. Sie ist, wie Gandhi sagt, die »Mutter von Millionen«. Sie nährt uns mit ihrer Milch und ist deshalb das Symbol der Mutterschaft. In ihrer Art ist sie, um noch einmal Gandhi zu zitieren, »ein Gedicht des Mitleids«.
Herr Dr. Singh, da Sie von Mitleid sprechen. Ich habe abgemagerte Kühe im Gewühl der Straßen der Städte gesehen und gemeint, es bedeute mehr Mitleid, sie entweder in Ställen oder auf Weiden zu halten, um so gesunde Kühe zu ziehen oder aus Mitleid zu schlachten und das Fleisch den Hungernden zu geben.
Dr. Singh: Auch das ist wieder europäisch gedacht. Es gibt viele Kühe, die niemandem gehören und auch solche, die Klein-Bauern gehören, die aber keine Weideplätze besitzen. Für sie und auch für die ganze Stadt ist die Kuh aber sehr wichtig. Sie liefert mit ihrem Kuhdung, der in der Sonne getrocknet wird, das Brennmaterial, das der Arme nicht kaufen kann, weil er kein Geld verdient. Sie vertritt außerdem die Müllabfuhr, die die Stadt sich nicht leisten kann. Viele Inder essen ja nicht von Geschirr, sondern von Blättertellern, die nach dem Essen weggeworfen werden. Die herumstreunenden Kühe in der Stadt sorgen dafür, daß der ›Müll‹, der ja nicht aus Blech oder Plastik besteht, beseitigt wird. So erfüllen die abgemagerten Kühe einen besseren Zweck, als wenn sie ihr bißchen Fleisch hergeben, das keinem Hindu schmecken würde.

»Ich glaube an den Schutz der Kuh in einem viel umfassenderen als dem üblichen Sinne.« (Mahatma Gandhi)

Der Neohinduismus – eine Reformbewegung des Hinduismus

Der *Neo-Hinduismus* ist eine religiöse Reformbewegung, die ihren Ursprung hat in der Begegnung mit westlicher Wissenschaft und Philosophie, sowie der Erfahrung der eigenen Dekadenz und der Hilflosigkeit gegenüber dem englischen Kolonialismus. Er geht einher mit dem Erwachen eines indischen Nationalbewußtseins im 19./20. Jahrhundert. Im Rückgriff auf die eigenen Traditionen sucht er seine eigene Identität zu gewinnen, aus der heraus er die Kraft gewinnt, den modernen Erfordernissen einer neuen, durch Industrialisierung und Naturwissenschaft geprägten Zeit gerecht zu werden.

Es wird allgemein anerkannt, daß der indische Nationalismus in seinem politischen wie geistigen Aspekt undenkbar ist, ohne daß westliches und hier wiederum christliches Gedankengut im besonderen die wesentlichen Impulse gegeben hat, etwa in einer neuen Auffassung von der menschlichen Person, von der Geschichte und von der Verantwortung des Menschen für die Welt und für den Mitmenschen. So ist dem Neo-Hinduismus eine Synthese gelungen zwischen der geistigen Herausforderung der Zeit und dem eigenen religiösen Erbe – eine Synthese, die ein typisch indisches Selbst-Bewußtsein verbunden mit Modernität ermöglicht.
Kurt Dockhorn

Im wesentlichen sind es charismatische Persönlichkeiten, die die Reformbewegungen einleiten. Zu ihnen gehören der Brahmane *Ram Mohan Roy,* der ›Vater des modernen Indien‹, der Guru *Ramakrischna* und sein Schüler *Vivekananda,* der bedeutende Dichter *Tagore,* der große Politiker *Mahatma Gandhi* und der Yogi *Aurobindo Ghose.*
Ram Mohan Roy gründete 1828 den *Brahma-Samaj* (Brahma Versammlung), mit dessen Hilfe er Mißstände, wie zum Beispiel die Witwenverbrennung und einen auswuchernden Bilderkult zu beseitigen versuchte. In Anlehnung an die sonntäglichen Gottesdienste der Christen führte er Gemeindeversammlungen ein, die jeweils am Samstag stattfanden und in denen Texte aus den Heiligen Schriften des Hinduismus verlesen und ausgelegt und auch religiöse Lieder gesungen wurden. Sein Ziel war, die echte Lehre des Weda wiederherzustellen und die allen Glaubensgemeinschaften zugrundeliegende monotheistische Urreligion zu erneuern.
1875 wurde von Swami *Dayananda Sarasvati* der *Arya Samaj* (Ariergesellschaft) gegründet, der sich als militante antichristliche und anti-islamische Reformbewegung verstand.

Auf ihn gehen die militanten Hinduorganisationen und -parteien zurück, die Indien für die Mutter aller Kulturen und Wissenschaften halten und den Hinduismus als Hindutum, d. h. als nationale Ideologie Indiens, auslegen.
(R. Hummel)

Eine spirituelle Erneuerung leitete *Ramakrischna* ein. Sein Schüler Vivekananda nahm das Erbe seines Gurus auf und begründete die Ramakrischna-Mission, die dem Hinduismus ein bis dahin nicht gekanntes Sendungsbewußtsein verlieh. Vivekananda führte die indische Spiritualität gegen den westlichen Materialismus ins Feld. Er glaubte an die universale Botschaft und Kraft des Hinduismus, die der Welt den Weg zum Heil zeigen sollte. Das Selbstverständnis des Neohinduismus aus der Sicht der Ramakrischna-Mission legte 1983 der Ramakrischna-Mönch Swami Rasajananda in Kalkutta wie folgt aus:

Der Neo-Hinduismus ist im Grunde genommen der alte Hinduismus. Als Neo-Hinduismus wird bei uns nun aber die Art und Weise der religiösen Erfahrung bezeichnet, die eng mit dem Namen Ramakrischna und Vivekananda verbunden ist. Der Kern des Hinduismus ist der Glaube an die Ewigkeit der Seele und der Schöpfung und an Gott als unsere (des Menschen) höchste und vollkommene Natur. Es geht um Identitätserfahrung. Auch Ramakrischna wurde Brahman. Er wurde eins mit der ewigen Wonne. Aber da hörte er nicht auf, wie Buddha es tat. Er wollte diese Erfahrung mit allen Menschen teilen. Darum blieb er nicht im Überbewußten, sondern kehrte zurück in unser normales menschliches Bewußtsein. Und als er zurückkehrte, erfuhr er, daß dieses Universum, das aus Brahman entstanden ist und zu Brahman zurückkehren will, eine Manifestation des Brahman ist: alle Tiere, Menschen, Pflanzen, die ganze Natur, die Erde – alles ist Manifestation des Brahman. Weil dieses ganze Universum nichts anderes als Brahman ist, sagte er, wollte er in *dieser* Welt mit *diesem* Bewußtsein weiterleben. Hier mag – wenn man so will – die Einsicht verbor-

gen sein, die uns dazu veranlaßt, diese Lehre Neo-Hinduismus zu nennen. Der Wedanta sagt, daß derjenige, der seine Identität mit Brahman erkennen will, diese Welt verlassen muß. Du kannst nicht hier bleiben und gleichzeitig Brahman erkennen. Darum: Geh hinaus, geh in die Wälder oder ins Gebirge, an irgendeinen Platz, an dem du allein sein kannst und den spirituellen Praktiken nachgehen kannst. Ramakrischna dagegen sagte: Nein, fliehe nicht in die Wälder, sondern bleibe, wo du bist. Was immer du tust, tu es weiterhin. Bist du ein Student, so bleibe einer. Bist du ein Manager, so bleibe ein Manager. Bist du eine Hausfrau, so bleibe es. Du brauchst keinen Wechsel zu vollziehen. Aber welchen Wechsel soll man dann vollziehen? Der Wandel vollzieht sich in der Haltung. Bisher magst du gedacht haben, andere Menschen sind eben nur andere Menschen. Jetzt änderst du dich. Jetzt merkst du, daß andere Menschen, mit denen du verkehrst, Brahman selbst sind. Sie sind Gott. In allem, was du tust, wirst du dann dieser Einsicht entsprechen. Im Büro, im Geschäft, wo immer du dich gerade aufhältst. Denk immer daran, daß sie in ihren verschiedenen Ausdrucksweisen und Erscheinungsweisen Brahman sind. Kannst du das, dann wirst du auch in spiritueller Hinsicht Fortschritte machen.
Spiritueller Fortschritt meint hier: ein Fortschritt in wirklichem »Gottesdienst«. Es ist der wahre Weg des Karma-Yoga. Mein Karma wird in gutem Sinne verändert bzw. aufgefüllt, wenn ich im anderen das Göttliche erkenne und ihm als solchem begegne. Indem man etwas für ihn tut, verändert sich das, was man tut, in Karma-Yoga. Denn es ist eine Tat, die in Wirklichkeit für Gott getan wird. Nicht für mich, denn ich beanspruche ja nicht die Früchte meiner Tat.
Eine weitere Folge der richtigen Erkenntnis ist die Fähigkeit, zwischen Göttlichem und Nicht-Göttlichem zu unterscheiden. Wir nennen diese Fähigkeit Jñana-Yoga, Methode der Erkenntnis. Wer zwischen Ewigem und Vergänglichem zu unterscheiden weiß, kann diesen Pfad der Erkenntnis gehen. Auch auf diesem Wege komme ich zur Erkenntnis Brahmans. Denn man beginnt mit der Einsicht, daß der Mensch, mit dem man es aktuell zu tun bekommt, Brahman selbst ist. Darum wird man sich um nichts anderes kümmern, als eben um dieses Brahman, insofern es einem in diesem Menschen begegnet. Aber auch Bhakti-Yoga vollzieht sich auf diese Weise erst in seiner schönsten Vollkommenheit. Bhakti-Yoga bedeutet liebevolle Verehrung. Ihr als Christen kennt sie am ehesten. Wenn der andere, der Nächste, Gott ist, begegnen wir ihm mit voller Verehrung. Denn in ihm begegnet uns ja Gott. Ganz gewöhnliche Mitmenschlichkeit wird hierdurch also zur Mitgöttlichkeit. Aber auch der traditionelle Radscha-Yoga, der Königsweg, wie wir ihn nennen, bekommt im Lichte der Lehre Ramakrischnas eine tiefere Bedeutung. Wir konzentrieren den Verstand auf Gott, bis wir Gott erkennen. Auch hier wieder konzentrieren wir uns auf den Gott, der uns in Gestalt dieses Mannes oder dieser Frau begegnet. So wird unser ganzes zwischenmenschliches Verhalten vergöttlicht – spiritualisiert. Wie das zu verwirklichen ist? Nun, das ist sehr schwierig. Beginne diese Erfahrung an einem Menschen zu machen; von selbst wirst du dann dazu geführt, sie auf andere Menschen zu übertragen.
Das ist die neue Art des Gottesdienstes, wie sie von Ramakrischna neu entdeckt wurde.
Swami Rasajananda

Zu Beginn dieses Kapitels wurde eine These von Kurt Dockhorn zitiert. Prüfen Sie bitte ob diese These durch die Ausführungen von Swami Rasajananda bestätigt wird oder nicht.

Namen und Begriffe

Arya Samaj Gemeinde der Arier – von Dayananda Sarasvati im 19. Jahrhundert gegründete religiös nationalistische Gemeinschaft.

Dayananda Sarasvati (1824–1883) Begründer der Reformbewegung des Arya Samaj.

Rabindranath Tagore (1861–1941) Bedeutender Philosoph und Dichter aus Kalkutta. Er war vom Brahma Samaj stark beeinflußt und gab dessen Ideen literarischen Ausdruck. 1933 erhielt Tagore den Nobelpreis für Literatur.

Ram Mohan Roy (1772–1833) Er wird der ›Vater des modernen Indiens‹ genannt. Sein Studium der Weden und Upanischaden führte zur Reform des Hinduismus im Sinne eines ethischen Monotheismus. Er gründete die »Gesellschaft der Anbeter Gottes« (Brahma Samaj).

Swami Vivekananda (1863–1902) Geburtsname: Narendranath Dutta, Schüler des Bengali-Heiligen Paramahamsa Ramakrishna (1836–1886). Er faßte dessen Schüler zu einer Bruderschaft zusammen und gründete 1897 die Ramakrischna-Mission, die erste ›Missionsgesellschaft‹ des Hinduismus. Sie hat in Amerika viele Anhänger. In Indien ist die Ramakrischna-Mission vor allem auch auf sozialem Sektor tätig.

Die soziale Welt des Hinduismus

Das Kastenwesen als Strukturprinzip

Kein Abendländer, der in Indien gelebt hat, mag er der leidenschaftlichste Reformer oder der eifrigste Missionar gewesen sein – von den Indern ganz zu schweigen – hat unseres Wissen jemals schlicht und einfach die Abschaffung des Kastensystems angestrebt oder empfohlen; entweder, weil er sich . . . der positiven Funktionen, die dieses System erfüllt, lebhaft bewußt war, oder aber, weil er die Sache für völlig undurchführbar hielt.
Louis M. Dumont

Obwohl die indische Verfassung vom 26. November 1949 jedem Bürger die Gleichheit vor dem Gesetz verbürgt, ist das Kastensystem nach wie vor das eigentliche Strukturprinzip der hinduistischen Gesellschaft. Allerdings gliedert sich die heutige Gesellschaft nicht mehr in die vier Kasten (Warna) des klassischen Hinduismus, sondern in zahllose Unterkasten, die *Dschati (Jati)* genannt werden. Sie teilen die gesamte Gesellschaft in eine große Zahl von regional begrenzten Gruppen, in die man hineingeboren wird. Jede Kaste umfaßt also eine Vielzahl von Dschatis. So unterteilen sich zum Beispiel die Brahmanen in einem bestimmten Gebiet in verschiedene Dschatis. Da gibt es zum Beispiel in eine Dschati hineingeborene Brahmanen, die die Priester am Ort stellen. Eine andere Brahmanen-Dschati übt das Priesteramt nicht aus, sondern lebt vom Landbesitz. Wieder eine andere stellt die Berufsgruppe der Köche und garantiert so kultisch reine Speisen. Ähnliches gilt für die anderen Kasten. Die Dschatis unterteilen sich wiederum in Clans (Großfamilien). In den Dörfern repräsentieren die Dschatis das Kastengefüge. Sie sind hierarchisch abgestuft. Maßgeblich hierfür ist der Grad ihrer kultischen Reinheit. Die höchste Dschati ist die, deren Mitglieder sich allein dem Priesterdienst widmen und sich durch keinerlei andere Arbeit verunreinigen.

Durch seine Dschati findet der Hindu seine Identität. Sie weist ihm seinen Beruf und damit seinen Platz in der Gesellschaft zu. Sie sorgt für die Einhaltung von Sitten und Vorschriften, die seinem Stande gemäß sind, und gibt ihm so Maßstäbe und Gewißheit für richtiges und heilvolles Leben. Die Dschati versucht sich reinzuhalten durch das Gebot der *Endogamie,* also der Heirat innerhalb der eigenen Dschati, die so den Erhalt der Gruppe sichern soll.
Das Dschati-System hat folgende Merkmale:

1. die Zugehörigkeit zu einer endogamen Gruppe durch Geburt,
2. die hierarchische Abstufung des Status,
3. detaillierte Vorschriften, die darauf abzielen, den Eigencharakter der Gruppe und die Unterscheidung von anderen sicherzustellen,
4. die Unterteilung in Berufsgruppen, die der Arbeitsteilung dient,
5. ein eigenes Verwaltungsorgan, das für Einhaltung von Sitte und Ordnung sorgt.

Wie sehr das Dschati-System religiös geprägt ist, wird daran deutlich, daß das wichtigste Unterscheidungsmerkmal das der kultischen Reinheit oder der Unreinheit ist. Die Frage der kultischen Reinheit wird auf drei unterschiedliche Bereiche bezogen:

1. auf die Reinheit, die sich auf die Familie bezieht,
2. auf die Reinheit der Gebrauchsgegenstände,
3. auf die Reinheit des Körpers.

Die kultische Reinheit der Familie wird zum Beispiel beeinträchtigt durch Geburt und Tod. Die Geburt eines Kindes macht die Mutter für zehn Tage unrein; der Vater wird rein, wenn er sich badet. Der Tod befleckt die ganze Familie. Je nach dem Grad der Verwandtschaft hält sich die Unreinheit unterschiedlich lange. ›Die Zeit der Unreinheit‹ findet ihren Abschluß mit einem reinigenden Bad, Kultische Unreinheit kann auch auf die Familie übertragen werden, wenn ein einzel-

ner aus ihr einen Unberührbaren, eine Frau während ihrer Periode, ein neugeborenes Kind oder einen toten Körper berührt hat. Auch Gegenstände können unrein sein, wenn sie zum Beispiel aus Getötetem hergestellt sind.
So erklärt sich, daß ein Brahmane kein Leder, also auch keine Schuhe anzieht. Die Reinheit des Körpers wird durch festgelegte tägliche Reinigungsrituale erreicht. Hierzu gehört vor allem das Baden. Die größte Reinigungskraft hat fließendes Gewässer, wobei auch noch nach dem Grad der Heiligkeit des Flusses unterschieden werden muß. So hat der Ganges die höchste reinigende Kraft und dies ganz besonders an heiligen Orten wie Benares (Waranasi).
Dadurch, daß der Hindu auch in der Frage der Reinheit eine hierarchische Ordnung kennt, ist eine Abstufung der Kasten und in ihnen der Dschatis möglich. Die berufliche Beschäftigung mit mehr oder minder reinen Gegenständen bezeichnet also den Ort der Dschati innerhalb seiner Kaste. Eine Berufsgruppe, wie zum Beispiel die der Abdecker, kann aufgrund ihres täglichen Umganges mit Kadavern, die ja eigentlich nicht berührt werden dürfen, selbst unberührbar werden. Diese Gruppe der Unberührbaren leistet den anderen Dschatis einen wichtigen Dienst. Sie erspart ihnen die Verunreinigung und trägt dazu bei, die Reinheit ihrer Dschati zu bewahren. Überhaupt versteht ein Hindu sein Dschati-System als ein System gegenseitiger Dienstleistungen. Jede Dschati hat ihre eigene Funktion und dient dem Ganzen und trägt Verantwortung für die Erhaltung des Ganzen. Das System organischer Arbeitsteilung findet man heute noch in den dörflichen Gemeinschaften. Es überträgt auch dem Ärmsten eine Verantwortung.

Ein guter Indienkenner behauptet, daß »das Kastensystem eher weniger ›ausbeuterisch‹ erscheint, als die demokratische Gesellschaft. Wenn der moderne Mensch dies nicht erkennt, dann deshalb, weil er sich Gerechtigkeit außerhalb der egalitären Gesellschaft nicht mehr vorstellen kann« (L. Dumont).

Das Problem der Tischgemeinschaft und der Vegetarismus

Die religiöse Verpflichtung zur kultischen Reinheit, die in jeder Kaste und Dschati (Jati) zum Teil andere Bestimmungen kennt, führt dazu, daß die ›unreinsten‹ Elemente einer Dorfgemeinschaft ausgegrenzt werden und in Außenbezirken wohnen müssen. Selbst dort, wo diese Ausgliederungen nicht mehr stattfinden, wird ihnen ein eigener Brunnen oder zumindest eine eigene Brunnenbenutzungszeit zugewiesen. Der Kontakt mit ihnen wird auf ein Mindestmaß begrenzt, läßt sich aber mit den Wäschern und Frisören, die als unrein gelten, nicht verhindern und erlaubt in Ausnahmefällen die Begegnung, ohne daß danach besondere rituelle Waschungen gefordert werden. Das System schafft sich also Ausnahmen der Unberührbarkeit, wenn diese dem einzelnen oder der Gemeinschaft nützen. Eine deutliche Empfindlichkeit gibt es jedoch bei der Frage der Tischgemeinschaft, denn kultische Unreinheit kann vor allem durch unreine Kost herbeigeführt werden.
Der Hindu unterscheidet zwischen ›vollkommener‹ und ›unvollkommener‹ Nahrung. Vollkommene Nahrung ist die vegetarische Kost oder die mit Milch zubereitete Speise, da sie gereinigt ist durch die Gabe der heiligen Kuh. Mit der Zubereitung, wenn beim Kochen Leben getötet wird, besteht die Gefahr der Verunreinigung. Allein Brahmanen geben die Gewähr, wirklich reine Speisen herzustellen, weshalb sich wohlhabende Familien einen Brahmanen als Koch halten, um so alle Gäste aus jeder Dschati beköstigen zu können.
Die vegetarische Kost ist jedoch nur für die Brahmanen verpflichtend. Andere Kasten und Dschatis kennen den Fleischgenuß, wobei Kalb- und Rindfleisch ausgenommen ist. Eine Dschati, die sich jedoch innerhalb der gleichen Kaste (z. B. Waischja) abheben möchte von einer anderen gleichen Dschati, kann dies durch die Verpflichtung zum Vegetarismus tun. Die vegetarische Lebensweise kann somit die Statusfolge innerhalb einer Warna bestimmen, ohne dadurch allerdings die Grenzen zwischen den Grundkasten aufzuheben. Zum Beispiel ist ein Waischja, der vegetarisch lebt, dadurch noch nicht einem fleischessenden Kschatrija übergeordnet.
Wenn demnach die Frage nach ›rein‹ und ›unrein‹ bei der Tischgemeinschaft eine solche Rolle spielt, dann ist zu fragen, wer von wem überhaupt Nahrung annehmen darf. Grundsätzlich läßt sich sagen, daß alle Mitglieder einer Familie gemeinsam essen dürfen, sofern sich nicht gerade einer von ihnen im Stadium der Unreinheit befindet (zum Beispiel die Frau während ihrer Periode). Ebenso dürfen die Angehörigen einer Dschati zusammen essen. Bei manchen Gelegenheiten kommt es vor, daß die ganze Dorfgemeinschaft zusammen speist. Im allgemeinen wird aber auch

dort darauf geachtet, daß die Statusgleichen zusammensitzen. Entscheidender ist die Frage, wer gekocht hat, da dieser für die Reinheit der Speise garantieren muß. Der Koch muß also immer ›reiner‹ sein als der ›reinste‹ Gast. Die Tischgemeinschaft mit einem Unberührbarem ist allerdings für einen strengen Hindu immer noch unvorstellbar.

Bestimmungen der indischen Verfassung vom 26. 11. 1949 zum Kastenwesen

§ 14 Der Staat darf keiner Person Gleichheit vor dem Gesetz oder den Schutz durch das Gesetz verweigern.

§ 15 Der Staat darf keine Bürger benachteiligen (discriminate) aus Gründen seiner Zugehörigkeit zu einer bestimmten Religion, Rasse oder Kaste oder seines Geschlechts oder seiner Geburtsstellung wegen.
Keinem Bürger darf aus diesen Gründen der Zutritt zu Läden, zu öffentlichen Gasthäusern und Unterkünften oder Vergnügungsstätten verweigert werden, noch die Benutzung von Brunnen, Teichen, Badeghats, Straßen und anderen Plätzen, die der Allgemeinheit dienen.

§ 16 Alle Bürger haben zu den Staatsämtern den gleichen Zugang und die gleiche Möglichkeit.

§ 17 Die »Unberührbarkeit« ist abgeschafft und ihre Aufrechterhaltung in irgendwelcher Form ist verboten. Die Durchsetzung irgendwelcher aus Unberührbarkeit sich ergebender Rechtsnachteile soll ein gemäß den Gesetzen strafbares Vergehen sein.

§ 46 Der Staat soll mit besonderer Sorgfalt sich der erzieherischen und wirtschaftlichen Belange der schwächeren Schichten der Bevölkerung annehmen, vornehmlich derjenigen der »Scheduled Castes« und »Scheduled Tribes«, d. h. der zu besonderer Berücksichtigung ausgesonderten (unberührbaren) Kasten und (primitiven) Stämme und sie gegen soziale Ungerechtigkeit und jede Form der Ausbeutung schützen.

Urteile fortschrittlicher Hindus zum Kastenwesen

Mahatma Gandhi:
Wenn wir unseren Traum von Sarwodaja, d. h. wahrer Demokratie, verwirklicht sähen, würden wir den einfachsten und niedrigsten Inder als gleichwertig mit dem Herrscher Indiens, mit dem Größten im Lande betrachten. Das setzt voraus, daß alle rein sind oder rein werden, soweit sie es nicht sind. Und die Reinheit muß Hand in Hand gehen mit der Weisheit. Keiner würde alsdann

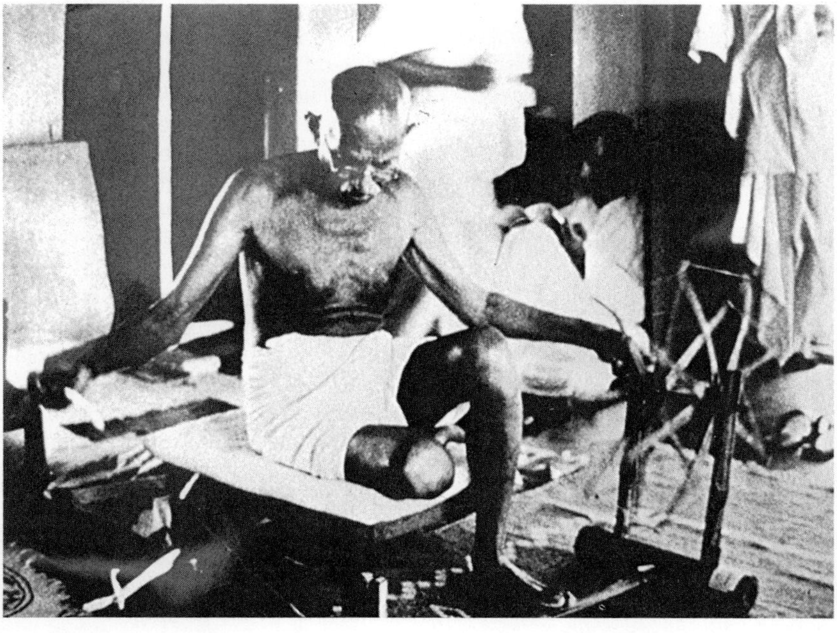

Mahatma Gandhi

noch Rangunterscheidungen treffen zwischen Gemeinschaft und Gemeinschaft, zwischen Kastenzugehörigkeit und Kastenlosigkeit. Jeder würde alle Menschen als gleich mit sich selbst betrachten und sie mit dem seidenen Netz der Liebe umschließen. Keiner würde den anderen für unberührbar halten. Wir würden den Handarbeiter als ebenbürtig mit dem reichen Kapitalisten sehen. Jeder würde sich ehrlich sein Brot im Schweiße seines Angesichts verdienen können und keinen Unterschied machen zwischen geistiger und körperlicher Arbeit.
Warnaschrama ist, meiner Meinung nach, der menschlichen Natur angeboren, und der Hinduismus hat es lediglich zu einer Wissenschaft gemacht... Ein Mensch kann sein Warna nicht durch eigene Wahl ändern. Sich nicht an ein Warna halten, heißt, die Gesetze der Vererbung mißachten...
Alle sind dazu geboren, um der Schöpfung Gottes zu dienen – der Brahmane durch sein Wissen, der Kschatrija durch seine Kraft, der Waischja durch seine kommerziellen Fähigkeiten und der Schudra durch körperliche Arbeit. Das heißt aber nicht, daß ein Brahmane körperliche Arbeit verrichten oder sich und andere beschützen muß. Seine Geburt macht einen Brahmanen hauptsächlich zu einem Mann des Wissens, der aufgrund von Vererbung und Schulung der Geeignetste ist, andere zu lehren. Andererseits kann den Schudra nichts daran hindern, sich all das Wissen zu erwerben, das er wünscht. Nur wird er am besten den anderen mit seiner Körperkraft dienen und braucht nicht andere um deren besondere Fähigkeiten zu beneiden...

Prof. Machevi:
Das eigentliche Problem liegt darin, daß bisher der gute Sinn des Kastenwesens noch nicht genug herausgearbeitet worden ist. Nur die negativen Seiten dieser Lehre sind betont worden. In Indien wird heute niemand wegen seiner Kastenzugehörigkeit wirklich diskriminiert. Jeder hat das Recht, den Beruf zu ergreifen, den er will und der seinen Fähigkeiten entspricht... Das Problem wird erst bei der Eheschließung akut. Eine Kasten übergreifende Eheschließung ist heute immer noch sehr, sehr schwierig. Aber bitte, das Problem gibt es bei Ihnen auch, nur daß es da nicht mit dem Kastenwesen verbunden ist, sondern mit dem Geld, das einer hat oder nicht hat.
(Aus einem Gespräch mit Prof. Dr. Machevi, dem Direktor des Instituts für moderne Sprachen in Kalkutta, 1984).

Professor Machevi will im Kastenwesen auch einen positiven Sinn erkennen. Worin könnte er bestehen?
Warum konnte sich das Kastenwesen in Indien trotz der neuen gesetzlichen Bestimmungen in vielen Gebieten halten?
Mahatma Gandhi bekennt sich zum ursprünglichen Kastensystem des Warnaschrama. Er möchte dennoch die Gleichheit aller Menschen. Wie läßt sich das miteinander vereinbaren?

Die Stellung der Frau im Hinduismus

Mutterschaft – die Hauptrolle der Frau

Es ist erwiesen, daß die Religion des Hinduismus die Rolle der Frau in der Familie und Gesellschaft stark geprägt hat. So können anhand der religiösen Zeugnisse in Kunst und Literatur auch die Wandlungen der Stellung und der Rolle der Frau mitverfolgt werden. Für die frühe Zeit der wedischen Religion kann man aus der Bedeutung von weiblichen Gottheiten Rückschlüsse auf die Stellung der Frau ziehen. Hier sind es zwei Göttinnen: Aditi und Prithiwi, die das Bild der Frau bestimmen. Aditi personifiziert die Mütterlichkeit. Als Mutter von Söhnen, so auch des höchsten Gottes Waruna, verdient sie Verehrung. Zu ihrem Wesen gehört auch, daß sie beschützt und von Sünden befreit. Deshalb trägt sie den Namen a-diti = ungebunden, frei, ohne Grenzen. Die Göttin Prithiwi galt den arischen Einwanderern als die Personifizierung der Erde. Als Mutter Erde sorgt sie für Nahrung und erhält das Leben. Dieser Gedanke sollte später bei den nationalen Erhebungen Indiens im 19./20. Jahrhundert wieder aufgenommen werden und das nationale Selbstbewußtsein stärken. Das Preislied an die göttliche Mutter von Bankim Chandra Chatterji (1838 bis 1894) identifizierte Indien mit der göttlichen Mutter und wurde zeitweise als Nationalhymne gesungen.

Vande Mataram

Verehrung sei Dir, Mutter,
Lebenspendendes Wasser gibst du uns,
Reife Früchte und Kühle des Südwinds,
Du korn-grün Leuchtende, Mutter!
Ekstatisch im weißen Mondlicht sind deine Nächte,
Schön bist du im Schmuck deiner vollerblühten Bäume,
Glückselig lächelnd, liebe Worte sprichst du uns zu,
Glückspendende, schützende Mutter!

Wenn aus dreihundert Millionen Kehlen der gewaltige Schlachtruf hallt,
Wenn in zwei mal dreihundert Millionen Händen die scharfen Schwerter bereit sind,
Wie kannst du da schwach sein, Mutter, bei so viel Kraft?
Vor dir, die du mit großer Kraft erfüllt bist,
Neige ich mich, vor der Retterin,
Die die Scharen der Feinde zerstreut, vor der Mutter.
Du bist Weisheit, du bist Dharma,
Du bist das Herz und du bist des Herzens Geheimnis,
Du allein bist im Körper die Lebenskraft.
Im Arm, Mutter, bist du die Stärke,
Im Herzen, Mutter, bist du die Liebe.
Tempel um Tempel schmück ich mit deinem Bild.
Du bist ja Durga mit den zehn Waffen,
Du Kamala, die auf Lotusblüten wandelt.

Vor dir, die du Worte und Weisheit verleihst, neige ich mich.
Ich neige mich vor Kamala, der Reinen, der Unvergleichlichen,
Die uns lebenspendendes Wasser und reife Früchte gibt, der Mutter.
Verehrung sei dir Mutter,
Du grün Leuchtende, Schlichte, heiter lächelnd in deinem Schmuck.

Du heiter Lächelnde in deinem grün-schlichten Schmuck,
Du allerhaltende Mutter Erde!
Bankim Chandra Chatterji

Seit der frühen Zeit des Rigweda war die Hauptrolle der Frau die Mutterschaft. Sie garantierte den Bestand der Welt. Deshalb können männliche Gottheiten nicht ohne ein weibliches Gegenüber gedacht werden. In den späteren figürlichen Darstellungen finden wir auch die beiden Prinzipien des Männlichen und Weiblichen in einer Figur abgebildet. Das Weibliche stellt die schöpferische Energie (Schakti) dar. Die Frau erfüllte ihre Bestimmung in der Mutterschaft, wobei es vor allem auf die Geburt von Söhnen ankam. Die hervorgehobene Stellung der Söhne gegenüber den Töchtern wird auch daran deutlich, daß allein die Söhne erbberechtigt waren. Die Erziehung der Mädchen zielte ab auf ihre spätere Rolle als Hausfrau und Mutter.

Partnerin beim Opferkult

Eine wichtige Rolle spielte die Frau zur wedischen Zeit noch im häuslichen Kult. Wie am häuslichen Herd hatte sie am Altar das Feuer zu hüten. Agni, den Gott des Feuers, zu speisen, bedeutete Teilhabe an der Erhaltung des Kosmos. Im Rigweda sind uns Gebete von Frauen überliefert, die von der aktiven Beteiligung am Opfer zeugen. Zu der Zeit waren Frauen auch noch nicht von öffentlichen Versammlungen ausgeschlossen. Das änderte sich zur Zeit der Brahmanas. Mit der wachsenden Bedeutung der Priester beim Opferkult wurden neue Riten und Vorschriften entwickelt. Von Bedeutung für die Stellung der Frau wurden vor allem die Reinheitsvorschriften. Kultische Reinheit wurde zur Vorbedingung für die Teilnahme am Opfer. Da Berührung mit Blut Unreinheit verursacht, bedeutete auch die Begegnung und Berührung von menstruierenden Frauen eine kultische Verunreinigung. Um der kultischen Reinheit willen sollten Männer nicht mit Frauen zusammen essen. Zwar durften Frauen zur Zeit kultischer Reinheit nach entsprechenden Waschungen den häuslichen Feuerkult vollziehen, ging es dabei doch um ihre Fruchtbarkeit, aber ein selbständiges Opfer durften sie nicht darbringen. Schlecht erging es der Frau, die keinen Sohn gebar. Sie durfte verstoßen werden. Die Bedeutung der Söhne wurde jetzt religiös damit begründet, daß nur ein Sohn das Totenopfer, das Voraussetzung für die Rettung der Seele ist, vollziehen kann. Außerdem hatte ein Brahmane nur dann die Pflicht der Kinderzeugung erfüllt, wenn ihm ein Sohn geboren wurde.

Die Frau – das Eigentum des Mannes – Die Rolle der Frau im Gesetzbuch des Manu

Am stärksten wurde die Rolle der Frau bestimmt durch das Gesetzbuch des Manu, das über Jahrhunderte hinweg tradiert wurde und große Autorität besaß. Die Auswirkungen sind bis in unser Jahrhundert spürbar. In Fortsetzung der alten Tradition, daß Frauen den Sinn ihres Lebens allein in der Mutterschaft von Söhnen und im Dienst für den Mann und die Familie finden können, verfestigte sich die Verpflichtung zur Heirat. Der Vater von Mädchen hatte deshalb rechtzeitig für einen Bräutigam zu sorgen, um so seine väterliche Pflicht zu erfüllen. Schon die ältesten Gesetzesvorschriften hielten es für eine Sünde, wenn ge-

schlechtsreife Mädchen noch unverheiratet waren. Ihnen drohte bei frühem Tod eine Wiedergeburt in der Kaste der Schudras. So wurden Mädchen im Alter von acht bis zwölf Jahren frühzeitig älteren Männern rechtsverbindlich anverlobt. Sie blieben zunächst noch im Hause der Eltern, mußten aber gleich nach Eintritt der ersten Menstruation dem Ehemann übergeben werden, weil das Versäumnis einer für die Empfängnis günstigen Zeit als Mord an werdendem Leben angesehen wurde. Wenn die Frau ihrem Mann keinen Sohn gebären konnte, durfte er eine zweite oder dritte Frau nehmen.
Durch die Heirat wurde die Frau das Eigentum ihres Mannes. Der Mann hatte auch dafür zu sorgen, daß seine Frau keinen Ehebruch beging und sie sorgfältig zu bewachen. Schon Gespräche und Scherze mit fremden Männern konnten als Ehebruch gedeutet werden. Tatsächlicher Ehebruch der Frau wurde mit schweren Bußübungen oder der Verstoßung bestraft und hatte gesellschaftliche Ächtung zur Folge. Nach Manu sollen Ehebrecherinnen als Schakale wiedergeboren werden oder schwere Krankheiten erleiden. Im Unterschied zum Mann hatte die Frau ihrem Mann die Treue auch nach dem Tode zu bewahren, indem sie ein einfaches Leben in Keuschheit führte. Jüngere Rechtsschriften ließen auch die Witwenverbrennung zu, durch die die Frau eine vermutete Schuld büßen und ihre Treue erweisen konnte. Die Witwenverbrennung wurde deshalb auch Sati (treue Frau) genannt. Sie sollte im Laufe der Zeit mehr und mehr zur festen Sitte werden. Erst 1829 wurde sie auf Betreiben des Hindu-Reformers Ram Mohan Roy durch den britischen Generalgouverneur Lord William Bentinck gesetzlich verboten. 1956 erhielten die Witwen das Recht der Wiederverheiratung, das den Männern schon immer zugestanden war.
Die Frau war nach den Vorstellungen der Gesetzesvorschriften des Manu um die Zeitenwende ein Wesen minderen Rechtes. Sie war den Männern völlig untergeordnet.

Ein Mädchen, eine Jungfrau oder eine bejahrte Frau müssen auch in ihrer eigenen Wohnung nichts nach ihrem bloßen Belieben vornehmen.
In der Kindheit muß eine Frau von ihrem Vater abhängen, in ihrem jungfräulichen Alter von ihrem Ehemann, und wenn er tot ist, von ihren Söhnen; wenn sie keine Söhne hat, von den nahen Verwandten ihres Gatten; hat er aber keine hinterlassen, von den Verwandten ihres Vaters, und wenn sie keine väterlichen Blutsfreunde hat, von den Landesherren; eine Frau muß nie nach Unabhängigkeit streben.
Sie muß nie wünschen, sich von ihrem Vater, von ihrem Gatten oder von ihren Söhnen zu trennen; denn wenn sie sich von ihnen absondert, so gibt sie beide Familien der Verachtung preis.
Sie muß immer gut gelaunt sein, der Haushaltung wohl vorstehen, die Geräte im Hause sorgfältig in acht nehmen und bei allen ihren Aufgaben sorgsam zu Werke gehen.
Eine treue Frau, die im Himmel zur Wohnung ihres Gatten zu gelangen wünscht, muß ihm nie etwas Widriges zufügen, weder bei seinen Lebzeiten, noch bei seinem Tode.
Sie muß aus eigenem Antriebe nichts als reine Blumen, Wurzeln und Früchte genießen und dadurch ihren Körper abzehren, aber nie den Namen eines anderen Mannes nach dem Ableben ihres Herrn nur von sich hören lassen.
Bis an ihren Tod verzeihe sie beständig alle Beleidigungen, kasteie sich, vermeide jedes sündliche Vergnügen und beachte mit Freuden die unvergleichlichen Vorschriften der Tugend, die diejenigen Frauen ausgeübt haben, die nur einem Ehemanne ergeben waren.
Gesetzbuch des Manu

Die tugendhafte, liebende und gehorsame Gattin – Das Leitbild der großen Epen

Mehr noch als die Gesetzesvorschriften des Manu, die im wesentlichen durch die Priester vermittelt wurden, haben die großen Epen (Mahabharata und Ramajana) das Selbstverständnis der indischen Frau geprägt. Mit den Heldinnen der volkstümlichen Erzählungen konnten sie sich voll identifizieren. Vor allem Sita, die tugendhafte Gemahlin des Prinzen Rama, wurde zum beliebten Leitbild. Sie verkörpert die liebende und gehorsame Gattin, die nicht ohne ihren Mann leben mag und mit ihm in die Verbannung geht. Als sie dort durch eine List von dem Dämonenkönig Rawana entführt wird, widersteht sie allen Versprechungen und Drohungen Rawanas, der sie zur Frau nehmen möchte. Es gelingt Rama mit Hilfe des Affenkönigs Hanuman seine geliebte Frau, ohne die er nicht leben mag, zu befreien. Unberührt empfängt er sie zurück. Aber er darf sie, die durch die lüsternen Blicke Rawanas befleckt ist, um seiner königlichen Ehre willen nicht wieder annehmen und gibt sie frei. Sita besteigt in ihrer Verzweiflung den

Scheiterhaufen, weil sie nicht in Schande leben will. Aber der Gott des Feuers nimmt sich ihrer an und übergibt sie Rama feierlich und versichert ihm Sitas Unschuld und Reinheit.
Die Liebe der königlichen Ehegatten wird also zum großen Vorbild jeglicher Ehe. Liebe ist etwas Wichtiges und Schönes und hat einen hohen Stellenwert im Leben von Ehepartnern. Das zeigen auch die Liebesgeschichten von Lord Krischna und Radha, die sich gleicher Beliebtheit erfreuen. Aber diese Liebe ist nicht die Liebe gleichberechtigter Partner. Die Frau ist dem Manne als ihrem Gott untergeordnet. Die Vergötterung des Mannes durch die Frau läßt sie blind werden für die Abhängigkeit, in der sie sich tatsächlich befindet. Da die Frau Erfüllung findet im liebenden Dienst für den Mann und ihrer Familie, meldet sie auch keine eigenen Ansprüche auf Bildung und eigenständigen Beruf oder freien Umgang an.

Die Sitte der Verschleierung

Die Situation der Frau verschlechterte sich seit dem Vordringen des Islam. Zum Schutz der Frau, und um sie als verheiratet zu kennzeichnen, übernahm man den persischen Brauch der Verschleierung (Purdah). Gleichzeitig wurde die Frau völlig in den häuslichen Bereich verbannt.
Die Analphabetenrate der Frau stieg nun noch weiter an. Die Sitte des Purdah fand allerdings mehr Verbreitung in wohlhabenderen Familien als in ärmeren, da die unteren Schichten es sich nicht leisten konnten, ihre Frauen in Purdah zu halten. Sie waren als Arbeitskräfte in der Landwirtschaft und niederen Gewerben unentbehrlich.

Die Stellung der Frau im heutigen Indien

Die Stellung der Frau im heutigen Indien ist durch große Widersprüche gekennzeichnet:

- Einerseits konnte eine Frau Ministerpräsidentin des Landes sein – Indira Gandhi!
- Andererseits wird die Frau innerhalb der indischen Gesellschaft schamlos unterdrückt.
- Einerseits ist der höchste Verkehrspolizist Delhis eine Frau, Kiran Bedi, verheiratet und Mutter mehrerer Kinder, ein attraktiver ehemaliger Tennisstar, der das Verkehrschaos mit starker Hand zu bändigen sucht,
- andererseits wird die Frau vielfach als nur für niedere Arbeiten tauglich angesehen und ins Haus verbannt.

Alte Traditionen und modernes westliches Denken treffen aufeinander. Vor allem im ländlichen Bereich, in dem der Großteil der Bevölkerung lebt, behaupten sich jahrhundertealte Verhaltensweisen. In den Städten dagegen finden sich bereits emanzipatorische Frauenbewegungen.

Aus einem Reisebericht von 1983

Die Verfassung des modernen Indien stellt die Frau dem Manne gleich. Aber dieses Recht ist noch längst nicht für alle Frauen eingelöst. Es mag für jene aus den höheren Schichten gelten. Wir haben sehr viele Studentinnen gesehen, die akademische Grade bis hin zum Doktor-Titel erwerben. Die gebildete Inderin ist in fast allen Berufs-

zweigen vertreten, sogar als Pilotin bei der staatlichen Fluggesellschaft. Frauen haben auch im Befreiungskampf eine Rolle gespielt. Doch achtzig Prozent aller Inder leben auf dem Lande. Und hier ist das Los der Frauen von Tradition bestimmt, die Jahrhunderte alt ist und sich bis in die heutige Zeit hinein erhalten hat.
Ein Soziologieprofessor in Benares berichtet uns, daß es in Indien weniger Frauen als Männer gibt. Das ist nur in ganz wenigen Ländern der Erde der Fall. Und der Grund? An der hohen Kindersterblichkeit haben die Mädchen der schlechteren Versorgung wegen einen bis zu 60 % höheren Anteil als die Jungen, und die Zahl der Frauen, die in Indien im Kindbett sterben, ist mit 573 pro 100 000 Lebendgeburten eine der höchsten der Welt. Wir haben später im Chambalvalley Dörfer besucht, in denen – angeblich bis vor wenigen Jahren, womöglich aber auch noch heute – weibliche Säuglinge umgebracht werden. Frauen sind eine Last für die Familie. Und wenn wir unser vom westlichen Standpunkt begründetes Unverständnis der Behandlung den Frauen gegenüber äußerten, so wurde uns immer wieder gesagt, daß die Frauen es nicht anders wollten. Sie wollen gar nicht aus den Häusern heraus, sie lieben ihre Arbeit, sie sind es auch nicht anders gewohnt. Nur 18,6 % aller Inderinnen können lesen und schreiben, bei den Männern sind es inzwischen doch fast doppelt soviel. Im Chambalvalley liegt die Rate der Analphabeten unter Frauen sogar bei 98 %.
Müssen sich in den armen Bevölkerungsschichten die Männer schon plagen, so gilt das erst recht für die Frauen. Sie haben neben der harten Hausarbeit, vom Wasserholen bis zum Kochen am primitiven Herd, auch noch schwere Erdarbeiten zu verrichten, entweder beim Straßenbau oder auf den Feldern. Sie bekommen weniger bezahlt als die Männer, schleppen Steine die Baugerüste hinauf, arbeiten in Erdlöchern, um den Ton für die Ziegelbrennerei herbeizuschaffen. Die Frau eines Advokaten sagte uns, sie sei froh, daß sie im Hause und in der Küche arbeiten könne. Viele ihrer »Schwestern« könnten sich das nicht leisten. Für sie sind Kinder, Küche und Dienst für den Mann, was bei uns als Ausbeutung angesehen wird, Befreiung von mühseliger Plagerei. Den wenigsten Frauen in Indien aber gelingt dieser Aufstieg. Wie überall in den armen Ländern, tragen auch sie die Last des Elends mehr als die Männer.
Klaus Baier

Nach der indischen Verfassung haben Mann und Frau die gleichen Rechte. Mehrere Gesetze wurden geschaffen, die die Stellung der Frau in der indischen Gesellschaft verbessern sollten: 1955 – Verbot der Bigamie; 1955/56 Recht auf Scheidung und Erbrecht auch für Frauen; 1961 Verbot der Mitgift unter Strafandrohung. Woran scheitert die Wahrung der Gesetze?

Das Problem der Mitgiftmorde

In den letzten Jahren wurde die Öffentlichkeit aufmerksam auf sogenannte Mitgiftmorde. Wie kommt es dazu? Die Zahlung einer Mitgift an die Familie des Bräutigams ist eine Konsequenz des hierarchisch organisierten Kastensystems. Es ist das Streben eines jeden Hindu, in eine höhere Kaste aufzurücken. Dies ist bedingt auch durch Heirat möglich, da es Männern erlaubt ist, eine Frau aus einer niedriger stehenden Kaste zu heiraten. Mit einer solchen Ehe rückt die Familie der Braut mit in die höhere Kaste auf. Die Soziologen sprechen hier von einer Hypergamie, einer Heirat über den eigenen Status hinaus. Die Eltern werden unter dieser Voraussetzung immer danach suchen, einen Schwiegersohn einer höheren Kaste zu finden. Gelingt das, so wird es als eine besondere Ehre angesehen. Diese Auffassung verbindet sich mit der klassisch-brahmanischen und allgemein indischen Vorstellung, wonach die Heirat eines Mädchens als ›Geschenk eines Mädchens‹ gilt. Das Geschenk eines Mädchens ist eine besondere Gabe und vor allem dann verdienstvoll, wenn man für das Mädchen kein Entgelt verlangt. Das Mädchen wird hier also als materielles Gut angesehen, dessen Wert sich dadurch erhöht, daß sie mit materiellen Gütern ausgestattet wird. Je höher sich die Familie des Bräutigams selbst einstuft, desto höhere Ansprüche an die Mitgift wird sie der Familie des Mädchens gegenüber stellen. Ursprünglich fand dieses System der Mitgift bei der Heirat lediglich im Bereich der wohlhabenderen Kasten Anwendung. Die Mitgiftsteuer konnte von den Familien der Braut aufgebracht werden, ohne daß eine zu starke Belastung auftrat. In den letzten Jahren hat sich dieser Brauch auf die Mittelschichten ausgeweitet. Die Mitgift wirkt hier prestigefördernd. Deshalb machen gerade Angehörige dieser Schichten bei der Verlobung der Braut eine Mitgift aus, die so hoch ist, daß sie nur in Raten bezahlt werden kann. Werden die Ratenzahlungen nicht erfüllt, setzen massive Drohungen gegen die Frau und ihre Familie ein. Die Fälle häufen sich in den letzten Jahren, in denen dann bei Nichterfüllung der versprochenen Zahlungen die Frau umgebracht wird, um den Weg frei zu haben für eine neue Verbindung. Es ist ein offenes Geheimnis, daß junge Frauen, die nicht selten Kunststoff-Saris tragen, in den Kerosin- oder Petroleum-Kocher gestoßen werden, um einen Unfall vorzutäuschen. Das Gewissen scheint nicht allzusehr dabei belastet zu werden, liest man doch im Gesetzbuch des Manu: »Alkohol und das Töten von Kastenlosen und Frauen rechnen zu den kleineren Sünden.« Natürlich sind das Ausnahmefälle, die aber von den westlichen Medien oft überbetont werden.

Dem Besucher Indiens fällt auf, daß die Frau im Vergleich mit westlichen Ländern in Indien eine viel untergeordnetere Rolle spielt. Aber subjektiv gesehen, scheint sie das in den meisten Fällen nicht in dem Maße zu bedrücken. In der indischen Gesellschaft hat die Frau, vor allem wenn sie Mutter von Söhnen ist, eine wichtige Funktion, die ihr Selbstbewußtsein verleiht.

Namen und Begriffe

Aditi Wedische Göttin, Mutter der himmlischen Götter; in den Weden Mutter Wischnus, stellenweise auch seine Gattin. Als Fruchtbarkeits-Gottheit wird die Kuh mit ihr identifiziert.

Bankim Chandra Chatterji (1838–1894) Brahmane aus Kalkutta. Er wird zum »Vorreiter eines religiös geprägten Nationalismus« (H.-J. Klimkeit), der den Wert der eigenen Religion ins Bewußtsein heben will. Sein Hymnus »Heil der Mutter«, in dem er das Land als Muttergöttin anruft, wird im Kampf um die Unabhängigkeit als Nationalhymne gesungen.

Shrimati Indira Gandhi (19. 11. 1917–31. 10. 1984) Tochter des ersten indischen Ministerpräsidenten Jawaharlal Nehru. Indira Gandhi trat 1938 der Kongreßpartei bei und wurde 1959 deren Präsidentin. 1942 bis 1943 war sie in britischer Haft. Als enge Mitarbeiterin ihres Vaters wurde sie früh auf die Nachfolge im Amt ihres Vaters vorbereitet. 1964 wurde sie in das Kabinett berufen, 1966 zur Ministerpräsidentin gewählt. Sie regierte als Ministerpräsidentin von 1966–1977 und 1980–1984. Am 31. 10. 1984 erlag Indira Gandhi dem Attentat von zwei Sikh-Leibwächtern, die die Erstürmung des zentralen Heiligtums der Sikhs, des Goldenen Tempels, rächen wollten.

Hanuman Gottheit in der Gestalt eines Affen, Sohn des Windgottes Waju und Gefährte Ramas in seinem Kampf gegen den Dämonenfürsten Rawana. Durch das Ramajana in der Bevölkerung sehr bekannt und beliebt. Seinetwegen werden die Affen geschützt und verehrt.

Kamala Lotusblüte, Beiname für die Glücksgöttin Lakschmi, die Gattin Wischnus.

Machevi, Prof. Dr. Leiter des Instituts für moderne Sprachen in Kalkutta.

Sarwodaja/Sarvodaya Wohlergehen für alle – dieser von Mahatma Gandhi eingeführte Begriff wurde der Leitgedanke seiner Politik.

Sita Gattin Ramas, in der Erzählung des Ramajana wird sie von Rawana nach Sri Lanka entführt und später von Rama und Hanuman befreit. Sie hält Rama die Treue und gilt als Vorbild ehelicher Tugend.
In der Göttermythologie ist sie eine Inkarnation von Lakschmi.

Zur Diskussion

Der Hinduismus ist ein großes komplexes Gebilde, das schwer auf einzelne Formeln zu bringen ist. Dennoch lassen sich einige Grundeinstellungen und Grundanschauungen erkennen, die für den Hinduismus charakteristisch sind und aus denen sich eine Fülle von Anfragen zum Religionsvergleich ergeben:

Der Hinduismus ist beides in einem: Gesellschaftssystem und Religion. Die Zugehörigkeit zu ihm gewinnt man nicht durch einen Aufnahmeritus, verbunden mit einem Glaubensbekenntnis, sondern durch die Geburt in einer Hindu-Kaste.

Der Hinduismus ist nicht so sehr ein System festgefügter Glaubenssätze, sondern eher ein bestimmter Lebensstil.

Jedes Lebewesen ist – dem ewigen Gesetz (dharma) folgend – dem Kreislauf der Welten und des Lebens (samsara) unterworfen. Die faktische Lebensgestalt verdankt jedes Lebewesen seinem

Karma. Die Geburt in eine bestimmte Kaste hinein ist das verdiente Schicksal, das man anzunehmen hat. Folgt man den Ordnungen der zugehörigen Kaste, so darf man auf eine Wiedergeburt in einer höheren Kaste (oder Stufe) und schließlich auf Erlösung hoffen.

Der Hinduismus weiß sich nicht an einen Stifter gebunden. Er versteht sich als ewige Religion, vom ewigen dharma bestimmt. Dies Weltengesetz lenkt den Kreislauf des Universums und allen Lebens. Es bestimmt als Ritualgesetz das Leben des Hindu täglich von seiner Geburt bis zum Tode. Es bindet ihn an eine Fülle von Vorschriften, die in den einzelnen Kasten jeweils verschieden sind.

Der Hinduismus bewahrt eine Fülle von Überlieferungen, die z. T. Jahrtausende zurückreichen und die verschiedensten Glaubens- und Lebensformen sowie Lehren nebeneinander zulassen. Es gibt wohl ›Brahman‹, das absolute Sein, aber es gibt keine absolute Wahrheit. Dogmen können nur das verzerrte Abbild einer ewigen Wahrheit sein. Dieses Wissen gebietet Toleranz allen Glaubensformen und Lehren gegenüber. Die einzelnen Religionen bieten ja nur Teilaspekte der einen Wahrheit. Um die volle Wahrheit in den Blick zu bekommen, müßten alle Teilaspekte der Religionen zusammengefügt werden. Der Hinduismus glaubt, eine derartige Synthese leisten zu können (Synkretismus). Er ist deshalb aller Mission gegenüber relativ immun.

Es gibt im Hinduismus auch verschiedene Gottesvorstellungen, die dem Erkenntnisgrad des einzelnen angepaßt sind. Dementsprechend gibt es auch verschiedene Wege zur Erlösung. Grundsätzlich kann jeder selbst den ihm angemessenen Weg zur Selbsterlösung gehen.

Alles Materielle und das irdische Leben werden durch die starke Betonung der notwendigen Erlösung (mokscha) letztlich mit einem negativen Vorzeichen versehen. Dies findet seinen stärksten Ausdruck im Glauben an Maya, die große Gauklerin, die dem Menschen eine falsche Wirklichkeit vorspiegelt. Das uns Reale erscheint hier als Illusion.

Bestehen wesentliche Unterschiede zwischen dem Hineingeborenwerden in eine Kaste und der Aufnahme eines Säuglings in die Religionsgemeinschaft durch die Beschneidung oder die Taufe?
Dem zyklischen Denken im Hinduismus und Buddhismus steht das lineare Geschichtsdenken im Judentum, Christentum und Islam, wie überhaupt im westlichen Denken, gegenüber.
Moderne Wirtschaft und Technik erfordern ein Rechnen mit der Zeit. Die Entwicklung macht eine Mobilität im Berufsleben erforderlich. Welche Probleme tun sich hier für den Hindu auf?
Das Kastenwesen markiert Unterschiede und zementiert sie. Demgegenüber hat sich in aller Welt mehr und mehr die Auffassung von der grundlegenden Gleichberechtigung aller Menschen durchgesetzt. Ist dies eine Utopie?
Wie sieht die Praxis bei Buddhisten, Juden, Christen und Muslimen aus?
Welche Bedeutung haben die Religionsstifter für ihre Religion? Worin unterscheiden sie sich? Inwiefern unterscheidet sich der Hinduismus von den anderen Religionen? Welche Bedeutung haben Ritualgesetze bei Hindus? Worin liegt ihr Recht?
(Ritus, Gesetz, Kult)
Wie steht es mit dem Absolutheitsanspruch der Religionen? Verlangt der Begriff der Wahrheit nicht auch die Aufdeckung des Irrtums?
Führt Mission zu religiösem Imperialismus? Wie ist folgende Empfehlung Rabindranath Tagores an einen englischen Missionar zu beurteilen?
»Bemüht euch nicht, neue Lehren zu predigen, sondern gebt euch hin in der Liebe. Euer abendländisches Denken steht allzusehr im Banne des Eroberungsgedankens, und euer traditioneller Wahn, Proselyten zu machen, ist nur eine Form davon. Christus predigte nie sich selbst oder ein neues Dogma oder eine Lehre, er predigte nur Gottes Liebe. Jeder Christ soll sein wie Christus, nie aber ein Arbeitsvermittler, der Arbeiter für die Teeplantagen seines Herrn anzuwerben sucht.«
Wie ist der Missionsbefehl Jesu Mtth. 28,18–20 zu interpretieren? Was sollte Mission heute lernen?
Im Zusammenhang der Frage nach der Gültigkeit der Überlieferung taucht die Frage nach dem Verständnis von Offenbarung in den einzelnen Religionen auf. Worin besteht etwa der Unterschied zwischen den ›awataras‹ im Hinduismus und der Menschwerdung Jesu?
Welche Vorstellungen von Gott haben die genannten Weltreligionen? Gibt es Gemeinsamkeiten? Kann der Mensch sich selbst erlösen, und worin besteht die Erlösung?
Wie vertragen sich der Kampf um wirtschaftlichen Fortschritt in Indien und die negative Einschätzung alles Irdischen miteinander? Welche Wandlungen haben sich im Reformhinduismus angebahnt? Welche Kritik wurde dem westlichen Denken gegenüber angemeldet?

Buddhismus

Stehender Buddha von Aukana (Sri Lanka)
Der Buddha nimmt mit der linken Hand die Robe hoch, um den Strom des ewigen Kreislaufs zu überqueren.

Inhaltsverzeichnis

Nirwana – Hoffnung oder Weltflucht?

Der Buddhist ist dem kosmischen Kreislauf von Geburt, Tod und Wiedergeburt einverwoben. Diese Überzeugung hat er mit dem Hindu gemeinsam, und wie dieser hat er das Ziel, vom Zwang der Wiedergeburt befreit zu werden. Auf unterschiedlichen Wegen sucht er den »Pfad der Erleuchtung«, auf dem er von Lebensgier und Leistungsdruck befreit werden kann. Von ihm erwartet er das Erlöschen seiner inneren Unruhe und das Aufgehen im Nirwana.

Obwohl das Verständnis für den Buddhismus in Europa wächst, wie die Entstehung vieler buddhistischer Gruppen und Meditationszentren zeigt, bestehen Zweifel daran, ob im Buddhismus wirklich das absolute Heil als erstrebenswert angesehen wird oder ob der Buddhist nur der zwanghaft leidvollen Welt entfliehen will. Der Buddhismus wird darüber hinaus als eine pessimistische Religion bezeichnet, die weder Raum zur Persönlichkeitsentfaltung noch Möglichkeiten der aktiven Lebensgestaltung zuläßt, weil das wahre Wesen der Welt ein Nichts ist. Ein Buddhist jedoch denkt anders. Er ist dankbar, als Mensch geboren zu sein, weil ihm durch diese Geburt die Chance geschenkt wird, die Buddha-Lehren zu hören und zur letzten Befreiung zu kommen. Die menschliche Existenz, mag sie noch so unentrinnbar vom Leiden und von der Vergänglichkeit geprägt sein, endet nicht tragisch, sondern führt zur Überwindung. Dem entspricht auch, daß die Vertreter des Buddhismus auf den verschiedenen Weltkonferenzen der Religionen (z. B. *Weltkonferenz über Religion und Frieden* 1970 in Kyoto und *Internationale Vereinigung für religiöse Freiheit*, 1981, Chicago) in hilfreicher Weise Beiträge zur religiösen und politischen Erneuerung der Welt leisteten, deren Grundaussagen auch durch das II. Vatikanische Konzil (1962 bis 1965) aufgenommen wurden:

Buddha in Predigthaltung

In den verschiedenen Formen des Buddhismus wird das radikale Ungenügen der veränderlichen Welt anerkannt und ein Weg gelehrt, auf dem die Menschen mit frommem und vertrauendem Sinn entweder den Zustand vollkommener Befreiung zu erreichen oder – sei es durch eigene Bemühungen, sei es vermittels höherer Hilfe – zur höchsten Erleuchtung zu gelangen vermögen.

Namen und Begriffe

Nirwana Wörtlich »Verwehen« allen Seins. Der Kreislauf des Lebens kommt zum Stillstand, alles Leiden endet. In den buddhistischen Pali-Texten wird das Nirwana »Hafen der Zuflucht«, »Insel inmitten der Fluten«, »Glück«, »das Höchste«, »das Unsterbliche«, »die andere Küste« und am häufigsten »der Zustand dessen, der würdig ist« genannt.

Pfad der Erleuchtung Die stufenweise Erkenntnis der Leidhaftigkeit des Daseins und ihrer Überwindung.

Buddhas Leben und Wirken

Die Bezeichnung »Buddha« ist ein Würdetitel und bedeutet der »Erwachte« oder der »Erleuchtete«. Er wird im Buddhismus darum auch nicht nur auf den historisch bekannten Gautama Siddharta angewendet, sondern ebenso auf andere Erleuchtete vor und nach ihm. Frühe Texte sprechen von mehreren Vorgängern, die aber alle nicht die Bedeutung Gautamas hatten. Der zukünftige Buddha, der in etwa 2500 Jahren erwartet wird, heißt Maitreja.

Die Jugend des Gautama Siddharta

Etwa um 560 v. Chr. wurde Gautama Siddharta im nordindischen Kapilawastu, der Hauptstadt des Stammesfürstentums der Schakjas geboren. Sein Vater Suddhodana regierte den Kleinstaat von ca. 2000 qkm mit etwa 180 000 Einwohnern. Das Stammesgebiet war durch einen Dschungelstreifen von der nördlich gelegenen Gebirgskette des Himalaya getrennt. Drei Tage nach der Geburt Siddhartas verkündete der alte Asket Sita dem Vater, der Junge werde die Buddhaschaft erlangen und das Rad der Lehre in Gang setzen. Als rechtmäßiger Erbe und Nachfolger Suddhodanas genoß Siddharta eine sorglose Jugend im Palast seines Vaters, betreut und unterhalten von zahlreichen Dienerinnen und Dienern. Der Legende nach wurde alles Häßliche, Böse und Traurigmachende von ihm ferngehalten. Nach seinen eigenen Worten war er »verwöhnt, äußerst verwöhnt«. Seine Ausbildung war die eines Kschatrija, eines Angehörigen der Kriegerkaste. Doch zeigte er wenig Interesse an militärischen Übungen. Die Teilnahme an Ratssitzungen, bei denen sein redegewandter Vater den Vorsitz führte, erlaubte es ihm, seinen sprachlichen Ausdruck zu schärfen. Doch muß sich schon früh sein Hang zur kritischen Reflexion gezeigt haben.

Als Sechzehnjähriger wurde er mit seiner gleichaltrigen Kusine, der schönen Gopa, auch Jasodhara genannt, verheiratet. Das junge Paar bewohnte den mehrstöckigen Palast Suddhodanas. Vermutlich ging Siddharta seinem Vater bei politischen Aufgaben zur Hand und war wohl auch mitverantwortlich für die Bewirtschaftung der familieneigenen Felder. Dabei muß er auch mit den verschiedenen Handwerkern und Händlern Kontakt bekommen haben, wie seine späteren Gleichnisreden erkennen lassen. Besondere Anziehungspunkte mußten die Banjan-Haine gewesen sein, in denen die Wandermönche und Asketen, die sogenannten Samanas, ihre Heilsgespräche führten. Abseits des brahmanischen Opferkults und unabhängig von den heiligen Schriften des Weda entwickelten sie eine Art religiöse Befreiungsbewegung, die sich durch den Drang nach philosophischer Erkenntnis und meditativer Versenkung auszeichnete, die sich aber bis zu der Zeit nicht gegen die immer mächtiger werdende Brahmanenkaste durchsetzen konnte.

Profanen Augen unsichtbar besuchten die Götter den Opferer, indem sie auf den unter freiem Himmel bereiteten altarartigen Opfersitz hinabstiegen. Sie wurden von ihm mit Speise und Soma festlich bewirtet und zeigten sich durch Gegenopfer erkenntlich. Solche Gegenopfer waren, daß sie täglich die Sonne aufgehen ließen, Regen spendeten, Sieg und Wohlergehen sicherten und dem irdischen Opferer Erfolg, Nachkommenschaft, Viehreichtum und langes Leben verschafften. Auf das Gegenopfer der Götter war Verlaß, vorausgesetzt, daß bei der Anrufung und Beköstigung der »Strahlenden« kein Fehler unterlaufen war.
Die Männer, die aufgrund ihrer Beherrschung der Formalien und ihrer Kenntnis des magisch wirksamen Wortes (Brahman) den Opfervollzug auftragsweise übernahmen und mit der Zeit als die Opfertechniker und Kultexperten schlechthin galten, erhielten den Berufs- und späteren Kastennamen Brahmanen. Mit zunehmender Komplizierung der Kulte entwickelten die Opferbrahmanen außerordentliche Überheblichkeit, und zwar nicht allein dem Opferherrn, sondern ebenso den

Göttern gegenüber. Aussagen wie »Die Götter hängen vom Opfer ab« finden sich in den Brahmana-Texten häufig.
H. W. Schumann

Gautama begann, sich mit dem Brahmanenkult kritisch zu beschäftigen. Die Legende weiß zu berichten, daß Suddhodana seinen Nachfolger Siddharta lieber von diesen Ideen ferngehalten hätte, zumal sie nur zu verwirklichen waren, wenn man selbst in die »Hauslosigkeit« zog, sich also den Wandermönchen anschloß und sich einem Leben des Friedens, der guten Taten und der Armut widmete. Dazu gehörte auch die Verpflichtung, alles Leben zu schonen und keinem Geschöpf Böses anzutun. Noch bevor im 13. Ehejahr der Sohn Rahula geboren war, muß Siddharta entschlossen gewesen sein, auf sein zukünftiges Amt als Monarch zu verzichten, um sich selbst und alle Mitmenschen aus der Verkettung in den Kreislauf der Widergeburt (Samsara) befreien zu können. Auch er wollte dem Ritenzwang der Brahmanen, die er selbst für ganz gewöhnliche, dem Reichtum nachjagende Menschen hielt, entgehen und den wahren Pfad der Erleuchtung suchen.

Als ich noch Bodhisattwa ... war, kam mir der Gedanke: ›Eng ist das Leben in der Häuslichkeit, dieser Stätte der Unreinheit, die Samanaschaft ist der freie Himmelsraum. Nicht leicht ist es für einen Haushaber, den vollendeten, völlig reinen, vollkommenen Wandel der Heiligkeit zu führen. Wie, wenn ich mir nun Haar und Bart scheren, die gelben (Samana-) Gewänder anlegen und aus dem häuslichen Leben in die Hauslosigkeit ziehen würde?‹ Und ich, der ich jung war, ein Knabe mit schwarzem Haar, der ich in glücklicher Jugend lebte, im ersten Mannesalter, schor mir, obwohl Vater und (Pflege-)Mutter damit nicht einverstanden waren, sondern Tränen im Gesicht hatten und weinten, Haar und Bart, legte die gelben Gewänder an und zog aus dem Haus in die Hauslosigkeit hinaus.

Den entscheidenden Anstoß, Familie und zukünftiges Herrscheramt zu verlassen, sollen die *Vier Ausfahrten* gegeben haben. Siddharta, so erzählen die Legenden, traf bei nacheinanderfolgenden Spazierfahrten mit seinem Wagenlenker zum ersten Mal in seinem Leben auf einen Alten, einen Kranken und einen Toten. Die Götter *(Dewas)* hatten diese Begegnungen vorbereitet und brachten damit Siddharta in innere Bedrängnis. Sein Wagenlenker erklärte ihm, was man im Alter zu erwarten habe, wie Krankheit menschliche Körper lähmen und der Tod schließlich den Menschen auslöschen werde. Als Siddharta während der vierten Ausfahrt auf einen Einsiedler stieß, beantwortete der die Frage: »Warum hast du deine Familie verlassen?« mit folgendem Text:

Als ich noch bei meiner Familie wohnte, erkannte ich, daß das Leben ohne Bestand ist und daß Altern, Krankheit und Tod aufeinander folgen. Alles ist der Vergänglichkeit und dem steten Wandel unterworfen. Ich verließ Familie und Verwandte und zog in die Einöde. Voll Eifer suchte ich nach einem geeigneten Weg, um der Bitternis zu entgehen. In meinen Bestrebungen wich ich nicht vom Weg der Heiligen ab. Ich wandelte nach der rechten Lehre und wurde Herr meiner Sinne. Ich handelte im allumfassenden Mitgefühl und gelangte zu Furchtlosigkeit und Gleichmaß des Herzens. Anteilnahme an allen Wesen erfüllte mich. Das weltliche Treiben erreichte mich nicht, ich erlangte Befreiung für immer: Das ist es, was man den Weg des Mönchseins nennt.

Da beschloß Siddharta, sich unverzüglich und auch gegen den Willen seines Vaters auf diesen Weg zu begeben. Er floh, wie man in unterschiedlichen Lebensbeschreibungen liest, wahrscheinlich bei Nacht aus dem Palast und wanderte immer weiter nach Südosten, nachdem er sich aller Habe entledigt hatte. Ein Kastenloser, den er unterwegs traf, soll ihm ein paar Lumpen überlassen haben, damit er auch äußerlich den Wanderasketen glich, die wie er auf der Suche nach dem höchsten Frieden, nach dem Nirwana durch das Land zogen. Von nun an lebte er fast fünfzig Jahre in der *Hauslosigkeit*.

Empfängnis und Geburt Buddhas (Wandzeichnungen in Mulagandhakuti Wihara, Sarnath) Maya, die tugendhafte Frau Suddhodanas, träumt, daß der Bodhisattwa vom Götterhimmel herabfährt und in Gestalt eines weißen Elefanten auf der rechten Seite in ihren Leib eingeht. Im Hein von Lumbini geschieht die Geburt: während Maya sich stehend an einem Zweig festhält, tritt das Kind aus ihrer rechten Hüfte aus. Es steht aufrecht in einem Blütenkelch.

Askese und Versuchung Buddhas (Wandzeichnungen im Mulagandhakuti Wihara, Sarnath). Nach mehrjähriger strenger Askese erkennt der körperlich erschöpfte Gautama Siddharta, daß er auf diesem Wege nicht zur höchsten Erkenntnis gelangen wird. Er nimmt deshalb eine Schale mit Milchreis an, die ihm die Frau eines Landedelmannes aus Dankbarkeit für die Geburt ihres ersten Sohnes darreicht, und bricht sein Fasten ab. Während Gautama Siddharta sich meditierend auf die erlösende Einsicht vorbereitet, wird er von Maras Dämonenheer erfolglos angegriffen. Maras Töchter versuchen, ihn zu verführen, aber er bleibt unerschütterlich.

Der Weg zur Erleuchtung

Siddharta suchte sich einen geistlichen Lehrer, der ihn in die Meditationstechnik einführte. Unbefriedigt und immer wieder getrieben von dem Wunsch nach einer Lehre, die »zur Abkehr, zur Leidenschaftslosigkeit, zum Aufhören, zur Beruhigung, zur Erkenntnis, zum Erwachen, zum Nirwana ...« führte, wechselte Siddharta den Lehrer und wandte sich stärker der Philosophie der Upanischaden zu. Auch das brachte ihn seinem Ziel nicht näher. Schließlich fand er in der Nähe von *Uruwela* (Königreich Magadha) einen Wald an einem Fluß gelegen und in dessen Umkreis genügend Dörfer zum Almosensammeln. Hier ließ sich Siddharta nieder, um durch Askese zur Erleuchtung zu gelangen. Gemeinsam mit fünf anderen Asketen versuchte er, seinen Körper und seinen Geist unter Kontrolle zu bringen.
Schließlich nahm er seine Umwelt kaum noch wahr. Er steigerte diese Selbstkasteiung durch anhaltendes Fasten, das er erst kurz vor dem Verhungern abbrach. Empört und verstört verließen seine fünf Mitasketen ihn und bezichtigten ihn der Schwelgerei, weil er wieder ausreichend Nahrung zu sich nahm. Hatte er damit auch das geistige Ringen aufgegeben?

Durch diese Methode, auf diesem Pfad, mittels dieser harten Askese gelangte ich nicht zum höchsten von einem Menschen erreichbaren Ziel, (nämlich) der wahrlich edlen Wissenserkenntnis. Und warum nicht? Weil ich jene edle Weisheit nicht erlangt hatte, welche, wenn man sie hat, sich als Hinausführerin (aus dem Wiedergeburtenkreislauf) erweist und für den Betreffenden gänzliche Vernichtung des Leidens bewirkt.

Dieser Einsicht folgend, suchte er noch einmal nach dem »anderen Weg zur Erleuchtung« ...:

Und ich erinnerte mich daran, daß ich einst bei meinem Vater im kühlen Schatten eines Rosenapfelbaums, losgelöst von Begierden und unheilvollen »Dingen« (dharma), die erste Versenkung erreichte. Da kam mir zum Bewußtsein: Dies ist der Weg zur Erleuchtung.

Bevor Siddharta sich auf die Versenkung konzentrieren konnte, wurde er, so berichtet die Legende, von *Mara*, dem dämonischen Gott des Todes, in Versuchung gebracht. Doch weder Gewalt noch Überredung konnten ihn von seinem Vorhaben abbringen. Unter dem *Bodhibaum*, der noch heute von Pilgern aufgesucht wird, ließ Siddharta sich in einer Vollmondnacht im Lotos-Sitz nieder und richtete sein Denken in vier Versenkungsstufen auf seine früheren Existenzen, auf Tod und Wiedergeburt und auf die Entstehung und Aufhebung des Leidens. Ehe die Sonne wieder aufging, stieß Siddharta zur endgültigen Wahrheit durch:

Ich richtete meinen Geist auf die Erkenntnis der Vernichtung der Einflüsse und erkannte wirklichkeitsgetreu: ›Dies ist das Leiden; dies seine Ursache; dies seine Aufhebung; dies der Weg zu seiner Aufhebung.‹ Und indem ich dies erkannte und einsah, wurde mein Geist von den Einflüssen der Lust, Daseinsbegierde und Unwissenheit befreit. Das Wissen ging mir auf: Vernichtet ist (für mich) die Wiedergeburt, verwirklicht habe ich das religiöse Leben, was zu tun war, ist getan, diese Art (von leidhaftem) Leben gibt es nicht mehr für mich!

Dem Sohn des Herrschers von Kapilawastu, Gautama Siddharta, war auf dem Weg über die Erkenntnis der Ursache allen Leidens die Erleuchtung *(Bodhi)* zuteil geworden. Sie hatte ihn endgültig aus dem Kreislauf der Wiedergeburt erlöst, wie er jubelnd bekannte:

Gesichert ist meine Erlösung,
dies ist meine letzte Geburt,
ein Wiederentstehen gibt es nicht mehr!

Seit diesem Erlebnis ist Gautama Siddharta ein *Buddha*, ein Erwachter, den viele als den *Schakjamuni*, den Weisen der Schakjas betrachten. Askese war nun nicht mehr die Voraussetzung, zur Erleuchtung zu gelangen, sondern das Sich-vertraut-machen mit der Erkenntnis Buddhas.

Gautama Siddharta wird als »der Erleuchtete«, Jesus als »der Gekreuzigte« bezeichnet. Was kommt darin zum Ausdruck?

Der Anfang der Lehre

Reisende Kaufleute waren wohl die ersten, die dem Erwachten zuhörten. Aber noch gab es keine zur Gemeinde zusammengeschlossene Anhängerschar. Der Buddha selbst hatte sogar die Sorge, die meisten Menschen würden ihn nicht verstehen. Zwei legendäre Begebenheiten standen am Beginn der Lehre. Einmal versuchte Mara, der Todesgott, den Erwachten zu überlisten, sich nun doch ganz dem Nirwana hinzugeben, denn nur dann konnte er (Mara) als Gott seine Herrschaft weiter ausüben. Der Kreislauf der Wiedergeburt, den der Buddha für sich durchbrochen hatte, bliebe dann für alle anderen immer noch wirksam, das Unheil träfe die Menschen ständig von neuem. Der Buddha lehnte ab und folgte stattdessen der Bitte des Gottes *Brahma Sahampati*, die Lehre weiterzugeben an andere und vorläufig auf das Eingehen in das endgültige (nachtodliche) *Nirwana* zu verzichten. Diese zweite Begebenheit begründete die spätere Vorstellung vom *Bodhisattwa* und ließ zwei Arten von Nirwana zu: dasjenige, das man als innere Erfahrung zu Lebzeiten erfährt und dasjenige, das mit dem Tode eintritt und ein vollständiges Verlöschen bedeutet *(Parinirwana).*

Erfüllt von der Freude, den rechten Pfad gefunden zu haben, beschloß der Erwachte, seine fünf früheren Mitasketen als erste auf diesen Weg zu führen. Er wanderte, nur von erbettelten Almosen lebend, zu ihnen in den Park von Isipatana in der Nähe von Waranasi (Benares). Obwohl die fünf Asketen zunächst bezweifelten, daß Gautama Siddharta wirklich zur Erkenntnis und zur Erleuchtung gekommen sei, da er doch »im Überfluß gelebt habe«, konnte er sie durch seine Predigt *(Sutta)* davon überzeugen, daß es einen »Mittleren Weg« zur Erlösung gäbe. Er verkündete ihnen die »Vier Edlen Wahrheiten« und zeigte ihnen den »Achtfachen Pfad« zur Überwindung des Leidens. Gleichzeitig legte er damit die Grundlagen für eine religiöse Gemeinschaft, den Orden *(Sangha)*, in den als erster der Asket Kondanna eintrat, nachdem er sich zur Formel von der *Dreifachen Zuflucht* bekannt hatte. Die vier anderen Asketen folgten ihm. Damit war der Kern des Ordens gegründet. Charakteristisch für die erste Phase der Ordensgründung waren einmal die Überzeugungskraft des Erwachten und zum anderen seine neue Form des religiösen Denkens. Die Wirkung seiner Lehrreden muß sehr groß gewesen sein. Bekannt ist seine »Feuerpredigt«:

Alles brennt. Und was alles brennt? Das Auge, die Seh-Objekte, das Seh-Bewußtsein, die Berührung des Auges mit den Objekten und die angenehme, unangenehme oder indifferente Empfindung, die durch diese Berührung des Auges entsteht. Und wodurch brennt das? Durch das Feuer der Gier, durch das Feuer des Hasses, durch das Feuer des Wahns brennt es. Durch Geburt, Altern, Sterben, Kummer, Wehklagen, Schmerz, Gram und Verzweiflung brennt es.
Das Ohr, die Hör-Objekte, das Hör-Bewußtsein, die Berührung des Ohrs mit den Objekten und die angenehme, unangenehme oder indifferente Empfindung, die durch diese Berührung des Ohrs entsteht. Und wodurch brennt das? Durch das Feuer der Gier, durch das Feuer des Hasses, durch das Feuer des Wahns brennt es. (Dasselbe wird von den übrigen Sinnesorganen und dem Denken ausgesagt.) Wenn ein gut unterrichteter, edler Jünger dies sieht, dann wird er alles dessen überdrüssig. Indem er überdrüssig wird, wird er leidenschaftslos, durch Leidenschaftslosigkeit wird er erlöst.

Was muß geschehen sein, ehe die Feuer der Leidenschaften in einem Menschen erlöschen können?

Auch die Inhalte seiner frühen Verkündigung lassen erkennen, daß der Erwachte ein neues Existenzverständnis entwickelte. So machte er seine Mönche *(Bikkhus)* von Anfang an mit dem Gedanken vertraut: »Die Lehre gleicht einem Floß, das man benutzt, um über den Strom (die Wandelwelt) an das andere Ufer (das Nirwana) zu gelangen, das man aber, wenn es diesen Zweck erfüllt hat, nicht mehr mit sich herumschleppt.« Lehren werden wie Fahrzeuge nutzlos, wenn das Ziel erreicht ist, Lehrstreitigkeiten führen nicht zur Wahrheit, wie die Parabel von den Blinden und dem Elefanten erweist:

Einige Asketen und Brahmanen sagen: ›ewig ist die Welt‹, andere ›nicht ewig ist die Welt‹; einige ›endlich ist die Welt‹, einige ›nicht endlich ist die Welt‹; einige ›das Lebensprinzip und der Leib sind dasselbe‹, andere ›etwas anderes ist das Lebensprinzip, etwas anderes der Leib‹; einige ›ein Vollendeter ist nach dem Tode‹ oder ›er ist weder noch ist er nicht nach dem Tode‹, andere ›er ist nicht nach dem Tode‹ oder ›er ist und ist nicht nach dem Tode‹. Und diese streitsüchtigen Leute gehen mit dem Speer ihrer Worte aufeinander los, und jeder sagt von seiner Ansicht ›dies ist wahr,

alles andere ist Unsinn‹. Diese Asketen der anderen Sekten sind blind und haben keine Augen. Sie kennen nicht den wahren Sachverhalt.
Einstmals war in Srawasti ein gewisser König. Der gebot seinem Diener: ›Lasse alle Blindgeborenen der Stadt an einem Orte zusammenkommen.‹ Als das geschehen war, ließ er den Blindgeborenen einen Elefanten vorführen; die einen ließ er den Kopf betasten, mit den Worten: ›So ist ein Elefant‹, andere das Ohr oder den Stoßzahn, den Rüssel, den Rumpf, den Fuß, das Hinterteil, den Schwanz, die Schwanzhaare. Dann fragte er: ›Wie ist ein Elefant beschaffen?‹ Da sagten die, welche den Kopf betastet hatten, ›Er ist wie ein Topf‹, die das Ohr betastet hatten, ›wie ein geflochtener Korb zum Schwingen des Getreides‹, die den Stoßzahn betastet hatten, ›wie eine Pflugschar‹, die den Rumpf betastet hatten, ›wie ein Speicher‹, die den Fuß betastet hatten, ›wie ein Pfeiler‹, die das Hinterteil betastet hatten, ›wie ein Mörser‹, die den Schwanz betastet hatten, ›wie eine Mörserkeule‹, die die Schwanzhaare betastet hatten, ›wie ein Besen‹. Und mit dem Rufe: ›Der Elefant ist so und nicht so‹, schlugen sie sich gegenseitig mit den Fäusten, zum Ergötzen des Königs.

Stets streiten sich Brahmanen und Asketen,
Die diese, jene Lehrmeinung vertreten,
Sie bleiben unbeirrt auf einem Standpunkt stehn,
Weil sie nur einen Teil der Wahrheit sehn.

Wie läßt sich die Parabel von den Blinden und dem Elefanten deuten?

Ein Schwerpunkt der Verkündigung lag schon damals in Buddhas Überzeugung, es komme auf die rechte Lebensweise (Ethik) an, über die er nicht streiten wollte. Ein anderer Schwerpunkt war die Lehre von der Ichlosigkeit, deren Kern sich in der These zusammenfassen läßt: Alle Dinge sind nicht-selbst, auch der Mensch. Es gibt kein Ich. Echtes Leben besteht in der Ichlosigkeit (vgl. S. 190).
Die fünf Mönche erfuhren an sich selbst die Wahrheit dieser sogenannten *Anatta-Lehre* und fühlten sich von allem Leiden befreit. Seitdem wurden sie als Heilige *(Arhats)* angesehen. Es war das Bestreben aller, die sich auf den Weg Buddhas begaben, ein Ich-loses Leben zu gewinnen und so dem Kreislauf der Wiedergeburt zu entrinnen.

Welches Existenzverständnis liegt dem Buddhismus zugrunde? Worin sehen Judentum und Christentum die menschliche Existenz begründet?

Wanderjahre und Mission

Im Unterschied zu Jesus war dem Stifter des Buddhismus ein langes Leben beschieden. 45 Jahre lehrte er als »Erwachter« auf seinen großen Wanderungen zwischen den Residenzen der nordindischen Fürsten in Radschagriha, Srawasti und Kausambi, die jeweils etwa 300–500 km auseinanderlagen. Es gelang Buddha, die Maharadschas der beiden Großreiche Kosala und Magadha und die Fürsten von Kapilawastu und Vasma sowie zahlreiche wohlhabende Minister, Kaufleute und namhafte Seher und Asketen als Anhänger zu gewinnen. Nach der Überlieferung zog Buddha mit 1000 Mönchen in die Hauptstadt des Maharadschas von Magadha ein und bewirkte durch eine einzige Belehrung in Radschagriha eine gewaltige Massenbekehrung. Er gewann die volle Unterstützung des Maharadschas, der sich seiner Lehre anschloß und ihm für seine Mönche einen Bambuspark am ›Hügel der Eichhörnchen‹ nahe seiner Residenz stiftete. Ein König sorgte so für die erste Klostergründung des Buddhismus. Auch die anderen Maharadschas und Radschas des genannten Gebietes boten ihm Gelände für Klostergründungen an. So konnte er wichtige Zentren seiner Lehre jeweils nahe der Regierungsbezirke schaffen und auch auf die Politik einwirken. Im Laufe der Zeit wurde die Mönchs- und Klosterordnung entwickelt, und zwar immer nur dann, wenn ein besonderer Anlaß eine Regelung notwendig machte.
Ebenso sorgte Buddha selbst für eine sinnvolle Rangordnung und bestimmte die Leitung in den Klöstern. Dies war nötig geworden, weil es zu Spannungen und Streitigkeiten und schließlich sogar zu einer offenen Rebellion gekommen war. Devadatta, ein Vetter Buddhas, neidete ihm das Ansehen, zog 500 Mönche auf seine Seite und versuchte, Buddha zu beseitigen.
Noch vor dem Tode Buddhas brach der Aufruhr zusammen, und Buddha konnte ein geeintes Mönchswesen hinterlassen.

Lebensraum des Buddha

Kartenskizze der wichtigsten Stätten im Wandergebiet des Buddha

Paliname	*Sanskritnam*	*heutiger Name*	*heutiger Staat bzw. indisches Bundesland*
Baranasi	*Waranasi*	*Waranasi (Benares)*	*Uttar Pradesch*
Kapilavatthu	*Kapilawastu*	*bei Rummindei*	*Nepal*
Kosambi	*Kaushambi*	*Kosam*	*Uttar Pradesch*
Kusinara	*Kushinajara*	*Kasaia*	*Uttar Pradesch*
Radschagaham	*Radschagriha*	*Radschgir*	*Bihar*
Sarnath	*Saranganatha*	*bei Waranasi (Benares)*	*Uttar Pradesch*
Savatthi	*Shrawasti*	*Sahet-Mahet*	*Uttar Pradesch*
Uruvela	*Uruvilva*	*bei Bodhgaya*	*Bihar*
Vesali	*Waishali*	*Basarh*	*Bihar*

Buddha lehrte hauptsächlich im Hain von Jetavana in der Nähe von Srawasti, einem Geschenk des Kaufmanns Anathapindika, den man deshalb den »Ernährer der Schutzlosen« nannte, ferner in der Gegend von Radschagriha, in der sich insgesamt achtzehn Klöster *(Wiharas)* befanden, in deren Hütten die Mönche die Regenzeit verbrachten. Während seiner Wanderjahre kam es auch noch einmal zu einer Begegnung mit Suddhodana. Rahula, Buddhas Sohn, folgte dem Vater und wurde mit acht Jahren Novize. Am wenigsten zog es die Mönche nach Waranasi, dem Mittelpunkt des orthodoxen Brahmanentums.

Namen und Begriffe

Anatta-Lehre Sie besagt, daß es kein Selbst und keine Seele geben kann, da alle Wesen nichts als eine Aneinanderreihung geistiger und physischer Zustände seien.

Arhat wörtl.: »einer, der würdig ist«, auch Heiliger. Im Tantrayana-Buddhismus Ausdruck für den, der der Disziplin der Ordensgemeinde (Sangha) gefolgt ist und so die Erleuchtung erlangt hat.

Bikkhu wörtl.: »einer, der teilt«, buddhistischer Mönch, der die Lehre verkündet und dafür täglich sein Essen in der Almosenschale erbetteln kann.

Bodhisattwa Ein Bodhisattwa nimmt sich vor: Ich nehme die Last allen Leidens auf mich, dazu bin ich entschlossen, und ich will es alles ertragen. Ich kehre nicht um, noch laufe ich davon, ich zittere nicht, schrecke nicht zurück, noch fürchte ich, wende mich nicht ab, noch verzweifle ich. Und warum? Um jeden Preis muß ich die Lasten aller Wesen tragen. Darin folge ich nicht meinen eigenen Neigungen. Ich habe doch das Gelübde getan, alle Wesen zu erlösen. Alle Wesen muß ich befreien. Die ganze Welt der Lebewesen muß ich erretten, von den Schrecken der Geburt, des Alterns, der Krankheit, des Todes und der Wiedergeburt, von allen Arten von sittlichem Vergehen, allen Leidenszuständen, dem ganzen Kreislauf von Geburt und Tod, dem Dschungel der falschen Ansichten. Denn mit Hilfe des Bootes der Allwissenheit muß ich alle diese Wesen aus dem Strome des Samsara retten, der so schwer zu überqueren ist, ich muß sie von dem großen Abgrunde wegziehen, ich muß sie von allem Unheil befreien, ich muß sie über den Strom des Samsara fahren. Ich selbst muß mit der ganzen Masse des Leidens aller Wesen ringen. Alle Zustände des Leidens, soviele ich nur ertragen kann, will ich durchleben, alle Elendslagen, in welchem Weltsystem sie auch immer zu finden sind. Und ich darf all die Wesen nicht um das von mir angesammelte Verdienst bringen. Und warum? Weil es gewiß besser ist, daß ich allein Schmerz leide, als daß all diese Wesen in die Elendslagen kommen sollten. Dort muß ich mich als ein Pfand einsetzen, durch das die ganze Welt von den Schrecken der Höllen, der Geburt als Tier, der Welt des Jama erlöst wird, ...
Udana 6,4

Hauslosigkeit ist gleichbedeutend mit dem Verlassen der Familie und der Aufgabe des Lebensberufes. Ehefrau und Kinder werden der Obhut der Großfamilie übergeben. »In die Hauslosigkeit ziehen« wurde später auch die Formel für »in den Orden eintreten«.

Mittlerer Weg Auf dem Weg zur Erleuchtung müssen zwei Extreme vermieden werden: überschäumender Lebensdrang und übermäßige Askese.

Novize Einer, der sich um die endgültige Aufnahme in den Orden bewirbt. Er muß Haupt- und Barthaar abscheren, die gelbe Robe anlegen und die Zufluchtsformel dreimal wiederholen.

»Rad der Lehre« Das »Rad der Lehre« symbolisiert die Zeitwende, die Buddha mit dem Ingangsetzen der Lehre für seine Anhänger herbeiführt. Die acht Speichen symbolisieren den ›Achtfachen Pfad‹.

Samana nennt man einen besitz- und kastenlosen Bettelmönch, der außerhalb des orthodoxen Brahmanentums sein Heil sucht.

Sangha Die gesamte Gemeinde der Mönche und Einsiedler heißt der Sangha. Er bildet eine elitäre Minderheit innerhalb des Buddhismus.

Soma hieß das Rauschgetränk, daß die brahmanischen Priester zu sich nahmen als Zeichen dafür, daß die Götter die Opfergaben annahmen. Soma galt als Lebenssaft in allen Wesen (vgl. S. 166).

Sutta Ein Text, der wörtlich von Buddha stammt. Er beginnt immer mit den Worten: »So habe ich gehört. Der Erleuchtete weilte in ...« Mit dem Ich ist Ananda, der Lieblingsschüler Buddhas gemeint, der unmittelbar nach dem Tod des Erleuchteten alles, was der Buddha je geäußert hat, wörtlich rezitierte.

Zufluchtsformel Zum Erwachten nehme ich meine Zuflucht, zum Dharma (Lehre oder Gesetz) nehme ich meine Zuflucht, zum Sangha nehme ich meine Zuflucht.

Buddhas Tod

Im 80. Lebensjahr wurde der Erleuchtete von schwerer Krankheit und Todesahnung befallen. Mit äußerster Energie bewahrte er sich die letzten Kräfte, um in Begleitung seines Lieblingsschülers Ananda noch einmal die entscheidenden Orte seines Wanderlebens aufzusuchen. Ehe er in Kusinara an einer schweren Krankheit verstarb, gab er sein Vermächtnis an Ananda weiter:

Ich habe die Lehre verkündet und keinen Unterschied gemacht zwischen einer Geheimlehre und einer Lehre für das Volk. ... Wer da meint: Ich will über die Gemeinde herrschen, der mag seinen Willen über die Gemeinde verkünden... Ich will aber nicht über die Gemeinde herrschen... Ich bin jetzt hinfällig... Ich bin ein alter Greis, der seinen Weg gemacht hat... wie ein alter Wagen knarrend und stoßend sich weiterbewegt, so schleppe ich mich nur mühselig dahin. Darum, Ananda, seid von nun an euch selbst eine Insel, euch selbst eine Zuflucht... Nehmt die Lehre als Insel...nehmt keine andere Zuflucht!

Auf dem Weg nach Kusinara starb er mit den Worten: »Alle Wesen sind vergänglich. Strebt ohne Unterlaß nach eurem Heil!«
Eine Woche nach seinem Tod wurde Buddha auf einem Holzstoß verbrannt. Seine Asche wurde nach einigen Rangstreitigkeiten in acht Fürstentümer verteilt und in Stupas beigesetzt.

Worin entsprechen sich die geschichtlichen Personen Gautama Siddharta (Buddha) und Jesus? Was unterscheidet beide voneinander?

Namen und Begriffe

Der Stupa Der Tradition nach hat Gautama Siddharta seinem Schüler Ananda gesagt, man solle über seine sterblichen Überreste einen Stupa – ein Grabdenkmal – errichten.

Tod Buddhas. Das vollständige Erlöschen (parinirwana) erlebt der Buddha »wie ein Löwe« auf der rechten Seite liegend. Das Ruhelager hat ihm Ananda unter zwei blühenden Salabäumen bereitet.

»Diejenigen, die dort einen Kranz, eine Blume oder Sandel niederlegen, einen Gruß aussprechen oder ihr Herz zuwenden, werden für lange Zeit Freude und Wohlergehen erlangen.«

Sarnath (Isipatana) bei Benares, der Ort der ersten Lehrrede des Buddha und der Gründung des Mönchsordens. Der etwa 35 Meter hohe Dhamek-Stupa, in seiner heutigen Form zwischen dem 4. und 6. Jh. n. Chr. fertiggestellt, enthält als Kern einen kleinen Ziegel-Stupa der Aschoka-Zeit und bezeichnet die Stelle von Gautamas Predigt an die fünf Asketen, die dann seine ersten Anhänger wurden. Ein zweiter, in späterer Zeit mehrfach ummantelter Aschoka-Stupa ist 1794 zwecks Plünderung der Ziegel niedergerissen worden; die in ihm gefundenen Reliquien des Buddha wurden im Ganges versenkt.

H. W. Schumann

Etwa 35 Meter hoher Stupa in Sarnat, erbaut 250 v. Chr. zur Erinnerung daran, daß Buddha hier nach seiner Erleuchtung die 1. Predigt gehalten hat.

Die Entwicklung des Buddhismus

Nach dem Tode Gautama Siddhartas trat der Buddhismus in eine neue Phase ein. Da der Buddha keinen persönlichen Nachfolger benannt und auch keine schriftlichen Aufzeichnungen hinterlassen hatte, übernahm die Gemeinschaft seiner Anhänger, der Sangha, die Verantwortung in allen Fragen der Lehre *(Dharma)* und der Ordensdisziplin *(Winaja)* und sicherte die Autorität der Lehrreden *(Sutras)* und ihre Weiterverkündigung. Die drei ersten Konzilien unterzogen sich dieser Aufgabe; spätere Konzilien bemühten sich um die Klärung von Meinungsverschiedenheiten, die durch die verschiedenen Richtungen des Buddhismus und seine Ausdehnung von Afghanistan im Westen bis nach Japan im Osten und von der Mongolei im Norden bis nach Sri Lanka (Ceylon) und Indonesien im Süden entstanden waren.

Die drei ersten Konzilien

Der von allen Mönchen wegen seiner Disziplin geschätzte Mahakassapa berief kurz nach der Einäscherung des Buddha das erste Konzil nach *Radschagriha* ein. Um 480 v. Chr. versammelten sich die 500 ältesten Mönche *(Theras)* und befragten in den folgenden sieben Monaten den Bikkhu Upali nach den Ordensregeln und den Bikkhu Ananda nach den Lehrreden des Buddha. Jeder Mönch konnte Einwände machen oder Ergänzungen vorschlagen. Schwieg die Versammlung, so bedeutete dies die Zustimmung. Der Text galt damit als authentisch anerkannt und gehörte fortan zum verbindlichen Kanon. Das Konzil benutzte die Pali-Sprache, die in Nordindien als Amtssprache galt. Die Mönche lernten den Kanon auswendig, damit sie ihn in allen Lebenslagen zu Rate ziehen oder weitergeben konnten. Schriftliche Fixierung von Texten war damals nur bei Rechtsvereinbarungen üblich. Der Urkanon von Radschagriha wurde schon einhundert Jahre später auf dem Konzil von Waisali revidiert. Der Vorschlag einer Gruppe von Mönchen, einige Ordensregeln zu ändern und z. B. auch Geldgeschenke an die Mönche zu erlauben, wurde abgelehnt und der gesamte Text neu rezitiert. Gleichzeitig versuchte man, alle Hinweise zu tilgen, die Buddhas Allwissenheit in Zweifel ziehen konnten. Das Konzil endete zwar mit einem Erfolg der Traditionsanhänger, die sich seitdem selbst *Therawadins* (Anhänger der Lehre der Alten) nannte, konnte aber nicht verhindern, daß sich eine erste Spaltung des Ordens andeutete. Die Neuerer, die behaupteten, in der Mehrheit gewesen zu sein, gaben sich die Bezeichnung *Mahasanghikas* (Anhänger der großen Gemeinde). Die Therawadins sind heute noch die vorherrschende Richtung in Sri Lanka (Ceylon), Burma, Laos, Kambodscha und Thailand. Die Mahasanghikas entwickelten später unter dem Namen *Mahajana* eine neue Richtung, die den Buddhismus in Zentral- und Südostasien verbreitete.

Das dritte Konzil tagte 253 v. Chr. auf Veranlassung Kaiser *Aschokas* in *Pataliputta* (Patna) und umfaßte 1000 Mönche, die unter dem Vorsitz Moggaliputta Tissas die beiden bisherigen Sammlungen *Winajapitaka* und *Sutrapitaka* durch ein scholastisches Werk ergänzten, das im Laufe der nächsten zwei Jahrhunderte unter der Bezeichnung *Abhidammapitaka* in den Urkanon aufgenommen wurde. Diese drei Memoriersammlungen bilden das *Tripitaka,* den »Dreikorb«. Sie wurden in den überall entstehenden Klöstern mündlich überliefert und erst 100 Jahre vor Christus in Sri Lanka niedergeschrieben. Damit hatten die ersten drei Konzilien eine Zusammenfassung der als authentisch anerkannten Buddha-Verkündigung ermöglicht, die unter dem Namen *Pali-Kanon* als älteste Textfassung allen buddhistischen Schulen und Richtungen als Grundlage gilt. Die drei Konzilien verzichteten darauf, eine Buddha-Biographie zusammenzustellen. Es blieb auch bis zum 1. Jahrhundert vor der Zeitrechnung üblich, den Buddha nur durch Symbole bildlich darzustellen (Rad der Lehre, Fußspuren). Die Person des Religionsstifters erschien damals nicht so wichtig wie seine Verkündigung. Das entsprach auch seiner eigenen Auffassung: »Wer die Lehre sieht, der sieht mich« Das 4. Konzil fand in getrennten Versammlungen statt. Die Therawada-Buddhisten tagten auf Sri Lanka (Ceylon), die Mahajana-Buddhisten in Kaschmir. In Burma schloß das 5. Konzil der Therawadas um 1871 seine Arbeit ab. Die Feiern zum 2500. Geburtstag Gautama Siddhartas waren Anlaß zum gemeinsamen 6. Konzil aller Buddhisten, das 1954–56 in Rangun stattfand.

Der Buddhismus als Staatsreligion

Die weiträumige Ausbreitung des Buddhismus im südostasiatischen Raum wurde ermöglicht durch weltliche Herrscher, die sich persönlich zu Buddhas Lehre bekannten oder aber sich die buddhistische Lehre politisch nutzbar machten. Indische, chinesische, japanische, kambodschanische, thailändische und birmanische Fürsten erhoben den Buddhismus zeitweise zur Staatsreligion. In Tibet übernahmen die Mönche (tibetisch: Lamas) selbst die Staatsgewalt. Die Verbreitung ihrer Lehre auf dem indischen Subkontinent verdanken die Therawada-Buddhisten dem kriegerischen Kaiser *Aschoka*, der bis auf den Südteil ganz Indien in blutigen Kämpfen unterwarf, dann aber unter dem Einfluß der Lehre Buddhas seine politische Gesinnung änderte. Auf einem seiner Edikte, die er auf Felsen oder Säulen der eroberten Gebiete einmeißeln ließ, heißt es:

Pijadasi (so nennt sich Aschoka selbst) betrachtet es als schmerzlich und beklagenswert, daß die Eroberung eines fremden Landes von Gemetzel, Tod und Verschleppung begleitet ist... Pijadasi ist auch der Ansicht, man solle vergeben, was nur irgend vergeben werden kann.

Auf einer anderen Säule verfügte er, daß seine Untertanen genau wie er selbst die moralische Lebensführung des Buddhismus zu beachten hätten, damit er »sie zum Glück führe«. In dieser Absicht entsandte er buddhistische Missionare nach Nordwestindien und Europa. Von bleibender Bedeutung war aber nur die Missionierung Sri Lankas (Ceylons), die er seinem eigenen Sohn Mahinda übertragen haben soll. Der Legende nach war es Buddha selbst, der den Bewohnern Sri Lankas den Zugang zum Pfad der Erleuchtung wies. Fußspuren Buddhas zeigt man noch heute im Tempel auf dem Adams Peak, einen Zahn Buddhas im Tempel von Kandy. Im 19. Jahrhundert wurde durch königliche Proklamation festgelegt, daß keiner, der nicht Bodhisattwa ist, König von Ceylon (Sri Lanka) werden kann.
An der Verbreitung des Buddhismus nach nichtindischen Ländern waren auch Kaufleute, Karawanenführer und Seefahrer beteiligt. Da die hinduistische Kastenordnung das Verlassen des Landes erschwerte und Seereisen als verunreinigend galten, gelangte der größte Teil des indischen Außenhandels in die Hände von Buddhisten, die auf diese Weise ihrer Religion über die Seidenstraßen den Weg bis nach China und über den Indischen Ozean bis nach Indonesien bereiteten. Schon 367 n. Chr. gestattete Kaiser Ming-ti durch ein Edikt den bereits weit verbreiteten Buddhismus in China. Im Laufe der Jahrhunderte wurden die buddhistischen Klöster durch die chinesischen Kaiser, vor allem durch den Mönch-Kaiser Wu, stark gefördert. Ihr Einfluß auf die chinesischen Bauern und Händler verstärkte sich trotz des Widerstandes der *Konfuzianer* und *Taoisten*. Es gelang den Buddhisten, den konfuzianischen Staatskult und den Ahnendienst sowie taoistisches Zauberwesen in ihre Lehre einzufügen. Um ihren Einfluß nicht zu sehr zu verlieren, übernahmen die Taoisten das buddhistische Ordens- und Tempelwesen und die inzwischen aufblühende Bildverehrung.
Die chinesischen Herrscher entsandten buddhistische Mönche an den koreanischen Hof. Hier wurde der Buddhismus schon um 400 n. Chr. Staatsreligion und gelangte, wiederum durch Könige gefördert, nach Japan, wo sich Kronprinz Schotoku Taischi (572–621 n Chr.) für die Buddha-Verkündigung einsetzte und u. a. eine buddhistische Universität in der Nähe der damaligen Hauptstadt Nara errichten ließ. Die ursprüngliche Religion Japans, der Schintoismus, verlor sehr stark an Einfluß, weil die buddhistischen Missionare die Schinto-Gottheiten zu Erscheinungsformen von Buddhas und Bodhisattwas umdeuteten. *Zen*-Schulen und *Amida*-Schulen gewannen später große Bedeutung (s. S. 199, S. 197).
Mit den Tibetanern konnte sich der Buddhismus unter Anleitung des sagenumwobenen indischen Missionars *Padmasambhawa* (im 750 n. Chr.) nur

dadurch verständigen, daß er den Dämonenglauben der einheimischen *Bon-Religion* aufgriff. Aber erst durch die Gründung des zum *Mahajana* gehörenden Gelbmützenordens (tib. *Gelugpa*) und dessen Unterstützung durch die Mongolenfürsten kamen die Mönche (tib. *Lamas*) an die Macht. 1578 verlieh Alta Khan dem Oberhaupt der Gelbmützen den Titel *Dalai-Lama* und überließ ihm die Herrschaft über ganz Tibet. Die geistliche Gewalt übte seitdem der *Panchen-Lama* aus. Erst 1950 endete der Mönchsstaat nach der Besetzung durch die Volksrepublik China. Der letzte Dalai-Lama residiert seit 1959 im indischen Exil.

Der frühe Buddhismus hatte keine eigenen Normen für das gesellschaftliche und politische Leben entwickelt. Wie ist das zu erklären?

Namen und Begriffe

Amida s. S. 197.
Aschoka Kaiser der Maurija-Dynastie, regierte Indien von 268–234 v. Chr.
Bon-Religion Älteste Religion Tibets, die besonderen Wert auf magische Opfer- und Beschwörungsriten legte.
Konfuzianismus Die auf Konfuzius (551–479 v. Chr.) zurückgehende ethische und seit 200 v. Chr. verbindliche Staatsdoktrin Chinas. Hauptanliegen ist die moralische Grundlage der Familie, die von den Geisteskräften der Götter und Ahnen getragen wird. Das Vorbild ist der edle Mensch (nicht der Heilige), dessen religiöses Denken sowohl vom Taoismus als auch vom Mahajana-Buddhismus geprägt sein kann.
Lama Tibet. Übersetzung des Wortes Guru = Geistlicher Führer. Der Dalai-Lama als universaler Herrscher Tibets gilt als Wiederverkörperung des transzendenten Bodhisattwa Awalokiteschwara, der Panchen-Lama, das geistliche Oberhaupt, wird als Wiederverkörperung des transzendentalen Buddha Amitabha verehrt.
Mahajana Wörtlich »das große Fahrzeug« im Gegensatz zum »kleinen Fahrzeug« (= Hinajana): Name der in den nördlichen Regionen entstandenen buddhistischen Schulen, die möglichst vielen ein »Fahrzeug zum Heil« anbieten wollen. Das Mahajana verwendet zumeist Sanskrit-Texte.
Padmasambhawa In Tibet wirkender Inder (8. Jh. n. Chr.), der als großer Geisterbeschwörer galt und den Orden der »Rotmützen« begründete. Auf ihn geht wahrscheinlich das »Tibetanische Totenbuch« (Bardo) zurück, dessen Texte, von einem Lama rezitiert, den Sterbenden, aber auch den schon Verstorbenen über das Nirwana belehren sollen.
Schintoismus Japanische alteinheimische Nationalreligion, in deren Mittelpunkt die Verehrung von Naturgottheiten steht.
Taoismus Lehre des Chinesen Laotse (8. oder 6. Jh. v. Chr.) über das Tao (= Weg), das als Urgrund alles vollkommenen Seienden gilt und auf dem Weg der Tugend erreichbar ist. Der Populartaoismus verbreitete auch den Glauben an Dämonen, mit deren Hilfe man die Naturkräfte ändern und beherrschen kann.
Therawada Schule der Alten, die nur den Tripitaka anerkennt und den Hinajana-Buddhismus geprägt hat.
Tripitaka Der »Dreikorb«, enthält die Ordensregeln (Winajapitaka), die Reden Buddhas (Sutrapitaka) und die Sammlung der besonderen Heilslehre (Abidharmapitaka), die für die buddhistische Elite bestimmt war. Alle Schriften wurden in Palmblätter eingeritzt und dann in Körben gesammelt. Außer dem Pali-Tripitaka gibt es das umfangreiche chinesische Tripitaka, dessen japanische Übersetzung 55 Bände von je 1000 Seiten umfaßt.
Zen s. S. 199.

Die Entfaltung der buddhistischen Schulen

Dem Buddhisten ist zur Erlangung des Nirwana ein großer Spielraum gelassen. Die verschiedenen Schulen, die sich nach dem 2. Konzil gebildet haben, entwickelten zwar unterschiedliche Methoden und polemisierten auch gegeneinander, bewahrten aber folgende gemeinsame Überzeugungen:

- Das Leben und die Welt sind weder von einem persönlichen Gott geschaffen noch werden sie durch göttliches Eingreifen einem Ziel zugeführt. Alles ist in einen Lebensstrom eingeschlossen, in dem es ständig zur Wiedergeburt kommt *(Samsara)*. Unter Wiedergeburt ist aber nicht eine Seelenwanderung zu verstehen, da es keine Seele gibt. Das erschien einigen Mönchen als Widerspruch, »aber Gautama legte dar, daß nur solange ein Widerspruch besteht, wie man sich beim Denken der gewohnten Begriffe ... bedient« *H. W. Schumann).*
- Der Mensch erlebt dieses Leben als Leiden *(Dukha)*, das erst erlischt, wenn der Lebensstrom zur Ruhe gebracht und die Grenze zum Nirwana überschritten worden ist.
- Der Weg zum Nirwana führt über die Ausrottung von Gier, Wahn und Haß zur Erleuchtung und zur Weisheit.

Verbreitung des Buddhismus um 650 n. Chr.

- Vorangegangen auf diesem Weg sind die verschiedenen Buddhas.

Deutliche Unterschiede zwischen dem Therawada-Buddhismus und dem Mahajana-Buddhismus lassen sich in folgenden Schulmeinungen erkennen:

- Das *Therawada* hält das Leiden für real, das *Mahajana* für Schein, den natürlich nur der Weise (der Erleuchtete) durchschauen kann.
- Ein Absolutes, das hinter allen Erscheinungen steht, lehrt nur das Mahajana. Das Absolute ist dem Lebensstrom als Dharma immanent. Der Mahajanin ahnt das Absolute in sich, erlebt es aber erst durch die Erleuchtung. Der ins Nirwana eingegangene Buddha verkörpert es.
- Der historische Buddha ist den Therawadins ein Lehrer, allenfalls ein Übermensch. Im Mahajana wird er als Projektion des Absoluten interpretiert.
- Das Therawada lehrt die Erlösung als vollkommene Befreiung, die aus eigener Kraft erreicht werden muß. Der Mahajanin erstrebt die höchste Erleuchtung, zu der er auch mit Hilfe höherer Kräfte (z. B. der *Transzendenten Buddhas*) gelangen kann.
- Das Heilsziel des Therawada ist es, möglichst schnell das Nirwana für sich selbst zu erlangen. Das Mahajana fordert, das Eingehen ins Nirwana möglichst lange zu verzögern, um in der Zwischenzeit als Bodhisattwa alle Menschen zur Erleuchtung zu führen. Darum erzieht es seine Bekenner zu selbstloser Hilfe für die noch nicht Erleuchteten.

Trotz dieser unterschiedlichen Auffassungen haben die Mönche beider Richtungen keinerlei dogmatischen Streit ausgetragen und da, wo sie zusammentrafen, in gemeinsamen Klöstern entsprechend ihren Ordensvorschriften friedlich nebeneinander gelebt. Die früher verächtlich gebrauchte Bezeichnung *Hinajana* (kleines Fahrzeug) für die Anhänger des Therawada-Buddhismus ist seit dem Konzil von Rangun abgeschafft.

Judentum und frühes Christentum wissen, daß das Leid zum Menschsein in dieser Welt gehört. Wie wird das Problem der Leiderfahrung in Buch Hiob und bei Paulus deutlich (Röm. 8, 32; 2. Kor. 4, 8f. u. 6, 9f.)?

Der Niedergang des Buddhismus in Indien

Gautama Siddharta hatte seiner Anhängerschaft vorausgesagt, sie werde nach etwa 500 Jahren ihre Kraft einbüßen und untergehen. Die ersten Anzeichen eines Zerfalls zeigten sich jedoch erst im 5. Jh. n. Chr. Um 450 n. Chr. drangen asiatische Nomaden bis in das zentralindische Malva ein, im 8. Jh. verfolgten die islamischen Turkvölker die buddhistischen Mönche, die sich nicht gegen die Zerstörung ihrer Klöster und Universitäten wehrten und damit auch den Verlust wertvoller Textsammlungen und heiliger Bildwerke hinnahmen. Seit dem 11. Jh. führt der Buddhismus in seinem Ursprungsland Indien (außer Bengalen) nur noch ein Schattendasein. Zwar hielt das Interesse an der Gelehrsamkeit der buddhistischen Mönche an, aber weite Kreise der unteren Kasten wandten sich wieder stärker dem Hinduismus zu, der in Buddha nur die 9. Reinkarnation Wischnus verehrt. Die Oberschichten ließen sich von der brahmanischen Philosophie Schankaras beeinflussen.
Während der Buddhismus in Indien zurückging, konnte er sich in der Form des Therawada in Sri Lanka (Ceylon) zu voller Blüte entwickeln und nach und nach fast alle hinterindischen Länder für sich gewinnen.

Namen und Begriffe

Transzendente Buddhas In ihnen wird das Absolute sichtbar. Der Volksglaube sieht in ihnen götterartige Himmelswesen, die man um die Wiedergeburt in einem Paradies bitten kann. Dort reift man zum Nirwana heran. Der tibetanische Buddhismus ordnet die transzendenten Buddhas den einzelnen Himmelsrichtungen zu.

Furchtlos sein
Amoghasiddi (Norden)

Meditation
Amitabha (Westen)

Geben
Ratmasambhawa (Süden)

Die Erde zum Zeugen anrufen
Akshobya (Osten)

Predigt
Vairocana (Mitte)

Wiederbelebung des Buddhismus

Während der Zeit der Kolonialherrschaft hatten die Buddhisten einen schweren Stand. Teils wurden sie wegen gelassen ertragener Armut verachtet, teils wurden sie gegenüber den christlichen Missionsgesellschaften, die mit den Kolonialmächten in alle buddhistischen Länder einzogen, benachteiligt. Wesentliche Unterstützung fanden die Buddhisten durch den englischen Kolonialbeamten *T. W. Rhys Davis* (1843–1922), der in Ceylon bei den Mönchen Pali und anschließend das Tripitaka studierte. 1881 gründete er die Pali-Text-Gesellschaft, die sich große Verdienste um die Sammlung und Übersetzung der in Europa noch unbekannten Pali-Texte erwarb und damit die Grundlagen für die religionswissenschaftliche Erforschung des Buddhismus schuf. Der Amerikaner *Henry S. Olcott* stellte zusammen mit seinem ceylonesischen Übersetzer Anagarika Dharmapala beim Weltparlament der Religionen in Chicago erstmalig den Buddhismus in den USA vor. Schon 1891 hatten beide die Mahabodhi-Society ins Leben gerufen, deren Bemühungen es zu verdanken ist, daß die buddhistischen Heiligtümer und Sakralbauten wieder als solche beachtet und vor der endgültigen Zerstörung gerettet wurden. Von Olcott ging auch die 1898 erfolgte Gründung der *Young Men's Buddhist Association* (YMBA) in Colombo aus.
Schließlich schlossen sich 1950 alle buddhistischen Schulen in Kandy zur *World Fellowship of Buddhists* zusammen und bereiteten gemeinsam das 6. Buddhistische Konzil zum 2500. Geburtstag von Gautama Siddharta in Rangun vor. Die Leitung des mit großer Beteiligung durchgeführten Konzils hatte der birmanische Staatspräsident U Nu, der auch die Neuherausgabe des überprüften Pali-Kanons in birmanischer, kambodschanischer, lateinischer und Thai-Schrift vorantrieb, wobei von den 2500 anwesenden Mönchen die gleichen Rezitationsmethoden wie beim 1. Konzil im Jahre 480 v. Chr. angewandt wurden. Während des Konzils erklärte Dr. Ambedkar, der Führer der kastenlosen Inder, seinen Übertritt zum Buddhismus. Ihm folgten in kurzer Zeit ca. 4 Millionen Menschen im Südosten Indiens. 1928 gründete der Japaner Makigutschi die buddhistische Massenorganisation *Soka Gakkai*, die eine auf buddhistischem Denken und Mitleid (Metta) begründete Politik anstrebt und inzwischen über ca. 20 Millionen Mitglieder haben soll. Lama Anagarika Govinda, ein gebürtiger Deutscher, stiftete 1952 den tantristischen Orden *Arya Maitreya Mandala*. Seit 1956 versuchte der inzwischen ermordete S. Bandaranaike, in Sri Lanka einen buddhistischen Wohlfahrtsstaat zu errichten. Unterstützt wurde er dabei von D. C. Vijayavardhana, der in seinem Buch *Die Revolte im Tempel* (1953) einen sozialen Urbuddhismus gegen den Marxismus vertrat:

> Buddha ist nicht damit zufrieden, einem sein Eigentum zu nehmen und es einem anderen zu geben. Dies sind Halbheiten. Der Buddhismus nimmt den Menschen den Besitzinstinkt.

Außer durch buddhistische Gruppen in Europa wurde die Lehre Gautama Siddhartas am stärksten im Westen durch die Einwanderung vieler Chinesen und Japaner in die USA (Ende des 19. Jh.) gefördert. Entlang der amerikanischen Westküste von San Diego bis San Francisco entstanden buddhistische Tempel und Meditationszentren.
Die Schweiz erlaubte 1968 für die mit dem Dalai-Lama geflüchteten Buddhisten die Eröffnung des *Klösterlichen Tibet-Instituts* in Rikon. Seit 1969 gibt es das christliche Zen-Zentrum in Tokyo unter Leitung des Jesuiten *Hugo M. Enomya Lassalle.*

Buddhismus in Deutschland

Buddhistisches Informationszentrum auf dem Flughafen Colombo.

Die Tatsache, daß der Islam sich seit dem 7. Jahrhundert wie eine unüberschreitbare Mauer im Osten, Süden und Westen um die europäische Christenheit legte und sie von der Begegnung mit den asiatischen Religionen so gut wie vollständig abschnitt, ist für die ganze Geschichte der Begegnung und Auseinandersetzung des Christentums mit den nichtchristlichen Hochreligionen Asiens von entscheidender Bedeutung geworden. Damit mag in der Tat eine Erklärung dafür gefunden sein, daß der Buddhismus, der sich den Weg so erfolgreich in den asiatischen Ländern bahnen konnte, erst im 19. Jahrhundert in Europa und damit auch in Deutschland bekannt wurde. Dann aber fand er vor allem unter Wissenschaftlern, Philosophen und Dichtern Beachtung (z. B. Schopenhauer, Nietzsche, H. Hesse, Thomas Mann u. a.).
Bedeutsam für die Verbreitung buddhistischen Gedankengutes wurde die Übersetzungsarbeit deutscher Gelehrter um die Jahrhundertwende.

In der Zeit zwischen 1903 und 1955 kam es zur Gründung von verschiedenen buddhistischen Gesellschaften in Berlin, Leipzig, München, Stuttgart, Frankfurt, Hannover und Hamburg. Bei all diesen Gründungen handelt es sich nicht um Massenbewegungen, sondern um den Zusammenschluß meistens intellektueller Männer und Frauen, die durch die Philosophie des Therawada-Buddhismus aufs tiefste beeindruckt waren. Einzelne wurden so sehr von der Lehre des Buddha ergriffen, daß sie sich entschlossen, in die Heimatländer des Buddhismus nach Ceylon, Birma oder auch nach Thailand zu gehen und dort das Mönchsgewand anzuziehen.

Auf Vorschlag der Buddhistischen Gemeinde München wurde 1955 ein erstes Gesamtdeutsches Treffen in Frankfurt durchgeführt, an dem 43 Personen teilnahmen. Hier gelang der Zusammenschluß zur *Deutschen Buddhistischen Gesellschaft*. 1958 schließlich wurde zur Förderung der Zusammenarbeit ein Dachverband, die *Deutsche Buddhistische Union*, begründet. Die DBU ist Mitglied und Regionales Zentrum der *World Fellowship of Buddhists*. 1984 waren in der DBU 40 verschiedene Gruppierungen zusammengeschlossen.

Richtlinien für deutsche Mönchsanwärter, die in asiatische buddhistische Klöster eintreten wollen

Jahrzehntelange Erfahrung mit Europäern, die versucht haben, in einem buddhistischen Kloster in Asien ein Mönchsleben zu führen, hat uns veranlaßt, dieses Merkblatt zusammenzustellen.
Oft haben besonders junge Leute, kaum daß sie die Lehre des Buddha kennengelernt haben, in ihrer ersten Begeisterung den Wunsch, als Mönch zu leben. Da dies in Europa noch recht schwierig ist, suchen sie ihr Heil in Asien. Sie sind sich jedoch in keiner Weise der sie dort erwartenden Schwierigkeiten bewußt. Der weitaus größte Teil von ihnen kehrt daher schon nach verhältnismäßig kurzer Zeit aus den verschiedensten Gründen zurück. Da meistens alle Brücken hier abgebrochen wurden, ist eine Wiedereingliederung in das Leben hier für sie sehr schwierig. Darum sollten alle Freunde, die in ein buddhistisches Kloster in Asien einzutreten beabsichtigen, in ihrem eigenen Interesse folgende Ratschläge beherzigen:

1. Unbedingte Voraussetzung für das Führen eines Mönchslebens ist neben körperlicher und geistiger Gesundheit ein einwandfreier Charakter und eine genügende Lebensreife. Die Bewährung in der Welt ist ebenso vorauszusetzen wie das weitgehende Abgelöstsein von den Dingen der Welt. Eine gute Kenntnis der Buddha-Lehre ist so selbstverständlich, daß sie kaum erwähnt zu werden braucht. Wichtig ist jedoch auch eine gute Beherrschung der englischen Sprache, einige Kenntnisse des Pali und möglichst auch der Landessprache des Klosters.

2. Zur Vorbereitung wäre es gut, wenn der Anwärter mindestens ein halbes Jahr im »Haus der Stille« (2059 Roseburg ü/Büchen, Mühlenweg 16) und im »Buddhistischen Haus« (1000 Berlin-Frohnau 28, Edelhofdamm 54) verbringen würde. Der Aufenthalt in Roseburg soll vor allem dem Erwerb der notwendigen Kenntnisse in Englisch und Pali und der Vertiefung der Lehre und der Meditationspraxis dienen, der Aufenthalt in Frohnau (evtl. in einem Kloster in London) vermittelt einen Einblick in das Zusammenleben mit asiatischen Mönchen.
Die Aufenthaltskosten sind vom Anwärter zu tragen. Deren Höhe sowie die Unterbringungsmöglichkeiten sind bei den Verwaltungen der Häuser zu erfragen.

3. Da – mit seltenen Ausnahmen – alle europäischen Mönche nach einer gewissen Zeit zurückkehren, sollten sie sich von vornherein als »Mönch auf Zeit« betrachten und Vorsorge für eine Rückkehr in das Hausleben treffen. Der Anwärter sollte also soviel gespart haben, daß er außer den Kosten für die Vorbereitungszeit und die Überfahrt noch über genügend Mittel für die Rückreise und eine mindestens dreimonatige Übergangszeit verfügt.

Wenn Sie obige Ratschläge befolgen, haben Sie die Voraussetzungen für ein fruchtbares Mönchsleben, zu dem unsere guten Wünsche Sie begleiten.

DEUTSCHE BUDDHISTISCHE UNION

Das Rad der Wiedergeburten (Bhawatschakra) symbolisiert in seinem äußeren Ring die zwölf Bedingungen der Entstehung in Abhängigkeit (vgl. S. 185). Die sechs Abteilungen des Rades bedeuten die sechs Sphären, in denen der Mensch wiedergeboren werden kann. Das Rad wird gehalten von den Klauen Maras.

Der Weg zur Ichlosigkeit

Während seiner Wanderjahre bemühte sich Gautama Siddharta in seiner Eigenschaft als Buddha, Antwort zu geben auf die Frage: »Wo liegt die Ursache für die unentrinnbare Wiedergeburt aller Lebewesen?« Seinem Existenzverständnis entsprechend verknüpfte er die Lehre von den Vier edlen Wahrheiten und dem Achtfachen Pfad mit den Erkenntnissen vom Entstehen in Abhängigkeit und der Einsicht in die Nichtigkeit der Person (Lehre vom Nicht-Ich). Damit begründete er das Lehrgebäude aller buddhistischen Schulen. Er hielt sich an das Grundprinzip, nur solche Fragen und Zweifel zu bedenken, die sich unmittelbar auf das Erlösungsziel des Buddhismus bezogen, und möglichst solche Aussagen zu machen, die rational überprüfbar sind.

Der Strom des Lebens

Das Leben vollzieht sich in einem ständigen Dreischritt von Entstehen, Bestehen und Vergehen, um dann von neuem in diesen Prozeß einzumünden. Der Mensch erlebt, solange er selbst an diesem Prozeß festhält, seine ständige Wiedergeburt. Er kann ihr nicht entrinnen und klammert sich deshalb an seine Taten, die er bei seiner Wiedergeburt als gutes oder schlechtes Erbe übernehmen muß. Darum will er sich selbst formen. Er erzeugt für sich und in sich das Bewußtsein, ein Selbst zu sein. Dabei muß er die Erfahrung machen, daß auch seine so erlangte Identität dem Wechsel unterworfen ist. Daß er trotzdem an ihr festhält, ist ein Zeichen illusionären Denkens, dem er solange ausgeliefert bleibt, wie er die Bedingungen nicht kennt, die zur Entstehung des Lebensstroms führen und die folglich auch seinen eigenen Lebensprozeß bestimmen.

Die Lehre von der »Entstehung in Abhängigkeit«

Buddha formulierte zwölf Bedingungen des »Entstehens in Abhängigkeit« (Pali: Paticca-samupadda). Wie bei einer Kette darf keine fehlen. Auf Glied A folgt Glied B und auf B dann C. Entfällt B, so kann C schon nicht mehr entstehen, auch nicht durch sich selbst oder aus Zufall.
Die Kurzformel der Lehre lautet:

Wenn das besteht, so wird jenes. Durch das Entstehen von jenem wird dies hervorgebracht. Wenn jenes nicht ist, wird dieses vernichtet. Das bedeutet:
Durch das Nichtwissen bedingt sind die Triebkräfte, durch die Triebkräfte bedingt ist das Bewußtsein, durch das Bewußtsein bedingt ist Name und Gestalt (geistig-leibliche Einzelwesenheit), durch Name und Gestalt bedingt ist die Sechsheit der Sinnesbereiche, durch den sechsfachen Sinnesbereich bedingt ist die Berührung, durch die Berührung die Empfindung, durch die Empfindung ist bedingt der Lebensdurst, durch den Lebensdurst der Lebenshang, durch den Lebenshang ist bedingt das Werden, durch das Werden die Geburt, durch die Geburt ist bedingt Alter und Tod, es entstehen Kummer, Klagen, Leiden, Verzweiflung und Ruhelosigkeit. So kommt es zum Entstehen dieser Menge des Leidens.
Durch restloses Dahinschwinden und durch das Aufhören des Nichtwissens vergehen die Triebkräfte. Durch das Erlöschen der Triebkräfte tritt das Aufhören des Bewußtseins ein. Schwindet das Bewußtsein, so vergehen auch Name und Gestalt (geistig-leibliche Einzelwesenheit). Durch das Aufhören von Name und Gestalt wird der Bereich der sechs Sinne ausgelöscht. Durch dessen Verschwinden tritt das Vergehen der Berührung ein. Hört die Berührung auf, so ist auch das Gefühl verschwunden. Durch das Vergehen des Gefühls versiegt der Durst. Nach dem Aufhören des Dur-

stes schwindet der Hang nach dem Leben. Ist der Hang nach dem Leben zu Ende gekommen, so kommt das Werden zur Ruhe, und wenn kein Werden mehr ist, gibt es auch keine Geburt. Durch das Aufhören der Geburt vergehen Alter und Tod, es schwinden Leiden, Klagen, Unglück, Verzweiflung und Ruhelosigkeit. So kommt es zum Aufhören all dieses Leides.

In vielen bildlichen Darstellungen vom *Rad der Wiedergeburten (Bhawatschakra)* entdeckt man auf dem Radkranz die zwölf Glieder der bedingten Entstehung. So wird z. B. das Nichtwissen durch einen Blinden symbolisiert (vgl. S. 185).

Warum hat das Nichtwissen eine entscheidende Funktion im Buddhismus? Wie äußert sich die Bibel zur »geistigen Blindheit« (vgl. z.B. Js. 42, 19; Ps. 119, 18; Matth. 23, 17 u. 26; Joh. 3, 21)?

Die Lehre von den Vier edlen Wahrheiten

Die *Vier edlen Wahrheiten* sind der Überlieferung nach in der *Predigt von Benares* von Buddha verkündet worden in der Absicht, wie ein Arzt die Krankheit zu beschreiben, ihre Ursache zu ermitteln und dann einen Weg zur Heilung zu zeigen. Der Text lautet:

1. Dies, ihr Mönche, ist die edle Wahrheit vom Leiden. Geburt ist Leiden, Alter ist Leiden, Krankheit ist Leiden, Tod ist Leiden, mit Unliebem vereint sein ist Leiden, von Liebem getrennt sein ist Leiden, nicht erlangen, was man begehrt, ist Leiden.
2. Dies, ihr Mönche, ist die edle Wahrheit von der Entstehung des Leidens. Es ist der Durst, der das Wiedergeborenwerden im Werden verursacht, begleitet von sinnlichen Freuden, der hier und dort seine Befriedigung findet, der Durst nach Lust, der Durst nach Werden, der Durst nach Nicht-Existenz.
3. Dies, ihr Mönche, ist die edle Wahrheit von der Aufhebung des Leidens. Es ist die Aufhebung jenes Durstes, so daß kein Begehren übrig bleibt. Es ist das Aufgeben, Fahren-lassen, Sich-befreien und Sich-entäußern von diesem Begierdedurst.
4. Dies, ihr Mönche, ist die edle Wahrheit vom Wege zur Aufhebung des Leidens. Es ist dieser edle, achtgliedrige Pfad, der da heißt: rechtes Glauben, rechtes Entschließen, rechtes Wort, rechte Tat, rechtes Leben, rechtes Streben, rechtes Gedenken, rechtes Sich-versenken.

Was meint Buddha mit diesen Aussagen?

Die Erste Wahrheit:

Die wirklich ernstzunehmende Krankheit ist das Leiden, das unser Leben von der Geburt bis zum Tod beherrscht. Auch das Glück ist ein Teil des Leidens, weil es vergänglich ist und der Verlust das Leid noch größer werden läßt. Dies hatte der junge Prinz Siddharta selbst lange Zeit nicht erkannt.

Die Zweite Wahrheit:

Die Ursache des Leidens ist das Begehren des Menschen.
Die zweite Wahrheit, die Buddha lehrt, erklärt die Ursache und Entstehung des Leidens. Er erkennt sie im Durst nach Lustgewinn und der Ich-Sucht des Menschen. Sie ist ferner begründet in der Unkenntnis der Bestimmung des Menschen. Wer die Vier edlen Wahrheiten nicht kennt, der bleibt im Leid, denn er ist gefangen in Gier, Haß und Verblendung.

Die Dritte Wahrheit:

Das Leiden kann geheilt und aufgehoben werden. Wer die Ursache des Leidens erkannt hat, der weiß, daß das Leiden aufgehoben werden kann, indem das Begehren und der Egoismus des Menschen vernichtet werden. Der Egoismus führt ja nicht zum Heil, wie der Mensch meint, sondern ins Leid. Insofern ist aller Egoismus Selbsttäuschung. Dies gilt es zu erkennen. Befreiung von dieser Täuschung und Überwindung des Begehrens eröffnet das höchste, ungetrübte Glück, die höchste Sicherheit von dem Leiden. Es heißt: Nirwana.

Die Vierte Wahrheit:

Heilung ist möglich durch den »Achtfachen Pfad«. Wer diesen Pfad geht, kann dem Kreislauf der ständigen Wiedergeburt entrinnen.

Die Lehre vom *Achtfachen Pfad*

Der *Achtfache Pfad* gliedert sich in drei Bereiche: Verständnis, ethisches Verhalten und Meditation. Auf das Ernst-machen mit der Erkenntnis der *Vier edlen Wahrheiten* sind die beiden ersten Teilstükke gerichtet:

1. Pfad Was, ihr Mönche, ist die rechte Anschauung? Die Erkenntnis des Leidens, die Erkenntnis der Entstehung des Leidens, die Erkenntnis der Aufhebung des Leidens, die Erkenntnis des zur Aufhebung des Leidens führenden Pfades. Das, ihr Mönche, nennt man rechte Anschauung.
2. Pfad Und was, ihr Mönche, ist rechte Gesinnung? Die Gesinnung des Entsagens, die von Übelwollen freie Gesinnung, die Gesinnung, die keinem Wesen Harm bereitet, Das, ihr Mönche, nennt man rechte Gesinnung.

Die drei »Pfade«, die dann folgen, bilden einen Katalog ethischer Forderungen, der in der Praxis nur von Mönchen, kaum aber von Laienanhängern einzuhalten war:

3. Pfad Und was, ihr Mönche, ist rechtes Reden? Das Abstehen von Lügen, das Abstehen vom Afterreden, das Abstehen von roher Rede, das Abstehen von eitlem Geschwätz. Das, ihr Mönche, nennt man rechtes Reden.
4. Pfad Und was, ihr Mönche, ist rechtes Handeln? Abstehen vom Zerstören von Leben, Abstehen vom Nehmen nicht gegebener Dinge, Abstehen von unkeuschem Wandel. Das, ihr Mönche, nennt man rechtes Handeln.
5. Pfad Und was, ihr Mönche, ist rechte Lebensführung? Dieser Fall, ihr Mönche, liegt vor, wenn ein edler Jünger seine verkehrte Lebensführung aufgegeben hat und sein Leben in rechter Lebensführung gestaltet. Das, ihr Mönche, nennt man rechte Lebensführung.

Die letzten drei »Pfade« beziehen sich auf die Meditation, die als Weg gilt, sich von Leidenschaften zu befreien und zur inneren Gelassenheit zu führen:

6. Pfad Und was, ihr Mönche, ist ein rechter Kampf? Da erzeugt, ihr Mönche, ein Mönch in sich den Willen, nicht-vorhandene üble, unheilvolle Zustände nicht entstehen zu lassen, und seine Energie zusammenraffend kämpft er, ringt er, treibt seinen Geist an. – Er erzeugt in sich den Willen, vorhandene üble, unheilvolle Zustände zu vertreiben, und seine Energie zusammenraffend kämpft er, ringt er, treibt seinen Geist an. – Er erzeugt in sich den Willen, nicht-vorhandene heilsame Zustände zu erwecken, und seine Energie zusammenraffend kämpft er, ringt er, treibt seinen Geist an. Er erzeugt in sich den Willen, vorhandene heilsame Zustände zu erhalten, sie nicht schwinden zu lassen und sie zu entfalten und seine Energie zusammenraffend kämpft er, ringt er, treibt seinen Geist an. Das, ihr Mönche, nennt man rechten Kampf.
7. Pfad Und was, ihr Mönche, ist rechtes Gedenken? Da verweilt, ihr Mönche, ein Mönch beim Körper in der Betrachtung des Körpers, eifrig, klar bewußt, besonnen, um in der Welt Begehren und Kümmernis zu meistern. – Er verweilt bei den Empfindungen in der Betrachtung der Empfindungen eifrig, klar bewußt, besonnen, um in der Welt Begehren und Kümmernis zu bemeistern. – Das, ihr Mönche, nennt man rechtes Gedenken.
8. Pfad Und was, ihr Mönche, ist rechte Konzentration? Abgeschieden von den Sinnenlüsten, abgeschieden von unheilsamen Zuständen gewinnt ein Mönch die mit Denken und Sinnen verbundene, aus der Abgeschiedenheit entstandene, von Freude und Glück erfüllte erste Versenkung und verweilt darin. – Nach Beruhigung des Denkens und Sinnens gewinnt er die innere Sammlung, die Einheit des Geistes, die von Denken und Sinnen freie, aus Konzentration entstandene, von Freude und Glück erfüllte zweite Versenkung und verweilt darin. –
Und nach dem Verschwinden der Freude lebt er gleichmütig, klar bewußt und besonnen, und er empfindet leibhaftig jenes Glück, von dem die Edlen sagen: »Der Gleichmütige und Besonnene lebt glücklich.« So gewinnt er die dritte Versenkung und verweilt darin. –
Und nach Verschwinden von Freud und Leid und nach dem Untergang des früheren Frohsinns und Trübsinns gewinnt er die jenseits von Freude und Leid liegende vierte Versenkung, wo Gleichmut und klare Besinnung in voller Reinheit bestehen, und verweilt darin. –
Das, ihr Mönche, nennt man rechte Konzentration. Dies, ihr Mönche, nennt man die hohe Wahrheit von dem zur Aufhebung des Leidens führenden Pfade.

Die Lehre vom Nicht-Ich

Das Prinzip der Lehre von der »Entstehung in Abhängigkeit« führte, auf den Menschen angewandt, zur Leugnung des Ich, denn wenn alles dem ständigen Wechsel unterliegt, dann auch der Mensch und sein Körper, sein Gefühl, seine Wahrnehmung, sein Denken. Die »Predigt von Benares« enthält darüber folgende Aussage:

Der Körper ist nicht die ewige Seele, denn er strebt nach Zerstörung. Noch auch bilden Gefühl, Wahrnehmung, Gestaltungen und Erkennen zusammen die ewige Seele, denn diese würden, wenn es so wäre, nicht in gleicher Weise nach Zerstörung streben. ... Unsere physische Körperlichkeit, Empfindungen, Vorstellungen, Gestaltungen und Erkennen sind alle vergänglich und also böse, nicht beständig und nicht gut. Was böse und der Veränderung unterworfen ist, ist nicht die ewige Seele. So muß von allen physischen Formen, vergangenen, gegenwärtigen oder zukünftigen, subjektiven oder objektiven, fernen oder nahen, hohen oder niedrigen, gesagt werden: Dieses ist nicht mein, dieses ist nicht Ich, dieses ist nicht meine ewige Seele.

Die Beziehung der Bestandteile des menschlichen Individuums, auch *Daseinsfaktoren (Skandas)* genannt, ändern sich stetig. Im Augenblick der Entstehung des Menschen beginnt auch schon seine Auflösung. Auch die Daseinsfaktoren selbst verwandeln sich: Der Körper altert, die Gedanken richten sich auf unterschiedliche Ziele, der Wille strebt nach neuen Taten. Gerade die Tatabsichten sind nach dem Karma-Gesetz ausschlaggebend für die zukünftige Existenz des Menschen, wie es das Gespräch zwischen *König Milinda* und *Nagasena* zum Ausdruck bringt:

Der König Milinda sagte zum weisen Nagasena: »Wenn einer wiedergeboren wird, ist es dann derselbe (der starb), oder ist es ein anderer?« Nagasena antwortete: »Weder derselbe noch ein anderer. So wie der Säugling nicht derselbe wie der Erwachsene ist, wie die Flamme der ersten Nachtwache nicht dieselbe ist wie die der mittleren oder der letzten Nachtwache, so wie die frische Milch nicht identisch ist mit der dicken Milch, so ist der Verstorbene nicht derselbe wie der Wiedergeborene, und doch reiht sich eine Kette von Dharmas in ungebrochener Kontinuität aneinander.

Vom Festhalten an der Vorstellung vom eigenen Ich muß der Mensch befreit werden, weil er sonst seine Ich-Sucht und damit seine Tatabsichten, die eine Ursache des Leidens sind, niemals verlieren kann. Seine eigentliche Aufgabe sah Buddha darin, dem Menschen den Pfad zur Ichlosigkeit zu zeigen.
Wer die Ichlosigkeit erreichen will, muß sein von Lebensgier und Unwissenheit geprägtes, zum Leiden verurteiltes Ich unterwerfen.

Wenn einer in der Schlacht tausend mal tausend Mann besiegt und ein anderer bezwingt einen, sich selbst, wahrlich er ist der größte der Sieger.

Er muß sich dem wahren Ich öffnen, das sich im Handeln nach den Normen des »Achtfachen Pfades« realisiert und das aus der meditativen Versenkung als erleuchtetes Wesen hervorgeht, das sich und anderen eine Stütze sein kann. Der Mensch, der sein wahres Ich erfahren hat, wird mit den Worten gepriesen:
Enthaltsam lebt er sein Leben fern von Begierden, vervollkommnet, kühl, in seeliger Freude, ...
Im Therawada-Buddhismus sah man diesen Weg durch den Heiligen, den Arhat, verwirklicht. Dem Mahajana-Buddhismus lag daran, allen Menschen diesen Weg zu eröffnen. Die Bodhisattwas sollten dazu ebenso verhelfen wie die Zen-Meditation (S. 199). Nur das Tantrajana und der Amida-Buddhismus (S. 197) beschritten darüber hinaus eigene Wege.

Wie läßt sich die Erfahrung von Glück, Freude und Frieden mit dem Streben nach Ichlosigkeit verbinden?

Namen und Begriffe

Kette von Dharmas Eine Reihe unpersönlicher Kräfte, die das Denken, Fühlen und Wollen bestimmen.

Milinda Der indogriechische König Menandros (167–145 v. Chr.), dessen Gespräch mit Nagasena in den »Fragen des Milinda« (Milindapanha) festgehalten ist.

Nagasena Buddhistischer Philosoph (2. Jh. v. Chr.)

Skandas Fünf Daseinsfaktoren (Körper, Empfindung, Wahrnehmung, Triebkräfte, Bewußtsein), aus deren zufälliger Zusammensetzung der Mensch besteht.

Der Orden

Mit der Gründung der Mönchsgemeinde hat Gautama Siddharta den bis in die Gegenwart hinein wirkenden Mittelpunkt des Buddhismus geschaffen, der auch den Laien den Weg zur Ichlosigkeit zeigen konnte. Der Therawada-Buddhismus betont allerdings den Unterschied zwischen Mönchen und Laien deutlich. Nach seiner Auffassung können nur Mönche den Zustand des Nirwana erreichen. In den Gesprächen mit König Milinda stellt Nagasena fest:

Nicht kann man, o König, ohne sich früher in den Asketenregeln geübt zu haben, in einer einzigen Geburt die Heiligkeit erwirken.

In den Therawada-Ländern genießt der Mönch auch größere Achtung als der ranghöchste Laie. Ähnliches gilt auch für den Tantrajana-Buddhismus. Der Mahajana-Buddhismus dagegen gesteht dem Laienanhänger zu, daß er schon in seiner gegenwärtigen Existenz ein Bodhisattwa werden kann.
Während der frühesten Zeit führten die Ordensangehörigen ein heimatloses Wanderleben. Nur während der Regenzeit suchten sie eine feste Bleibe auf. Daraus entwickelten sich später die Klöster, die seit dem 8. Jahrhundert n. Chr. den Charakter von Gemeindezentren erhielten, in denen die Mönche nicht nur die Lehre Buddhas entfalteten und weitergaben, sondern auch die Bevölkerung der Umgebung (also Laien) an der wachsenden Buddhaverehrung beteiligten. Außerdem ließen sie die Laien als Meditationsschüler zu, oft sogar für längere Zeit. Die Klosteranlage umfaßt einen Tempel mit einer Buddhastatue sowie einer Meditationshalle, ferner die Wohnungen für den Abt und die Mönche. Wo Reliquien aufbewahrt werden, findet sich oft ein Stupa (vgl. S. 175).

Noviziat und Weihen

Im Alter von acht Jahren kann ein Junge in ein Kloster eintreten und Novize werden. Ausgeschlossen bleiben Bewerber, deren Eltern nicht einverstanden sind oder die an ansteckenden Krankheiten leiden.
Der folgende Text schildert den Ordenseintritt, wie er in Sri Lanka heute üblich ist:

Mahindra war aufgeregt und hatte etwas Angst. Er war jetzt acht Jahre alt. Nachdem seine Eltern sich mit den heiligen Männern im Kloster besprochen hatten, beschlossen sie, daß Mahindra alt genug sei, um in ihrem Kloster Novize zu werden. Es war eine besondere Zeremonie vorgesehen, die drei Tage dauern sollte, und nachher sollte Mahindra ein paar Nächte im Kloster verbringen. Er würde nie wieder ein Kind sein.
Am ersten Tag der Zeremonie kleidete man ihn in seine besten Kleider, es wurde Musik gespielt, die Mönche kamen zu ihm nach Hause. Mahindra verbeugte sich, legte seinen Kopf auf ein Kissen, und der Obermönch band eine Baumwollschnur um sein Haupthaar. Alle Leute sangen eine Litanei und rezitierten die Lehre Buddhas. Danach fand ein Fest statt, und es wurde auch für Unterhaltung gesorgt. Am zweiten Tag kamen die Mönche wieder und rezitierten eine Reihe von Texten aus den drei Pitakas. Am dritten Tag kamen sie nochmals. Nach dem Rezitieren nahm Mahindras Großvater, der ranghöchste Gast, eine Rasierklinge und schor Mahindra das Haar ab. Von nun an war er ein Schüler des Buddha, der auf diese Welt und ihre Freuden verzichtete und nach dem Nirwana strebte ...
In jener Nacht schlief Mahindra in einer kleinen Zelle im Kloster. Während der nächsten drei Tage lebte er wie ein Mönch, in ein orangegelbes Gewand gekleidet; er trug eine Schüssel, um die von den Menschen gereichten Speisegaben entgegennehmen zu können, eine Kette aus Perlen, die er in den Meditationszeiten zählen sollte, und einen Filter, um das Trinkwasser zu filtern, damit nicht einmal einem Insekt, welches zufällig hineingefal-

len war, geschadet werde. Das Gewand, die Perlen, der Filter, wie auch seine Rasierklinge, um sich das Haar zu scheren, würden sein einziger irdischer Besitz sein, sofern Mahindra sein Leben als Mönche verbringen würde.

Mahindras Ordenseintritt dauert nur ein paar Tage. In anderen Klöstern muß der Novize sich längere Zeit, in manchen sogar zehn Regenzeiten mit dem Ordensleben vertraut machen, ehe er zum Mönch ordiniert wird. So beschreibt Prof. Ananda (Sri Lanka) das Noviziat in folgender Weise:

Nach dem Eintritt ins Kloster wird man in die klösterliche Zucht eingeführt und studiert die buddhistischen heiligen Schriften. Mit etwa zwanzig Jahren muß man sich einem Examen unterziehen über die Lehren des Buddhismus, und dann wird man ordiniert. Erst jetzt ist man richtiger Mönch. Jeder Novize wird einem Mönch zugeteilt. Beide stehen um 5 Uhr morgens auf und beginnen ihren Tagesablauf mit einer einstündigen Meditation. Danach verrichten sie die notwendigen täglichen Arbeiten, wie Reinigung der Räume und andere notwendige Arbeiten in Kloster und Garten. Am Vormittag geht man nach altem Brauch als Bettelmönch durch die Straßen und erbittet sein Essen, das man zurückträgt und miteinander teilt. Der tiefe Sinn ist der, daß man sich in der Demut übt und bereit wird, alles anzunehmen, was einem angeboten wird. Auf diese Weise bricht man den eigenen Stolz und gibt anderen die Möglichkeit, sich durch das gute Werk des Spendens einen Verdienst zu erwerben.
Der Rest des Tages gilt dem Studium der heiligen Schriften. Am Nachmittag lernen die Mönche in eigenen Hochschulen Pali und Sanskrit, um die heiligen Schriften im Urtext studieren zu können. Wer an weiterem Studium interessiert ist und höhere Examen ablegen möchte, kann auch weiterstudieren, z. B. vergleichende Religionswissenschaften, Philosophie, Psychologie usw. Am Abend gehört wieder eine Stunde der Meditation. Diese ist nicht mit dem Gebet zu verwechseln, da wir im Buddhismus keine Gebete kennen. Als buddhistische Mönche glauben wir nicht an Gebete. Wir sind der Meinung, daß man nicht nach dem Motto »gibst du mir das, verspreche ich dir das« feilschen soll. Nach unserer Auffassung geht es in den Gebeten immer wieder um materielle Dinge, was wir ablehnen. So ist das Gebet im Buddhismus ersetzt durch die Meditation.

Die Novizen werden also ständig zur Meditation angehalten, wobei Meditation so umfassend verstanden wird, daß sich eigentlich alles Denken und Tun mit der gleichen Konzentration vollziehen soll, die in der Meditationshalle eingeübt wird. Das Ziel des meditativen Handelns führt letztlich

zur Mitmenschlichkeit, wie sie in den folgenden Worten zum Ausdruck kommt:
Güte lasse er über die ganze Welt ausstrahlen, nach oben, nach unten und ringsum, unbegrenzt ohne Haß und ohne Feindschaft! Mag er stehen, sitzen, liegen, er soll beständig Achtsamkeit pflegen. Dieses ist die beste Geisteshaltung der Welt.

Worin unterscheidet sich die buddhistische Meditation vom christlichen Gebet?

Die zehn Verpflichtungen

Jeder Mönch gelobt bei seiner Ordination, die folgenden zehn Verpflichtungen einzuhalten:

Das Gebot der Enthaltung von dem Töten lebender Wesen nehme ich auf mich.
Das Gebot der Enthaltung von dem Nehmen des Nichtgegebenen nehme ich auf mich.
Das Gebot der Enthaltung von der Unkeuschheit nehme ich auf mich.
Das Gebot der Enthaltung von der Lüge nehme ich auf mich.
Das Gebot der Enthaltung von allen Berauschungsmitteln nehme ich auf mich.
Das Gebot der Enthaltung von Essen zur Unzeit nehme ich auf mich.
Das Gebot der Enthaltung von Tanz, Gesang, Musik und Schauspielen nehme ich auf mich.
Das Gebot der Enthaltung von allen Arten des Schmückens und Verzierens durch Kränze, Wohlgerüche und Salben nehme ich auf mich.
Das Gebot der Enthaltung von dem Liegen auf hohen und großen Betten nehme ich auf mich.
Das Gebot der Enthaltung von dem Annehmen von Gold und Silber nehme ich auf mich.

Gleichzeitig verspricht er, gegenüber dem Laien sich so zu verhalten, daß er ihn am Bösen hindert, ihm zum Guten rät, in liebevollem Sinn mit ihm fühlt, ihm die Lehre erklärt und ihm den Weg zur Ichlosigkeit zeigt.

Die Beichtregeln

Alle zwei Wochen unterziehen sich die Mönche einer Beichte. Folgende vier Vergehen führen zum Ausschluß aus dem Orden:

1. Sollte ein Mönch mit irgendjemandem ... Geschlechtsverkehr haben, macht sich dieser Mönch eines Vergehens schuldig, welches die Ausstoßung nach sich zieht, und er darf in der Gemeinschaft nicht mehr leben ...
2. Sollte ein Mönch, ob im Dorf oder in der Einsamkeit, irgendetwas an sich nehmen, was ihm nicht gegeben worden ist (= stehlen), darf er in der Gemeinschaft nicht mehr leben ...
3. Sollte ein Mönch einen Menschen oder ein menschenähnliches Wesen vorsätzlich umbringen, sei es mit der eigenen Hand oder mit einem Messer oder, daß er ihn bzw. es umbringen läßt, so hat er sich eines Vergehens schuldig gemacht, welches die Ausstoßung nach sich zieht. Das gleiche gilt auch für einen Mönch, der andere zur Selbstvernichtung antreibt und mit ihnen lobend vom Tode spricht ...
4. ... ein Mönch verdient die Ausstoßung, wenn er zu Unrecht und ohne jeden Grund fälschlicherweise behauptet, er habe übermenschliche Fähigkeiten oder die vollständige Einsicht der Heiligen erlangt und wahrgenommen.

Mönche beim Studium der Sutras

Giebelseite des Mahabodhi-Tempels in Bodh-Gaya. Buddhisten und Hindus treffen sich unter dem Bodhi-Baum, um des großen Lehrers zu gedenken. Seit dem 8. Jh. erkennen die Hindus Buddha als die 9. Reinkarnation Wischnus an.

Ihr habt gehört, Ehrwürdige, diese vier Vergehen, welche den Ausschluß nach sich ziehen. Ein Mönch, welcher sich irgendeines von diesen schuldig gemacht hat, darf in der Gemeinschaft nicht mehr leben. Nun frage ich euch, ihr Ehrwürdigen, ›Seid ihr bezüglich dieser Vergehen vollständig rein?‹ Ein zweites und ein drittes Mal frage ich euch: ›Seid ihr bezüglich dieser Vergehen vollständig rein?‹ Die Ehrwürdigen bleiben schweigsam. Sie sind also bezüglich dieser Vergehen vollständig rein. Ich nehme also an, daß es sich so verhält.

Vorübergehend wird ausgeschlossen, wer sich ein Privathaus errichtet, wer über andere Mönche Übles redet, wer die Mönchsgemeinde zu spalten versucht oder wer sich einer Bestrafung durch den Orden widersetzt.
Jeder Mönch kann den Orden von sich aus wieder verlassen, ohne daß er sich diskriminiert fühlen muß.

Was lehren die buddhistischen Ordensvorschriften (Winaja) im Vergleich zu christlichen Ordensregeln?

Die Beteiligung der Frauen am Ordensleben

In der Anfangszeit hatte Gautama Siddharta sich geweigert, Frauen in den Orden aufzunehmen. Doch als nach dem Tode seines Vaters seine Stiefmutter zusammen mit seiner Schwester und seiner Frau erneut um Aufnahme bat, gab er der besonderen Fürsprache seines Lieblingsschülers Ananda nach und begründete einen Nonnenorden. Er wollte jedoch nur diejenigen zulassen, die gewillt waren, acht zusätzliche Verpflichtungen auf sich zu nehmen, von denen folgende für die Stellung der Frau besonders interessant waren:

Eine Nonne soll, auch wenn sie schon vor hundert Jahren die Weihe erhalten hat, einen erst am selben Tag geweihten Mönch ehrerbietig begrüßen, sich vor ihm erheben, die Hände zusammenlegen und Achtung erweisen.

Nach Beendigung der Regenzeit hat sich jede Nonne beiden Orden, den Mönchen und den Nonnen, zur Kritik zu stellen.
Wenn eine Nonne ein schweres Vergehen begangen hat, so soll sie nicht nur wie ein Mönch sechs Tage, sondern vierzehn Tage lang Sühne tun.
Eine Nonne darf unter keinen Umständen einen Mönch beschimpfen und kritisieren.
Eine Nonne darf niemals einen Mönch von sich aus ansprechen und ihn etwas fragen, sondern muß warten, bis sie angesprochen wird.

Die Ausdehnung der Gemeinde auf die Laien

Der Buddhismus ist seinem innersten Wesen nach eine religiöse Bewegung von Mönchen. Das mag nicht nur daran liegen, daß Buddha selbst den Pfad der ›Hauslosigkeit‹ – ein Weg voller Pflichten und regelmäßiger Meditationsübungen, wie er nur einem Mönch möglich ist – gegangen war. Es liegt vor allem am Ziel, das er sich gesetzt hat: Die Befreiung vom Zwang der Wiedergeburt. Sie setzt die Lösung von allem, was uns an dieses Leben bindet, voraus. Wer als Hausvater für eine Familie, als Kaufmann für sein Geschäft, als Staatsmann für Recht und Ordnung zu sorgen hat, der ist gebunden und ständig auf die Erhaltung dieses Lebens verwiesen. Diese Sorge um den Besitz und das Festhalten am Leben widerspricht genau dem Ideal des mönchischen Lebens. Das wird daran deutlich, daß den Mönchen verboten war, Handel zu treiben, Geld zu besitzen und sich an einem Ort fest niederzulassen. Aber gerade deshalb waren die Mönche auf Freunde, die für sie sorgten, angewiesen, und je mehr die Mönchsgemeinde anwuchs, desto weniger konnte sie auf Laienanhänger verzichten. Buddha selbst hatte ein anderes, ehrliches Motiv, sich auch den Laien zuzuwenden: das Mitleid. Von der Lehre des Heils durfte niemand ausgeschlossen werden, ganz gleich, welcher Kaste er angehörte. Noch ehe Buddha sich zur Verkündigung entschlossen hatte - so berichtet die fromme Überlieferung – und sich nach der Erleuchtung unter dem Bodhibaum noch ganz dem Glück der Erlösung hingegeben hatte, fanden ihn zwei reiche Brüder,

Mönch beim Bettelgang. Der Geber dankt dem Bettelnden dafür, daß er Gelegenheit hatte, sich durch die Gabe karmische Verdienste zu erwerben. Beim Almosengang darf kein Geber zurückgewiesen werden; es sei denn, er hat gegen die fünf Laienregeln verstoßen (vgl. s. S. 196).

die mit einer großen Karawane unterwegs waren. Sie waren von seiner verklärten Gestalt so stark angezogen und beeindruckt, daß sie ihm aus ihren Vorräten den besten Reis und Honig zur Speise anboten. Dann lauschten sie der Predigt des Buddha. Am Ende fielen sie ihm zu Füßen und baten ihn, seine Laienanhänger sein zu dürfen. Dieser Bericht verdeutlicht, wie und warum es zur Bildung einer Laiengemeinde kam:

1. Die Person des Buddha übte eine so starke Faszination aus, daß die Menschen von weither kamen, um ihn zu sehen und zu hören.
2. Der Buddha konnte auch ihnen einen Weg weisen, der zwar noch nicht das Ende der Wiedergeburt verhieß, ihnen aber doch einen Platz in höheren Regionen zusicherte, so daß auch sie der Vollendung ein ganzes Stück näherkommen konnten. Dieser Weg heißt: Rechtschaffenes Leben, Pflichterfüllung und gute Werke.

Zwischen den Mönchen/Nonnen und den Laienanhängern kam es zu Spannungen. Damit ist ein Grundproblem vieler Religionen angesprochen. Worauf ist das zurückführen?

Buddha selbst soll über die Pflichten der Laien folgendes gesagt haben:

Von den Obliegenheiten eines Hausvaters will ich zu euch sprechen und von der Art, durch welches Tun ein Jünger rechtschaffen wird; denn es ist nicht möglich, daß ein Mensch, der einen Haushalt und Güter hat, die gesamten mönchischen Pflichten erfüllen kann.
Er töte kein lebendes Wesen, noch lasse er irgendein lebendes Wesen töten, noch billige er es, wenn andere töten; er lege jede Gewalttätigkeit gegenüber allen Geschöpfen ab, mögen diese nun stark sein oder sich fürchten in der Welt. Ferner meide es der verständige Jünger, irgendetwas Nicht-Gegebenes, wo es auch sei, zu nehmen; nicht veranlasse er jemanden, irgendetwas zu nehmen, noch billige er das Nehmen durch andere. Er vermeide jedes unrechtmäßige Nehmen. Der Verständige vermeide nichtkeuschen Wandel wie eine glühende Kohlengrube; ist er aber nicht imstande, einen keuschen Wandel zu führen, dann gehe er nicht zu dem Weibe eines anderen. Wenn man vor Gericht oder in einer Versammlung erscheint, spreche keiner zu einem anderen eine Lüge; man veranlasse niemanden zum Lügen, noch billige man es, wenn andere lügen. Man vermeide jegliche Unwahrheit.
Der Haushalter, welcher dieser Lehre zugetan ist, fröne nicht dem starken Getränk und dem Trunke. Er veranlasse niemanden zu trinken, noch billige er es, wenn andere trinken, da er weiß: »Geistige Verwirrung ist das Ende.« Denn infolge der Trunkenheit treiben die Toren üble Dinge und machen auch andere zu leichtfertigen Menschen. Man halte sich fern von diesem Gebiet der Schuld, das zur geistigen Verwirrung und Betörung führt und nur den Narren wohlgefällt... Ferner halte man frommen Sinnes den Feiertag am vierzehnten, fünfzehnten und achten Tag des Halbmonats, sowie die volle, für die acht Gelübde bestimmte vierzehntägige Fastenzeit.

Ferner versorge der Verständige, wenn er Feiertag hält, frommen Sinnes und freudig, wenn er es vermag, die Mönchsgemeinde am Morgen mit Speise und Trank. Er erhalte Mutter und Vater, wie es recht ist, und betreibe ein rechtschaffenes Gewerbe. Ein Haushalter, der sich in diesen Dingen unermüdlich übt, gelangt sicher zu den Göttern, die die Selbstleuchtenden heißen.

Die Aufnahme eines Laien in die buddhistische Gemeinde erfolgt (wie beim Mönch) durch dreimaliges Sprechen der dreifachen Zufluchtsformel (s. S. 174).
Das neue Mitglied verpflichtet sich gleichzeitig, die Gebote der fünffachen Rechenschaft zu halten:
1. nicht zu töten
2. nicht zu stehlen
3. nicht die Ehe zu brechen
4. nicht zu lügen
5. keine berauschenden Getränke zu trinken.

Am Beispiel des Laien Wimalakirti wird deutlich, in welcher Weise der Mahajana-Buddhismus eine Bodhisattwa-Existenz für realisierbar hält:

Es lebte einmal in der großen Stadt Waisali ein wohlhabender Hausvater namens Wimalakirti. Er hatte den unzähligen Buddhas der Vergangenheit gehuldigt, verrichtete viele gute Werke, fügte sich vollständig in das Ewige Gesetz (dharma), war ein Mann von wunderbarer Beredsamkeit, ... der auf dem Pfad der Weisheit wandelte.
Er war mit den angemessenen Mitteln* vertraut, hielt die großen Gelübde ein, erfaßte die vergangenen und zukünftigen Absichten aller Lebewesen und verstand ferner die Stärke und Schwäche ihres Geistes; ...
Er wandelte immer rein und vorbildlich auf den Spuren Buddhas und blieb dem Mahajana treu ...
Er blieb nur deswegen in Waisali wohnen, weil er dort über die angemessenen Mittel verfügte, um Lebewesen zu retten: er war sehr wohlhabend, stets auf die Armen bedacht, peinlich in der Selbstdisziplin und befolgte alle Gebote ...
Obwohl er nur ein einfacher Laie war, beobachtete er die Ordenszucht in ihrer reinsten Form;
Obwohl er als Hausvater lebte, blieb er dennoch stets ohne Begierde;
Obwohl er Frau und Kinder besaß, übte er stets die reinen Tugenden ...
Obwohl er sich mit Juwelen schmückte, war sein wirklicher Schmuck der spirituelle Glanz;
Selbst wenn er aß und trank, erfreute er sich am Geschmack des Entzückens in der Meditation;
Selbst wenn er eine Spielhölle besuchte, führte er die Spieler auf den rechten Pfad zurück;
Selbst wenn er in Berührung mit Irrlehren kam, wurde er niemals in seinem wahren Glauben erschüttert;
Obwohl er eine genaue Kenntnis weltlicher Gelehrsamkeit besaß, fand er dennoch stets Gefallen an geistigen Dingen, wie sie der Buddha gelehrt hatte ...
Obwohl er aus allen möglichen Beschäftigungen Nutzen zog, war er dennoch weit davon entfernt, von ihnen aufgesogen zu werden;
Er erwies allen Lebewesen Wohltaten und schützte sie wie ein gerechter Richter;
Er leitete alle bei Gesprächsrunden in der Lehre des Mahajana an;
Er belehrte stets die Jungen und Unwissenden, wenn er in der Halle der Belehrungen war;
Er zeigte allen den Irrtum der Leidenschaften auf, wenn er im Freudenhaus war;
Er hielt alle an, nach Höherem zu streben, wenn er beim Weinverkäufer war ...
Er riet den reichen Hausvätern, von der Habsucht abzulassen, wenn er sich als der ehrenwerteste unter ihnen aufhielt;
Er legte den Kschatrijas Friedfertigkeit nahe, wenn er unter ihnen weilte ...
Er riet den Brahmanen von der Überheblichkeit ab ...
Er lehrte die großen Minister Gerechtigkeit ...
Er lehrte die Damen des Hofes gutes Betragen ...
Er lehrte die Prinzen Treue und kindliche Liebe ...
So erwies Wimalakirti, der wohlhabende Hausvater, auf so zahlreiche Arten allen Lebewesen Wohltaten.

Welche Möglichkeiten bietet das Prinzip der »angemessenen Mittel« dem buddhistischen Missionar?

Wie ist das Prinzip der Toleranz in der buddhistischen Lehre verankert?

*D.h. auf die individuelle Lage dessen eingehen, dem man den Weg zur Ichlosigkeit zeigen will.

Sonderformen des Buddhismus

Im Laufe der Geschichte entwickelten sich im Buddhismus eine Reihe von Sonderformen, die sich von der ursprünglichen Lehre unterscheiden. Zu den heute noch wirksamen Sonderformen gehören der Amida-Glaube, der Zen-Buddhismus und das Tantrajana.

Amida-Buddha (Bronzeguß wahrscheinlich aus dem 13. Jh., Kamakura, Japan, Tempelhalle im 15. Jh. zerstört.) Die 11,50 m hohe Gestalt versinnbildlichte die Meditationshaltung des Buddha. Das runde Stirnmal ist das Zeichen der höchsten Erleuchtung.

Der Amida-Glaube

Der Mahajana-Buddhismus verdankt sein Vordringen nach Ostasien – China, Korea, Vietnam, Taiwan und Japan wie auch in Tibet – dem Eingehen auf die elementaren Bedürfnisse des Menschen. Er tat dies, indem er den Laien-Gläubigen ein anderes Ideal anbot, und indem er dem Bedürfnis nach Gottesverehrung Rechnung trug. Hatte der Therawada das Ziel, ein ›Heiliger‹ (Arhat, vgl. S. 174) zu werden, so wurde nun dem Gläubigen in Aussicht gestellt, daß er ein Bodhisattwa, ein Erleuchtungswesen, ein angehender Buddha werden könne. Das Mitleid wird hier zur wichtigsten Tugend. Der Gläubige weiß zudem, daß er diesen Weg nicht ohne Hilfe zu beschreiten braucht, kann er doch jederzeit den Bodhisattwa anrufen, der sich seiner erbarmen will. Die Vorstellung von Buddha als einem ›Bodhisattwa‹ kennzeichnet nunmehr die Wandlung im Glauben an Buddha: Während im Therawada-Buddhismus gelehrt wurde, daß Gautama Siddharta nichts anderes als ein Lehrer des Heilswegs war, der diesen Weg als Erster bis zum Ende gegangen war, um nach dem Tode ins Nirwana einzugehen, erklärte man im Mahajana, daß der Buddha eine Verkörperung des ewigen Buddha, des absoluten Geistes und Urbuddha *(Adibuddha)* gewesen sei. Nun wird der Buddha in eine echte, immer wirkende Gottheit umgewandelt, die von anderer Qualität ist als die Gottheiten, an die auch der Therawada-Buddhismus glaubt.

Der Urbuddhismus kannte Götter nur als eine Daseinsform neben anderen, die alle aber der Erlösung bedürfen. Daher gab es hier keine persönliche Beziehung zu diesen Göttern, und der Mensch hatte seine eigenen Kräfte anzustrengen, um das Heil zu gewinnen. Nun wird das grundsätzlich anders.
Gustav Mensching

> *Der Wert der buddhistischen Ethik ist im Mit-Leiden (Metta bzw. Karuna) begründet. In welcher Beziehung steht das buddhistische Mit-Leiden zur christlichen Liebe (agape)?*

Es gibt heilwirkende Buddhas und Bodhisattwas. Sie sind absichtlich noch nicht ins Nirwana eingegangen, um den Menschen auf ihrem Wege zur Erlösung behilflich zu sein. Man begegnet ihnen deshalb mit Bhakti, d. h. liebevoller Glaubenshingabe. Dieser Glaube der liebenden Hingabe zeigt deutlich Züge der hinduistischen Bhakti-Bewegung. Er fand seine buddhistische Ausprägung im Amida-Glauben. Der Amida-Glaube geht davon aus, daß lange vor Gautama Buddha weitere Buddhas gelebt haben. Jeder dieser historischen und prähistorischen Buddhas hat ein göttliches Urbild. Das göttliche Urbild des Gautama Buddha ist Amitabha-Buddha, der »Buddha des grenzenlosen Lichtes« (vgl. S. 181). Er soll vor Urzeiten das Gelöbnis abgelegt haben:

Wenn ich die Buddhaschaft erlangt, will ich nicht die vollkommene Erleuchtung an mich nehmen, wenn eines der lebenden Wesen aller zehn Richtungen, die den Wunsch haben, in mein Land (hinein) geboren zu werden, und meinen Namen auch nur zehnmal anrufen, indem sie von der Kraft meines Gelöbnisses sich tragen lassen, nicht daselbst geboren würde.

Damit war allen, die Amitabha-Buddha anrufen, der Weg in das ›Paradies des Reinen Landes‹ gewiesen.

Auf dieses Gelöbnis bauten der japanische Mönch *Honen Schonin* (1133–1192) und sein Schüler *Schinran Schonin* (1173–1262). Sie lehnten es ab, sich die Erlösung auf dem Wege der Entsagung und der Erfüllung komplizierter kultischer Vorschriften verdienen zu wollen. Vielmehr glaubten sie, daß allein die gläubige Hingabe an den Amitabha-Buddha zum Heil führe. Es gibt Forscher, die das Reformwerk dieser beiden Mönche mit dem Martin Luthers verglichen haben, da auch sie sich gegen eine verkehrte Frömmigkeit gewehrt und einen verinnerlichten Glauben gelehrt haben, der das Heil von Gottes Liebe erwartet. Wie aber erwidert man Gottes Liebe? Indem man – wie ein Verliebter, der den Namen seiner Geliebten ständig auf den Lippen hat – unentwegt den Namen Amida betend und lobend nennt. Honen folgte damit einem Erlebnis, das Offenbarungscharakter für ihn gehabt hat. Beim Studium des über 5000 Bände umfassenden Kanons Hl. Schriften war er auf den Satz eines Kommentators gestoßen:

Ob gehend oder stehend, ob sitzend oder liegend, wiederhole nur beständig den Namen Amida mit ganzem Herzen, ohne auch nur einen Augenblick auszusetzen. Dies eben ist das Werk, das unfehlbar zum Heil gereicht.

Mit dieser ständig sich vollziehenden Glaubensübung soll der Amida-Gläubige ein doppeltes Ziel erreichen: Sammlung und Selbstvergessenheit. Die Rezitation der Formel *Verehrung des Amitabha-Buddhas (jap. Namu Amida Butsu)* holt ihn aus der Zerstreuung zurück. Er hört sich die Formel sprechen und wiederholt hörend die gleichen Worte. Doch wer sich in diesem Kreislauf von Rezitieren und Hören sammelt, besitzt immer noch ein aktives Ich-Bewußtsein. Darum soll sich der Gläubige völlig vergessen und mit der Formel verschmelzen. Erst dann empfindet er die heitere Stille und Leere der Ichlosigkeit. Die Formel verpflichtet ihn aber auch im Alltag zur Selbstlosigkeit, Demut und Güte. Wenn der Gläubige von Amitabhas Mitleid überwältigt wird, kann er nicht mehr selbstgerecht handeln. Er zeigt Toleranz, weil er weiß, daß niemand wahrhaft gut sein kann. Die Lehre Honens und seines Schülers Schinran Schonins fand zahlreiche Nachfolger. Sie erwies sich vor allem für den Laien als praktikabel. Der Gläubige brauchte seinen Beruf nicht aufzugeben und in die ›Hauslosigkeit‹ zu ziehen. Er konnte in seinem Beruf und Stand bleiben, hier alle Pflichten erfüllen und in allem sich liebend und glaubend auf den Amitabha-Buddha verlassen. Dann gehört er zur *Wahrheitsschar* und gelangt im nächsten Leben ins *Reine Land* (Paradies) des Buddha Amitabha und darauf ins Nirwana, wie es folgender Text *Vom westlichen Paradies* des Amitabha-Buddhas beschreibt:

Ferner, Sariputra, kann man die Schar jener Wesen kaum zählen, welche als geläuterte Bodhisattwas in der Buddhawelt des Tathagata Amitajus geboren werden, um nie wieder zurückzukehren, und die an eine einzige Geburt gebunden sind ... Ferner sollten, Sariputra, alle Lebewesen um jene Buddhawelt inständig bitten. Und warum? Weil sie dort mit solch ausgezeichneten Menschen zusammentreffen. Nicht als Belohnung und Frucht guter Taten, die sie in diesem gegenwärtigen Leben getan haben, werden Lebewesen in jener Welt des Tathagata Amitajus geboren; nein, jeder Sohn bzw. jede Tochter einer Familie welche(r) den Namen des erhabenen Amitajus, des Tathagata hört und, nachdem er/sie ihn gehört hat, seiner gedenkt, und eine, zwei, drei, vier, fünf, sechs oder sieben Nächte fortwährend an ihn denkt, – wenn nun jener Sohn bzw. jene Tochter einer Familie am Sterben ist, dann wird jener Amitajus, der Tathagata, von einer Gefolgschaft von Schülern umgeben und von einer Schar Bodhisattwas begleitet, ihnen in der Todesstunde zur Seite stehen, und sie werden gelassen aus diesem Leben scheiden. Nach ihrem Tode werden sie in der Welt des Sukhavati, in der Buddhawelt des nämlichen Amitajus, des Tathagata, wiedergeboren.

Der Amida-Buddhismus zeigt eine andere Entwicklung in Bezug auf die Erlösung als die frühen Formen des Buddhismus. Ähnliches kann im Hinduismus beobachtet werden. Gibt es eine Entsprechung im Christentum?

Namen und Begriffe

Amitabha Buddha Der Buddha des ›grenzenlosen Lichtes‹, der im Amida-Buddhismus verehrt wird. Er wird auch Amitajus genannt, weil seine Lebensdauer (ayuh) unbegrenzt ist (amita). Die Chinesen nennen ihn O-mi-to, die Japaner Amida. Im System der fünf transzendenten Buddhas (S. 181) steht er im Westen.

Honen Schonin (1133–1192) – Japanischer Mönch und Gründer der »Sekte des Reinen Landes« (jap. Jodo).

Schinran Schonin (1173–1262) – Schüler Honens und Gründer der ›Wahren Sekte des Reinen Landes‹ (Shin-Schu). Er verkündete: »Amida ist Der Eine, der von Anfang an das Werk der Rettung betreibt.«

Tathagata Der So-gekommene, Selbstbezeichnung der Buddhas.

Der Zen-Buddhismus

Nan-in, ein japanischer Meister der Meji-Zeit (1868 – 1912), empfing den Besuch eines Universitätsprofessors, der etwas über Zen erfahren wollte.
Nan-in servierte Tee. Er goß die Tasse seines Besuchers voll und hörte nicht auf, weiterzugießen. Der Professor beobachtete das Überlaufen, bis er nicht mehr an sich halten konnte. ›Es ist übervoll. Mehr geht nicht hinein!‹ ›So wie diese Tasse‹, sagte Nan-in, ›sind auch Sie voll mit Ihren eigenen Meinungen und Spekulationen. Wie kann ich Ihnen Zen zeigen, bevor Sie Ihre Tasse geleert haben?‹
P. Reps

Im Unterschied zum Amida-Buddhismus, der die Erlösung aus eigener Kraft ablehnt, glaubt der Zen-Buddhist, auf dem Wege der Zucht und der Meditation zur Erkenntnis der eigenen Buddhanatur zu gelangen. Diese Erkenntnis hat den Charakter einer Erleuchtung (satori) und bricht, ohne daß es berechnet werden könnte, spontan hervor.
Dies wird in der folgenden Zen-Geschichte deutlich:

Als Banzan über einen Markt ging, hörte er ein Gespräch zwischen einem Metzger und seinem

Zen-Mönch. Der gepflegte Zen-Garten unterstützt den Mönch bei seiner Meditation.

Käufer. ›Gib mir das beste Stück Fleisch, das du hast‹, sagte der Käufer. ›Alles in meinem Laden ist das beste‹, erwiderte der Metzger. ›Du kannst hier kein einziges Stück Fleisch finden, das nicht das beste ist.‹
Bei diesen Worten wurde Banzan erleuchtet.
P. Reps

Als Gründer der Schule des Zen wird Bodhidharma angesehen, der in hohem Alter nach China gekommen und dort 528 n. Chr. gestorben sein soll. Das Zen ist dem indischen Yoga verwandt. Zazen – eine Konzentrationsübung in der Haltung des Lotossitzes – ist die Methode, die der Zen-Buddhismus benutzt, um die Kraft der Konzentration zu entwickeln, die Verwirklichung des *Erhabenen Weges* im Alltag zu ermöglichen und *Satori*-Erwachen zu erlangen.
Dies ist jedoch nur unter der Anleitung eines Zen-Meisters möglich, der selbst Satori erfahren hat. Er leitet den Schüler zur Konzentration an und stellt ihm eine Aufgabe – meist ein paradoxer Satz *(Koan)* – zur Meditation. Oft gerät der Schüler in Hoffnungslosigkeit und Verzweiflung, bis schließlich der Durchbruch gelingt und Satori sich ereignet. Damit erschließt sich dem Übenden volle Lebensfülle und unmittelbare Selbsterfahrung

Die Koan-Übung schildert der folgende Bericht:

Der Ton einer Hand
Der Meister des Kennin-Tempels war Mokurai, Stiller Donner. Er hatte einen kleinen Schützling namens Tojo, der erst zwölf Jahre alt war. Tojo sah, wie die älteren Schüler jeden Morgen und Abend das Zimmer des Meisters betraten, um im Sanzen* Unterweisungen oder persönliche Anleitung zu erhalten, wobei sie Koans erhielten, um das Umherschweifen des Geistes zu unterbinden. Tojo wünschte sich ebenfalls Sanzen.
›Warte ein bißchen‹, sagte Mokurai. ›Du bist zu jung.‹

Aber das Kind beharrte auf seinem Wunsch, und so erfüllte der Lehrer ihn schließlich.
Am Abend trat der kleine Tojo zur entsprechenden Zeit auf die Schwelle zu Mokurais Sanzen-Raum. Er schlug den Gong, um seine Anwesenheit anzukündigen, verneigte sich achtungsvoll dreimal vor der Türe und setzte sich dann in respektvoller Stille vor dem Meister nieder.

*Sanzen darf nicht mit Zazen verwechselt werden, vgl. *Namen und Begriffe*

›Du kannst den Ton zweier Hände hören, wenn sie zusammenklatschen‹, sagte Mokurai. ›Nun zeige mir den Ton einer Hand.‹
Tojo verneigte sich und ging in sein Zimmer, um über dieses Problem nachzugrübeln. Von seinem Fenster aus konnte er die Musik der Geischas hören.
›Ah, ich habe es!‹ rief er.
Am nächsten Abend, als sein Lehrer ihn aufforderte, den Ton einer Hand darzustellen, begann Tojo die Musik der Geischas zu singen.
›Nein, nein‹, sagte Mokurai. ›Das ist nicht der Ton einer Hand. Du hast gar nichts erreicht.‹
Tojo dachte, daß eine solche Musik ihn stören würde, und so suchte er sich seine Unterkunft an einem ruhigen Ort. Er meditierte weiter. ›Was kann der Ton einer Hand sein?‹ Plötzlich hörte er das Geräusch von tropfendem Wasser.
›Ich habe es‹, meinte Tojo.
Als er das nächste Mal vor seinem Meister erschien, ahmte Tojo das Tropfen von Wasser nach.
›Was ist das?‹ fragte Mokurai. ›Das ist der Ton von tropfendem Wasser, nicht aber der Ton einer Hand. Versuche es noch einmal.‹ Vergebens meditierte Tojo, um den Ton einer Hand zu hören. Er hörte das Seufzen des Windes. Aber der Ton wurde ebenfalls zurückgewiesen.
Er hörte den Schrei einer Eule. Dies wurde ebenfalls abgelehnt. Der Ton einer Hand kam auch nicht von Heuschrecken.
Mehr als zehnmal suchte Tojo mit verschiedenen Tönen den Meister auf. Alle waren falsch. Fast ein Jahr grübelte er nach, was der Ton einer Hand sein könnte.
Schließlich fand der kleine Tojo in die wahre Meditation, und er transzendierte alle Töne.
›Ich konnte nicht mehr zusammenbringen‹, erklärte er später, ›und so erreichte ich den tonlosen Ton.‹ Tojo hatte den Ton einer Hand verwirklicht.
P. Reps

Der Zen-Buddhismus kennt keinen Gott als Heilsmittler. Dementsprechend wird auch der historische Buddha anders als im Amida-Buddhismus gesehen. Er ist hier weder ein erhabener Gott noch ein Erlöser, sondern der vollerwachte, zur höchsten Vollkommenheit gelangte Mensch, der durch eigene Anstrengung die Befreiung von Geist und Leib erlangt hat. Er ist der, der die grundsätzlich allen Menschen eigene Buddhanatur voll ans Licht gebracht hat.
Diese Buddhanatur in sich selbst erkennen zu wollen, ist nur auf dem Weg über Satori (d. h.

Befreiung) möglich, nicht aber durch intellektuelle Anstrengungen. Das macht der folgende Text klar:

Jero fragte Sekito *(einen Zen-Meister, der v. 700–790 n. Chr. lebte):* ›Wer ist der Buddha?‹

Sekito antwortete: ›Du hast keine Buddha-Natur.‹

›Und was ist mit diesen sich schlängelnden Tieren?‹

›Sie haben Buddha-Natur.‹

›Wenn dies so ist, wie kommt es dann, daß ich, den man Jero nennt, keine Buddha-Natur habe?‹

Der Meister antwortete: ›Eben weil du nicht zustimmst.‹

P. Hugo Enomiya Lasalle S. J. war der erste christliche Missionar, der das Zazen unter einem japanischen Zen-Meister erprobte und seinen Wert für das Leben der Christen, insbesondere für die Vertiefung des Gebets, erkannte. Er errichtete 1969 mit Wissen und Ermutigung seitens seines Zen-Meisters und seiner buddhistischen Zen-Freunde das erste christliche Zen-Übungszentrum für Japan. Von vielen Zen-Interessierten gebeten, kam er wiederholt nach Europa und leitete auch hier Zen-Kurse. Er läßt sich von dem Gedanken leiten, daß der menschliche Geist nicht nur mit Verstand und Willen, sondern mit einer dritten Kraft, dem »mystischen Erkennen«, begabt ist. Dies kann durch Zen-Meditation geweckt und gestärkt werden und den Menschen zur unmittelbaren Selbstwahrnehmung führen. Das ist nicht nur ein seelischer Vorgang, der für die Psychotherapie von großer Bedeutung ist. Es ist auch zugleich ein religiöser Vorgang, der den Menschen mit Gott verbindet.

Worin unterscheidet sich Yoga und Zen voneinander?

Namen und Begriffe

Bodhidharma Der achtundzwanzigste Patriarch nach dem Buddha in der indischen Linie, der erste Patriarch des Zen in China. Japanische Zen-Meister aber stimmen darin überein, daß er etwa um 520 zu Schiff nach Südchina fuhr und daß er sich nach einem kurzen fruchtlosen Versuch, seine Lehren dort zu verbreiten, weiter nach Lo-yang in Nordchina begab und sich schließlich im Schorin- (Chin. Schaolin-)Tempel auf dem Berge Sa (Jap. Suzan, chin. Su-schan) niederließ. Hier übte er neun Jahre lang unerschütterlich Zazen, wodurch diese Periode als mempeki kunen bekannt wurde, was soviel heißt wie »neun Jahre lang der Wand gegenüber«.

Koan Wörtlich »Urkunde«. In der Praxis wird es als Frage gegeben, die der Schüler lösen muß. Das Koan soll ihn gleichzeitig davor bewahren, entweder in abstrakte Begriffsbildung oder aber in absolute Leere zu versinken. Das Koan wird von der Rinzai-Schule (gegründet 1267 von Daio-Kokushi) angewendet, während die Soto-Schule (gegründet 1215 von Dogen) das Zazen bevorzugt.

Lotos Im Buddhismus ist der Lotos das Symbol der Reinheit und der Vollkommenheit des Buddhawesens, das allen immanent ist. »So wie die Lotosblume aus der Dunkelheit des Schlammes zur Oberfläche des Wassers emporwächst und sich erst öffnet, nachdem sie sich über die Wasseroberfläche erhoben hat, und obwohl aus Erde und Wasser geboren, von beiden unberührt bleibt, so entfaltet der in der Welt, im menschlichen Körper geborene Geist seine Blütenblätter (Qualitäten), nachdem er sich über die trüben Fluten der Leidenschaften und des Nichtwissens erhoben hat, und verwandelt die dunklen Kräfte der Tiefe in die lichte Reinheit des Blütennektars, des Erleuchtetenbewußtseins ...« *Ph. Kapleau*

Lotos-Haltung In dieser Haltung wurde Buddha auf einem Lotos sitzend dargestellt.

Sanzen Persönliche Zwiesprache zwischen Zen-Meister und Zen-Schüler.

Satori Japanisches Wort für das Erlebnis der Erleuchtung. Sie bedeutet: Selbst-Wesensschau, Öffnen des geistigen Auges, Befreiung. Suzuki definiert Satori so: »Hast du klare Einsicht in den Zustand des Bewußtseins, das nirgends wohnt (d. h. an keinen bestimmten Denkgegenstand fixiert ist), dann heißt es, daß du eine klare Einsicht in den ursprünglichen Geist besitzt. Der Geist, der nirgends Wohnung hat, ist nichts anderes als der Buddha-Geist.«

Zazen Bedeutet Meditation im Lotossitz mit dem Ziel der Erleuchtung.

Das Tantrajana

Das Tantrajana, hauptsächlich in Nordindien, Tibet und Japan verbreitet, gelangte zu einer dem ursprünglichen Buddhismus entgegengesetzten Auffassung des menschlichen Körpers. Während im Frühbuddhismus der Geist den Körper beherrschen sollte, gilt im Tantrajana die Auffassung, daß alles Leibliche die Wurzel des Geistigen ist.

Der Körper wirkt auf den Geist. Bestimmte Bewegungen, bestimmte Töne wecken Vorstellungen und Gedanken, die sich ihrerseits in Gebärden und Sprache ausdrücken wollen. Darum gehören im tantrischen Ritus Gesten, Laute und Gedankenkonzentration zusammen. Im japanischen Schingon lernt man, daß alles einen Körper, Gedanken und eine Sprache habe, daß ... Buddha in der Natur Gestalt annehme, daß er aus den Bäumen, den Vögeln, den Bergen, dem Wind und auch aus den Menschen spreche. Wer das begreift, hat Buddhaschaft erlangt.
H. J. Greschat

In der Natur sieht das Tantrajana auch den biologischen Gegensatz von männlich und weiblich als religiös bedeutsam an und übernimmt Vorstellungen des Schaktismus.
Bei vielen Zeremonien halten Mönche eine Glokke und das Symbol des Donnerkeis oder Diamanten in den Händen. Die Glocke bedeutet das weibliche Prinzip, der Diamant das männliche. Es gibt Texte, die identifizieren die Weisheit (prajna) mit dem weiblichen Organ und das Mitleid (upaja) mit dem männlichen.
H. J. Greschat

Der tantrische Heilsweg besteht darin, die Gegensätze zu vereinigen. Dies geschieht, wenn der Bodhi-Zustand erreicht ist. Wer den Bodhi-Zustand erlangen will, muß sich einer strengen Yoga-Askese unterziehen, die den Körper so kräftig macht, daß er die Spannungen erträgt und überwindet, die durch den Gegensatz zwischen Weisheit und Mitleid, Leidensweg und Nirwana entstehen. Ein anderer Weg ist der des Geschlechtsaktes, der in vielen tantrischen Texten als die höchste Wirklichkeit, als das Absolute gepriesen wird und zur Erlösung führen kann. Auf Bildern dieser Schule sind Buddhas und Bodhisattwas tatsächlich in körperlicher Vereinigung dargestellt, was die Tibetaner die *Yab-Yum* (Vater-Mutter)-Haltung nannten.

Das Tantrajana betont, daß beide Wege das Ziel, den Bodhi-Zustand, verfehlen, wenn sie nicht durch Meditation gesteuert werden. Der Tantriker lernt, sich durch tägliche Übungen zu läutern und dem Bodhi-Zustand zu nähern:

Wenn der Gläubige sich noch in der Nacht von seinem Lager erhebt, faltet er seine Hände, neigt sein Haupt und spricht Sprüche der Verehrung des Tathagatas. Er erneuert die Verpflichtung, die heiligen Gebote zu halten, er rezitiert dabei Mantras, die ihn vor Krankheit bewahren sollen. Er setzt sich dann nieder, meditiert, flüstert heilige Silben und Litaneien, wiederholt das Gelübde, auf dem Weg zur Erleuchtung fortzuschreiben und verehrt alle Gurus, Buddhas und Bodhisattwas. Wenn die Sonne aufgegangen ist, meditiert er über Jambhala, den Gott des Reichtums, indem er sich ihn mit allen Attributen vorstellt und ihm hundertacht Mundvoll Wasser darbringt. Hat er dann auch die Geister (Preta) mit Wasserspenden bedacht, so schreitet er, indem er Gedanken des Wohlwollens, der Freude und der Indifferenz hegt und sein Herz auf das Heil aller Wesen richtet, zur Herstellung eines Mandala (der symbolischen Darstellung von Welt und Göttern) auf einen unter Hersagung eines Mantra mit reinem Wasser besprengten Erdenfleck. Er verehrt die in dem Mandala vertretenen Tathagatas, seine Schutzgottheit, weiterhin seine heiligen Bücher, Bilder und Statuen.
Ein anderer wichtiger Ritus ist das Herstellen einer Kaitja (Miniaturtempels). Der Fromme nimmt einen Kloß aus Sand oder Ton und gibt diesem, während er einundzwanzigmal eine Dharani-Formel spricht, die Gestalt eines Kaitja, indem er sich vorstellt, so viele Atome in diesem Erdenkloß sind, so viele Myriaden von Kaitjas sind jetzt hergestellt worden. Auf diese Weise wird die Kraft des guten Werkes, das er vollbringt, in ungeheurer Weise potenziert. Das transzendente Verdienst, das der Gläubige sich auf diese Weise erwirbt, will er aber nicht für sich selbst, sondern zum Besten aller Kreaturen verwenden, deshalb spricht er, möchte ich durch dieses segensreiche Karma in nicht zu langer Zeit in der Welt ein Buddha werden, zum Heil des Universums das Gesetz verkünden und die von vielfältigem Leid gepeinigten Wesen erlösen.
In durchaus dem brahmanischen Brauch entsprechender Weise ist auch jede Mahlzeit mit religiösen Vorstellungen umwoben. Bevor der Gläubige ißt, soll er allen lebenden Wesen eine Spende (bali) darbringen, den Buddhas usw. eine Opfer-

speise (naivedja) weihen und der Hariti zwei Bissen anbieten, indem er diese Göttin bittet, alle Unreinheiten zu entfernen. Nachdem er dann das Eßgefäß zuerst mit dem Ringfinger berührt hat, genießt er gemächlich sein Mahl und gibt den Pretas, den hungrig umherirrenden Geistern der Verstorbenen, die übriggebliebene Speise. Am Schluß des Mahls spült er sich den Mund aus und wiederholt dreimal die Segensformel: ›Mögen der König und der Gabenherr (Patron) und die anderen Wesen immerdar Glück erreichen, langes Leben, Gesundheit und Heil.‹

Den Tag verbringt er mit reinen Tagen des Körpers, der Rede und des Geistes. Die Zeit, die ihm seine Arbeit läßt, füllt er am zweckmäßigsten aus, indem er sich religiösen Betrachtungen widmet oder in Gesellschaft von Gleichgesinnten erbauliche Geschichten aus dem Jataka-Buch liest. Bricht dann die Nacht herein, so meditiert er, spricht heilige Sprüche und versinkt, nachdem er noch eine Opferspende dargebracht, in den tiefen Schlaf des Joga.

H. v. Glasenapp

Im Tantrajana setzte sich die innere Abwendung von der ursprünglichen Lehre Buddhas fort, die im Lamaismus schon sichtbar geworden war und als Wairajana-Schule noch weiterlebt. In Japan hat das Tantrajana bis heute Millionen Anhänger in den Sekten der *Schingon-* und *Tendai*-Schule.

Inwiefern werden in Tantrajana die Prinzipien des Therawada-Buddhismus abgeschwächt und teilweise umgekehrt?

Namen und Begriffe

Bodhi-Zustand Zustand der Erleuchtung, der nach tantristischem Verständnis nicht nur der Beginn des Bodhisattwa-Weges ist, sondern die vergängliche Welt und das Nirwana in der meditativen Vergegenwärtigung als Einheit erleben läßt.

Dharani-Formel Zauberformel

Guru Geistlicher Führer

hundertacht heilige Zahl, die auf die 108 Anhänger Buddhas zurückgeführt wird.

Jataka Legenden, die das Leben Buddhas beschreiben.

Schaktismus Lehre, wonach ein männlicher Gott nur durch die Vermittlung seiner als Kraft (Schakti) bezeichneten Gattin wirksam sei. Manche Sekten des Schaktismus praktizieren den Geschlechtsverkehr als Geheimritual. Mit Hilfe von Yoga läßt sich dieses Ritual nacherleben. Das bewirkte bei einigen buddhistischen Orden die Aufhebung des Zölibats.

Schingon-Sekte Wörtl. Sekte »des wahren Wortes« mit z. Zt. mehr als 8 Millionen Mitgliedern (Gründer: Kobo Daishi um 800 n. Chr.). Im Mittelpunkt des Kults stehen Mantras und Mandalas.

Tantrajana Wörtl.»Fahrzeug des gespannten Fadens«. Der Faden symbolisiert die Reihe der Lehrer, die über die Geheimlehre verfügen, die sie nur nach dem Einweihungsritus an wenige weitergeben. Die Methoden des Tantrajana sind:

1. Rezitation von Zauberformeln (mantras; z. B. Om mani padme hum),
2. rituelle Gesten, die den Buddhas zugeschrieben werden,
3. Meditation eines Mandala, das den mythologischen Kosmos darstellt, in dessen 4 Himmelsrichtungen die transzendenten Buddhas ihre Herrschaft ausüben.

Tantrische Texte, die in Tibet gefunden wurden, bestehen aus Abhandlungen, Zaubersprüchen und Beschreibungen solcher Gottheiten, deren heilsame Kräfte durch rituelle Beschwörungen als Hilfe auf dem Weg zur Erlösung benutzt werden.

Tendai-Sekte (Gründer: Dengyo Daishi um 800 n. Chr.), stützt sich auf den Text »Lotos des guten Gesetzes«, dessen Kern die barmherzige Erlösung aller Gläubigen durch den Bodhisattwa Awalokiteschwara ist. Die Sekte lehnt alles Rituelle ab und fördert die Industrialisierung.

Wairajana »Diamant-Fahrzeug«. Der Waira ist ursprünglich der diamantharte Donnerkeil, den der brahmanische Gott Indra als Waffe gegen die Dämonen benutzte. Die Schriften des Wairajana geben genaue Anweisungen darüber, wie man durch Beeinflussung unsichtbarer Mächte alle seine Wünsche vom Kindersegen und dem Schutz vor Feuer- und Wassersnot bis zur Erleuchtung zur Erfüllung bringen könne.

Die Schutzgöttin Kalacakra (Kloster Hemis, Kaschmir) in Yab-Yum-Haltung mit ihrem Gefährten.

Buddhistische Volksfrömmigkeit

Nur die wenigsten Buddhisten verbringen ihr Leben als Mönch in einem Kloster. Die meisten nehmen als Laien an der traditionellen Buddhaverehrung teil, die in den Therawada-Ländern wie auch in den Mahajana-Ländern die gleichen Elemente umfaßt: rituelles Schmücken der Buddha-Statue (oder einer Bodhisattwa-Statue), andächtige Besinnung vor der Statue oder dem Stupa, Verehrung des Bodhibaumes.

Nur das Tantrajana hat eigene, z. T. magische Formen der Buddhaverehrung entwickelt.

Die Verehrung Buddhas darf nicht mit der Anbetung verwechselt werden, mit der Christen ihren Glauben an Gott als Schöpfer und Erhalter des Lebens, als Richter und Retter der sündhaften Menschen bezeugen. Die buddhistische Form der Verehrung gilt nicht dem Buddha als dem transzendenten Gott, sondern ist ein Akt der Vergegenwärtigung dessen, der im Augenblick der Verehrung zu den Gläubigen als Lehrer der »Vier edlen Wahrheiten« kommt und ihnen den Weg zur Ichlosigkeit zeigt. Unter diesem Gesichtspunkt müssen die beiden folgenden Berichte gelesen werden.

Pudschafeier im ceylonesischen Tempel

Wir verließen die Straße, der wir vom Zentrum des kleinen Städtchens Gampola im ceylonesischen Hochland gefolgt waren, bogen nach links und traten durchs große Tor des Wihara, traten ein in die Stille des großen Klostergeländes. Es war noch früh am Nachmittag, Pudschatag. Die Gläubigen, vor allem Frauen und Kinder, waren schon in großer Zahl versammelt, scharten sich um den Eingang der Dharmahalle, gingen zum Stupa, zum Bodhibaum, schauten sich die Wandbilder im Schreinhaus an, gesprächig oder in stiller Andacht die Erwachsenen, fröhlich verspielt oder neugierig aufmerksam die Kinder.

Vier Pudschatage kennt der buddhistische Kalender: Voll-, Halb- und Neumondtage. Wohl finden sich jeden Tag einige Gläubige zur Andacht im Tempel ein, meist zu abendlicher Stunde. Doch an Pudschatagen sind es mehr, und sie kommen schon früh zu Belehrung und Anbetung, auch wenn es, dem allgemein gültigen europäisch-christlichen Kalender folgend, in der Regel Werktage sind, und die wenigsten Männer anwesend sein können. Aber es bedarf ja der Anwesenheit im Tempel nicht unbedingt, auch nicht der Gegenwart der Mönche oder der Einhaltung bestimmter Zeiten, denn überall und jederzeit kann der einzelne sich in stiller Andacht auf die Lehre des Erhabenen besinnen, dem Buddha Verehrung darbringen.

Die Stille des weiten Tempelgeländes, das wir betreten haben, eignet sich besonders für Gebet, Andacht und Meditation. Verweis auf das Eigentliche, das Entscheidende über dem Eingangstor: in Stein gemeißelt das Symbol des Rades. ›Rad der Lehre des Buddha‹, das die Mönchsgemeinde seit seinem Auftreten immer weiter sich drehen läßt.

Wir gehen vorüber an der Dharmahalle, der Halle der Lehre, auch dort dasselbe Symbol über dem Torbogen. Stufen führen hinauf zu den Hauptbauten: vor uns das zentrale Schreinhaus, zur Linken der Dagoba (Stupa), jener zwiebelförmige Aufbau, der wie der geheiligte Bodhibaum bei allen Tempeln und Klöstern in Sri Lanka zu finden ist, bescheiden in der Form oder, wie ursprünglich in früher Geschichte und heute noch in Anuradhapura als imposantes Zentrum der ganzen Anlage. Überall im Lande, am Rande der Dörfer, wo sich jeweils die buddhistischen Klöster befinden, leuchtet das Weiß dieser Stupas durch das ruhige Grün der Kokoswälder. Hier ist der Ort ehrfurchtsvoller Aufbewahrung von Reliquien des Buddha Gautama Siddharta, wenn es welche hat. In den vielen Sutras des Kanons ist seine Lehre niedergeschrieben und gegenwärtig. Wenn nach langem Gebrauch die Blätter der Sutraschriften abgegriffen und unbrauchbar geworden sind, dann werden sie nicht achtlos weggeworfen, sie finden als ›Reliquien‹ Platz in den Dagobas. So ist

das Dagoba Symbol der unvergänglichen Buddhalehre und Buddhanatur. Die Gläubigen treten vor ihn hin, in stiller Andacht sich der dreifachen Zuflucht besinnend: der Zuflucht zu Buddha, zu seiner Lehre, zu seiner Gemeinde. Sie legen einige Blumen nieder, umwandeln den Dagoba und gehen weiter zur anderen Seite des Hauptschreins, dorthin, wo der uralte Bodhibaum steht. Den Jüngern des Buddha ist er von besonderer Bedeutung, denn unter einem solchen Feigenbaum sitzend, fand der Erhabene nach langer Suche Erleuchtung, erkannte endlich den Weg, der aus der Gefangenschaft im Kreislauf der Wiedergeburten hinausführt. Dieser großen Einsicht gedenkend, legen die Gläubigen auch hier Blumen nieder, entzünden Öllampen und Räucherstäbchen, hängen Gebetsfahnen an seine Zweige.
Wir folgen ihnen weiter zum Hauptschrein. Lauter Trommelschlag dringt von dort zu uns, weit hörbar übers ganze Dorf. Erinnerung und Ruf zur Buddhapudscha, die nun beginnt. Alle Gläubigen versammeln sich um den Eingang, blicken durch die offene Tür ins Innere, dorthin, wo sich im Zentrum die Statue des Erhabenen befindet, sitzend in Medidation versenkt, neben ihm die beiden Lieblingsjünger, rechts davon erneut der Erhabene, ruhend das Haupt auf die rechte Hand gelegt – Buddha nach seinem Abscheiden und endgültigen Eingehen ins Nirwana.
Noch mehr Gläubige kommen hinzu, die Puja beginnt. ›Namo Tassa Bhagavato Arahato Samma-Sambuddhassa!‹ – ›Ehre sei Ihm, dem Erhabenen, dem Vollendeten, dem völlig Erleuchteten!‹ Gemeinsam sprechen sie die Liturgie, die ihnen seit Kindheitstagen vertraut ist: die Dreifache Zuflucht, die Acht Gelübde, die Anrufung des Buddha, des Dharma, des Sangha... Von Hand zu Hand wandern Schalen mit Blumen, Öllichtern und Rauchopfern, bis sie zu dem Bhikkhu gelangen, der die Pudscha leitet und sie auf dem Altar niederlegt: Zeichen der Ehrerbietung dem Erhabenen gegenüber, Geste der Vergegenwärtigung.
›Mit vielfältigen Blumen schmücken wir den Buddha, mit leuchtender Flamme von Kampfer, mit wohlriechenden Rauchkerzen und Parfümen, mit Speiseopfern. Möge all unser Begehren erlöschen, unser Weg zur Befreiung führen!‹ Die Gläubigen sind alle Teil des Buddhapudscha; der Bhikkhu, der sie als Liturgie und Ritual anleitet, ist nur Lehrer, Mitbeter, keine priesterliche Aufgabe fällt ihm zu. Er kennt die Sutras und die schwierigen liturgischen Texte, die die Anwesenden immer neu an die Grundwahrheiten ihres Glaubens erinnern. Andächtig verneigen sich alle vor dem Abbild des Erhabenen und nehmen die Worte des Bhikkhu in sich auf. Erneut schlagen die Trommeln, die Gläubigen begeben sich zur Dharmahalle, um der Predigt des gelehrten Mönchs zu folgen.
W. Sonn

Buddhaverehrung im Lama-Kloster

Auf dem Weg zum Klosterberg begegnen wir nur gelegentlich einem Fahrzeug oder einem Menschen.
Erst oberhalb des Busbahnhofs, wo das neue Ulaan Baatar (Mongolische Volksrepublik) aus

Mönch mit tragbarem Schrein und Gebetsmühle (Tibet). In den Türflügeln des Schreins befinden sich Buddha-Miniaturen. Die Gebetsmühlen enthalten Mantras, deren formelhafte Sprache nur den Eingeweihten verständlich ist. Die Gebetsmühle gibt auch unwissenden Gläubigen die Möglichkeit, an den heilsamen Wirkungen der Mantras teilzuhaben.

Beton endet und die traditionellen alten Jurten-Quartiere viel Raum einnehmen, wird es lebendig. Überall rüsten sich Familien zum Sonntagsgebet. Die älteren Leute sind durchweg mit Deels, den mantelartigen mongolischen Gewändern aus Seide oder gestepptem Stoff, bekleidet. Junge Frauen und Männer bevorzugen vielfach europäische Anzüge oder Kostüme. Kinder werden mit großen farbigen Schleifen im Haar geschmückt. Das entspricht russischen Gepflogenheiten. Wer dem Kloster zustrebt, tut das ohne besondere Feierlichkeit. Man schwatzt miteinander. Die Stimmung ist gelöst und heiter.

Vom hölzernen Klosterturm schicken zwei Mönche blecherne Trompetensignale in die vier Himmelsrichtungen. Währenddessen formiert sich auf dem Klosterhof der Zug der lamaistischen Würdenträger. Durch das Spalier der mit entblößten Häuptern regungslos verharrenden jungen Novizen schreiten die alten Lamas in den Gebetstempel. Gemächlich nehmen sie dort Platz auf ihren angestammten gepolsterten Bänken.

Längliche, in Stoff gebundene, vom häufigen Gebrauch abgewetzte Gebetsbücher werden aufgeschlagen. Die kahlköpfigen Männer beginnen das tägliche Ritual. Ihr kehliges Murmeln erfüllt den großen Raum. Monotonie, die gelegentlich durch den hohen Ton aus einer Muscheltrompete oder durch dumpfen Gongschlag unterbrochen wird. Butterlämpchen erhellen die Szene. Große, farbenprächtige Buddhafiguren sind im Halbdunkel zu erkennen. Während die zwei Dutzend Lamas ohne sichtliche Regung ihre Gebete murmeln, umrunden die Gläubigen, von links beginnend, entlang der Tempelwände mehrmals den quadratischen Raum. Draußen bewegt sich der Zug in ebensolchen vorgeschriebenen Bahnen. Gebrechliche Alte und junge Mütter, bärtige Großväter und uniformierte Soldaten, Schulkinder und deren Eltern fallen auf die Gebetsbretter nieder, erheben sich blitzschnell wieder, strecken die Arme hoch über den Kopf, verharren so mit gefalteten Händen einen Augenblick und stürzen gleich wieder in die Horizontale. Dann gehen sie weiter auf ihrem Gebetsweg, stoßen mit dem Kopf gegen bestimmte Mauersteine, berühren steinerne Buddhafiguren, setzen kraftvoll die zahllosen Gebetsmühlen in Gang.

Wer Buddha über dessen mongolische Diener Wünsche vorbringen möchte, wer Heilung von Krankheit erhofft oder Absolution von begangenen Sünden erbittet, begibt sich in einem flachen Tempel-Nebengebäude zunächst zur Kasse. Dort bezahlt er einen Tugrik oder auch nur einige Münzen Kleingeld, je nach Umfang der erwarteten Hilfeleistung. Die Registrierkasse spuckt den entsprechenden Quittungsbon aus, mit dem der Bittsteller zum nächsten Schalterfenster vorrückt. Der dort amtierende Mönch notiert alle Bitten, Wünsche, Hoffnungen oder Bußgelübde auf ein Blatt Papier. Minuten später wird dieser Zettel gemeinsam mit anderen im Tempel verlesen. Jeder gläubige Bittsteller, der Buddha auf diese Weise eine Nachricht zukommen lassen will, trägt zu den Einkünften des Klosters bei. Das Geschäft floriert. Nur gegen 9 Uhr leeren sich der Kassenraum und das Gelände des Klosters auffallend. Kurze Zeit später sind die betenden Mönche unter sich.

U. Gerig

Welchen Eindruck vermitteln die Schilderungen der buddhistischen Volksfrömmigkeit von dem Streben nach Ichlosigkeit und Nirwana?

Namen und Begriffe

Pudscha Das rituelle Schmücken der Buddhastatue mit Blumen.

Tugrik Währung der Mong. Volksrepublik, ein T. = 0,80 DM (1985).

Schema eines tibetischen Mandala

Zur Diskussion

Der Buddhismus hat seine Wurzeln im Hinduismus. Er verstand sich als Reformbewegung gegen die Mißstände des Brahmanismus. Mit dem Hinduismus hat er das zyklische Denken und damit den Glauben an die Wiedergeburt gemeinsam. In der Weltverneinung ist er noch konsequenter: Alles Leben ist Leiden. Es hat seinen Grund im ichhaften Begehren des Menschen. Inhalt und Ziel von Leben und Lehre Buddhas ist die Überwindung des leidvollen Lebens. Nach angestrengter Meditation erfährt er die Erleuchtung, die ihn die »Vier edlen Wahrheiten« erkennen läßt und den achtteiligen Pfad zur Erlösung weist. Wer diesen »Achtfachen Pfad« in der Nachfolge Buddhas geht, der erreicht »Nirwana«, die Auflösung allen Ichbegehrens, die übergegenständliche Leere. (Im Mahajana-Buddhismus wird sie dem Absoluten und der Glückseligkeit gleichgesetzt.) Der von Buddha in bewußter Auseinandersetzung mit dem Brahmanismus seiner Zeit gewonnene Weg der Erlösung (Mittlere Weg) meidet die extremen Verhaltensweisen der Weltzuwendung einerseits und der asketischen Flucht aus der Welt andererseits. Er stellt hohe ethische Anforderungen. Der Buddhismus ist keine einheitliche Größe, sondern zerfällt in vielerlei Gruppen. Seine Hauptströmungen sind der Therawada- und der Mahajana-Buddhismus.

Der Dialog mit dem Buddhismus konzentriert sich heute vor allem auf folgende Fragen:
Kann der Therawada-Buddhismus, der alle Gottesvorstellungen ablehnt, überhaupt noch als Religion bezeichnet werden?
Wie verträgt sich der Glaube an einen allwissenden und barmherzigen Weltschöpfer mit der vorfindlichen Wirklichkeit, in der das Leiden das unausweichliche Schicksal eines jeden Menschen ist?
Führt der monotheistische Glaube nicht notwendig zur Exklusivität und zu der Behauptung, daß es nur eine wahre Religion geben könne?
Ist nicht der Glaubenskrieg eine Folge davon, wie die Geschichte des Islam und der Christenheit es zeigen?
Sind Psalm 31,7, Joh. 14,6 und Sure 2.256 und 8.37–40 nicht Belege für diese These?
Was zeigt ein Vergleich von Buddhas und Jesu Leben und Lehren?
Welches Menschenbild wird von beiden vertreten?
Der Buddhismus ist der Auffassung, daß das Sittengesetz, das er vertritt, universale Bedeutung hat. Dementsprechend müßten überall die gleichen ethischen Maximen gelten. Läßt sich eine Übereinkunft in den einzelnen Religionen darüber erreichen?
Welche ethischen Normen sind allen gemeinsam?
Wie verträgt sich der Gedanke von der universalen Geltung des Sittengesetzes mit der Tatsache, daß der Buddhismus eine doppelte Ethik, eine für Laien und eine andere für Mönche, praktiziert?
Kann der Buddhist die Ethik letztlich ernst nehmen, wenn er bedenkt, daß die verantwortliche Zuwendung zum anderen wieder an ein Leben fesselt, das ihn erneut an den Kreislauf der Wiedergeburt bindet?
Welches sind die Motive für ethisches Verhalten in den einzelnen Religionen? (Gebet, Moralgesetz)
Wenn die Welt der Ort des Leidens und Sterbens ist, kann es dann überhaupt noch ein echtes Interesse an den Problemen dieser Welt, am Überleben und an einer konstruktiven Gestaltung geben? (Hoffnung)
Wie wird das Leiden in den einzelnen Religionen beurteilt?
Es ist ein höchstes Gebot im Buddhismus, keinem Lebewesen, also auch keinem Tier, ein Leid anzutun. Läßt sich dieses Gebot durchhalten?
Welche Bedeutung hat diese so streng genommene Ehrfurcht vor dem Leben für die gegenwärtigen Probleme, für die Erhaltung des Friedens und des Umweltschutzes?
Der Buddhismus hat eine sehr klare Vorstellung von der Erlösung. Gilt das auch für die anderen Religionen? Wie wird das Leben des einzelnen dadurch geprägt?
Kann die in den östlichen Religionen geübte Meditation dem Menschen des Westens Hilfen bieten?
Wie läßt sie sich mit seinem Glauben in Einklang bringen?

Zeittafel

Datum	Hinduismus	Buddhismus	Judentum	Islam
vor Christus				
4. Jahrtausend	Siedlungen im Industal			
ca. 2100–2600	Beginn der Induskulturen			
ca. 2300–1700	Harappa-Kultur im Industal: Harappa, Mohenjo, Daro im Punjab (Kalibangan) und Gujarat (Lothal)			
ca. 1300–1200	Einwanderungen arischer Nomadenvölker in Nordwestindien			
ca. 1220–1180	———	———	Moses Auszug aus Ägypten, Landnahme unter Josua	
1200– 900	Frühwedische Zeit (Rigweda)			
ca. 1180–1012	———	———	Richter	
ca. 1004– 965	———	———	David	
ca. 965– 926	———	———	Salomo	
ca. 900– 600	Spätwedische Zeit			
800 u. später	Die Upanischaden, um diese Zeit evtl. Kapila (Schankya)			
ab 760	———	———	Propheten	
586	———	———	1. Zerstörung Jerusalems, Babylon Exil	

Datum	Hinduismus	Buddhismus	Judentum	Islam
ca. 560– 480	———	Gautama Buddha		
ca. 550– 470	———	Mahawira, Stifter des Jainismus		
ca. 500– 500 n. Chr.	Die Dharmasutras	———		
ca. 480	———	———	Priesterkodex	
450	———	———	Nehemia	
400(?)	———	———	Esra	
ca. 400–ca. 200 n. Chr.	Ramayana			
?	Patanjali (Yoga)			
ca. 400–ca. 400 n. Chr.	Mahabharata			
327–325	Indienzug Alexanders des Großen			
321–297	———	Candragupta Maurya Canakya Kautilya		
ca. 300–?	Bhagawadgita			
268–233	———	Aschoka		
ca. 261	———	Aschokas Hinwendung zum Buddhismus		
ca. 256	———	Buddhistische Mönche ziehen in südasiatische und hellenisierte Länder		
ca. 200–200 n. Chr.	Gesetzbuch des Manu (Dharmaschastra)	Buddhistisches Konzil in Pataliputra		
2. Jh. v. Chr.– 6. Jh. n. Chr.	Expansion des Hinduismus nach Südostasien und Indonesien			
185–172	Brahmanische Schungadynastie			
166– 37	———	———	Makkabäer	

		Mahayana		
ca. 80	—	Pali-Kanon		
nach Christus um 50	Thomas in Indien			
70	—	—	2. Zerstörung Jerusalems	
78–123	—	Kanischka		
132	—	—	Bar-Kochba-Aufstand	
ca. 200	—	Nagarjuna	Redaktion der Mischna	
ca. 300	Die ersten Puranas			
ca. 350	—	Asanga, Gründer der Yogacara-Schule		
4. Jh.	Beginn des Paschupati-Schiwaismus in Nepal			
um 400	Ausbreitung des Wischnuismus	—	Redaktion des palästinensischen Talmud	
4.–13. Jh.	Höchste Blüte der indischen Kunst			
um 500	Yogasutras des Patanjali			
ab 500	Beginn des Tantrismus u. Schaktismus, Ganescha-kult	—	Redaktion des babylonischen Talmud	
ca. 530	Schankara (Advaita-Vedanta) »Die sechs Systeme«	Bodhidharma (Dhyana: Zen)		
552	—	Buddhismus in Japan		
um 570	—	—	—	Geburt Mohammeds
622	—	—	—	Hidschra
632	—	—	—	Abu Bakr (Schwiegervater Mohammeds – Aischa) 1. Kalif

Datum	Hinduismus	Buddhismus	Judentum	Islam
635– 642	—	—	—	Eroberung des Vorderen Orients
634–644	—	—	—	Omar (Schwiegervater Mohammeds – Hafsa) 2. Kalif
644–656	—	—	—	Osman (Schwiegersohn Mohammeds) 3. Kalif
656–661	—	—	—	Ali (Vetter u. Schwiegersohn Mohammeds) 4. Kalif. Ende der Epoche der »rechtgeleiteten Kalifen«
680	—	—	—	Schlacht von Kerbela. Spaltung Sunniten–Schiiten
661–750	—	—	—	Herrschaft der Omaijaden. Residenz: Damaskus. Erste Blüte arabischer Kultur
ab 700	Ältere Samhita-literatur, Bhakti-Kulte			
711– 714	—	—	—	Eroberung Spaniens
732	—	—	—	Schlacht von Poitiers
750–1258	—	—	—	Herrschaft der Abbasiden. Residenz: Bagdad
756–1031	—	—	—	Spanien unabhängiges Emirat. Residenz: Cordoba. Entstehung eigenständiger arabisch-spanischer Kultur
780– 820	Schankara (Wedanta-Philosophie)			
800	—	—	—	Harun-al-Raschid und Karl der Große

998–1030	Mahmud von Ghazana (Afghanistan) erobert den Punjab, Eindringen des Islam nach Indien			
1000	—	—	Verlagerung der Zentren vom Orient nach Europa	
10. Jh.	Wedanta-Philosophie gewinnt die Vormachtstellung			
10. u. 11. Jh.	Verbreitung des Schaktismus in Kaschmir, Bhagawatam (Krischna-Legenden) und Ausbreitung des Schaktismus in Südindien			
1000–1200	—	Verdrängung des Buddhismus aus Indien		
1058–1111	—	—	—	al-Ghasali
1096	—	—	—	Beginn der Kreuzzüge (bis 1291)
1135–1204	—	—	Moses Maimonides	
1175–1250	Ramanuja, bedeutender wischnuitischer Theologe in Südindien	Ende des Buddhismus in Indien		
1187	—	—	—	Rückeroberung Jerusalems durch Saladin
1192	Eroberung Delhis durch die islamischen Ghoriden (Afghanen)			
1292	—	—	—	Vertrag Kaiser Friedrichs II. mit dem Nachfolger Saladins; Jerusalem wird wieder christlich
12.–14. Jh.	—	—	Judenverfolgungen	

Datum	Hinduismus	Buddhismus	Judentum	Islam
1453	—	—	—	Einnahme von Konstantinopel
1469–1538	Guru Nanak, Stifter der Sikh-Religion			
1492	—	—	—	Ende der islamischen Herrschaft in Spanien
1492–1497	—	—	Vertreibung von der Iberischen Halbinsel	
1498	Vasco da Gama landet in Calicut – Indien	Ende des Buddhismus in Indonesien		
1510	Die Portugiesen erobern Goa			
1526–1707	Mogulherrschaft	—	—	Babur gründet Mogulreich in Indien
1529	—	—	—	Sultan Suleiman der Prächtige belagert Wien
1600	Gründung der britischen Ostindiengesellschaft			
1602	Gründung der niederländischen Ostindiengesellschaft			
1627	—	—	—	Schah Jahan – größte Machtentfaltung des Mogulreiches. Bau des Taj Mahal in Agra und des Red Fort in Delhi
1664	Gründung der französischen Ostindiengesellschaft			
1683	—	—	—	2. Belagerung Wiens
1690	Gründung Kalkuttas durch die britische Ostindiengesellschaft			

1729–1786	—	—	Moses Mendelsohn	
1757	Britische Herrschaft			
1772–1833	Ram Mohan Roy	4. Konzil der Theravadins in Thailand		
1773	»Regulation Act« der brit. Regierung			
1798	—	—	—	Napoleon in Ägypten
1812	—	—	Preußen erklärt die im Lande wohnenden Juden zu Staatsbürgern	
1828	Gründung des Brahma Samaj in Kalkutta durch Ram Mohan Roy			
1829	Verbot der Witwenverbrennung durch die brit. Regierung			
1843–48	Konsolidierung der brit. Herrschaft			
1836–1886	Ramakrischna			
19. Jh.	—	—	Emanzipation der Juden in Europa	
2. Hälfte d. 19. Jh.	—	—	—	Gründung von Kolonien und Protektoraten auf islamischem Gebiet (Indien, Ägypten, Nordafrika)
1858–1947	Indien unter der Herrschaft der britischen Krone			
1861–1941	Rabindranath Tagore			
1860–1904	—	—	Theodor Herzl	
1863–1902	Swami Vivekananda			
1869–1948	Mohan Karamchand-Mahatma Gandhi			

Datum	Hinduismus	Buddhismus	Judentum	Islam
1872–1950	Sri Aurobindo Ghose, Aurobindo-Aschram in Pondicherry			
1874–1952	—	—	Chaim Weizmann	
1875	Gründung des Arya Samaj in Bombay durch Dayanand Saraswati			
1877	Queen Victoria »Kaiserin von Indien«			
1885	Indischer National-Kongreß wird gegründet			
1886–1973	—	—	David Ben Gurion	
1888–1975	Sarvepalli Radhakrischnan			
1903	—	—	Judenpogrom in Kischinjow. Einwanderungswelle russischer Juden in den USA	
1906	—	—	—	Gründung der Muslimliga
1910	—	Der 16. Dalai Lama flieht vor den chinesischen Truppen nach Indien		
1917	—	—	Balfourdeklaration	
1919	Gandhis erste Satjagraha-Kampagne in Indien			
1920	—	—	Zusammenstöße zwischen Juden und Arabern in Jerusalem	

1924				Die 1922 entstandene Türkische Republik schafft das Kalifat ab. Mustafa Kemal (»Atatürk« = Vater der Türkei) wird Präsident; Säkularisierung – scharfe Trennung von Staat und Religion
1928	Nehru-Report – indischer Entwurf einer Dominion-Verfassung			
1930	Gandhis Salzmarsch			
1934	Wahlen zum Zentral-parlament			
1935	Verfassungsreform (Government of India Act)			
9.11.1938			Reichskristallnacht	
1939			Palästina-Konferenz in London. Palästina-Plan	
1940–1945			Massenvernichtung durch Nazi-Deutschland	
20.1.1942			Wannsee-Konferenz	
1945				Gründung der Arabischen Liga
			Nürnberger Prozesse Auseinandersetzung um die Errichtung eines jüdischen Staates in Palästina, das unter britischem Mandat steht	
1947	Politische Unabhängigkeit und Teilung: 14.8.1947 Dominion Pakistan 15.8.1947 Dominion India			
1948			Gründung d. Staates Israel	

Datum	Hinduismus	Buddhismus	Judentum	Islam
1950	Verfassung der Republik Indien, Staatspräsident Dr. Rajendra Prasad, Premierminister Jawaherlal Nehru		Gründung des Zentralrates der Juden in Frankfurt	
1954	—	6. Konzil in Rangun (Burma)		
1959	—	Flucht des 17. Dalai Lama aus Tibet nach Indien		
1962	—	—	Eichmann-Prozeß in Jerusalem	
1963	—	—	Auschwitz-Prozeß in Frankfurt	
1967	—	—	Sechs-Tage-Krieg	
1978	—	—	Camp David Verträge: Rahmenabkommen über den Abschluß eines Friedensvertrages zwischen Ägypten und Israel; Rahmen für einen Frieden im Nahen Osten	
1979	—	—	Anwar el Sadat und Menachim Begin erhalten den Friedensnobelpreis	Schiitenführer Ayatollah Khomeini kehrt aus dem Pariser Exil in den Iran zurück
1980	—	—	—	Beginn der kriegerischen Auseinandersetzungen zwischen dem Irak und Iran
1981	—	—	Ende des Maidanek-Prozesses in Düsseldorf	
1984	Ermordung der indischen Premierministerin Indira Gandhi. Blutige Auseinandersetzungen zwischen Hindus und Sikhs			

Zeittafel

Christentum

ca. 6/7 v. Chr.– ca. 30	Jesus von Nazareth
ca. 32/35–ca. 64	Tätigkeit des Apostels Paulus. Auseinandertreten von Judenchristentum und Heidenchristentum (»Apostelkonvent« zu Jerusalem ca. 43/44).
Bis Anfang d. 2. Jhs.	Entstehung der Schriften des Neuen Testaments.
Im 2. Jh.	Erste Apologeten des christlichen Glaubens gegen hellenistische Religions- und Moralphilosophie (Justinus Martyr, Tatian, Tertullian), christlicher Gnostizismus (hellenistisch-christliche Religionsmischung).
ca. 185–253/54	Origenes, bedeutendster Gelehrter des christlichen Altertums (Platonisierung der Schriftauslegung).
2. u. 3. Jh.	Entwicklung eines christlichen Kultus unter fremdreligiösen Einflüssen (Taufe, Eucharistie, heilige Zeiten und Gebäude).
3. u. 4. Jh.	Systematische Christenverfolgungen, Märtyrerfrömmigkeit.
306–337	Konstantin der Große; Grundlegung einer christlichen Staatskirche.
325	Die 1. ökumenische Synode in Nicäa (Nicänisches Glaubensbekenntnis). Seit Konstantin Verstärkung der Sonderentwicklung von Frömmigkeit und Kultus im Osten und Westen (betr. besonders Gottesdienst, Festzeiten, Heiligen- und Bilderverehrung, Kirchenbau und sakrale Kunst, Mönchtum).
354–430	Augustin, bedeutender Kirchenvater, der die Eigenart westlich-lateinischer Frömmigkeit und Theologie für Jahrhunderte prägte.
451	4. Ökumenisches Konzil, Chalcedon
500–900	Zeit des katholisch-germanischen Landeskirchentums.
529	Regula Benedicti; großer Einfluß auf das abendländische Ordenswesen (Arbeit, Askese, Gottesdienst, Gastfreundschaft, Unterricht).
680/81	6. Ökumenisches Konzil, Konstantinopel
8. Jh.	Vordringen der Araber nach Spanien.
768–814	Karl der Große; »Schutzherr und Leiter« der Kirche; Reorganisation der Kirche und des Bildungswesens (Karolingische Renaissance).
1054	Endgültige Trennung (Schisma) der West- und Ostkirche.
10./11. Jh.	Clunazensische Reform der Klöster.
1077–1122	Investiturstreit um die Einsetzung der Bischöfe und Äbte durch kirchliche oder weltliche Macht.
11./13. Jh.	Kreuzzüge gegen Ungläubige und Ketzer, bes. Kriegszüge zur Rückeroberung des Hl. Landes.

	Gleichzeitig Christianisierung des europäischen Nordens und Ostens.
Seit 1140	Entstehung des Corpus iuris canonici (Kirchenrecht).
Seit Beginn d. 13. Jhs.	Bettelorden (Franziskaner, Dominikaner).
ca. 950–1150	»Romanischer« Kirchbau.
Seit d. 12. Jh.	»Gotischer« Kirchbau.
1241	Bedrohung des Abendlandes durch die Mongolen.
1225–1274	Thomas von Aquino; bedeutendster Systematiker der Scholastik (»klassische« Lösung des Problems »Vernunft und Offenbarung«).
14. Jh.	Blüte der Mystik (ca. 1260–1327 Meister Eckhart, 1300–1361 Tauler, 1295–1366 Seuse).
14./15. Jh.	Nationalrevolutionäre kirchliche Reformbestrebungen in England (1328–1384 Wiclif) und Böhmen (1369–1415 Hus).
14./15. Jh.	Renaissance, Humanismus (1466–1536 Erasmus).
1483–1546	Martin Luther.
1484–1531	Ulrich Zwingli
1517–1555	Reformation in Deutschland.
Seit 1520	Übergreifen des Luthertums in die Nordischen Länder.
Seit 1521	Bedrohung des Abendlandes durch die Türken.
1555	Augsburger Religionsfrieden.
1509–1564	Johann Calvin.
Seit 1536	Entstehung und Entwicklung des Calvinismus zur Weltmacht.
1509–1547	Heinrich VIII.; Begründung der anglikanischen Staatskirche.
1555–1689	Gegenreformation.
1545–1563	Das Tridentische Konzil; Konsolidierung der römisch-katholischen Kirche gegenüber dem Protestantismus.
Seit d. 16. Jh.	Ausdehnung der kath. Mission in Südamerika, Vorderindien, Japan, China
1562–1598	Hugenottenkriege.
1618–1648	Dreißigjähriger Krieg.
1607–1676	Paul Gerhardt.
Seit 1620	Protestantische Einflüsse auf Nordamerika (Pilgerväter).
17./18. Jh.	Zeitalter des Barock, der Aufklärung, des Pietismus. – Ausbreitung von Kenntnis und Verständnis von Fremdreligionen in der Europäischen Christenheit.
ab 18. Jh.	Protestantische Mission in Zentralamerika (Böhmische Brüder [Hermanos Moravos] – Brüdergemeinde des Grafen von Zinzendorf)
18./19. Jh.	Idealismus in Deutschland. Ausdehnung katholischer und evangelischer Missionstätigkeit.
1768–1834	Friedrich Schleiermacher.

1808–1881	Johann Hinrich Wichern (Innere Mission).
1869–1870	I. Vatikanisches Konzil; Dogmatisierung der Unfehlbarkeit des Papstes.
1872–1879	Kulturkampf gegen die katholische Kirche in Deutschland.
Ende d. 19. Jhs. –1914	Entwicklung eines Weltstaatensystems und einer Weltpolitik.
1914–1918	Erster Weltkrieg.
1886–1968	Karl Barth.
1921	Gründung des Internationalen Missionsrates.
1925	Weltkirchenkonferenz in Stockholm (Erzbischof Söderblom).
1925–1935	Beginn einer Ablösung der »westlichen« Missionsgesellschaften durch »Eingeborenenkirchen«.
1875–1965	Albert Schweitzer.
1939–1945	Zweiter Weltkrieg.
1948	Erste Vollversammlung des 1938 ins Leben gerufenen Ökumenischen Rates der Kirchen (147 christlichen Kirchen aus 44 Nationen) außer der römisch-katholischen in Amsterdam.
1961	3. Vollversammlung des Ökumenischen Rates der Kirchen in Neu Delhi
1962–1965	II. Vatikanisches Konzil (1964 Dekret über den Ökumenismus; 1965 Erklärung über das Verhältnis der Kirche zu den nichtchristlichen Religionen).
1963	Gründung des Christlichen Instituts durch Christian Beyers-Naudé in Südafrika (Study Project of Christianity in Apartheid)
1965	Gründung einer christlichen Kommune in Solentiname (Agudelo, Alberto, Cardenal)
1966	Tod von Camilo Torres Genfer Konferenz für Kirche und Gesellschaft: Der Begriff »Theologie der Revolution« taucht zum ersten Mal auf.
1968	Papst Paul VI. in Bogotá. Versammlung der CELAM (Consejo Episcopal Latinoamericano) in Medellín; einer der Teilnehmer ist der Erzbischof von Olinda und Recife, Dom Helder Camara. Im Documento Básico Erklärung: »Alles Handeln in Richtung auf Entwicklung muß mit einer kirchlichen Reform anfangen.« 4. Vollversammlung des Ökumenischen Rates in Uppsala Versammlung der peruanischen Priesterbewegung (Oficina Nacional de Información Social) unter Teilnahme von Gustavo Guitérrez.
1970	Erste »Weltkonferenz der Religionen für den Frieden« in Kyoto (Japan).
1971	»Vorläufige Grundsatzerklärung«: »Der Ökumenische Rat der Kirchen und der Dialog mit Menschen anderer Glaubensüberzeugungen und Ideologien«.

1973	Gustavo Guitérrez »Theologie der Befreiung« in dtsch. Übersetzung.
1977	Verbot des Christlichen Instituts in Südafrika und Bannung von Dr. Beyers-Naudé Verurteilung der Apartheid durch den Lutherischen Weltbund.
1979	Nicaraguanische Revolution, Ernesto Cardenal wird Kultusminister
1980	Ermordung von Oscar Romero in El Salvador
1984	Friedensnobelpreis für Desmond Tutu, Generalsekretär des Südafrikanischen Kirchenrates (SACC)
8.5.1985–8.5.1986	Bußschweigen für Leonardo Boff

Quellenverzeichnis

Textquellen

Judentum

8 f. Mischnajot. Die 6 Ordnungen der Mischna, 6 Bde. Basel: Goldschmidt ^{3}1968. Bd. 4, S. 330 f., 345; Bd. 1, S. 17 f.

9 Der babylonische Talmud. Ausgewählt, übersetzt v. Reinhold Mayer. München: Goldmann 1963. S. 227 f. (»Ein Heide . . .«).

10 Mischnajot. A. a. O. Bd. 4, S. 161 f.
Der babylonische Talmud. A. o. O. S. 64.

12 Petuchowski, Jakob J.: Wie unsere Meister die Schrift erklären. Beispielhafte Bibelauslegung aus dem Judentum, aus der »Biblia Rabbinica« ausgewählt, übersetzt und erläutert. Freiburg/Br.: Herder 1982. S. 32 f.

14 f. Gut, E. (Hrsg.): Bertold Auerbach. Eine Auswahl aus seinen Schriften. Berlin: Schocken 1935. S. 11 f.

18 f. Sidur Sefat Emet (Gebetbuch). Basel: Goldschmidt 1956–1964. S. 3.

21 Heine, Heinrich: Sämtliche Schriften in 12 Bänden, Bd. 1. Hrsg. v. Klaus Briegleb. München/Wien: Hanser 1976. S. 465.

26 f. Rosenzweig, Franz: Briefe. Hrsg. v. Edith Rosenzweig. Berlin: Schocken 1935. S. 71 f.

28 Lasker-Schüler, Else: Gesammelte Werke in drei Bänden. Bd. 1. Gedichte 1902–1943. Hrsg. v. F. Kemp. München Kösel. ^{3}1984.

34 f. Mose ben Maimon, Führer der Unschlüssigen, Bd. 1. Übers. v. Adolf Weiss. Leipzig: Meiner 1923. S. 1953 f.

39 f. Goethe, Johann Wolfgang von: Werke, Bd. 9. Hamburg: Wegner 1957. S. 149 f.

40 Heine, Heinrich: Sämtliche Schriften in 12 Bänden. A. a. O. S. 479
Hebel, Johann Peter: Kalendergeschichten. Auswahl u. Nachwort v. Ernst Bloch. Frankfurt/M.: Insel 1965. S. 147.
Hebel, Johann Peter: Erzählungen und Aufsätze des Rheinländischen Hausfreundes, Bd. 2. Karlsruhe: Müller 1968.

41 f. Isler, M. (Hrsg.): Gabriel Riesser's Gesammelte Schriften, Bd. 2. Frankfurt/M./Leipzig: Verlag der Riesser-Stiftung 1967. S. 133, 183 f.

42 ff. Roth, Joseph: Romane, Erzählungen, Aufsätze. Köln/Berlin: Kiepenheuer und Witsch 1964. S. 569 ff.

44 Sartre, Jean Paul: Betrachtungen zur Judenfrage. Zürich: Europa 1948. S. 10.

45 Welch ein Wort in die Kälte gerufen. Die Judenverfolgung des Dritten Reichs im deutschen Gedicht. Berlin (Ost): Verlag der Nation 1968. S. 55. (Ernst Toller)

45 f. Massing, Paul W.: Vorgeschichte des politischen Antisemitismus. Frankfurt/M.: Europäische Verlagsanstalt 1959. S. VII. (Max Horkheimer, Theodor W. Adorno)

46 Adler, H. G.: Der verwaltete Mensch. Studie zur Deportation der Juden aus Deutschland. Tübingen: Mohr-Siebeck 1974. S. 56.

47 ff. Brocke, Michael / Jochum, Herbert (Hrsg.): Wolkensäule und Feuerschein. Jüdische Theologie des Holocaust. München: Kaiser 1982. S. 117 f., S. 95. (Richard L. Rubinstein, Emil L. Fackenheim)

49 Scholem, Gershom: Judaica II. Frankfurt/M.: Suhrkamp 1970. S. 44 f.

54 Christen und Juden. Studie des Rates der Evangelischen Kirche in Deutschland. Gütersloh: Gütersloher Verlagshaus Gerd Mohn 1975. S. 30 f.

Islam

Alle Koranzitate aus: Der Koran. Übers. v. Rudi Paret. Stuttgart/Berlin/Köln/Mainz: Kohlhammer ^{3}1983.

67 f. Thyen, Dietrich: Bibel und Koran. Altenberge: Verlag f. Christlich-Islamisches Schrifttum 1984. S. 8 ff.
Die Bibel oder die ganze Heilige Schrift. Übers. v. Martin D. Luther. Stuttgart: Württembergische Bibelanstalt. Revidierter Text 1984.

68 Thyen, Dietrich: Bibel und Koran. A. o. O. S. 8 ff.
Geiger, Abraham: Was hat Mohammed aus dem Judenthume aufgenommen? Hildesheim: Olms 1969. S. 101. (Überarbeitet.)

69 Abdullah, M. Salim: Akademievortrag vom 20. 3. 1977. Soest: Islam-Archiv Deutschland.

69 f. Abd ar-Rahim ibn Ahmad al-Qadi, Imam: Das Totenbuch des Islam. Bern/München: Barth/Scherz 1981. S. 28 f.

70 Al-Nawawi: Vierzig Hadithe. Übers. v. Ahmad von Denffer. Leicester/Großbritannien: Islamic Foundation 1979. S. 80.

70 f. von der Leyen, Friedrich (Hrsg.): Die Märchen der Weltliteratur: Arabische Märchen, Bd. 2. Ausgew. u. übers. v. Max Weisweiler. Köln: Diederichs 1966. S. 119.

71 Abdullah, M. Salim: Islam – kurzgefaßt für Entwicklungshelfer. dü-scriptum 8. Hrsg. v. Dienste in Übersee. Stuttgart 1982. S. 30 f.

73 Frankfurter Allgemeine Zeitung v. 16. 9. 1983. S. 7 f.

74 Wer den Duft des Essens verkauft . . . Schwänke und Anekdoten vom Hodscha Nasreddin. Berlin: Rütten & Loening 1966. S. 69 f.

75 f. Abdullah, M. Salim: Islam – kurzgefaßt für Entwicklungshelfer. A. a. O. S. 29.

81 Imam, Abd ar-Rahim ibn Ahmad al-Qadi: Totenbuch des Islam. A. a. O. S. 160 a.
Imam, Abd ar-Rahim ibn Ahmad al-Qadi: Totenbuch des Islam. A. a. O. S. 5.

86 Khoury, Adel-Theodor: Das islamische Lebensmodell. Aktuelle Fragen Nr. 2. Altenberge: Verlag für Christlich-Islamisches Schrifttum 1981. S. 30.

89 Ibn Ishaq: Das Leben des Propheten. Übers. v. Gernot Rotter. Tübingen/Basel: Erdmann 1976. S. 32.

91 Ibn Ishaq: Das Leben des Propheten. A. a. O. S. 96

92 Ibn Ishaq: Das Leben des Propheten. A. a. O. S. 250.

96 Islam. Die mohammedanische Staatenwelt. Reinbek: Rowohlt 1972. S. 70.
Dermenghem, Ghobah Emile: Mohammed. Reinbek: Rowohlt 1960. S. 143.

98 Kluge, Friedrich: Etymologisches Wörterbuch der deutschen Sprache. Bearbeitet von Walter Mitzka. Berlin: de Gruyter 1960. S. 901 f., 911.

100 nach: Koszinowski, Thomas: Islam und sozialer Wandel. Referat zur Tagung vom 24. – 25. 10. 1972 in Berlin. In: Berichte über die Tagung der Deutschen Stiftung für Entwicklungshilfe. Hrsg. v. der Zentralen Dokumentation der Deutschen Stiftung für Entwicklungshilfe. S. 75 f.

101 nach: Als Türke in Deutschland. Eine Umfrage. Aktuelle Fragen Nr. 5. Hrsg. v. Islam-Archiv Deutschland. Altenberge: Verlag für Christlich-Islamisches Schrifttum 1981. S. 5–8.

103 Khoury, Adel-Theodor: Das islamische Lebensmodell. A. a. O. S. 33.

Hinduismus

113 Statistik des Auslandes, Länderbericht 1984. Hrsg. v. Statistischen Bundesamt, Wiesbaden. Stuttgart: Kohlhammer 1984.

113 Statistik des Auslandes, Länderbericht 1984. A. a. O.

113 Fischer-Welt-Almanach 83. Frankfurt/M.: Fischer 1982. S. 358.

114 Radhakrishnan, S.: Hindu-Dharma. In: Persönliche Freiheit und soziale Bindung. Darmstadt: Holle o. J. S. 113–155.

114 f. Radhakrishan, S.: Hindu-Dharma. A. a. O.

119 f. Staatliche Museen Preußischer Kulturbesitz Berlin, Museum für Indische Kunst: Blatt 602, 1, Siegel Kat. Nr. 21. Übers. v. E. Richter-Ushanas.

121 Übers. v. E. Richter-Ushanas.

123 Übers. v. E. Richter-Ushanas.

124 Übers. v. E. Richter-Ushanas.

125 Keilhauer, Anneliese: Die Religionen Indiens, Bd. 1. Stuttgart: Indoculture Verlag [2]1981. S. 40.

126 Gomperz, Heinrich: Indische Theosophie. Jena: Diederichs 1925. S. 99.

126 Übers. v. E. Richter-Ushanas.

126 Keilhauer, Anneliese: Die Religionen Indiens, Bd. 1. A. a. O. S. 41.
Lehmann, Johannes: Buddha. Frankfurt/M.: Fischer 1983. S. 34.

127 Radhakrishnan, S.: Hindu-Dharma. A. a. O.
Zimmer, Heinrich: Indische Mythen und Symbole. Düsseldorf: Diederichs 1972. S. 18, 20.

127 f. Zimmer, Heinrich: Indische Mythen und Symbole. A. a. O. S. 26 f.

128 Übers. v. E. Richter-Ushanas
Zimmer, Heinrich: Indische Mythen und Symbole. A. a. O.

129 Vivekananda, Swami: Erkenntnisse des Hinduismus. Wien/Berlin/Stuttgart: Neff 1953. S. 35–39.

130 Radhakrishnan, S.: Die Bhagavadgita. Übers. v. S. Lienhard. Wiesbaden: Löwit o. J. S. 122.

131 Keilhauer, Anneliese: Die Religionen Indiens, Bd. 1. A. a. O. S. 46.

131 f. Hüttner, Johann Ch.: Das Gesetzbuch des Manu. Indologische Texte, Bd. 2. Bearb. v. Renate Preuß. Bielefeld: Kleine 1980. S. 10.

133 Hüttner, Johann Ch.: Das Gesetzbuch des Manu. A. a. O. S. 11, 252.

133 Hüttner, Johann Ch.: Das Gesetzbuch des Manu. A. a. O. S. 17, 33 f., 42

134 Hüttner, Johann Ch.: Das Gesetzbuch des Manu. A. a. O. S. 43 f., 127.

134 Hüttner, Johann Ch.: Das Gesetzbuch des Manu. A. a. O. S. 127.

138 Radhakrishnan, S.: Die Bhagavadgita. A. a. O. III, 4 f., 19.

138 f. Klostermaier, Klaus: Hinduismus. Köln: Bachem 1965. S. 112 f.

139 Radhakrishnan, S.: Die Bhagavadgita. A. a. O. IV, 39, 33 f.

139 f. Deussen, Paul: 60 Upanishads des Weda. Baden-Baden: Holle. O. J. S. 646.

140 Radhakrishnan, S.: Die Bhagavadgita. A. a. O. XII, 2.

140 Radhakrishnan, S.: Die Bhagavadgita. A. a. O. XVIII, 64–66, XI, 53.

141 Radhakrishnan, S.: Die Bhagavadgita. A. a. O. S. 433.

142 nach: Schulberg, Lucille: Indien, Reiche zwischen Indus und Ganges. Time Life Bücher Nr. 24. Reinbek. Rowohlt 1971. S. 46.

146 Zeitschrift »Back to Godhead«, Nr. 51. S. 1 (gekürzte Übersetzung.)

147 Radhakrishnan, S.: Die Bhagavadgita. A. a. O. S. 286 f.

149 Dockhorn, Kurt: Arbeitstexte der Ev. Zentralstelle für Weltanschauungsfragen Nr. 11: Neohinduismus. Stuttgart: Ev. Zentralstelle für Weltanschauungsfragen 1972. S. 2.

149 Hummel, Reinhart: Der Hinduismus – Eine Einführung. In: Bätz, Kurt: Weltreligionen heute: Hinduismus. Köln/Lahr: Benziger/Kaufmann 1979. S. 17.

149 f Swami Rasajananda: nach einer Tonbandaufnahme übersetzt von K. A. Baier in: Baier, Klaus Alois (Hrsg.): Christus – Ghandi. Glaube und Entwicklung in Indien. Bericht einer Studienreise vom 27. 2. – 29. 3. 83. Maschinenschriftlicher Bericht PH Flensburg 1983.

151 Dumont, Louis M.: Gesellschaft in Indien. Wien: Europa 1976. S. 132.

153 Glasenapp, Helmuth v.: Indische Geisteswelt, Bd. II. Baden-Baden: Holle o. J. S. 317 f.

153 f. Ghandi, M. K.: Sarvodaya. Hrsg. v. Bharatan Kumarappa. Übers. v. Karl Müller. Gladenbach: Hinder + Deelmann [3]1983. S. 13.

155 Übers. v. T. Purohit-Roy u. A. Sadoc, religionswissenschaftliches Seminar der Universität Bonn. © Dr. T. Purhoit-Roy.

157 Hüttner, Johann Ch.: Das Gesetzbuch des Manu. A. a. O. S. 123, 124.

158 Baier, Klaus Alois (Hrsg.): A. a. O.

Buddhismus

165 Rahner, Karl / Vorgrimler, Herbert (Hrsg.): Kleines Konzilskompendium. Freiburg/Br.: Herder 1965. S. 356.

166 f. Anguttara Nikaya 3, 39 (Pali): zitiert aus: Schumann, Hans Wolfgang: Der historische Buddha. Köln: Diederichs 1982. S. 36, 47.

167 Majjhima-Nikaya 26,1 (Pali): zitiert aus: Schumann, Hans Wolfgang: Der historische Buddha. A. a. O. S. 61.

167 Gimm, Martin (Hrsg.): Das Leben Buddhas. Frankfurt/M.: Insel 1968. S. 20.

170 Majjhima-Nikaya 12,1 (Pali): zitiert aus: Schumann, Hans Wolfgang: Der historische Buddha. A. a. O. S. 70.

170 Majjhima-Nikaya 4, 6, 36 (Pali): zitiert aus: von Glasenapp, Helmuth: Pfad der Erleuchtung. Düsseldorf/Köln: Diederichs 1980. S. 29.

170 Majjhima-Nikaya 36, 1 (Pali): zitiert aus: Schumann, Hans Wolfgang: Der historische Buddha. A. a. O. S. 72.

171 Majjhima-Nikaya 26, 1 (Pali): zitiert aus: Schumann, Hans Wolfgang: Der historische Buddha. A. a. O. S. 73.

171 Samyutta-Nikaya 35, 28 (Pali): zitiert aus: von Glasenapp, Helmuth: Pfad der Erleuchtung. A. a. O. S. 44; 45.

171 f. Majjhima-Nikaya 22, 1 (Pali): zitiert aus: von Glasenapp, Helmuth: Pfad der Erleuchtung. A. a. O. S. 56.

174 Udana 6, 4 (Pali): zitiert aus: von Glasenapp, Helmuth: Pfad der Erleuchtung. A. a. O. S. 67 f.

174 Shikshasamuccaya 12, 2 (Sanskrit): zitiert aus: Conze, Edward: Im Zeichen Buddhas: Frankfurt/M.: Fischer TB 1957. S. 113.

175 Digha-Nikaya 16, 2, 25–26 (Pali): zitiert aus: Oldenberg, Hermann: Buddha. Sein Leben, seine Lehre, seine Gedanken. München: Goldmann [13]1961. S. 223.
Digha-Nikaya 16, 6 (Pali): zitiert aus: Oldenberg, Hermann: Buddha. A. a. O. S. 223.

176 Plaeschke, Herbert: Buddhistische Kunst. Leipzig: Koehler u. Amelang 1972. S. 31.

178 Samyutha-Nikaya 3, 119 (Pali): zitiert aus: Oldenberg, Hermann: Reden des Buddha. München: Wolff 1922. S. 82.

178 13. Felsenedikt: zitiert aus: Schumann, H. W.: Die Edikte des Kaisers Aschoka. Konstanz: 1948. S. 121.
6. Felsenedikt: zitiert aus: Schumann, H. W.: Die Edikte des Kaisers Aschoka. A. a. O. S. 212.

180 Schumann, Hans Wolfgang: Der historische Buddha. A. a. O. S. 162.

182 Vijaya vardhana: zitiert aus: D. C:: The Revolt in the Temple. Colombo 1953. S. 431. (Übers. v. Gerlitz, Peter: Die Religionen und die neue Moral. München: Claudius 1971. S. 134.)

184 Schriftenreihe der Deutschen Buddhistischen Union e. V., Heft 4. Hamburg 1985.

186 f. Udana 1, 3 (Pali): zitiert aus: Gunsser, Ilse-Lore: Reden des Buddha. Stuttgart: Reclam 1957. S. 37 f.

187 Mahavagga 1, 6, 17 f. (Pali): zitiert aus: Nakamura, Hajime: Die Grundlehren des Buddhismus. In: Dumoulin, Heinrich (Hrsg.) Buddhismus der Gegenwart. Freiburg/Br.: Herder 1970. S. 21.

188 Digha-Nikaya 22, 18–21 (Pali): zitiert aus: Mensching, Gustav: Buddhistische Geisteswelt. Darmstadt/Baden-Baden/Genf: Holle 1965. S. 102–103.

189 Mahavagga 1, 21 (Pali): zitiert aus: Nakamura, Hajime: Die Grundlehren des Buddhismus. A.a.O. S. 18.
Milindaphanha 40, 46 (Pali): zitiert aus: von Glasenapp,

Helmuth: Pfad der Erleuchtung. A. a. O. S. 83.
Dhammapada 63 (Pali): zitiert aus: Nakamura, Hajime: Die Grundlehren des Buddhismus. A. a. O. S. 20.
Digha-Nikaya III, 232 (Pali): zitiert aus: Nakamura, Hajime: Die Grundlehren des Buddhismus. A. a. O. S. 20.

190 Nyanatiloka: zitiert aus: Die Fragen des Milinda, Bd. 2. München: Barth 1924. S. 161.

190 f. School Councils (Hrsg.): Journeys into Religion. Granada: St. Albans 1976. S. 12 f. (Übers. von M. Rae in Bätz, Kurt: Weltreligionen heute. Buddhismus. Zürich/Köln/Lahr: Benziger/Kaufmann 1983. S. 29.)

191 Aus einem Interview mit Prof. Hans Grothaus.

192 Suttipatana III, 8 (Pali): zitiert aus: Dumoulin, Heinrich: Begegnung mit dem Buddhismus. Freiburg/Br.: Herder 1978. S. 83.

192 Khudakka-Patho II (Pali): zitiert aus: Bertholet, Alfred: Religionsgeschichtliches Lesebuch, Heft 11. Tübingen: Mohr 1929. S. 131.

192 f. Conze, Edward: Buddhist scriptures. Harmondsworth 1969. S. 73. (Übers. von M. Rae in Bätz, Kurt: Weltreligionen heute. Buddhismus. A. a. O. S. 31.)

194 Culluvagga X, 1 (Pali): zitiert aus: Hecker, Hellmuth: Das Leben des Buddha. In: Wissen und Wandel, XIX. Jg. 1973. Hrsg. v. Buddhistischen Seminar Hamburg. S. 273.

195 f. Sutta-Nipata II, 14 (Pali): zitiert aus: Mensching, Gustav: Buddhistische Geisteswelt. A. a. O. S. 229.

196 Vimalakirti-Sutra 258 (Pali): zitiert aus: Bätz, Kurt (Hrsg.): Weltreligionen heute. Buddhismus. A.a.O. S. 21.

197 Mensching, Gustav: Weltreligionen heute. Buddhismus. A. a. O. S. 244.

198 Mensching, Gustav: Weltreligionen heute. Buddhismus. A. a. O. S. 263.

198 f. Mensching, Gustav: Weltreligionen heute. Buddhismus. A. a. O. S. 255.
Stinilber-Oberlin, C.: The Buddhist Sects of Japan. London 1938. S. 210. (Übers. v. Greschat, Hans-Jürgen: Die Religion der Buddhisten. München/Basel: Reinhardt 1980. S. 104.)

199 Reps, P. (Hrsg.): Ohne Worte – ohne Schweigen (Zen-Geschichten). Weilheim: Barth 1976. Nr. 1.

195 f. Reps, P. (Hrsg.): Ohne Worte – ohne Schweigen. A. a. O. Nr. 31

200 Reps, P. (Hrsg.): Ohne Worte – ohne Schweigen. A. a. O. S. 42 f.

201 Suzuki, Daisetz T.: Erfülltes Leben aus Zen. Übers. v. Ursula v. Mangoldt u. Pelet Emmabon. Weilheim: Barth 1973.

201 Kapleau, Ph.: Die drei Pfeiler des Zen. Weilheim: Barth ²1972. S. 430.

201 Suzuki, Daisetz T.: Erfülltes Leben aus Zen. A. a. O. S. 53.

202 Greschat, Hans-Jürgen: Die Religion der Buddhisten. A. a. O. S. 111–112.

202 f. von Glasenapp, Helmuth: Buddhistische Mysterien. Stuttgart: 1940. S. 130.

205 f. Bätz, Kurt (Hrsg.): Weltreligionen heute. Buddhismus. A. a. O. S. 33 f.

206 Frankfurter Allgemeine Zeitung v. 19. 1. 1984. S. R3.

Bildquellen

Judentum

4 Menora: aus: J. Lion / J. Lukas, »Das Prager Ghetto«. Prag: Artia Verlag 1959. S. 1.

8 Metzgerschild: aus: Monumenta Judaica. 2000 Jahre Geschichte und Kultur der Juden am Rhein. Katalog der Ausstellung im Kölnischen Stadtmuseum 15. 10. 1963–15. 3. 1964. Köln: Bachem ²1964. Abb. 125. Foto: Rheinisches Bildarchiv / Henry Maitek.

9 Jerusalem: aus: Teddy Kollek/M. Pearlman, Jerusalem. London: Weidenfeld and Nicolson 1969. S. 157.

11 Seite aus dem Talmud: aus: Traktat Avoda zara tol. 74 a.

13 Moritz Oppenheim (1800–1882): Sabbat-Nachmittag: aus: Synagoga. Jüdische Altertümer, Handschriften und Kulturgeräte. Katalog der Ausstellung im Historischen Stadtmuseum, Frankfurt/M. 17. 5. – 16. 7. 1961. Frankfurt/M.: Ner-Tamid-Verlag 1961, Abb. 178.

15 Sabbatlampe: aus: Jüdischer Alltag – jüdischer Festtag. Katalog der Ausstellung im Museum für Kunst und Kulturgeschichte der Hansestadt Lübeck vom 15. 2. 1974 – 19. 1. 1975. S. 97 a.

16 Innenraum der Synagoge in Worms: aus: B. Cecil Roth, Die Kunst der Juden, Bd. I. Frankfurt/M.: Ner-Tamid-Verlag 1963. S. 118.

17 Thoraschrein: aus: B. Narkiss (Hrsg.), Geschichte der jüdischen Kultur in Bildern. Zürich: Flamberg/Benziger 1973. S. 157.

18 o. r.: Berlin, Synagoge Oranienburgerstr. 1859–66, Westfassade: aus: H. Hammer-Schenk, Synagoge in Deutschland. Geschichte einer Baugattung im 19. und 20. Jahrhundert, Bd. II (1780–1933): Hamburg: Christians 1981. Abb. 201.
u. l.: Mesusa: aus: Jüdischer Alltag – jüdischer Festtag. Katalog der Ausstellung in Lübeck 15. 2. 1974 – 19. 1. 1975. S. 94.

19 Schofar: aus: Jüdischer Alltag – jüdischer Festtag. A. a. O. S. 97 b.

20 Gläubige vor einer Synagoge in Israel: aus: Reuben Hecht, The Saga of Haifa. Haifa/Tel Aviv: Shikmona/Maariv 1969. Abb. 821.

22 Laubhüttenfest: aus: Reuben Hecht, The Saga of Haifa. A. a. O. Abb. 824.

23 Chanukka Leuchter: aus: Synagoga. Kultgeräte und Kunstwerke von der Zeit der Patriarchen bis zur Gegenwart. Katalog der Ausstellung in der Städtischen Kunsthalle Recklinghausen 3. 11. 1960 – 15. 1. 1961.

25 Marc Chagall (1887–1985): Rabbiner mit Thorarolle: aus: Synagoga. Kultgeräte und Kunstwerke von der Zeit der Patriarchen bis zur Gegenwart. A. a. O. D 27.

26/27 Ecclesia und Synagoge: Hans Lachmann, Düsseldorf.

31 Modell des herodianischen Tempels in Jerusalem: Hans Lachmann, Düsseldorf.
Menora auf dem Titusbogen in Rom: aus: Teddy Kollek/ M. Pearlman, Jerusalem. A. a. O. S. 131.

32 Münzen aus der Zeit des Krieges gegen die Römer (60–70 n. Chr.): aus: B. Cecil Roth, Die Kunst der Juden, Bd. I. A. a. O. S. 62.

34 Bibelhandschrift: aus: Synagoga. Jüdische Altertümer und Kultgeräte. Katalog der Ausstellung im Historischen Museum Frankfurt/M. 17. 5. –16. 6. 1961. A. a. O. Abb. 42.

35 Judenverbrennung in Trient 1475: aus: R. Bernstein, Quellen zur jüdischen Geschichte. Stuttgart: Klett 1975. 1. Umschlagseite.

36 Landkarte: aus: dtv Atlas zur Weltgeschichte, Bd. I. München: Deutscher Taschenbuch Verlag 1964. S. 154.

37 »Jüdischer Friedhof«: H. Lachmann, Düsseldorf.

38 Moses Mendelssohn: aus: Annie David, Von den Juden in Deutschland 1600–1970. Jerusalem: Massada Press 1973. S. 68.

39 »Die Judengasse in Frankfurt/M.«: aus: Eugen Mayer, Die Frankfurter Juden. Frankfurt/M.: Kramer 1966. 1. Umschlagseite.

41 Darstellung eines Juden: aus: Wilhelm Busch, Sämtliche Werke in zwei Bänden, Bd. 2. Gütersloh: Bertelsmann o. J. S. 468.

43 Markttag in einer polnischen Kleinstadt: aus: Franz Hubmann, Das jüdische Familienalbum. Wien/München/Zürich: Molden 1974. S. 36.

45 Antisemitisches Wahlplakat, Österreich: aus: Eduard Fuchs, Die Juden in der Karikatur. München: Langen 1921. S. 296.

46 Nazi-Hetze gegen die Juden: Postkarte Wiener Library, London.

47 Deportation deutscher Juden in der NS-Zeit: aus: Paul Arnsberg, Die jüdischen Gemeinden in Hessen. Darmstadt: Roethar 1973. S. 88.

48 Mahnmal Yad Vashem: aus: Radius, Heft 3/1981. S. 41. Fotograf: Pfaff.

50 Klagemauer in Jerusalem: aus: Wulf Metz (Hrsg.), Handbuch Weltreligionen, Wuppertal/Wien/ Köln/Basel: Brockhaus/Styria/Brunnen 1953. S. 297 © Barnabys Picture Library.

51 Verlesung der Unabhängigkeitserklärung: dpa, Hamburg.

52 Die Proklamation des Staates Israel: aus: Israelisches Wochenblatt v. 21. 5. 1948. S. 1.

53 Inneres der neuen Synagoge Münster: aus: Hans Chanoch Meyer, Aus der Geschichte und Leben der Juden in Westfalen. Frankfurt/M.: Ner-Tamid-Verlag 1962. S. 240.

Islam

57 Kaaba in Mekka: ezb ZB 19/22 Islam I.

63 Muslim im Koran lesend: ezb ZB 22/31 Islam IV. © Bildagentur Mauritius, Mittenwald.

66 Hand der Fatima: aus: Bernard Lewis, Welt des Islam. Braunschweig: Westermann 1976. S. 26. © Thames and Hudson Ltd.,

69 Muslime in der Moschee von Isfahan: ezb ZB 21/22 Islam III. © Transglobe Agency, Hamburg.

72 Kreuzberger Moschee: P. Frischmuth, Hamburg.

76 Muslimische Familie: © Gruner und Jahr, Hamburg. Foto: Moldvay

78 Abraham und Ismael beim Bau der Kaaba: aus: Enzo Orlandi (Hrsg.), Mohammed und seine Zeit. Wiesbaden: Vollmer 1967. S. 10.

81 Barke – Darstellung aus dem Totenbuch: aus: Imam Abd ar-Rahim ibn Ahmad al Quadi, Das Totenbuch des Islam. Bern/München: Scherz/Barth 1981. S. 5.

82 Der Prophet Ezechiel schaut die Totenerweckung: aus: The Treasures of Turkey. Genf: Skira 1966.

84 Mohammed und der Engel Gabriel besuchen die Hölle: aus: Werner Trutwin, Licht vom Licht. A. a. O. S. 96. © Nationalbibliothek, Paris.

85 Muslimische Familie, ezb ZB 23/13 Islam V.

87 Heidnisches Trageidol: aus: Enzo Orlandi (Hrsg.), Mohammed und seine Zeit. A. a. O. S. 13.

90 Berufung Mohammeds: aus: Enzo Orlandi (Hrsg.), Mohammed und seine Zeit. A. a. O. S. 19.

93 Ausdehnung des Islam bis 750: Redaktionsarchiv.

95 Mullahs: aus: W. Metz (Hrsg.), Handbuch der Weltreligionen. Wuppertal u. a./Köln/Basel: Brockhaus/Styria/Brunnen 1983. S. 332.

96 Löwe, der die Kraft Gottes versinnbildlicht: aus: Bernard Lewis, Welt des Islam. A. a. O. S. 124.

97 Myrthenhof der Alhambra: ezb ZB 20/7.

103 Die islamische Welt: nach: Informationen zur politischen Bildung, Heft 194/1982. Karte II.

105 Taj Mahal: ezb ZB 19/39.

Hinduismus

106 Tanzender Schiwa: aus: Marguerita-Maria Deneck: Indische Kunst, Wiesbaden: Löwit 1967.

110 Collage: Palast, Hütten: Hans Herrmann Dube, Flensburg.

111 Collage: Wasserloch, Straßenszene: Hans Grothaus, Flensburg.

115 Durga: Postkarte Sunder Art Sales, Bombay.

116 Kali: Hans Grothaus, Flensburg.

117 Krischna: Postkarte Sunder Art Sales, Bombay.
Trimurti: Hans Grothaus, Flensburg.

118 Saraswati: Hans Grothaus, Flensburg.

119 Siegel der Präharapakultur: aus: Veronica Ions, Indische Mythologie. Wiesbaden: Vollmer 1967. S. 12

120 Paschupati, Herr der Tiere: aus: Veronica Ions, Indische Mythologie. A. a. O. S. 12
Shiwa Lingam Wischwanath Tempel, Waranasi: Hans Grothaus, Flensburg

122 Nandi: Hans Grothaus, Flensburg.

123 Morgenpudscha: Hans Grothaus, Flensburg.

133 Badeszene: Hans Grothaus, Flensburg.

134 Wanaprastha: Hans Grothaus, Flensburg.

136 Yoga: Hans Grothaus, Flensburg.
Yoga: aus: Jean Filliozat: Völker und Traditionen. Osnabrück: Fromm 1965.

140 ōm – Zeichen: Verlagsarchiv.

142 Schiwa: Postkarte Sunder Art Sales, Bombay.

143 Schiwa Anhänger: Hans Grothaus, Flensburg.

144 Tanzender Krischna: aus: Lalit Kala Series, Portofolio No. 9
Delhi: R. Chatterji for Lalit Kala Akademi, Rabindra Bhavan.

145 Schiwa mit Schakti: Hans Lachmann, Düsseldorf
Ganescha: Hans Lachmann, Düsseldorf.

147 Jagganath Tempel in Puri: aus: Niels Gutschow, Jan Pieper: Indien. DuMont Kunstreiseführer, Köln: DuMont 1981[3], Abb. 114

153 Gandhi: Hans Grothaus, Flensburg.

155/156/158 Indische Frauen: Hans Grothaus, Flensburg.

Buddhismus

162 Stehender Buddha von Aukana, Sri Lanka: aus: M. Metz (Hrsg.), Handbuch Weltreligionen. A. a. O. S. 227. Foto: Douglas Dickens.

165 Buddhabildnis: Hans Grothaus, Flensburg.

168 Empfängnis und Geburt Buddhas: Hans Grothaus, Flensburg.

169 Askese und Versuchung Buddhas: Hans Grothaus, Flensburg.

173 Lebensraum des Buddha: aus: J. Aubayer/J.L. Nou, Buddha. Basel/Wien/Freiburg: Herder 1982. S. 83.

175 Tod Buddhas: aus: Christopher Reynolds/Hitoshi Tamura, Sri Lanka. Die Heilige Insel des Buddhismus. Freiburg/Basel/Wien: Herder 1982. S. 78/79. Foto: Hitoshi Tamura.

176 Sarnat: Hans Grothaus, Flensburg.

180 Ausbreitung des Buddhismus um 650 n. Chr.: aus: Werner Trutwin, Weltreligionen. Theologisches Forum 8. Düsseldorf: Patmos 1971.

181 Rituelle Handlungen der transzendenten Buddhas: aus: K. Bätz (Hrsg.), Weltreligionen heute, Buddhismus. Zürich/Lahr: Benziger/Kaufmann 1983. S. 10. © Ibrahim Maulana, Jakarta, Indonesien (Borobodur)

183 Buddhistisches Informationszentrum: aus: Deutsche Buddhistische Union (Hrsg.), Buddhismus in Deutschland. Hamburg 1973. S. 47.

185 Rad der Wiedergeburten: Benziger Verlag, Köln.

191 Kinder im Kloster: Jünger-Verlag, Offenbach/M.

192 Mönche beim Studium der Sutras: aus: Devdan Sen/P.M. Mackenzie/Hitoshi Tamura, Himalaya. Die Klöster des Lama. Freiburg/Basel/Wien: Herder 1983. S. 83. Foto: Hitoshi Tamura.

193 Giebelseite des Mahabodhi-Tempels in Bodh-Gaya: aus: P.M. Mackenzie/Hitoshi Tamura, Ganges. Der heilige Strom Indiens. Freiburg/Basel/Wien: Herder 1982. S. 66. Foto: Hitoshi Tamura.

195 Mönch beim Bettelgang: Jünger Verlag, Offenbach/M.

197 Großer Buddha v. Kamakura: aus: Buddha und seine Zeit. Wiesbaden: Emil Vollmer. o. J., S. 117

199 Zen-Mönch: aus: M. Metz (Hrsg.), Handbuch Weltreligionen. A. a. O. S. 263. © William Macquitty.

204 Wandbild der Kalacakra aus dem Kloster Hemis: aus: Devdan Sen/P.M. Mackenzie/Hitoshi Tamura, Himalaya. A. a. O. S. 92. Foto: Hitoshi Tamura

206 Tragbarer Schrein und Gebetsmühlen: aus: Devdan Sen/P.M. Mackenzie/Hitoshi Tamura, Himalaya. A. a. O. S 77, 125. Foto: Hitoshi Tamura.

207 Tibetisches Mandala: aus: Halbfas, Hubertus, Das Welthaus. Ein religionsgeschichtliches Lesebuch. Stuttgart/Düsseldorf: Calwer/Patmos. 1983, S. 164. © Kösel Verlag.

Weiterführende Literatur

Allgemeines

Eberhardt, Kurt (Hrsg.)
Was glauben die andern?
Gütersloh: Gütersloher Verlagshaus Gerd Mohn

v. Glasenapp, Helmuth
Die fünf Weltreligionen
Köln: Diederichs

Küng, Hans u. a.
Christentum und Weltreligionen
Stuttgart: Kröner

Loth, Heinz-Jürgen. Michael Mildenberger, Udo Tworuschka (Hrsg.)
Christentum im Spiegel der Weltreligionen.
Stuttgart: Quell

Tworuschka, Udo
Die vielen Namen Gottes
Gütersloh: Gütersloher Verlagshaus Gerd Mohn

Waldenfels, Hans
Religionen als Antwort auf die menschliche Sinnfrage
Frankfurt: Kaffke

Judentum

Baeck, Leo
Das Wesen des Judentums
Wiesbaden: Fourier

Baumann, Arnulf (Hrsg.)
Was jeder vom Judentum wissen muß.
Gütersloh: Gütersloher Verlagshaus Gerd Mohn

Ben-Chorin, Schalom
Betendes Judentum. Die Liturgie in der Synagoge.
Tübingen: J. C. B. Mohr

ders.
Jüdischer Glaube.
Tübingen: J. C. B. Mohr

Broder, Henryk M./
Michael Lang (Hrsg.)
Fremd im eigenen Land. Juden in der Bundesrepublik.
Frankfurt: Fischer

Fohrer, Georg
Glaube und Leben im Judentum.
Stuttgart: UTB (Quelle & Meyer)

Kampmann, Wanda
Deutsche und Juden.
Frankfurt: Fischer

Geis, Robert Raphael
Vom unbekannten Judentum.
Freiburg/Basel/Wien: Herder

Martin, Bernd/Ernst Schulin
Die Juden als Minderheit in der Geschichte.
München: dtv

Der Talmud
München: Goldmann

Trepp, Leo
Das Judentum. Geschichte und lebendige Gegenwart.
Reinbek: Rowohlt (rde)

Islam

Cohen, Claude (Hrsg.)
Der Islam I. Vom Ursprung bis zu den Anfängen des Osmanenreiches.
Frankfurt: Fischer

Dermenghen, Emile
Mohammed in Selbstzeugnissen und Bilddokumenten.
Rowohlts monographien Bd. 47
Reinbek: Rowohlt

Grunebaum, G. E. von (Hrsg.)
Der Islam II. Die islamischen Reiche nach dem Fall von Konstantinopel.
Frankfurt: Fischer

Kellerhals, Emanuel
Der Islam.
Gütersloh: Gütersloher Verlagshaus Gerd Mohn

Khoury, Adel Th.
Begegnung mit dem Islam.
Eine Einführung.
Freiburg: Herder

Paret, Rudi
Der Koran.
Stuttgart/Berlin/Köln/Mainz: Kohlhammer

ders.
Der Koran. Kommentar und Konkordanz.
Stuttgart/Berlin/Köln/Mainz: Kohlhammer

Schimmel, Annemarie
Gärten der Erkenntnis. Texte aus der islamischen Mystik.
Düsseldorf/Köln: Diederichs

Shah, Idris
Die Sufis. Botschaft der Derwische. Weisheit der Magier
Köln: Diederichs

dies.
Und Mohammed ist sein Prophet. Die Verehrung des Propheten in der islamischen Frömmigkeit.
Düsseldorf/Köln: Diederichs

Tworuschka, Monika
Allah ist groß.
Gütersloh: Gütersloher Verlagshaus Gerd Mohn

dies.
Islam.
Göttingen: Vandenhoeck und Ruprecht

Buddhismus

Bechert, Heinz und Richard Gombrich (Hrsg.)
Die Welt des Buddhismus.
München: C. H. Beck

Buddha, Gautama
Reden des Buddha.
Stuttgart: Reclam

Conze, Edward
Der Buddhismus.
München: Kohlhammer

Dumoulin, Heinrich
Begegnung mit dem Buddhismus.
Freiburg/Basel/Wien: Herder

Enomiya-Lassalle, Hugo M.
Zen unter Christen.
Östliche Meditation und christliche Spiritualität.
Graz/Wien/Köln: Styria

Glasenapp, Helmuth von
Pfad zur Erleuchtung. Buddhistische Grundtexte.
Düsseldorf/Köln: Diederichs

Griese, Friedrich
Dhammapadam (Der Wahrheitspfad)
München/Zürich: Piper

Greschat, Hans-Jürgen
Die Religion der Buddhisten.
Stuttgart: UTB (E. Reinhardt)

Izutsu, Toshihiko
Philosophie des Zen-Buddhismus.
Reinbek: Rowohlt (rde)

Shibayana, Zenkei
Zu den Quellen des Zen.
München: Heyne

Suzuki, Daisetz T.
Leben aus Zen.
Frankfurt: Suhrkamp

ders.
Der westliche und der östliche Weg.
Essays über christliche und buddhistische Mystik.
München: Ullstein

Waldschmidt, Ernst
Die Legende vom Leben des Buddha
Graz: Verlag für Sammler

Hinduismus

Bhagavadgita
Düsseldorf/Köln: Diederichs

Gandhi, Mahatma
Mein Leben.
Frankfurt: Suhrkamp

Hillebrandt, Alfred (Übers.)
Upanishaden.
Düsseldorf/Köln: Diederichs

Hummel, Reinhart
Indische Mission und neue Frömmigkeit im Westen.
München: Kohlhammer

Roy, B.
Mahabharata.
Düsseldorf/Köln: Diederichs

Roy, Dilip/Indira Devi
Der Weg der großen Yogis.
Frankfurt: Suhrkamp

LeSaux, Henri
(Swami Abhishiktananda)
Der Weg zum anderen Ufer. Die Spiritualität der Upanishaden.
Düsseldorf/Köln: Diederichs

Zimmer, Heinrich
Indische Mythen und Symbole.
Schlüssel zur Formenwelt des Göttlichen.
Düsseldorf/Köln: Diederichs

ders.
Der Weg zum Selbst. Lehre und Leben des Shri Ramana Maharshi.
Düsseldorf/Köln: Diederichs

ders.
Yoga und Buddhismus
Frankfurt: Insel

Gesamtregister

N

O

P

Q

R

Inhaltsverzeichnis